Oito dias em Yalta

Diana Preston

Oito dias em Yalta
Como Churchill, Roosevelt e Stalin redefiniram o mundo pós-segunda guerra

Tradução: Gleuber Vieira

GLOBOLIVROS

Copyright © 2023 by Editora Globo S.A. para a presente edição
Copyright © Diana Preston 2019

Todos os direitos reservados. Nenhuma parte desta edição pode ser utilizada ou reproduzida — em qualquer meio ou forma, seja mecânico ou eletrônico, fotocópia, gravação etc. — nem apropriada ou estocada em sistema de banco de dados sem a expressa autorização da editora.

Texto fixado conforme as regras do Acordo Ortográfico da Língua Portuguesa (Decreto Legislativo nº 54, de 1995).

Editora responsável: Amanda Orlando
Assistente editorial: Isis Batista
Preparação: Wendy Campos
Revisão: Aline Canejo, Claudia Ribeiro Mesquita e Bruna Brezolini
Projeto gráfico e diagramação: Douglas Kenji Watanabe
Capa: Miriam Lerner
Imagem de capa: Pictorial Press Ltd/Alamy/Fotoarena

1ª edição, 2023

CIP-BRASIL. CATALOGAÇÃO NA PUBLICAÇÃO
SINDICATO NACIONAL DOS EDITORES DE LIVROS, RJ

P939o

Preston, Diana, 1952-
    Oito dias em Yalta: como Churchill, Roosevelt e Stalin redefiniram o mundo pós-segunda guerra / Diana Preston; tradução Gleuber Vieira. — 1ª ed. — Rio de Janeiro: Globo Livros, 2023.
    384 p.; 23 cm.

    Tradução de: Eight days at yalta: how Churchill, Roosevelt, and Stalin shaped the post-war world
    ISBN: 978-65-5987-088-2

    1. Churchill, Winston, 1874-1965. 2. Roosevelt, Franklin D. (Franklin Delano), 1882-1945. 3. Stálin, José, 1878-1953. 4. Truman, Harry S., 1884-1972. 5. Mundo Guerra, 1939-1945 — História diplomática. 6. Conferencia de Yalta (1945). I. Vieira, Gleuber. II. Título.

22-81821
    CDD: 940.5314
    CDU: 94(4)"1918/1945"

Gabriela Faray Ferreira Lopes — Bibliotecária — CRB-7/6643

Direitos exclusivos de edição em língua portuguesa para o Brasil adquiridos por Editora Globo S.A.
Rua Marquês de Pombal, 25 — 20230-240 — Rio de Janeiro — RJ
www.globolivros.com.br

Em memória de Leslie e Mary Preston.

Sumário

Mapas 9
Dramatis personae 11
Prólogo 17

Parte I
Personalidades, política e pressões
1 — "Os Três Grandes" 23
2 — "Acabamos amigos" 43

Parte II
Preparativos, Yalta, situação mundial, início de 1945
3 — Argonauta 63
4 — "Uma pequena chama na escuridão" 91

Parte III
"Frente a frente", Yalta, 3 a 11 de fevereiro de 1945
5 — "Todo o conforto de nossos lares" 113
6 — "Tio Joe e o Urso de Pedra" 133
7 — "A cada um o que merece" 151
8 — "O monstro bastardo do Tratado de Paz de Versalhes" 173
9 — "A Riviera de Hades" 199

10 — "As imensas planícies ensolaradas da paz e da felicidade".......... 217
11 — "Um acordo relativamente aceitável sobre a Polônia"................ 239
12 — "O juiz Roosevelt aprova" 257
13 — "Um marco na história da humanidade".................................... 277

Parte IV
UMA ALIANÇA SOB PRESSÃO, FEVEREIRO A AGOSTO DE 1945
14 — Elefantes na sala 293
15 — "Um documento espúrio"... 305
16 — "Gostei daquele filho da puta".. 327

Parte V
O PÓS-GUERRA
17 — Desce a Cortina de Ferro 349

Epílogo... 361
Agradecimentos.. 367
Bibliografia... 369

Dramatis Personae

(Em ordem alfabética)

Em Yalta

A *delegação norte-americana*
Alger Hiss, vice-diretor do Escritório de Assuntos Políticos Especiais do Ministério do Exterior e agente soviético.
Anna Boettiger, filha única de Roosevelt.
Averell Harriman, diplomata e embaixador na União Soviética de 1943 a 1946.
Charles Bohlen, assistente do ministro do Exterior, assessor de Roosevelt e seu intérprete em Yalta.
Edward Stettinius, ministro do Exterior.
Edwin "Pa" Watson, major-general, assistente militar de Roosevelt e responsável por sua agenda de compromissos.
Ernest King, almirante de esquadra, chefe de Operações Navais e comandante em chefe da Marinha dos Estados Unidos.
Franklin D. Roosevelt, presidente e comandante em chefe.
George Marshall, general do Exército e chefe do Estado-maior do Exército dos Estados Unidos.
Harry Hopkins, assessor íntimo e de confiança de Roosevelt.

Howard Bruenn, capitão de corveta e médico cardiologista de Roosevelt.
James Byrnes, diretor do Escritório de Mobilização para a Guerra.
Kathleen Harriman, filha de Averell Harriman.
Laurence Kuter, major-general da Força Aérea dos Estados Unidos.
Mike Reilly, chefe de segurança da Casa Branca.
Robert Hopkins, filho de Harry Hopkins e fotógrafo do Exército dos Estados Unidos.
Robert Meiklejohn, assistente pessoal de Averell Harriman, da embaixada dos Estados Unidos em Moscou.
Ross McIntire, vice-almirante, chefe do Serviço de Saúde da Marinha dos Estados Unidos e médico pessoal de Roosevelt.
William Leahy, almirante de esquadra e chefe do Estado-maior da Marinha dos Estados Unidos.
William Rigdon, tenente ajudante de ordens da Marinha na Casa Branca.
Wilson Brown, vice-almirante, assistente mais graduado de Roosevelt.

A *delegação britânica*
Alan Brooke, marechal de campo e chefe do Estado-maior Geral do Império.
Alexander Cadogan, vice-ministro permanente do Ministério do Exterior.
Andrew Cunningham, almirante de esquadra, "First Sea Lord" e chefe do Estado-maior da Marinha.
Anthony Eden, ministro do Exterior.
Archibald Clark Kerr, embaixador na União Soviética.
Arthur Birse, major, Missão Militar Britânica, Moscou, e intérprete de Churchill em Yalta.
Charles (Peter) Portal, marechal da RAF, chefe do Estado-maior da Força Aérea.
Elizabeth Layton, uma das secretárias de Churchill.
Frank Sawyers, mordomo de Churchill.
Gladys Adams, estenógrafa.
Harold Alexander, marechal de campo e comandante supremo das Forças Aliadas no Mediterrâneo.
Hastings "Pug" Ismay, general e chefe do Estado-maior de Churchill no Ministério da Defesa.

Henry Wilson, marechal de campo e chefe do Estado-maior, Combinado Britânico em Washington.
Hugh Lunghi, capitão, Missão Militar Britânica, Moscou, e intérprete para os chefes de Estado-maior britânicos.
James Sommerville, almirante e chefe da Delegação do Almirantado do Estado-maior, Combinado Britânico em Washington.
Jo Sturdee, uma das secretárias de Churchill.
Joan Bright, assistente do general "Pug" Ismay.
Joan Evans, uma das encarregadas de códigos junto a Churchill.
John Martin, principal secretário particular de Churchill.
Joyce Rogers, estenógrafa.
Lorde Moran (Charles Wilson), médico de Churchill.
Marian Holmes, uma das secretárias de Churchill.
Maureen Stuart-Clark, oficial do Corpo Feminino e assistente do almirante James Sommerville.
Richard Pim, capitão e oficial da Marinha responsável pela Sala de Mapas de Churchill.
Sarah Oliver, segunda filha de Churchill.
Winston Churchill, primeiro-ministro e ministro da Defesa.

A *delegação soviética*
Alexei Innokentievich Antonov, general do Exército e primeiro vice-chefe do Estado-maior Geral, Exército Vermelho.
Andrei Andreyevich Gromyko, embaixador nos Estados Unidos.
Andrei Yanuarievich Vyshinsky, vice-comissário do Povo para Assuntos Exteriores.
Fedor Tarasovich Gusev, embaixador no Reino Unido.
Ivan Mikhailovich Maisky, vice-comissário do Povo para Assuntos Exteriores.
Joseph Vissarionovich Stalin, marechal, presidente do Conselho de Comissários do Povo da União Soviética e, claro, ditador soviético.
Lavrenti Pavlovich Beria, chefe da NKVD, a polícia secreta soviética.
Nikolai Gerasimovich Kuznetsov, almirante e comissário do Povo na Marinha.
Sergo Lavrentievich Beria, filho de Lavrenti Beria e agente de vigilância da NKVD.

Valentina "Valechka" Vasilevna Istomina, amante de Stalin e governanta.
Vladimir Nikolaevich Pavlov, principal intérprete de Stalin.
Vyacheslav Mikhailovich Molotov, ministro do Exterior da União Soviética.

OUTROS PERSONAGENS MENCIONADOS NO LIVRO

Norte-americanos
Douglas MacArthur, general e comandante supremo das Forças Aliadas no Pacífico Sudoeste.
Dwight D. Eisenhower, comandante supremo das Forças Aliadas na Europa.
Eleanor Roosevelt, esposa do presidente.
Elliott Roosevelt, terceiro filho do presidente.
Frances Perkins, ministra do Trabalho, primeira mulher membro do Gabinete dos Estados Unidos.
Harry Truman, vice-presidente e sucessor do presidente.
Henry Morgenthau, ministro da Fazenda.
Henry Stimson, ministro da Guerra.
James Roosevelt, filho mais velho do presidente.
Joseph "Vinegar Joe" Stilwell, general e comandante das forças dos Estados Unidos na China e na Birmânia até 1944.
Lucy Mercer Rutherfurd, por algum tempo amante do presidente.
Margaret "Daisy" Suckley, prima distante de Roosevelt.

Britânicos
Arthur Tedder, marechal, comandante da Força Aérea e subcomandante do Comando Supremo das Forças Aliadas na Europa.
Bernard Montgomery, marechal de campo e comandante em chefe do XXI Grupo de Exércitos, Europa Ocidental.
Clement Attlee, vice-primeiro-ministro no governo de coalizão do tempo de guerra, líder do Partido Trabalhista e primeiro-ministro a partir das eleições de julho de 1945.
Clementine Churchill, esposa de Churchill.
George VI, o rei.
John (Jock) Colville, um dos secretários particulares de Churchill.

Louis Mountbatten, almirante, comandante supremo das Forças Aliadas, sudeste da Ásia.
Mary Churchill, filha mais nova de Churchill.
Pamela Churchill, esposa de Randolph Churchill, amante de Averell Harriman e posteriormente sua esposa.
Randolph Churchill, filho de Churchill.

Soviéticos
Georgi Konstantinovich Zhukov, marechal, mais graduado comandante militar perante Stalin.

Chineses
Chiang Kai-shek, presidente do Governo Nacionalista.
Mao Zedong, chefe comunista.
Meiling Kai-shek, esposa de Chiang.

Franceses
Charles de Gaulle, chefe do Governo Provisório da República Francesa.

Alemães
Adolf Hitler, chanceler do Reich alemão.
Heinrich Himmler, ministro do Interior e comandante das ss da Gestapo.
Joachim von Ribbentrop, ministro do Exterior.
Joseph Goebbels, ministro da Propaganda.

Poloneses
Stanisław Grabski, membro do Grupo Lublin, controlado pelos soviéticos.
Stanisław Mikołajczyk, ex-primeiro-ministro do governo da Polônia em Londres e por pouco tempo vice-primeiro-ministro da Polônia no pós-guerra.
Tomasz Arciszewski, primeiro-ministro do governo polonês em Londres.
Władysław Anders, general, comandante das Forças da Polônia Livre.

Prólogo

"Estadistas não são convocados para resolver questões simples. Muitas vezes elas se resolvem sozinhas. É quando o equilíbrio está ameaçado e as coisas estão difusas por trás de uma névoa que surge a oportunidade para decisões capazes de salvar o mundo."
WINSTON CHURCHILL

"Não podemos nos eximir das consequências da guerra."
JOSEPH STALIN

LOGO DEPOIS DO MEIO-DIA DE UM SÁBADO, 3 de fevereiro de 1945, sob um céu nublado, soldados soviéticos estavam em forma ao longo da pista do aeródromo de Saki, na costa ocidental da península da Crimeia. A atenção deles se voltou para um avião de transporte Douglas c-54 Skymaster que se aproximava sobre o mar Negro. Momentos depois, o avião aterrissou na curta pista em que operários russos, pouco antes, tinham fechado buracos e na qual mulheres bem agasalhadas tinham se esforçado até o último instante para remover, com vassouras feitas com galhos de bétula, a neve que caíra recentemente. Apesar de seus esforços, a superfície ainda estava coberta por uma fina camada de gelo, tornando a aterrissagem perigosa.

Vinte minutos mais tarde, outro Skymaster aterrissou. Tão logo parou depois de taxiar, o piloto desligou os quatro motores e as hélices pararam de girar, uma figura baixa e corpulenta, de quepe militar e sobretudo, com um charuto preso entre os dentes — Winston Churchill —, desembarcou. Caminhou rapidamente até o outro avião e ficou esperando enquanto uma rampa apropriadamente instalada baixava, permitindo que um homem em uma cadeira de rodas descesse até o solo congelado. Estava protegido do frio por uma grossa capa de lã com gola de veludo, de oficial da Marinha dos EUA. O primeiro-ministro se adiantou e cumprimentou seu companheiro dos dias de guerra, Franklin Delano Roosevelt. Mike Reilly, chefe da segurança do presidente, empurrou a cadeira do presidente para longe do Skymaster — apelidado pelos assessores de Roosevelt de *Vaca Sagrada* por causa do grau de proteção que recebia — e a conduziu até um jipe aberto. Suavemente ergueu o presidente e o acomodou no banco de trás, cobriu-o com um tapete oriental vermelho e azul do Cazaquistão e colocou grossos cobertores em torno dele.

Precedido pelos fotógrafos que caminhavam de costas enquanto tiravam fotos, o jipe atravessou lentamente o aeroporto e se dirigiu para uma guarda de honra soviética. Uniformizados com túnica de botões metálicos, calças enfiadas em botas negras, bem polidas e de cano alto, e de luvas brancas, os soldados estavam em rigorosa posição de sentido, erguendo estandartes que faziam lembrar os das legiões romanas. Uma banda esperava ao lado da guarda de honra.

Churchill caminhava, bem próximo, ao lado do jipe do presidente, com a mão na moldura da porta em que se apoiava o cotovelo de Roosevelt, como se fosse "um servidor indiano acompanhando a carruagem da já idosa rainha Vitória", como viu lorde Moran, médico de Churchill. Observando bem Roosevelt, Moran lhe deu apenas alguns meses de vida. Sergo Beria, filho de vinte anos de Lavrenti Beria, chefe de segurança soviética, declarou que, por meio dos microfones de longo alcance cuidadosamente posicionados, pôde ouvir que Roosevelt se recusou a falar com Churchill e "o interrompeu dizendo que tudo já tinha sido discutido e decidido". Churchill permaneceu ao lado de Roosevelt enquanto a banda tocava inicialmente o hino dos EUA, "Star-Spangled Banner" [A bandeira estrelada], em seguida, o do Reino Unido, "God Save the King" [Deus salve o rei], e, por fim, a "Terceira Internacional", enquanto os dois líderes passavam em revista a guarda de honra.

Pouco depois, sob o olhar atento do ministro do Exterior soviético Vyacheslav Molotov em seu chapéu de pele, chegava um personagem conhecido como "Urso de Pedra", por causa de sua habilidade em saber dizer *não* nas negociações, que havia sido enviado por Stalin para receber seus aliados de guerra — Roosevelt, Churchill e suas equipes foram levados para uma frota de limusines, muitas delas Packards fornecidas pelos Estados Unidos sob o tratado do Lend-Lease. Os veículos os conduziram para o resort de Yalta, à beira-mar, com Roosevelt e a filha Anna Boettiger na limusine da frente. Yalta ficava a apenas 144 quilômetros de distância, mas a viagem pela estrada cheia de buracos, lamacenta e coberta por ruínas da guerra em que, segundo o vice-almirante Ross McIntire, médico de Roosevelt, "até um tanque Sherman teria dificuldade para transitar", levou quase tanto tempo para ser percorrida quanto o voo de sete horas desde Malta.

Depois de chegar e se instalar em suas acomodações em dois palácios danificados pela guerra e recuperados às pressas, e de Stalin, o anfitrião, ter se juntado a eles após uma jornada de 1.600 quilômetros em um trem blindado desde Moscou, os três se dirigiram para a reunião, de codinome Argonauta, que os levara a Yalta a fim de decidir a ordem mundial no pós-guerra. Suas decisões definiriam como seria o mundo nas décadas seguintes, muito depois de todos os três estarem mortos.

Permanece sendo objeto de controvérsia se o preço pago pelos líderes ocidentais pelo "velocino de ouro" valeu a pena para obter a paz, se a estabilidade da Europa Ocidental foi comprada à custa da perda da liberdade no leste do continente e se os termos obtidos por Stalin para concordar em entrar na guerra contra o Japão foram concessões generosas demais e se permitiram ao comunismo soviético fincar pé na Ásia Oriental e, em particular, na península coreana. Muitos pensam assim e afirmam que a Guerra Fria começou em Yalta. Em 2005, o presidente George W. Bush, falando sobre a Letônia, comparou os acordos de Yalta ao Acordo de Munique em 1938 e ao Pacto Alemão-soviético de um ano mais tarde, sugerindo que Yalta deixara a Europa "dividida e instável". Portanto, "foi um dos maiores erros da história… Mais uma vez, quando governos poderosos se reúnem para negociar, a liberdade das pequenas nações é, de alguma forma, desprezada".

Essas opiniões sempre foram vistas com simpatia na Europa continental, particularmente na França, cujo líder durante a guerra, o general Charles de Gaulle, nunca perdoou o fato de ter sido excluído da conferência por decisão inesperada e unânime dos outros líderes. Aos olhos dos europeus, a importância de Yalta como evento fundamental está bem explicada pelo comentário da então supermodelo Carla Bruni, em 1996. Tentando comparar a relativa insignificância de seu papel como modelo de alta costura a eventos realmente importantes, ela afirmou: "Ou seja, a pior coisa que pode me acontecer é quebrar o salto e cair. Não estamos em Yalta, certo?". Anos depois, ela se casaria com Nicolas Sarkozy, presidente da França, que também desaprovava as decisões da conferência. Ele via na "tragédia de Yalta" o motivo para seu pai, um aristocrata húngaro, deixar sua terra natal. Em 2008, antes de uma visita a Moscou, insistiu ao declarar que "a recriação de esferas de influência é inaceitável. Yalta ficou para trás". Pontos de vista semelhantes já tinham sido anteriormente manifestados, entre outros, pelo chanceler alemão Helmut Kohl e por François Mitterrand, presidente da França. Logo após a Conferência de Yalta, alguns parlamentares britânicos lamentaram seu fracasso ao não fazer mais pela Polônia, país pelo qual a Grã-Bretanha entrara na guerra, e pelos poloneses que lutaram bravamente por cinco anos ao lado dos britânicos.

Por outro lado, muitos outros questionam o que mais os líderes ocidentais poderiam ter feito quando as tropas soviéticas já ocupavam grande parte da Europa oriental e concluem que, mesmo que tivesse sido imperfeita e, como definiu Churchill, pudesse levar a uma Guerra Fria, a discussão pelo menos ajudou a terminar uma "guerra quente" que custaria 60 milhões de vidas e evitou que houvesse um novo conflito logo em seguida.

Em todas as negociações, como em um jogo de pôquer, não são somente as cartas que cada participante tem nas mãos que importam, mas também suas personalidades e a forma como fazem seu jogo, como antecipam, interpretam e manipulam as manobras de seus oponentes. A história de Yalta, seu contexto e suas consequências revelam o pensamento, a tática, as opções disponíveis e as reações de cada um dos principais jogadores: o astuto e enigmático, embora gravemente doente, Roosevelt; o guerreiro, eloquente e loquaz Churchill, consciente da redução da importância da Grã-Bretanha no mundo; e Stalin, um autocrata determinado a não fazer concessões e, dos três, o mais consciente do que queria obter e a qual preço.

Parte I
Personalidades, política e pressões

"Jamais hesitaremos! De Malta a Yalta! Ninguém nos deterá."
Winston Churchill para Franklin Roosevelt, janeiro de 1945

1
"Os Três Grandes"

Os três líderes que discutiriam em Yalta o fim da guerra e como seria a paz no futuro estavam de acordo em somente um objetivo: a rápida derrota da Alemanha nazista. Tanto quanto seus passados e caminhos até o poder, suas aspirações e ambições pessoais e as de seus países eram nitidamente distintas.

Ao se dirigirem para a conferência, Churchill, que completara setenta anos no mês de novembro anterior, era o mais velho. Stalin, que nascera em 1878, tinha sessenta e seis e Roosevelt, o mais jovem, faria sessenta e três em 30 de janeiro de 1945. As pressões e tensões do cargo que desempenhavam e as geradas pela guerra tinham cobrado seu preço aos três. Nenhum gozava realmente de boa saúde, e Roosevelt era o que estava visivelmente em pior situação. A poliomielite o paralisara da cintura para baixo em agosto de 1921, mal que ele se recusava a admitir ser permanente e o levou a tentar diversas terapias para reverter a condição. Em janeiro de 1945 ele contava com um novo massagista e curandeiro, Harry Setaro, que fora lutador de sucesso e lhe dissera: "Senhor presidente, o senhor vai caminhar".

Com a conivência de uma imprensa mais complacente do que agora, Roosevelt escondeu do público a gravidade de sua paralisia muitas vezes usando pesadas muletas de aço que lhe permitiam ficar em pé em acontecimentos importantes e até caminhar pequenas distâncias com a ajuda de uma bengala ou o braço de um auxiliar, as pernas balançando sob os quadris.

Para tanto, contribuía a forte constituição de seu tronco, que lhe permitia, inclusive, ser melhor nadador do que qualquer outro membro de sua assessoria na Casa Branca. Como lembrava um de seus auxiliares: "Você, na verdade, não percebia que ele não podia andar. Era uma espécie de monte Rushmore sobre uma cadeira de rodas e, após algum tempo, só se notava o monte Rushmore". Entretanto, às vésperas do sexagésimo terceiro aniversário, Roosevelt também sofria com a pressão arterial muito alta; o coração dilatado; o ventrículo esquerdo enfraquecido, que levava a um suprimento de sangue insuficiente para seu corpo; sinusite crônica; problemas nos brônquios; dores de cabeça frequentes; insônia constante; e hemorroidas que sangravam — várias dessas condições exacerbadas por seu inevitável estilo de vida sedentário.

Stalin sofria de psoríase, amigdalite e reumatismo e tinha problemas no pé, entre eles o fato de dois artelhos do esquerdo serem unidos. Seu rosto revelava as marcas da varíola que contraíra na juventude. Após uma infecção, seu braço esquerdo ficou rígido, o suficiente para que fosse considerado incapaz para o serviço militar na Primeira Guerra Mundial. Na primavera de 1944, seus auxiliares o encontraram inconsciente em sua mesa e a causa não foi identificada. Embora provavelmente fosse o mais saudável dos três, desenvolvera uma certa hipocondria diante dos mínimos problemas de saúde, provavelmente agravada pelo medo de ser envenenado e pela crescente paranoia generalizada.

Churchill estava tão acima do peso que, em 1942, uma nova mesa foi colocada em seu gabinete na sala de operações no subterrâneo de Whitehall porque ele não cabia atrás da mesa anterior. Ao longo de toda a sua vida sofrera com depressão e gostava de dizer que "tinha um cão negro sobre suas costas". Rotineiramente tomava pílulas de barbitúrico para dormir. Sofrera um ataque cardíaco no período de Natal e Ano Novo de 1941-1942 quando visitava Roosevelt, além de diversas crises de pneumonia. Durante a pior delas, que ocorreu em meados de dezembro de 1943 no Marrocos, quando regressava da primeira reunião dos Três Grandes — como os jornais habitualmente se referiam aos três líderes — em Teerã, seu médico, lorde Moran, disse a um dos ministros de Churchill que achava que ele ia morrer. Já flertara diversas vezes com a morte, não apenas em ação no princípio de sua carreira como oficial do Exército e correspondente de guerra, mas também em consequência de acidentes, como em 1931, quando um carro o atropelou e quase o matou em Manhattan. Uma importante revelação sobre um de seus hábitos decorreu desse incidente. Era época de "proibição" de bebidas alcoólicas nos Estados Unidos, e Churchill exigiu que o médico que o tratava emitisse uma nota dizendo: "Certifico que a convalescença de sua excelência Winston S. Churchill após o acidente exige o uso de bebida alcoólica, especialmente nas refeições. A quantidade fica obviamente indefinida, mas a necessidade mínima seria de 250 mililitros".

Churchill ingeria bebidas alcoólicas regularmente. Gostava de uísque — e o preferido era Johnny Walker Black Label —, que sempre bebia sem gelo, mas com soda ou água suficiente para que uma de suas secretárias dissesse que, "na verdade, é um gargarejo". Adorava champanhe, particularmente o Pol Roger, além de vinho branco e conhaque.[*]

Muito se tem discutido se Churchill era alcoolista. Ele próprio afirmava: "Tenho tirado mais proveito do álcool do que o álcool de mim". Mas muita gente achava que ele era um viciado. Sumner Welles, um dos primeiros enviados de Roosevelt à Grã-Bretanha, disse que ele não passava de um "beberrão". Quando soube que Churchill se tornara primeiro-ministro, Roosevelt disse para seu Gabinete que "achava que Churchill era o melhor homem com que a Inglaterra podia contar, mesmo que estivesse bêbado a metade do tempo".

Roosevelt também gostava de bebida alcoólica, mas não bebia tanto quanto Churchill. Gostava, em especial, de preparar coquetéis "com a precisão de um químico", como comentou um amigo, ritual social que cumpria apesar de sua incapacidade física. Churchill detestava esses coquetéis e, às vezes, os derramava na pia do banheiro e os substituía por água. Convidado para experimentar um dos coquetéis de Roosevelt, Stalin assim o descreveu: "Aceitável, algo frio no estômago".

---

[*] Ainda hoje o único champanhe servido em recepções no Churchill College da Cambridge University é o Pol Roger, doado pela instituição.

Stalin gostava de bebidas mais fortes, como vodca, mas preferia o vinho branco da Geórgia, sua terra natal — que se dizia ser o melhor vinho jamais produzido — e, às vezes, chegava a ficar bêbado. Não obstante, Molotov, seu primeiro-ministro, comentava que Stalin geralmente usava o álcool para testar as pessoas, insistindo para que continuassem bebendo a fim de ver suas verdadeiras opiniões depois de beber ou apenas pelo prazer de vê-las bêbadas. De acordo com Sergo, filho de Beria: "Stalin adorava isso. Gostava de presenciar essa demonstração da fraqueza humana". Averell Harriman, enviado de Roosevelt, identificava característica semelhante no governante: "Não há dúvida de que tinha um traço sádico [...] (e) sempre gostava de ver as outras pessoas em situação desconfortável [...] nunca se incomodava quando os outros se sentiam infelizes".

Os três fumavam desmedidamente. O mesmo acontecia com seus auxiliares. Qualquer ambiente, inclusive os de Yalta onde se reuniram, ficava impregnado pelos diversos odores de tabaco e pela névoa cinzenta provocada pelos fumantes. Roosevelt era um fumante realmente compulsivo, que usava uma piteira para inalar normalmente Camels e, às vezes, Lucky Strikes, ambos sem filtro, como eram quase todos os cigarros daquela época. Stalin também era um fumante compulsivo. Gostava dos cigarros norte-americanos, mas na maioria das vezes era visto com um de seus cachimbos, alguns deles importados da Dunhill de Londres. Frequentemente o usava para dar ênfase a um ponto em debate. Churchill só fumava grandes e longos charutos, também comprados na Dunhill, muitas vezes oito ou nove por dia.

Em termos de aparência física, Churchill e Stalin eram baixos e atarracados, embora, segundo um de seus intérpretes, Stalin usasse "ressaltos especiais sob os calcanhares da sola de seus calçados para parecer mais alto do que realmente era". Milovan Djilas, comunista iugoslavo que esteve em Moscou em 1944, assim descreveu Stalin:

> De baixa estatura e desajeitado. Seu tronco era curto e estreito, com pernas e braços muito longos. O ombro e o braço esquerdos pareciam um tanto inertes. Tinha uma barriga pronunciada e o cabelo era esparso, mas não dava para dizer que era completamente calvo. Seu rosto era branco,

com bochechas rosadas [...]. Os dentes eram escuros e irregulares, voltados para dentro [...]. Mas sua cabeça não era tão feia... com aqueles olhos cor de âmbar e uma mistura de severidade e maldade.

Sarah Oliver, filha de Churchill, lembrava-se de Stalin como "uma figura assustadora, com seus olhos estreitos, de urso", embora às vezes "centelhas de luz dançassem (neles) como o sol frio em águas turvas".

Um convidado para um banquete na Casa Branca assim descreveu Churchill com seu 1,68 metro:

> Figura rotunda e atarracada, pernas e braços curtos e flácidos, ombros estreitos, barriga, tórax e cabeça mais pronunciados, sem pescoço. Mesmo assim, ao entrar no recinto, a cabeça meio encolhida, com sua cara grande, redonda e rosada, e seus olhos azuis-claros, o papel que desempenhara em Dunquerque e o respeito que sua pessoa infundia lhe asseguravam uma estatura de gigante. Movia-se como se não tivesse juntas, tudo uma única peça: sólida e calmamente, ignorando obstáculos, como um tanque ou uma retroescavadeira.

A prima distante (em sexto grau) de Roosevelt, Margaret "Daisy" Suckley, achava que Churchill era "um homem de aparência estranha. Gordo e roliço, suas roupas pareciam espremê-lo. A cabeça, praticamente sem cabelo... Falava como se tivesse terríveis adenoides... É engraçado como pisca sem parar".

Roosevelt era mais de quinze centímetros mais alto do que os outros, com 1,86 m de altura quando apoiado em suas longas muletas. O mesmo convidado para o jantar que descreveu Churchill ressaltou o rosto "corado" de Roosevelt, seu "tronco com ombros largos e a cabeça grande, olhos muito próximos, que faiscavam e demonstravam intenso interesse... Suas mãos, gesticulando para dar ênfase, acendendo um cigarro após outro e sacudindo as cinzas de seu casaco de algodão listado e amassado, tremiam bastante. As bolsas sob os olhos eram muito escuras e profundas". Um de seus intérpretes descreveu como Roosevelt "achava que tinha senso de humor, mas, na verdade, era 'extraordinariamente vulgar'. Gostava de contar piadas... e ria com espalhafato. Desfrutava e saboreava francamente seu próprio humor".

A teatralidade é uma faceta de muitos políticos. O chefe da segurança de Roosevelt, Mike Reilly, achava que tanto Churchill quanto Roosevelt muitas vezes se comportavam como se fossem atores. Roosevelt tinha o hábito de jogar a cabeça para trás, em um movimento que ele próprio dizia ser "a Garbo em mim". Certa vez disse a Orson Welles que os dois eram os melhores artistas nos Estados Unidos. Um diplomata norte-americano recorda Churchill como a figura de um buldogue inglês: "Em tudo está presente o toque de sua arte, de sua aparência, de seus gestos... o irresistível v da vitória, o charuto transmitindo serenidade". Milovan Djilas achava difícil identificar o quanto do comportamento de Stalin era "atuação" e o quanto era autêntico, uma vez que "com ele o fingimento era tão espontâneo que parecia estar convencido da veracidade e da sinceridade do que estava afirmando". Também notava em Stalin um "senso de humor rude, confiante, mas sem deixar de ser sutil e penetrante". Entretanto, por trás de suas provocações, particularmente com seus subordinados, havia muitas vezes "tanto malícia quanto gozação". Sergo Beria se lembra de como Stalin ridicularizava Malenkov, um de seus principais ministros, por estar acima do peso, dizendo-lhe que era ideologicamente inapropriado um membro importante do partido ser tão gordo e ordenando que fizesse exercícios e andasse a cavalo "para voltar a parecer um ser humano".

As horas de trabalho, os hábitos e a forma de governar de cada um deles variava consideravelmente. Roosevelt passava as "horas de trabalho" muitas vezes com Fala, seu terrier escocês preto, a seu lado e normalmente interrompia o trabalho para nadar um pouco antes do jantar. Conforme o que dizia sua filha, Churchill "nunca queria desligar". Às vezes, adentrava a noite trabalhando. Quando não tinha reuniões pela manhã, ficava na cama examinando documentos espalhados sobre ela, algumas vezes com "a roupa de sereia" que usava para dormir, um "macacão" inteiriço. Um diplomata britânico a descreveu como "uma roupa horrível que (Churchill) alegava ter ele mesmo idealizado para usar durante os ataques aéreos [...] como se fosse um macacão de mecânico ou aquele que as crianças usam para engatinhar". Muitas vezes, tirava uma soneca depois do almoço. Costumava ditar textos para uma de suas secretárias enquanto tomava um longo banho de banheira.

Stalin, que tinha uma máscara mortuária de Lenin ao lado da mesa de trabalho no pequeno e espartano gabinete no Kremlin, era ainda mais notívago e costumava trabalhar até tarde da noite e dormir até umas onze horas da manhã. De acordo com Sergo Beria: "Ele sempre se trancava quando ia dormir, mas está errado quem julga que isso fosse por covardia. Meu pai disse que Stalin não temia morrer. Apenas não queria que alguém o visse dormindo e indefeso. Quando ficava doente, procurava esconder sua vulnerabilidade". Andrei Gromyko, presente em Yalta e outras conferências na condição de embaixador soviético em Washington, "nunca viu um médico a seu lado durante todas as conferências dos Aliados". Na verdade, Stalin era o único dos três líderes que não tinha um médico pronto para atendê-lo em Yalta.

Como alguém que já exercera três mandatos de presidente e estava a caminho do quarto, Roosevelt mantinha um olhar atento para a política interna. Nunca foi além do que julgava ser permitido pela maioria da opinião pública e se assegurava, por meio das "conversas ao pé da lareira" que conduzia pelo rádio, que o eleitorado entendia suas mensagens e motivações. O desejo de Roosevelt de ter a opinião pública a seu lado levou um rival na corrida presidencial a afirmar que ele era "um camaleão em um tecido xadrez" ajustando suas políticas ao gosto do povo. Churchill disse a seu filho Randolph: "O presidente, com todo seu coração caloroso e suas boas intenções, é visto por muitos de seus admiradores mais como capaz de sensibilizar a opinião pública do que de orientar sua formação".

Churchill — o único primeiro-ministro britânico a usar regularmente uniforme militar durante o mandato — e seu ministro da Defesa concentravam sua atenção na conduta da guerra e nas relações entre a Grã-Bretanha e seus aliados. Churchill não dispunha de muito tempo, tampouco tinha inclinação para se preocupar com a política interna. Assim, dava aos integrantes de seu Gabinete de Coalizão ampla liberdade de ação nessa área. Os membros trabalhistas desempenharam os papéis principais no planejamento da reconstrução da nação após a guerra e realmente lançaram as fundações do Serviço Nacional de Saúde sem interferência do primeiro-ministro. John "Jock" Colville, um dos secretários particulares de Churchill, assinalou que a atenção maior do primeiro-ministro estava voltada para "defesa, relações exteriores e política partidária" e bem menos para "problemas domésticos e a frente interna, a não ser quando se via motivado por questões sentimentais".

Raramente Churchill guardava ressentimentos. Na manhã depois de terem uma "discussão áspera e quase dolorosa", um colega reparou que ele estava "afável, sorridente e até caloroso". A esposa de Roosevelt, Eleanor, descreveu o primeiro-ministro como uma "pessoa adorável, emotiva e muito humana", embora discordasse de muitas de suas opiniões políticas. Mary, filha de Churchill, achava que "seu pai era bastante simples no trato com pessoas. Era confiável e muito autêntico. Sabia ser esperto quando necessário, mas isso não ocorria com frequência". De acordo com Colville: "Paciência (era) uma virtude totalmente estranha para ele". Churchill reconhecia sua impaciência que, aliada à sua impulsividade, o levava a derivar para fantasias verbais e recomendava a seus auxiliares que só aceitassem suas ordens escritas. Gostava de ter gente disposta a ouvi-lo e tendia a monopolizar a conversa.

Clement Attlee, vice-primeiro-ministro, acreditava que suas mais importantes qualidades eram "energia (mais do que sabedoria), senso prático de julgamento e visão", mas que "era o teor poético, associado à energia, que produzia a mágica". Não obstante, em janeiro de 1945, pouco antes da reunião em Yalta, Attlee datilografou ele próprio — com dois dedos "para que ninguém de seu Estado-maior pudesse ver" — "uma carta muito franca para o P. M.". Reclamava da "constante intervenção do primeiro-ministro no Gabinete envolvendo assuntos que ele não lera e questões que ele não tivera a oportunidade de examinar". Colville escreveu em seu diário: "Por mais que goste do primeiro-ministro e o admire, temo que haja muito de verdade no que Attlee afirma". A mulher de Churchill, a quem ele mostrou a carta de Attlee, a considerou "verdadeira e oportuna".

Roosevelt era muito menos emotivo e muito mais contido, calculista e enigmático do que Churchill, que facilmente chegava às lágrimas e raramente dissimulava suas emoções. Roosevelt escolhia cuidadosamente as palavras, mantinha-se como ponto central da teia de seu governo e sabia separar vida pessoal e política. Sua mulher Eleanor avisara Churchill que "quando Franklin diz 'sim, sim, sim', não quer dizer que está de acordo... significa que ele está escutando". Ela também achava que o marido tinha "um grande senso de responsabilidade... e uma sólida convicção de que possivelmente era a única pessoa preparada, treinada e com conhecimento... de todos os aspectos da situação". O general Dwight D. Eisenhower, comandante supremo das Forças Aliadas na Europa, considerava-o "quase egomaníaco ao acreditar em sua própria sabedoria". O vice-presidente de Roosevelt em seu terceiro mandato, Henry Wallace, não era o único a considerá-lo "absolutamente oportunista". Agia "por intuição e vias indiretas" e conseguia "atuar com sucesso em duas direções diversas praticamente ao mesmo tempo".

Harry Truman, último vice-presidente de Roosevelt e seu sucessor, o descreveu como "o homem mais frio que já conheci. Tanto quanto pude observar, pessoalmente não dava a mínima bola para minha existência ou de mais alguém neste mundo". Ele "gostava de jogar um contra o outro". Outro auxiliar foi mais além:

> Costumava enviar mensagens através de um departamento e receber as respostas por outro, pois não queria que alguém dispusesse de um arquivo completo sobre suas ligações, por exemplo, com o primeiro-ministro Winston Churchill, [...] não queria que ninguém soubesse tudo sobre cada assunto. [...] Por não confiar inteiramente em ninguém, Roosevelt mantinha seus subordinados sempre em dúvida quanto à sua posição. Tinham que ser leais a ele, mas na verdade não sabiam o quanto ele era leal a eles.

Roosevelt reconhecia o quanto eram procedentes certas críticas: "Sabe como é: sou um ilusionista e nunca deixo minha mão esquerda saber o que a direita está fazendo... Posso ser totalmente contraditório e, além disso, sei perfeitamente como enganar e dizer inverdades se isso ajudar a vencer a guerra". Arthur Krock, renomado correspondente do *The New York Times* em Washington, assim resumiu a ambiguidade de Roosevelt:

> Creio que é preciso voltar a Jefferson para encontrar outro presidente como ele. É tão contraditório e às vezes tão desonesto quanto Jefferson,

mas realmente um grande homem. Há muitas semelhanças entre ele e Jefferson, e ele sempre achou que elas, de fato, existiam.

Tanto Roosevelt quanto Churchill eram — e precisavam ser — bons oradores, embora por vias diversas. Roosevelt era inovador ao usar suas amistosas "conversas ao pé da lareira" transmitidas pelo rádio. Com pleno sucesso, Churchill adaptou o uso do rádio por Roosevelt para fortalecer o moral do povo durante a guerra, mas como um orador muito mais exuberante e emocional, autor de tiradas originais e que se tornaram famosas. Eisenhower se lembrava de Churchill como "um mestre nas discussões e nos debates [...] com grande capacidade como orador", mesmo cara a cara: "Ele empregava humor e simpatia com a mesma facilidade e usava tudo o que podia, desde os clássicos gregos até o Pato Donald em suas citações, chavões e gírias expressivas para sustentar seus argumentos". Até o ranheta líder da França Livre, o general Charles de Gaulle, reconhecia a habilidade de Churchill para "estimular a melancólica população inglesa".

Independentemente do que colegas, amigos e famílias pensassem da competência desses homens, Eleanor, a mulher de Roosevelt — sobrinha do primo em quinto grau do marido, o presidente Theodore Roosevelt —, escreveu: "Um homem em um alto cargo não pode ser marido, pai nem amigo no senso normalmente aceito dessas palavras". Ela reconhecia os laços criados entre seu marido e Churchill, que os ajudaram a vencer a guerra — como "um relacionamento auspicioso", como definiu. Os dois compartilhavam extraordinária autoconfiança, resiliência e determinação que lhes permitiram, nas palavras de Churchill, "continuar perseverando" para superar os obstáculos, fossem políticos, militares e, no caso particular de Roosevelt, físicos.

Como Stalin tinha imediato poder de vida ou morte sobre seus colegas, não surpreende o fato de eles terem escrito muito pouco sobre sua personalidade e seus métodos de trabalho. Na URSS, ele era o líder inquestionável tanto em questões políticas quanto militares, confiando em poucos e tomando ele próprio as grandes decisões. Sua filha Svetlana declarou:

Nele, os sentimentos humanos eram substituídos por considerações de ordem política. Conhecia e intuía o jogo político, suas sombras e nuances. Ao longo do tempo, nele ficaram mais fortes as frias avaliações, a dissimulação e um realismo cínico e arrogante.

Sergo Beria escreveu:

> Stalin era extremamente inteligente. Era frio, calculava cada coisa que fazia e estava sempre no controle de si mesmo. Tomava suas decisões depois de avaliá-las cuidadosamente. Nunca improvisava. Quando se via obrigado a se afastar do plano original, nunca corria o risco de fazê-lo antes de pensar em uma estratégia que o substituísse. Não se tratava de agir lentamente, mas de jamais lidar com alguma coisa de forma precipitada. Todos os seus atos faziam parte de um planejamento de longo prazo que lhe permitia voltar sua atenção para um determinado objetivo em um determinado momento [...] Era metódico ao extremo e sua vasta memória constituía verdadeira coleção de arquivos dos quais extraía dados à vontade [...] para alcançar um objetivo. Preparava-se cuidadosamente para cada reunião, estudando as questões que esperava levantar.

Sergo também disse que, para fortalecer suas decisões, Stalin incentivava as organizações governamentais a mandar informações umas sobre as outras e os órgãos de segurança a vigiar todas elas. Usava microfones escondidos para grampear as conversas de seus companheiros e "jogar uns contra os outros. Era mestre nessa arte".

Em nível mais pessoal, lembrou Andrei Gromyko:

> Eu estava sempre alerta, observando Stalin enquanto ele falava, atento à expressão de seu rosto, especialmente seus olhos. Quando censurava uma pessoa ou com ela se envolvia em uma discussão, Stalin tinha uma forma impiedosa de encará-la fixamente nos olhos, sem afastar o olhar. O alvo de seu implacável olhar, convém admitir, se sentia profundamente desconfortável.

Os diplomatas estrangeiros, porém, ficavam surpresos com a aparência encantadora do ditador, com a suavidade de sua voz e, ao contrário de outros, inclusive Churchill, com o fato de ele se mostrar sempre disposto a ouvir o que tinham a dizer, em vez de ficar ele próprio falando. Mesmo que alguns desses elogios fossem de ordem basicamente pragmática, diante da necessidade de, em tempo de guerra, manter boas relações com um aliado, de modo geral, como acontecia com Churchill, Roosevelt e mais tarde Truman, havia a respeito de Stalin uma impressão muito mais favorável do que seus notórios atos aconselhavam.

Churchill e Roosevelt eram muito mais próximos um do outro do que de Stalin. Tinham antepassados comuns da família da falecida princesa Diana, os Spencers. Churchill era sobrinho do duque de Marlborough e nascera no local onde vivia a família, o palácio de Blenheim. Seu pai era irmão do duque — o temperamental, talentoso e estrela cadente da política, lorde Randolph Churchill. Sua mãe era uma bonita herdeira norte-americana, Jennie Jerome e, como consequência, Churchill alegava que "podia identificar uma linha ininterrupta de descendência masculina pelo lado de sua mãe ao longo de cinco gerações a partir de um tenente que servira no exército de George Washington", o que lhe concedia "um direito de sangue para se dirigir aos representantes da Grande República e falar sobre nossa causa comum".

Pesquisas recentes revelam que a infância de Churchill pode não ter sido tão solitária quanto se depreende do que ele próprio escreveu. Não obstante, ele muitas vezes pediu mais atenção por parte dos pais e escreveu do colégio para a mãe: "Estou tão infeliz. Estou até chorando [...]. Por favor, minha mãe querida, seja boazinha com seu adorado filho [...]. Deixe-me pelo menos pensar que me ama". Não resta dúvida de que lorde Randolph questionava os atributos do filho, pois dizia para a própria mãe dele que Winston "não é lá muito inteligente, tampouco tem capacidade para se destacar em um trabalho. Possui muito talento para exageros e dissimulações". Quando Churchill escreveu para o pai exultante por poder ingressar na Academia Militar de Sandhurst na terceira tentativa, a resposta de lorde Randolph foi contundente, acusando-o de não ter se saído suficientemente bem para entrar em um regimento de infantaria. E continuou: "Se não consegue fugir dessa vida ociosa, inútil e improdutiva como a que teve em seus dias na escola e nos últimos meses, vai se transformar em um refugo social e sua existência acabará sendo miserável, infeliz e fútil".

Lorde Randolph morreu quando Churchill tinha vinte anos. Depois de Sandhurst, Churchill foi tanto como oficial do exército quanto como bem-sucedido repórter para onde quer que estivessem acontecendo operações militares: Cuba, a fronteira noroeste da Índia, o Sudão, onde ocorreu a última grande força de cavalaria do Exército britânico em Omdurman, e a África do Sul, onde foi aprisionado durante um ataque bôer a um trem blindado. Sua fuga espetacular e o emocionante relato que escreveu na primeira pessoa sobre a fuga para o *Morning Post* o tornaram herói nacional. Pela primeira vez, a mãe lhe deu atenção e favoreceu sua carreira usando sua influência, construída por diversos meios, inclusive junto a Edward VII, quando ele era o príncipe de Gales. Em setembro de 1900, Churchill foi eleito membro do Parlamento, onde permaneceria, com breve intervalo, até pouco antes de sua morte, 65 anos mais tarde. "Agitado, egoísta, presunçoso, superficial e reacionário, mas com certa dose de magnetismo pessoal, grande determinação e alguma originalidade", é como a socialista Beatrice Webb o descreveu durante seus primeiros dias no Parlamento. Originalmente um conservador, passou para o outro lado da Câmara para se aliar aos liberais e foi ministro do Comércio antes de ser nomeado ministro do Interior e, mais tarde, em 1911, primeiro lorde do Almirantado e chefe político da Royal Navy.

No início da Primeira Guerra Mundial — então ministro do Gabinete havia seis anos —, Churchill era o principal defensor do desembarque nos Dardanelos para expulsar a Turquia da aliança inimiga. O fracasso desastroso dos desembarques provocou sua saída do Almirantado. Mais tarde, sua mulher lembrava: "Os Dardanelos o perseguiram pelo resto da vida. Ele sempre acreditou no sucesso. Quando deixou o Almirantado, julgou que estava liquidado [...]. Achei que morreria de tristeza".

Durante alguns meses no fim de 1915 e começo de 1916, Churchill comandou um batalhão de infantaria nas trincheiras da frente ocidental, o único dos Três Grandes que esteve em ação na frente de combate. Regressando à Grã-Bretanha, foi ministro de Material Bélico e, em 1919, ministro da Guerra. Antes disso, em 1918, assistiu a uma palestra de Roosevelt em uma associação de advogados de Londres. De acordo com Joseph Kennedy, embaixador dos EUA na Grã-Bretanha no princípio da Segunda Guerra Mundial e que não era amigo de Churchill, Roosevelt lhe disse que o primeiro-ministro fora rude e "um canalha [...] que fica se vangloriando diante de todos nós". Quando se reuniram pela primeira vez durante a Segunda Guerra Mundial, Churchill não conseguiu se lembrar de já ter estado com Roosevelt antes, de certa forma desapontando o presidente.

Na condição de ministro do Gabinete britânico, Churchill estava entre os mais veementes na defesa de uma intervenção armada contra a Revolução Russa. Acusava o bolchevismo de ser "uma ridícula burrice" e "uma doença mais mortal do que a peste negra ou o tifo maculoso". Aprovava o envio de tropas para apoiar os russos brancos em torno de Arcangel e Murmansk, assim como o emprego de forças navais britânicas para ajudar na garantia da independência dos Estados bálticos, como decidido na Conferência de Paz de Versalhes em 1919.*

No início da década de 1930, Churchill estava em situação desfavorável. Depois de voltar para o Partido Conservador e ser, por cinco anos, um inexpressivo ministro da Fazenda, distanciou-se da liderança do partido após a derrota dos conservadores, em 1929, sobretudo por se opor a mínimas concessões para a existência de um governo próprio na Índia e, mais tarde, aos esforços efetuados pelo governo britânico na tentativa de conter Hitler.

Churchill censurava o líder do movimento pela independência da Índia, Mohandas Gandhi, chamando-o de "faquir seminu". Quando lorde Halifax, que fora vice-rei da Índia, lhe disse que sua opinião "parecia a de um subalterno (segundo-tenente) da geração passada" e que precisava se atualizar conversando com alguns ativistas políticos indianos, Churchill replicou: "Estou bastante satisfeito com minha opinião sobre a Índia e não quero vê-la questionada por um maldito indiano".

A campanha de Churchill contra uma conciliação chegou ao auge depois do notório abandono da Tchecoslováquia por Neville Chamberlain segundo o acordo que celebrou com Hitler em Munique, em 1938. Churchill declarou perante a Câmara dos Comuns:

---

* Uma placa de bronze na igreja do Santo Espírito em Tallin, capital da Estônia, registra a intervenção inglesa e a concessão da Cruz da Liberdade a Churchill e outras pessoas.

> O Parlamento deve reconhecer que houve grave negligência [...] com nossa segurança [...] estamos sendo derrotados sem que haja guerra e as consequências serão sentidas ao longo de nossa caminhada [...] o equilíbrio da Europa ficou comprometido [...] isso é apenas o começo de uma avaliação da situação [...] o primeiro gole da taça amarga que nos será oferecida ano a ano, a menos que, por um esforço supremo de resgate de nossa saúde moral e de nosso espírito guerreiro, nos ergamos e assumamos nossa posição em defesa da liberdade.

Franklin Roosevelt vinha de uma família anglo-germânica de longa tradição e desfrutara uma infância feliz na propriedade da família em Hyde Park, com vista para o rio Hudson, nas proximidades de Poughkeepsie. Como filho único de mãe dedicada, embora um tanto dominadora, era o único dos três líderes que frequentara uma universidade, em seu caso, Harvard. Entretanto, não foi um aluno de destaque lá ou, mais adiante, na Columbia Law School, talvez justificando o comentário posterior do juiz da Corte Suprema Oliver Wendell Holmes: "Uma inteligência de segunda classe, mas um temperamento de primeira".

Em 1910, como democrata que contrastava com o republicano Theodore, seu primo em quinto grau, Roosevelt assegurou sua primeira vitória eleitoral ao ser eleito senador pelo estado de Nova York. Posteriormente, admitiu que precisou desse período de aprendizagem antes de ser alçado a nível federal e escreveu: "Eu era um sujeito terrivelmente insignificante e me sentia deslocado quando entrei na política". Três anos depois, recebeu a primeira oferta de cargo na esfera federal, o de subsecretário da Marinha, o que despertou seu interesse pelo mar, tanto quanto o posto no Almirantado funcionara para Churchill. Em sua primeira mensagem para Churchill, Roosevelt salientou a experiência naval comum. Durante toda a Segunda Guerra Mundial, as mensagens de Churchill para Roosevelt foram, muitas vezes, assinadas como "Former Naval Person".

Roosevelt estava na França em viagem de inspeção durante as negociações do presidente Wilson na Conferência de Paz de Versalhes, que resultou na criação da Liga das Nações. A Liga era a menina dos olhos de Wilson e o fez merecedor do Prêmio Nobel da Paz, em 1919, pela participação em sua criação. Roosevelt regressou de Versalhes para Washington no mesmo navio de Wilson. Durante a viagem, Wilson comentou a respeito da Liga: "Os Estados Unidos devem fazer parte dela ou entristecerão o coração do mundo, pois é a única nação que todos consideram altruísta e na qual todos confiam". Roosevelt concordou e gravou a frase para uso futuro. A ideia que encerrava serviria para amparar a defesa que, no futuro, faria das Nações Unidas em Yalta e em outras ocasiões.

Todavia, nesse mesmo ano o Senado dos EUA vetou a proposta de Wilson para que os Estados Unidos ingressassem na Liga das Nações, considerando que comprometeria a soberania do país. Entretanto, a Liga ainda estava sendo discutida quando, aos 38 anos, Roosevelt foi o candidato a vice-presidente de James Cox na eleição presidencial nos Estados Unidos de 1920. Durante a campanha, Roosevelt defendeu veementemente a Liga. Com a esmagadora vitória do candidato republicano Warren Harding, o país permaneceu fora da Liga, deixando essa organização muito mais ineficaz do que já era.

Em agosto de 1921, a bordo de seu iate ao largo de New Brunswick, Roosevelt caiu do barco em consequência de uma súbita fraqueza que o desequilibrou. Tinha contraído poliomielite, que paralisou suas pernas. Em 1927, fundou um instituto para tratamento e reabilitação de pacientes com pólio em Warm Springs, no estado da Geórgia. De acordo com a linha política dos estados sulistas, havia segregação na Geórgia e negros não eram admitidos. Como pensava Churchill naquela época a respeito das raças no Império Britânico, Roosevelt foi além de um racismo de momento ao se pronunciar em jornais contra imigrantes japoneses porque "imigrantes japoneses não podem ser assimilados pela população norte-americana [...], a mistura do sangue asiático com o europeu ou norte-americano produz, em 90% dos casos, os mais desastrosos resultados".

Em 1928, Roosevelt concorreu ao cargo de governador do estado de Nova York, vencendo por uma margem de 25 mil votos em um total de 4,2 milhões, enquanto Herbert Hoover, candidato republicano, vencia a eleição presidencial por esmagadora maioria. Reeleito governador com a maioria dos votos em 1930, Roosevelt venceu a indicação como candidato democrata à presidência em 1932, quando, após a crise econômica de 1929, a reputação de Hoover despencou a ponto de circular uma piada: "Se Hoover vencer, Gandhi entrará na lista dos mais bem-vestidos". Roosevelt derrotou Hoover por larga margem e, logo em seguida, deu início à sua revolução do New Deal declarando ao povo norte-americano que "a única coisa que devemos temer é o próprio medo", lançando programas de empregos públicos, regulando as atividades bancárias e do mercado de ações e, portanto, restaurando a confiança na economia e assistindo diretamente os desempregados, que constituíam mais de um quarto da força de trabalho industrial. Em todas essas iniciativas, ele revelou grande habilidade como "conciliador" de facções diametralmente opostas. Usando o que Henry Wallace descreveu como uma "intuição feminina no trato com o povo", Roosevelt improvisou soluções para problemas imediatos "pelo menos no presente momento". Em 1936, foi reeleito por maioria ainda maior, conquistou um terceiro mandato em 1940 e começou o quarto pouco antes de Yalta.[*]

Quando a Conferência de Paz de Versalhes se reuniu em 1919 para decidir os destinos da Europa depois da Primeira Guerra Mundial, Stalin já tinha conquistado considerável poder. Segundo um contemporâneo, "Stalin não gostava de falar sobre sua infância". Nascido Joseph Vissarionovich Djugashvili, em dezembro de 1878, era filho de pai alcoolista que batia nele e em sua mãe. Os dois vinham de famílias de camponeses. Moravam em Gori, pequena localidade à margem do rio Kura, na Geórgia.

Stalin foi o único de quatro irmãos que sobreviveu a uma infância cruel. Depois de se separar de seu pai, a mãe passou a trabalhar como lavadeira para negociantes e padres locais. Possivelmente com a ajuda destes últimos, em 1894 conseguiu uma bolsa de estudos no seminário ortodoxo em Tiflis (Tbilisi), capital da Geórgia, onde recebia cinco rublos por mês como menino do coro. Mais tarde Stalin disse que certa vez seu pai apareceu no seminário lhe pedindo dinheiro e implorando: "Não seja ruim como sua mãe!". Stalin lhe disse para ir embora ou "vou chamar o guarda".

---

[*] Em dezembro de 1933, Roosevelt achou que era hora de revogar a "Proibição" de bebidas alcoólicas, algo que, sem dúvida, agradaria a Churchill.

Stalin foi expulso do seminário em 1899. Pouco depois, tornou-se revolucionário e, em 1902, foi pela primeira vez exilado na Sibéria. Em 1907, roubou 250 mil rublos de um banco em Tbilisi para financiar a causa revolucionária. Em seguida, esteve em diversos países europeus, incluindo a Grã-Bretanha — onde pela primeira vez se encontrou com Trotsky, em Londres —, para comparecer a reuniões revolucionárias. Até a primeira Conferência dos Três Grandes de 1943, em Teerã, a última vez que saíra da Rússia foi para uma viagem a Praga e Cracóvia no fim de 1912. Algum tempo antes, começara a escrever em russo e não mais em georgiano. O idioma russo que falava conservou, durante toda a vida, um acentuado sotaque da Geórgia. Em 1912, com influência de Lenin, foi eleito membro do Comitê Central do Partido Comunista e começou a usar o nome Stalin, que significa "aço". Acredita-se que mais ou menos nessa época tenha atuado como agente duplo, trabalhando para a polícia secreta czarista, a Okhrana, e traindo seus rivais revolucionários. Isso explicaria o fato de seu outro período de exílio, ao qual foi condenado pouco tempo depois, ter sido menor do que o esperado.

Após a abdicação do czar em março de 1917, Stalin fugiu do exílio e foi para São Petersburgo, onde assumiu a editoria do *Pravda* (*Verdade*), jornal bolchevique de Molotov, seu futuro ministro do Exterior. Depois da Revolução Bolchevique de outubro de 1917, subiu na hierarquia do partido. Na primavera de 1918, Lenin o enviou com quatrocentos guardas vermelhos em um trem blindado para impor ordem no caos e no clima de traição que imperavam na estratégica cidade de Tsaritsyn, no Volga, porta de entrada para os estoques de grãos e petróleo do Cáucaso, ameaçados pelo avanço dos russos brancos. Nessa localidade, de seu vagão-restaurante em um trem forrado de seda azul, Stalin conduziu com mão de ferro um expurgo implacável. Em abril de 1925, Tsaritsyn foi renomeada como Stalingrado em sua homenagem.

Realizou outras importantes missões até 1922, quando foi nomeado secretário-geral do Comitê Central do Partido Comunista. Depois da impiedosa conduta de Stalin ao suprimir a dissidência em sua Geórgia natal e em outros lugares, Lenin se decepcionou com seu protegido e, no fim de 1922, após sofrer um primeiro infarto, alertou: "Stalin está concentrando poder demais em suas mãos e não estou certo de que saberá empregar esse poder com suficiente prudência". Pouco mais tarde, um novo alerta: "Stalin é violento demais, e esse defeito fica [...] intolerável em alguém que desempenha o cargo de secretário-geral (do Partido Comunista)". Não obstante, nos anos seguintes à morte de Lenin, em janeiro de 1924, Stalin assumiu totalmente o poder graças a Trotsky, preconizando que o Partido Comunista devia se concentrar no "socialismo em um só país", a URSS, em vez da revolução em âmbito internacional defendida por Trotsky.

Stalin negligenciou a desastrosa e forçada coletivização dos camponeses que resultou na fome em massa de 1932-1933. Trinta e dois dos 70 milhões de bovinos da União Soviética morreram ou foram mortos durante a revolta, além de quase dois terços das cabras e metade dos cavalos. Cerca de 6 a 8 milhões de pessoas morreram tragicamente, entre elas 4 a 5 milhões da fértil Ucrânia. Atravessando uma cidade ucraniana, um jornalista encontrou mensagens rabiscadas ao lado de corpos: "Deus abençoe os que aqui chegam e que nunca tenham que sofrer o que sofremos".

Insatisfeito com a indisciplina no partido, a falta de firmeza na reação de alguns companheiros diante da turbulência causada pela coletivização e também temendo tentativas de golpe tanto do partido da esquerda trotskista quanto da direita bukharinista do Partido Comunista, Stalin desencadeou uma série de grandes expurgos em meados e fim da década de 1930. Com base em acusações forjadas — ou mesmo sem acusação —, conseguiu executar 93 dos 139 poderosos membros do Comitê Central e 89 dos 103 generais e almirantes soviéticos. Mais de um terço de cerca de 3 milhões de membros do Partido Comunista também foram mortos. As estimativas variam, mas muitos milhões de civis acusados de deslealdade ou de serem *kulaks* — antigos proprietários de terras com bens além do necessário — ou simplesmente inocentes denunciados por inimigos pessoais foram deportados ou despachados para gulags, os campos de trabalhos forçados, onde morreram em grande número.

Embora chegassem ao Ocidente notícias sobre os sofrimentos e julgamentos, muita gente, em particular socialistas e pensadores liberais que simpatizavam com as ideias comunistas, se recusava a acreditar, julgando que eram exageradas e que as confissões coletadas nesses julgamentos eram autênticas, negando, ou não percebendo, que as vítimas tinham sido torturadas para admitir as acusações. Em 1944, um assessor norte-americano que acompanhou o vice-presidente Wallace em visita ao gulag Kolyma, onde 3 milhões de detentos morreram entre 1937 e 1953, escreveu um artigo em uma revista comparando o gulag com a Tennessee Valley Authority, peça central do projeto do New Deal de Roosevelt. O próprio presidente norte-americano subestimou os crimes de Stalin ao considerá-lo culpado dos "assassinatos indiscriminados de milhões de vítimas inocentes".

A relutância dos Aliados Ocidentais em reconhecer a verdade sobre a extensão e a gravidade dos excessos cometidos pelo regime soviético, ou pelo menos em se certificarem de que eram conduzidos por forças sombrias que fugiam ao controle de Stalin e sua liderança, persistiu ao longo de todos os anos de guerra.

2
"Acabamos amigos"

O PRIMEIRO ENCONTRO DE CHURCHILL E ROOSEVELT durante a Segunda Guerra Mundial aconteceu em Placentia Bay, na Terra Nova, em agosto de 1941. Foi logo após a capitulação da França, a nomeação de Churchill para primeiro-ministro e a formação de um governo de coalizão nacional (até 1945, ele não enfrentou eleição para primeiro-ministro), além da reeleição de Roosevelt para um terceiro mandato, em novembro de 1940. O presidente e o primeiro-ministro já vinham se entendendo desde o começo da guerra e trocado quase 2 mil mensagens, na proporção de três, de Churchill, para duas de Roosevelt. Os dois passaram quatro dos trinta meses seguintes ao lado um do outro e, mais ainda, viajando para essas reuniões. Em março de 1941, Roosevelt criara o programa Lend-Lease, pelo qual os Estados Unidos proveriam seus aliados com equipamentos e serviços a serem pagos em espécie após a guerra. Churchill o descreveu como "o ato mais sórdido na história de qualquer nação". Desde os primeiros dias, Churchill cultivara essa relação, tratando o presidente como "sir" durante as primeiras conversas por telefone e sempre tentando fazer o papel de humilde postulante. Mais tarde, lembrou: "Nenhum amante jamais satisfez os caprichos de sua amante como satisfiz os do presidente Roosevelt".

A bordo do novo encouraçado HMS *Prince of Wales*, ao lado de Harry Hopkins e Averell Harriman, assessores de Roosevelt que o acompanharam até Placentia Bay, Churchill aguardou ansioso a chegada do presidente no USS *Augusta*, o tempo todo imaginando: "Será que ele gostará de mim?". Diversas vezes durante as discussões que se seguiram, ele perguntou a Harriman sobre a impressão que poderia causar. Não havia razão para se preocupar. Como escreveu Harriman para sua filha Kathleen: "O encontro histórico dos grandes personagens [...] aconteceu [...]. O P. M. estava em sua melhor forma. O presidente ficou encantado e gostou muito dele".

O principal resultado desse encontro na Terra Nova foi a consolidação da amizade, embora para o mundo exterior fosse a Carta do Atlântico. Esse inspirador documento — que mais tarde Churchill declarou ser "não uma lei, mas uma estrela-guia" — traduziu o compromisso dos dois com a democracia e liberdades fundamentais como as de expressão e de religião, além da liberdade de escolha e a implantação de um sistema capaz de garanti-las após a guerra. Os objetivos de liberdade de comércio e autodeterminação geraram dificuldades para os britânicos, tendo em vista suas possessões imperiais, mas logo foram contornadas. Os dois líderes enviaram a Carta para Stalin para que pudesse examiná-la, já que era um aliado formal da Grã-Bretanha desde a invasão da União Soviética pelos alemães na Operação Barbarossa, em 22 de junho de 1941. Até que de fato ocorresse, Stalin ignorara as advertências do Reino Unido e dos Estados Unidos sobre a iminência do ataque germânico. Churchill e Roosevelt tinham imediatamente reconhecido a necessidade de incluir a Rússia em sua coalizão antinazista. Como disse Churchill: "Se Hitler invadir o inferno, no mínimo farei um pronunciamento na Câmara dos Comuns defendendo o diabo".

Quando Churchill, o primeiro dos líderes ocidentais a se encontrar com Stalin, esteve em Moscou em agosto de 1942, o presidente e o primeiro-ministro já tinham se reunido duas vezes em Washington, fortalecendo uma amizade pessoal extremamente importante. Muito mudara na guerra desde a ocasião. O Japão atacara Pearl Harbor, agressão que fora objeto de advertências que o alto-comando norte-americano também ignorara, como fizera Stalin quanto à Barbarossa. Ao declarar guerra aos Estados Unidos, Hitler livrou Roosevelt de um dilema. A guerra andava mal para os três Aliados, com a perda das Filipinas, a queda de Singapura e Hong Kong, Leningrado cercada e grandes porções do território russo, inclusive a Crimeia, ocupadas pelos nazistas.

Talvez a mais importante decisão tomada por Roosevelt e Churchill em suas reuniões em Washington tenha sido uma com a qual Stalin concordava totalmente: devia ser atribuída prioridade ao teatro de operações europeu e à derrota da Alemanha, em vez de atribuí-la ao Japão, com o qual a União Soviética não estava em guerra. Os Estados Unidos também estenderam o Lend-Lease à União Soviética. Entretanto, Stalin ficou menos satisfeito ao saber que a invasão em plena escala pelo Canal estava prevista apenas para 1943 e ao perceber, em sua segunda reunião com Roosevelt em Washington, que Churchill começava a pôr em dúvida até mesmo a data, propondo desembarques de Aliados na Tunísia e no norte da África e contrariando sua expectativa.

Para seu primeiro encontro com Stalin, Churchill voou para Moscou em um bombardeiro Liberator B-24 adaptado. De acordo com Harriman, que estava presente, Stalin falou com "aspereza que quase chegou às raias do insulto" sobre os adiamentos da invasão através do Canal, insistindo com Churchill: "Sem correr riscos, não há vitórias. Não tenham medo dos alemães", mas se acalmou com as notícias sobre o planejado desembarque na Tunísia. Em um dos jantares, Stalin fez questão de mencionar o decisivo apoio de Churchill à intervenção britânica em nome dos russos brancos em 1918-1919. Churchill concordou: "Tive grande participação na intervenção e não quero que veja o episódio de maneira diferente". Stalin sorriu e Churchill perguntou: "Já me perdoou?". "Tudo isso é passado, e o passado a Deus pertence", replicou o ditador, ex-seminarista e declaradamente ateu.

Para não ficar em desvantagem, Churchill perguntou a Stalin sobre Trotsky, os problemas com a coletivização da atividade rural e as mortes de *kulaks*. Stalin se esquivou dizendo que foram "muito ruins, mas [...] necessárias". Em diversos momentos, Churchill achou que as reuniões estavam indo tão mal que era melhor voltar para casa. Contudo, um derradeiro jantar e uma prolongada sessão de bebidas que demorou seis horas produziram um degelo nas relações. Churchill regressou para a Grã-Bretanha acreditando que tinha conseguido estabelecer um bom relacionamento com "aquele homem de cabeça quente" que "incorporei à família [...] Acabamos amigos". Por outro lado, Stalin continuou intimamente desconfiado, temendo durante toda a guerra que os britânicos e norte-americanos se dispusessem a negociar uma paz em separado com a Alemanha quando tal país estivesse suficientemente enfraquecido às custas do sangue soviético.*

Os dois destacaram a conveniência de uma reunião dos Três Grandes, mas isso só veio a acontecer em novembro de 1943, em Teerã. Antes disso, Churchill e Roosevelt se reuniram quatro vezes, inclusive em um encontro preparatório para Teerã, com a presença do líder nacionalista chinês Chiang Kai-shek, no Cairo. Nessa época, o curso da guerra começava a favorecer os Aliados, com vitórias em Stalingrado, Kursk, Midway e El Alamein, seguidas pelos bem-sucedidos desembarques anglo-americanos no norte da África, na Sicília e no sul da Itália, além da rendição italiana. Em janeiro de 1943, em Casablanca, Roosevelt e Churchill anunciaram que só aceitariam a rendição incondicional de seus inimigos, exigência que, até certo ponto, atenuou o temor soviético de que preferissem uma paz em separado, mas, por outro lado, agravou o risco de fortalecimento da resistência alemã.

Durante as duas conferências seguintes em Washington e Quebec, e em meio a uma pequena desavença entre os Estados-maiores norte-americano e britânico, a data para a invasão pelo Canal — Operação Overlord — foi antecipada por pressão britânica para maio de 1944. Ao longo do ano, Churchill ficou cada vez mais consciente da redução da importância do papel de seu país à medida que os efetivos norte-americanos aumentavam e começavam a superar os britânicos, e quando um norte-americano, — o general Dwight D. Eisenhower — e não um britânico, foi nomeado comandante da Overlord. Com uma ponta de ironia, Churchill continuou apresentando-se perante Roosevelt como seu coadjuvante. Ficou muito decepcionado ao descobrir que Roosevelt estava tentando sigilosamente acertar uma reunião prévia com Stalin. Quando Churchill soube, Roosevelt alegou falsamente que a ideia fora de Stalin e, de qualquer modo, que Stalin "seria mais franco" sem a presença de Churchill. Queria "explorar ao máximo suas ideias a respeito das ambições e aspirações da Rússia depois da guerra". Essa reunião nunca aconteceu.

---

* Durante o jantar, Churchill observou, com certo espanto, como Stalin, "ao me oferecer a cabeça de um porco e eu ter recusado, demonstrou satisfação. Esvaziou a cabeça com uma faca e pôs seu conteúdo na boca com o próprio talher. Em seguida cortou pedaços da carne das bochechas do porco e os comeu com as mãos [...]".

Na Conferência de Teerã, Churchill estranhamente demonstrou o declínio de seu status, descrevendo-se como "um pobre asno inglês" entre "o grande urso russo" de um lado e "o grande búfalo americano" do outro, mas ainda assim revelando autoconfiança suficiente para insinuar que era "o único dos três que sabia o caminho certo para a vitória". Um auxiliar descreveu Roosevelt como "sempre pensando que podia 'manipular' as pessoas, não importa quem [...]. Acreditava que saberia manter o controle, não importa de quem ou onde [...], ele sabia se comportar como mandachuva". Deliberadamente Roosevelt cortejava Stalin, a quem via como líder de uma superpotência emergente. Uma forma de conquistar a confiança de Stalin era se distanciar de Churchill, chefe de um império em declínio, mas decepcionando o primeiro-ministro britânico. Satisfeito com a oportunidade de manter reuniões separadas com Stalin, Roosevelt concordou com a proposta do líder soviético para ficar na sede da embaixada russa em Teerã, para se proteger de agentes nazistas. Em seus encontros privados, salientou suas discordâncias com Churchill a respeito de assuntos como a Índia, o papel da França e a data para a travessia do Canal.

Em reuniões posteriores em que Stalin atacou Churchill por sua lentidão na questão da invasão através do Canal, Roosevelt em nenhuma oportunidade se dispôs a ajudar o primeiro-ministro britânico. O intérprete do presidente, o diplomata Charles Bohlen lembrou: "Não gostei da atitude do presidente, que não apenas apoiou Stalin, mas também parecia se deliciar com os embates Churchill-Stalin". Em outra ocasião, o próprio Roosevelt disse:

> Tão logo me sentei à mesa da conferência, comecei a caçoar de Churchill sobre suas características típicas de britânico, sobre John Bull, sobre charutos, sobre seus hábitos. Stalin começou a notar. Winston ficou vermelho e zangado, e, quanto mais ficava, mais Stalin sorria e fazia caretas. Continuei fazendo a mesma coisa até Stalin rir comigo e foi nesse momento que o chamei de "Tio Joe". Na véspera, teria me achado estranho, mas naquele dia riu, aproximou-se e apertou minha mão.

A partir desse instante, nossas relações ficaram pessoais [...]. O gelo foi quebrado e passamos a conversar como homens e irmãos.

Mary, filha de Churchill, lembrou: "Meu pai se sentia deslocado. Ficou muito sentido. Muito machucado, creio". Não obstante, em parte por causa das informações que possuía e do que conseguira "grampear" durante a conferência, e em parte por sua natureza desconfiada, Stalin nunca ficou muito convencido da sinceridade de Roosevelt ao se distanciar de seu leal aliado Churchill.

A essência da Conferência de Teerã girou em torno de Churchill e Roosevelt assegurarem a Stalin que estavam comprometidos com o lançamento da Overlord, a invasão pelo Canal, em maio de 1944, com operações simultâneas no Mediterrâneo. Também se voltaram para discussões preliminares sobre os tópicos que teriam importância em Yalta: a organização que ficara conhecida como "Nações Unidas", o papel da França e do irritante De Gaulle, o destino da Polônia e suas futuras fronteiras, a entrada dos soviéticos no conflito do Pacífico, as reparações de guerra e as punições dos criminosos de guerra. Abordando este último tópico durante um dos jantares fartamente regados à bebida, Stalin — em tom espirituoso, de acordo com o testemunho de pessoas presentes — declarou: "O Estado-maior alemão deve ser eliminado. Cinquenta mil oficiais e especialistas devem ser presos e fuzilados [...] quando a guerra terminar, o poder militar da Alemanha deve ser destruído".

Talvez já irritado com o tratamento que Roosevelt e Stalin lhe dispensavam, Churchill o levou a sério e replicou: "O Parlamento e o povo britânicos jamais tolerarão execuções em massa [...], os soviéticos não devem se iludir a esse respeito". "Cinquenta mil devem ser fuzilados", insistiu Stalin. Profundamente aborrecido, Churchill retrucou: "Prefiro ser levado agora mesmo para o jardim e ser fuzilado a manchar minha própria honra e a de meu país com tal infâmia". Segundo Churchill, Elliott, filho de Roosevelt, então presente, em seguida "disse algumas palavras afirmando o quanto concordava com o plano do marechal Stalin e que tinha certeza de que o Exército dos Estados Unidos o apoiaria". Churchill se levantou e deixou a sala seguido por Molotov e Stalin, "ambos rindo ruidosamente" e mostrando que se tratava de uma piada. Tranquilizado, ele retornou.

Ao fim da Conferência, foi expedido um comunicado dos três líderes afirmando que esperavam ver "o dia em que todos os povos do mundo possam viver com liberdade e segundo suas próprias consciências". Era uma esperança de difícil concretização por causa dos soviéticos, que já estavam deportando milhares de seus cidadãos, e ainda mais distante quando, treze meses mais tarde, foi aberta a Conferência de Yalta e havia milhões de pessoas e prisioneiros deslocados.

Durante aqueles meses, as coisas tinham corrido bem para os três Aliados, com a invasão do Dia D removendo um motivo de discordância entre eles. Contudo, poucos outros pontos importantes tinham sido resolvidos. Como enviado britânico ao norte da África e futuro primeiro-ministro da Grã-Bretanha, Harold Macmillan observou na época: "Está claro que as relações entre Washington e Londres não estão tão boas quanto já estiveram. A lua de mel entre o presidente e o primeiro-ministro acabou, e as habituais dificuldades e divergências, normais em um casamento, estão começando a aparecer".

Churchill e Roosevelt se reuniram novamente em Washington e Quebec, em setembro de 1944, e Churchill visitou Stalin em Moscou no mês seguinte. As conversas de Churchill com Roosevelt foram importantes porque levaram à assinatura de um acordo secreto entre Estados Unidos e Reino Unido para a colaboração na pesquisa atômica, mas também provocaram um extraordinário debate sobre o futuro da Alemanha, uma vez derrotada. Henry Morgenthau, ministro da Fazenda dos Estados Unidos e amigo de longa data do presidente, juntou-se a Roosevelt e Churchill na reunião em Quebec. Nessa oportunidade, defendeu veementemente o plano em que vinha trabalhando havia algum tempo para a "ruralização" da Alemanha, preconizando o desmantelamento de todas as indústrias e a distribuição de seus equipamentos para as nações aliadas, a fim de quebrar de vez o Estado alemão.

Apoiado por seu ministro do Exterior Anthony Eden, inicialmente discordou. "Não se pode responsabilizar uma nação inteira." A proposta era "ilógica, anticristã e desnecessária". Entretanto, Roosevelt, acreditando que "o povo alemão deve saber que toda a nação se envolveu em uma conspiração ilegal contra a grandeza do mundo moderno", apoiou Morgenthau. Tendo em vista que, como salientou em suas memórias, o primeiro-ministro "tinha tantas coisas a pedir" de seu parceiro norte-americano, a renovação do Lend-Lease em especial, Churchill mudou de posição e concordou com a proposta, mas Eden demonstrou claramente sua discordância. Contudo, quando o plano vazou para a imprensa norte-americana, provavelmente por iniciativa do próprio Ministério da Fazenda, houve um clamor em todo o país contra a severidade da proposta, ao qual se aliou o Gabinete de Guerra britânico. Na Alemanha, Goebbels declarou ao povo alemão em transmissão pelo rádio: "O plano proposto pelo judeu Morgenthau significa roubar dos alemães 80 milhões em bens industriais e transformar a Alemanha em um simples campo de plantação de batatas". A manchete de um jornal encorajava os alemães a lutarem depois de lerem o artigo "Roosevelt e Churchill concordam com o plano assassino elaborado por um judeu". Sempre sensível ao que pensava a opinião pública norte-americana, Roosevelt logo descartou a proposta, afirmando, em caráter particular, que era um "contrassenso" e que "não tinha lembrança alguma de tê-la aprovado". Assim, ele e Churchill chegaram a Yalta sem um plano definido quanto ao tratamento de uma Alemanha derrotada.

A visita de Churchill a Moscou, em outubro de 1944, foi ainda mais controvertida. Embora soubesse que Roosevelt se opunha a discutir o que era eufemisticamente conhecido como "esferas de influência", Churchill fez algo que em suas próprias palavras considerou "impróprio". Motivado, por um lado, pelo desejo de preservar a posição da Grã-Bretanha no Mediterrâneo e, por outro, por questões práticas, propôs a divisão de áreas de influência na Europa Oriental, rascunhando em um pedaço de papel suas ideias em termos percentuais. Atribuiu 90% de influência britânica na Grécia, 90% de influência soviética na Romênia, 75% de influência soviética na Bulgária e 50/50% para ambos os países na Iugoslávia e na Hungria. Churchill não mencionou a Polônia e os Estados bálticos. Deixando claro que se tratava de uma opinião pessoal, não do governo britânico, e muito menos do norte-americano, entregou o papel a Stalin. Dizendo que "os Estados Unidos já tinham naturalmente muitos direitos, o que não deixava margem para uma iniciativa de soviéticos e britânicos, Stalin o ticou com um lápis azul e o devolveu.

Talvez um pouco preocupado com sua impetuosidade ao tratar com tantos detalhes o destino de populações inteiras sem nenhuma intenção de consultá-las, Churchill afirmou: "Não pareceria cinismo de nossa parte se soubessem que discutimos o destino de milhões de pessoas de modo tão inopinado? [...] Vamos queimar esse papel". Stalin lhe disse para guardá-lo, o que ele fez. Depois da pressão de Averell Harriman, embaixador dos Estados Unidos em Moscou desde outubro de 1943, a quem contou o episódio, Churchill nunca enviou para Stalin uma carta que desse prosseguimento ao assunto e, em algumas discussões subsequentes, entre Eden e Molotov, não mais se tocou na questão, nem em Yalta nem em alguma outra oportunidade. Todavia, as discordâncias tão levianamente solucionadas influenciariam a forma de pensar dos dois líderes no futuro, inclusive em Yalta. Felizmente, ao contrário do que sucedeu com o Plano Morgenthau, a dissensão nunca vazou para a imprensa.

Durante a visita a Moscou, Churchill frisara a importância da planejada segunda reunião dos Três Grandes, pela qual todos os três demonstraram grande entusiasmo. O encontro fora originalmente proposto para setembro de 1944, mas sem que estivessem estabelecidos data e local, e Churchill disse: "Podemos acertar tudo, nós três, desde que entremos em acordo".

Em 19 de outubro, Stalin fez uma rara gentileza a Churchill ao ir pessoalmente se despedir do primeiro-ministro no aeroporto. No mesmo dia, em telegrama para Roosevelt com o carimbo "Pessoal e Secreto", Stalin escreveu que Andrei Gromyko, embaixador soviético em Washington, lhe dissera que Harry Hopkins sugerira que "você poderia ir ao mar Negro no fim de novembro para uma reunião na costa soviética". Stalin aceitou a proposta e, segundo acreditava, Churchill também concordaria.

A ideia do mar Negro, na verdade, partiu de Harry Hopkins, assessor do presidente. Sabendo que Stalin não gostava de viajar e tinha planos para uma conferência, sugerira a Roosevelt a recém-libertada Crimeia, e a única exigência do presidente foi que a reunião ocorresse depois da eleição presidencial no começo de novembro. Com esse aval, Hopkins discutiu com Gromyko locais compatíveis no mar Negro.

Em 22 de outubro, Churchill assegurou ao presidente que "iria a qualquer lugar que os dois desejassem". Então Roosevelt hesitou. Tencionava viajar de navio e achou que navegar por águas bastante minadas como as dos Dardanelos seria muito arriscado. Assim, no mesmo dia, o presidente perguntou a Churchill: "Você acha possível conseguir que U. J. (sigla em inglês para Tio Joe) vá a Atenas ou ao Chipre?". Churchill achou improvável: "Haveria os mesmos problemas, os dos navios de guerra russos para sair do mar Negro e os dos norte-americanos e britânicos para entrar". No mesmo telegrama, Churchill levantou suas próprias apreensões quanto à região do mar Negro, onde aterrissara por ocasião de sua recente viagem a Moscou: "Pelo que pude observar, a Crimeia parece muito devastada, e acredito que todos os outros portos do mar Negro estejam na mesma situação. Portanto, é grande a probabilidade de termos que permanecer em nossos navios". Concordou que Atenas seria muito mais apropriada, ou até mesmo o Chipre, "onde segurança, sigilo e silêncio absolutos poderiam ser preservados, e com acomodações bem confortáveis para todos". E acrescentou: "Está disposto a telegrafar para U. J. sobre esse assunto ou prefere que eu o faça? Ou, melhor ainda, por que não enviamos uma mensagem conjunta?".

Roosevelt resolveu escrever ele próprio para Stalin dizendo: "Gostaria de ouvir suas sugestões. Estive pensando na possibilidade de ser em Malta, Atenas ou Chipre se entrar no mar Negro de navio for impraticável ou muito difícil. Prefiro viajar e ficar em um navio". Stalin, contudo, não se sensibilizou e respondeu:

> Se a ideia discutida anteriormente sobre a possibilidade de nossa reunião ser realizada no mar Negro soviético for considerada aceitável, penso que é uma solução extremamente desejável [...]. As condições para a reunião são totalmente favoráveis [...]. Preciso considerar a recomendação dos médicos de que, no momento, não devo fazer viagens muito longas.

Em 2 de novembro — cinco dias antes da eleição presidencial — Roosevelt reclamou com Churchill que "U. J. não estava facilitando a escolha de um local para nossa próxima reunião [...]. Seus médicos, cujas recomendações deve observar, não querem que ele faça 'viagens longas'". Até o médico de Roosevelt, o vice-almirante Ross McIntire, o alertara de que "as condições sanitárias em portos do mar Negro, como Odessa, são muito precárias e precisamos preservar a saúde de nossos assessores e das tripulações de nossos navios, assim como as nossas". Roosevelt pediu a Churchill "qualquer informação que possua sobre um local adequado para a reunião, livre de ação inimiga, com boas condições de vida etc.". Todavia, a mensagem concluía com um irritado fatalismo: "Temo que Tio Joe insista no mar Negro. Realmente, creio ser importante nos reunirmos em um futuro próximo".

Churchill, cujo médico, lorde Moran, o alertara para doenças como "disenteria e peste bubônica", que eram endêmicas na região do mar Negro, sugeriu Jerusalém: "Há hotéis de primeira categoria [...] e todos os meios para garantir a segurança". Os navios de guerra britânicos e norte-americanos poderiam ficar ancorados em Haifa. Quanto ao "Tio Joe", ele poderia viajar em um trem especial partindo de Moscou e "com todo tipo de proteção". Churchill pressionou Roosevelt para passar a bola para o campo de Stalin "e deixar com ele o ônus da recusa".

Entretanto, Roosevelt só voltou a dar mais atenção à questão da conferência após sua reeleição para um inédito quarto mandato, quando irritou Churchill ao lhe dizer que estava pensando em adiar a reunião tripartite para o fim de novembro, após sua posse. Em 18 de novembro, Roosevelt fez uma comunicação formal a Stalin propondo o adiamento da conferência para "28 ou 30 de janeiro". Acrescentando: "O pessoal de minha Marinha se opõe firmemente ao mar Negro" e sugeriu que Stalin viajasse para um porto no Adriático e lá embarcasse em um navio de guerra norte-americano para Jerusalém, Alexandria, Roma ou talvez Taormina, na Sicília.

Essa mensagem desagradou tanto a Churchill quanto a Stalin. Churchill reclamou com o presidente:

> Sua mensagem para U. J. assegura, é claro, que ele não virá a lugar algum antes do fim de janeiro [...]. Mesmo que possa ser marcada uma reunião para o fim de janeiro, os próximos dois meses e meio constituirão um sério hiato [...]. O tratamento da Alemanha nos próximos anos e a futura ordem mundial, as relações com a França e a situação nos Balcãs, bem como a questão polonesa, não podem ser deixados de lado.

Sintomaticamente, o atraso de dez semanas, aliado à rapidez do avanço soviético, gerou algumas questões — a da Polônia em particular — muito mais delicadas, uma vez que as tropas russas, nesse ínterim, tinham ocupado boa parte do território que seria discutido. A resposta igualmente provocadora de Stalin lamentou a visão negativa dos Estados Unidos a propósito dos portos soviéticos no mar Negro e lembrou Roosevelt que a ideia da reunião nesse local partira dos próprios norte-americanos.

Admitindo que era improvável Stalin ser induzido a mudar de posição, Roosevelt pediu a Averell Harriman conselhos sobre os melhores locais no mar Negro. O embaixador consultou dois oficiais da Marinha norte-americana que já tinham estado em Yalta e Sebastopol, que lhe disseram: "Pelos padrões russos, Yalta é extremamente limpa e possui boas condições sanitárias [...]. O clima no inverno é razoável. A temperatura média em janeiro e fevereiro é 3,8 °C". A fim de evitar alimentos envenenados, Harriman sugeriu que o presidente levasse seus próprios cozinheiros para preparar suas refeições.

Essa foi a primeira referência específica a Yalta. Encorajado pelas informações de Harriman, Roosevelt disse a Churchill que o local era adequado. Mesmo assim, o duelo de vontades entre Roosevelt e Stalin não terminou. Harriman, em nome de Roosevelt, fez uma derradeira tentativa de convencer Stalin a ir até um local mais distante. Este, por sua vez, tentou persuadir Roosevelt a concordar com Odessa, alegando que já tinha começado os preparativos nesse local, sem dúvida um artifício para parecer que, ao concordar com Yalta, pensando ser a preferência do presidente, ele também estaria fazendo uma concessão. Dois dias antes do Natal, Roosevelt orientou Harriman a concordar com Yalta. Para manter em segredo o local da reunião, seria utilizado o codinome "Magneto". Churchill sugeriu que a conferência recebesse o codinome "Argonauta", em alusão ao clássico mito da viagem de Jasão e dos argonautas ao mar Negro em busca do velocino de ouro.

Churchill também propôs que ele e o presidente voassem para Yalta partindo da base aérea em Caserta, no sul da Itália. Entretanto, os conselheiros médicos do presidente ficaram preocupados diante da perspectiva de o presidente voar a grande altitude para ultrapassar as cordilheiras e recomendaram que ele fosse de navio até Malta e prosseguisse de lá por via aérea. "Gostei da ideia", lembrou Churchill mais tarde. No dia do Ano Novo de 1945, telegrafou: "Estarei esperando no cais [...]. Jamais hesitaremos! De Malta a Yalta! Ninguém nos deterá!". Durante as semanas seguintes, continuou repetindo essas palavras para quem quisesse ouvi-las, revelando exagerado orgulho pelas frases bombásticas.

Churchill também tentou convencer Roosevelt de que a escala em Malta — codinome "Cricket" — seria uma boa oportunidade para discutirem uma estratégia conjunta para as negociações que aconteceriam e pediu a Roosevelt para passar duas ou três noites em Malta: "Basta dizer uma palavra e prepararei tudo". Quando Roosevelt respondeu afirmando que a falta de tempo tornaria isso impossível, Churchill insistiu para que, pelo menos, enviasse na frente seus assessores militares e o recentemente nomeado ministro do Exterior Edward Stettinius para discussões com seus correspondentes britânicos: "Não vejo outra forma de concretizar nossas expectativas sobre a organização do mundo em apenas cinco ou seis dias. Até o Todo-Poderoso precisou de sete", insistiu.

A "pertinácia" de Churchill, como a chamou, funcionou. Roosevelt se negou a alterar seu plano de ficar em Malta ao menos uma noite, mas concordou em enviar seus principais assessores militares e Stettinius, que chegariam a tempo de participar de discussões conjuntas. Entretanto, preocupado com a possibilidade de Stalin pensar em uma conspiração contra ele se soubesse que norte-americanos e britânicos se reuniriam em Malta, Churchill insistiu em não dar publicidade a esse encontro.

Em nenhum momento, os líderes pensaram em estender o convite para Yalta a Chiang Kai-shek, o líder nacionalista chinês que comparecera à conferência no Cairo, antecessora a de Teerã, da qual participaram Churchill e Roosevelt, nem ao líder francês Charles de Gaulle que, ao saber da conferência, fez tudo para ser convidado.

Embora a China estivesse em guerra há mais tempo do que a Grã-Bretanha e tivesse perdido, em estimativa muito ponderada, 14 milhões de habitantes, apesar de outras estimativas mostrarem que esse número foi o dobro entre 1937, quando os japoneses invadiram o país, e 1945, quando terminou a Segunda Guerra Mundial, a ausência da China em Yalta refletiu em parte o fato de a União Soviética não estar em guerra com o único inimigo do país, o Japão. Por outro lado, isso revelou o crescente desapontamento do governo dos Estados Unidos com o regime nacionalista de Chiang Kai-shek, cujas forças, apoiadas pelos Estados Unidos, que praticamente abandonaram seu rival Mao Tsé-Tung e seu exército de inspiração comunista, continuavam cedendo território aos japoneses.

Ao entrar na guerra, o governo norte-americano alimentava sólida esperança de que Chiang Kai-shek e suas tropas saberiam conter e vencer os grandes efetivos japoneses que enfrentavam e, para tanto, lhes proporcionaram muitos recursos financeiros e grande quantidade de equipamentos. A confiança em Chiang Kai-shek, que não falava inglês, era fortalecida por sua atraente e politicamente influente esposa, educada nos Estados Unidos, Meiling Soong. "Vinegar Joe" Stilwell, então comandante das forças norte-americanas na região, descreveu a mulher que chamava de "Madame Imperatriz" como "esperta, inteligente. Quer ver as coisas resolvidas. Gostaria de ser homem. Não raciocina muito, mas apreende rapidamente as coisas. Impulsiva [...], direta, veemente, enérgica, adora o poder, gosta de publicidade e bajulação [...]. Os chineses estão sempre certos, e os estrangeiros, sempre errados".

Em 1943, em discussões sobre a embrionária organização das Nações Unidas, a China, por pressão dos Estados Unidos, foi indicada para ser uma das potências que teriam assento permanente no futuro Conselho de Segurança e colaboraria como "polícia" do mundo. Harry Hopkins, assessor do presidente, disse que Roosevelt previa que "a China, no caso de algum sério conflito político com a Rússia, sem dúvida alguma ficará ao nosso lado". Churchill afirmou: "Não posso aceitar o governo de Chungking (de Chiang) como representante de uma grande potência mundial. Certamente seria um voto espúrio a favor dos Estados Unidos para acabar com o império ultramarino da Grã-Bretanha".

Contudo, à medida que se aproximava o fim de 1944, Roosevelt e seus conselheiros foram ficando cada vez mais decepcionados com Chiang Kai-shek, por causa da corrupção maciça do regime, que absorvia grande parte do dinheiro e do material suprido pelos norte-americanos, e da insistência de Chiang em manter boa parte de suas forças voltada contra as tropas de seu compatriota Mao Tsé-Tung, apesar da intensa pressão dos Estados Unidos para que cooperasse com Mao contra os japoneses. Mais decepcionante ainda foi o fraco desempenho das forças de Chiang. A ofensiva japonesa — a Operação Ichigo —, no verão de 1944, conquistou grande parte do sudeste da China, inclusive todas as bases aéreas que a Força Aérea norte-americana esperava usar para bombardear o Japão antes de qualquer invasão. Em tais circunstâncias, na mente de Roosevelt não havia dúvida de que não existia a possibilidade de convidar Chiang para Yalta ou para qualquer outra reunião preparatória de conferências de cúpula.

Churchill, que já tinha depreciado os chineses como "400 milhões de 'rabos de cavalo'", não via razão para apoiar a presença de seu líder na reunião em Yalta. Conforme relatou, nessa conferência o governo de Roosevelt poderia tentar aumentar o status da China, que afirmou ser "a grande desilusão norte-americana". A principal preocupação do primeiro-ministro no Oriente Médio era preservar a influência e o comércio da Grã-Bretanha, além das colônias na região — Singapura, Malásia e Hong Kong — tão logo fossem libertadas. Roosevelt sabia disso e alertou seu ministro da Fazenda no outono de 1944, quando Churchill pressionava para que a esquadra britânica do Pacífico se juntasse ao avanço naval norte-americano rumo ao Japão: "Tudo o que ele quer é Singapura de volta". Muitos oficiais da cúpula militar dos Estados Unidos diziam acreditar que o acrônimo SEAC, que devia significar South-East Asia Command (Comando do Sudeste da Ásia), dominado pelos britânicos, na verdade significava Save England's Asian Colonies (Salve as Colônias Asiáticas da Inglaterra).

Os três, Roosevelt, Churchill e Stalin, concordavam que a França e De Gaulle não deviam estar presentes em Yalta, apesar da preocupação de Churchill durante os últimos estágios da guerra — "O que teremos entre os campos nevados da Rússia e os rochedos brancos de Dover?". Ele era claramente a favor de resgatar o status de grande potência da França para aliviar a Grã-Bretanha do encargo e do custo de manter a paz na Europa Ocidental. Entretanto, seu relacionamento com De Gaulle enfrentava dificuldades porque o francês — descrito por lorde Moran como uma "criatura improvável, como uma girafa humana cheirando os meros mortais submetidos a seu olhar"

— achava que as concessões que, com muito esforço, Churchill lhe fizera eram uma obrigação e simplesmente exigia mais, como se fosse seu direito.

A teimosia e a recusa de De Gaulle em ceder foram as razões para que passasse a ser visto como o mais destacado líder da França Livre depois que deixou o país em 1940 e o que lhe permitiu preterir rivais preferidos dos Aliados. Churchill teria dito para um representante norte-americano que lhe perguntou sobre o general: "Oh, não vamos falar dele. Nós dizemos que ele é Joana D'Arc e estamos procurando alguns bispos para queimá-lo". Um dos assessores de De Gaulle explicou as atitudes do general: "(Ele) acredita que os franceses sempre tentam agradar as pessoas com quem estão falando. O general acha que eles exageram e adota uma atitude diferente. Não se esforça para agradar".

Nas horas que antecederam o Dia D, ocorreu violenta altercação entre De Gaulle e Eisenhower, que discutiram se o nome do general francês devia constar nos panfletos que seriam jogados na França antes da invasão. Quando, em consequência, Eisenhower se recusou a incluí-lo e De Gaulle, por sua vez, se recusou a conclamar pelo rádio o povo francês a apoiar os desembarques, Churchill afirmou que sua atitude era "uma traição em plena batalha" e exigiu que ele fosse "levado para a Argélia e acorrentado, se necessário". De Gaulle recuou e fez a transmissão radiofônica pouco antes de a invasão começar.

Roosevelt achava o francês ainda mais problemático do que Churchill e dizia que era "um sujeito quase intolerável", "um zelote francês de mente estreita e muito ambicioso em proveito próprio", um ditador em potencial que se comporta como se a França ainda fosse uma potência mundial, e não um país derrotado e dependente do sofrimento e do sacrifício dos Estados Unidos e do Reino Unido. O presidente disse a Churchill que De Gaulle não gostava dos britânicos e dos norte-americanos: "São capazes de nos trair na primeira oportunidade". Em contrapartida, De Gaulle também não gostava de Roosevelt e escreveu: "Roosevelt não me vê com bons olhos. Quer que a paz seja uma paz norte-americana, convencido de que cabe a ele ditar sua estrutura [...], e a França, em particular, deve aceitá-lo como seu salvador e árbitro".

Ao se encontrar com De Gaulle, Stalin teve a mesma impressão que os outros líderes. Como Roosevelt, lamentava o fracasso da França diante da

Alemanha em 1940. Questionava como, com tão poucas tropas francesas no front, De Gaulle ousava exigir igualdade com os outros Aliados. Dentro da mesma ideia, Churchill escreveu para Eden após o pedido de De Gaulle para estar presente em Yalta, ao qual se opunha terminantemente. Se fosse atendido, De Gaulle estaria:

> Sempre fazendo intrigas e jogando um contra o outro [...], atualmente a França contribui com efetivo muito pequeno de combatentes. Não é o sangue francês que está sendo derramado em quase um quarto do globo [...]. Não consigo imaginar algo mais desagradável e inaceitável do que ter esse homem grosseiro e ameaçador entre nós, sempre tentando ganhar fama na França, reivindicando uma posição muito acima da ocupada por seu país e fazendo cara feia diante dos Aliados, que estão realizando o trabalho todo.

Roosevelt e Stalin estavam de pleno acordo. Como um apaziguador, ofereceram a De Gaulle a perspectiva de posteriormente ter uma reunião com Roosevelt. Para a alegria de todos os participantes, a Conferência de Yalta contaria com a presença apenas do clube exclusivo dos três.

Parte II
Preparativos, Yalta, situação mundial, início de 1945

"A miséria por toda parte me deixa horrorizado."
Winston Churchill para Clementine Churchill, fevereiro de 1945

3
Argonauta

EM 20 DE JANEIRO DE 1945, James, filho mais velho de Roosevelt, de 37 anos, coronel dos fuzileiros navais e integrante do serviço secreto, ajudou o presidente, em um terno escuro e apoiado dolorosamente em suas muletas de aço, a se dirigir para o palanque erguido junto ao portão sul da Casa Branca. Desde o tempo de George Washington, a diplomação dos presidentes era realizada no Capitólio, mas, com os Estados Unidos em guerra, o presidente decidira por uma cerimônia mais modesta e reduzida, sem desfile comemorativo, em parte aconselhado pelo serviço secreto, que preferia uma solenidade mais fácil de ser protegida. Uma plateia de apenas 5 mil pessoas, comparada às 100 mil da primeira diplomação, assistia nos gramados da Casa Branca, ainda coberta pela neve que caíra durante o dia, enquanto os treze netos de Roosevelt se agrupavam nos degraus que levavam ao portão. O presidente da Suprema Corte, Harlan Stone, segurava a Bíblia do século XVII que pertencia à família Roosevelt, aberta no versículo do capítulo 13 da primeira carta aos Coríntios, o mesmo das três diplomações anteriores — "Por ora, subsistem a fé, a esperança e a caridade, as três, mas a maior delas é a caridade". Pondo a mão sobre a Bíblia, Roosevelt fez, pela quarta vez, o juramento do presidente.

O discurso da diplomação foi o mais breve da história — menos de seiscentas palavras —, e sua mensagem foi bem simples: os norte-americanos estão "passando por um período de suprema provação" durante o qual aprenderam a "viver como homens e não como ostras" e a "ser "cidadãos do mundo". Prometeu que, "nos dias e anos vindouros, trabalharemos em prol de uma paz justa e honrosa, uma paz duradoura, pois neste momento estamos trabalhando e lutando pela vitória total na guerra".

Enquanto falava, Roosevelt sofria com as fortes dores no tórax, provavelmente por causa de uma angina. De volta à Casa Branca e no aconchego do Salão Verde, imediatamente pediu ao filho um uísque puro e o bebeu de um gole só. Apesar da determinação em ocultar suas fragilidades — somente seu médico, o vice-almirante Ross McIntire, tinha permissão para dar informações sobre seu estado de saúde —, não conseguia esconder dos mais próximos que sua condição estava piorando. O anterior vice-presidente, Henry Wallace, que acabara de passar o cargo para Harry Truman, seu sucessor, notou que todo o corpo de Roosevelt, "particularmente seu braço direito", tremia ao se apoiar no púlpito.

A viúva do presidente Woodrow Wilson também percebeu. Quando a cerimônia terminou, no corredor da Casa Branca, aproximou-se de Frances Perkins, ministra do Trabalho e primeira mulher membro de um Gabinete dos Estados Unidos, e disse: "Me sinto muito mal [...]. Ele (o presidente) parece exatamente meu marido quando estava em franca decadência". Frances Perkins se lembra de que "ela parecia realmente abalada [...]. Isso me assustou, e respondi: 'Não fale isso para ninguém'. E pus meu dedo sobre os lábios". No almoço após a diplomação, Frances disse ao presidente que rezaria por ele. "Estou precisando", respondeu ele.

Mike Reilly, chefe da segurança da Casa Branca, não foi à diplomação. Uma semana antes, ele e sua equipe tinham voado de Washington para Yalta a fim de cuidar da segurança do presidente. No porto de Nápoles, Reilly inspecionou o uss *Catoctin*, pouco antes de zarpar para a Crimeia, onde serviria como navio de suprimentos e comunicações durante a conferência e ficaria disponível caso o presidente resolvesse permanecer a bordo. Reilly providenciou a instalação de rampas de madeira para a cadeira de rodas de Roosevelt, checou o alcance das comunicações via rádio e deu ordem para que houvesse a bordo suprimentos suficientes para alimentar um grande grupo por dez dias.

Em seguida, voou para Malta a fim de inspecionar as instalações no aeródromo de Luqa, de onde os delegados partiriam para a Crimeia. Depois, com uma pequena equipe, embarcou em um dos dois aviões disponíveis e fez um voo noturno testando a rota que o presidente seguiria até o aeroporto de Saki, que sofrera os mais pesados bombardeios e era a base de onde se dizia que aviões de combate russos tinham partido para abater quase mil aviões da Luftwaffe.

Sobre o mar Negro, a turbulência foi tão violenta que, embora o C-54 Skymaster de Reilly resistisse, o outro avião deu meia-volta. Para escapar da enrascada, o major Ed Coates, que pilotava o avião de Reilly, subiu para 15 mil pés, mas as asas começaram a acumular gelo. Mesmo depois de descer para 2 mil pés, o gelo continuou a se formar. "Não vamos conseguir sair dessa, pessoal. Acho que teremos que nos livrar desta coisa. De qualquer modo, ponham seus paraquedas", lembrava-se Rilley de ter ouvido ele dizer, "enquanto o avião balançava loucamente".

De alguma forma, Coates conseguiu manter o Skymaster no ar até que, sob a tênue luz da madrugada, surgiu à frente o aeroporto de Saki. Coates desceu bruscamente, sinalizando para os controladores de voo do aeroporto soviético, conforme fora combinado, que era uma aeronave amiga, e não inimiga. Não obstante, quando se aproximou da pista, um grupo de mulheres ainda estava retirando a neve. Coates teve que circular antes de aterrissar para lhes dar tempo de concluir o serviço.

Com toda sua experiência, Reilly estava convencido de que o presidente não devia ir de avião para Saki. Tão logo pisou na pista gelada, disse a Artikov, importante membro do Comissariado do Povo para Assuntos Internos (Narodnyi Komissariat Vnutrennikh Del, NKVD, a polícia secreta soviética), que o esperava para lhe dar as boas-vindas, exatamente o que pensava. Já tinham se encontrado antes e Reilly era franco e direto, tanto quanto o russo. Quando Reilly alegou que o presidente devia chegar por navio, Artikov salientou que o mar Negro estava densamente minado. Reilly indagou quantas minas havia e Artikov respondeu: "Quem pode saber? Foram os alemães que as lançaram. Não deixaram um mapa".

As relações melhoraram enquanto Reilly, Artikov e suas equipes seguiam em comboio para Yalta. Depois de três horas, Artikov parou em uma taverna. Reilly, que já experimentara a hospitalidade russa antes, alertou seus colegas menos experientes para que esperassem "galões e galões daquela bebida alcoólica que eles chamam de vodca". Por motivos diplomáticos, teriam que aguentar: "Eles dizem que é uma comemoração, mas se trata de uma competição". E assim aconteceu. Os russos propuseram um brinde após outro — a Stalin, a Churchill, a Roosevelt e até à estrela do cinema norte-americano Paulette Goddard. Reilly lembrou que as baixas russas foram pesadas — um membro da NKVD rolou alguns degraus. Ele próprio ficou admirado por ter conseguido se manter em pé: "Deve ter sido por puro patriotismo".

Reilly e seu pessoal chegaram a Yalta com dor de cabeça e foram recebidos em um cenário que "em nada ajudava a aliviar a dor". Antes da guerra, mais de 20 mil pessoas moravam na cidade, mas agora restavam pouco mais de duzentas, em apenas dezenove casas ainda intactas que as abrigavam. As construções restantes estavam em ruínas. As delegações dos Aliados, porém, ficariam instaladas nos arredores de Yalta, em dois palácios — os norte-americanos, no Livadia, com cinquenta quartos, e os britânicos, no Vorontsov. Ao se retirarem, as tropas alemãs tinham deixado ambos os palácios de pé, mas levaram tudo o que havia, inclusive instalações básicas como encanamentos, e destruíram as janelas. O Vorontsov sofreu menos porque Hitler o dera a um de seus generais. Esperando ocupá-lo após a guerra, esse general ordenou que nenhuma peça da mobília fosse retirada, e isso englobou uma grande mesa para banquetes e o que parecia ser "uma banheira revestida de chumbo e mogno", na prática usada para gelar champanhe. Artikov garantiu que todo o necessário para tornar os palácios plenamente habitáveis já estava a caminho de Yalta.

Stalin determinara que recolhessem nos principais hotéis de Moscou, como o Nacional e o Metropol, tudo o que pudesse ser útil. Mobília, roupa de cama, cortinas, cálices de cristal para vinho, porcelanas, talheres e até maçanetas de porta e interruptores de luz foram embarcados em trens que partiram para o sul, atravessando os campos nevados da Crimeia. Também ordenou que o pessoal dos hotéis atendesse seus hóspedes, inclusive alguns funcionários do Metropol que tinham trabalhado como garçons e servido bebidas no jantar de gala oferecido por Stalin em Moscou a seus convidados alemães, para celebrar o Pacto Molotov-Ribbentrop, em 1939.

Com a ajuda de soldados e até membros da NKVD, operários trabalharam das cinco da manhã até meia-noite pintando paredes e instalando cozinhas, banheiros e eletricidade, para recuperar os palácios. Apesar do rigor do inverno, prisioneiros de guerra romenos semifamintos e maltrapilhos foram obrigados a trabalhar restaurando os jardins castigados e abandonados por tanto tempo.

Tanto quanto o conforto do presidente, Reilly estava preocupado com os dispositivos de escuta que, sabia bem, seus correspondentes soviéticos instalariam. Concluiu que seria inútil fazer uma varredura no palácio de Livadia em busca de "grampos" até a chegada do presidente, quando ficaria muito mais difícil para a NKVD repor os grampos que tivessem sido removidos.

Sergo Beria, "encarregado de instalar escutas de Roosevelt e sua comitiva" — a mesma função que desempenhara na Conferência de Teerã —, confiava muito no equipamento mais sofisticado que recebera, inclusive microfones direcionais que podiam captar sons a duzentos metros de distância. Previa que seriam extremamente úteis quando o presidente paralítico pedisse para ser levado na cadeira de rodas para tomar ar, como os russos achavam que certamente faria. Mais tarde, afirmou que os sofisticados microfones que colocara em cada quarto "não continham metal" e, portanto, eram "indetectáveis". Muitos dos agentes da NKVD enviados para Yalta eram jovens mulheres.

Outro problema — os piolhos e percevejos de Yalta ficaram famosos — parecia mais fácil de ser enfrentado. Reilly conseguiu uma equipe do USS *Catoctin* para fazer uma limpeza no Livadia antes da chegada de Roosevelt.

Apesar da presença em Yalta de mulheres britânicas como estenógrafas, especialistas em códigos e auxiliares administrativas, além de russas em funções semelhantes e em atividades domésticas, os papéis femininos mais proeminentes foram desempenhados pelas filhas. Na tarde da diplomação do presidente, sua mulher Eleanor, para quem "estava claro que Franklin estava piorando a cada dia", sugeriu que devia acompanhá-lo a Yalta. Nessa época, a união de Roosevelt com sua determinada e inteligente esposa, que chegara aos sessenta anos em outubro de 1944, era mais de natureza política do que um relacionamento conjugal normal. A situação remontava a duas décadas antes quando, ao regressar de uma visita à Europa durante a Primeira Guerra Mundial, Eleanor encontrou cartas amorosas de sua secretária Lucy Mercer na bagagem de Roosevelt. Ele confessou o caso e, sob a pressão de sua mãe, que dizia que o divórcio destruiria sua carreira política, prometeu não voltar a ver Lucy — promessa que não cumpriu. Voltou a se encontrar com Lucy, sem que Eleanor soubesse, após o casamento de Lucy com o rico Winthrop Rutherfurd, de quem mais tarde enviuvou.

Segundo seu filho Elliott, nesse ínterim Roosevelt também teve um caso com a então secretária "Missy" LeHand, que morreu em 1944. Obviamente, Roosevelt gostava de relaxar na companhia de mulheres, em particular na de Laura Polly Delano, sua prima em primeiro grau, e de Margaret "Daisy" Suckley, prima mais distante. Ambas não eram casadas e se dedicavam a ele, proporcionando a fácil e agradável companhia que desejava fora de suas obrigações políticas. Muitos autores especularam em torno do caso de Roosevelt com Daisy, que escreveu em seu diário: "O presidente é um HOMEM — *mental, física e espiritualmente*. Não preciso dizer mais nada". Entretanto, não há prova conclusiva.

Embora mesmo antes de descobrir o relacionamento de Roosevelt com Lucy Mercer a esposa já considerasse o sexo com o marido "um sofrimento que tinha que suportar", Eleanor lhe dera seis filhos: cinco meninos, um dos quais morreu na infância, e uma filha, Anna, nascida em 1906, que sabidamente mantinha relações heterossexuais e lésbicas. No entanto, embora tenham passado muitos dias e noites separados, ela continuou sendo uma primeira-dama politicamente ativa, pressionando Roosevelt a propósito de diversas causas liberais e o aconselhando mais do que às vezes era desejado.

Ao responder contrariado ao pedido da esposa para ir a Yalta, Roosevelt lhe disse: "Se você for, todos vão se achar na obrigação de lhe dar grande atenção". Se levasse a filha Anna, tudo seria "mais simples" e acrescentou que Churchill levaria sua filha Sarah, enquanto Harriman iria acompanhado pela filha Kathleen.

Eleanor concordou, mas o incidente contribuiu para agravar a já tensa relação com a filha Anna Boettiger, de 38 anos e duas vezes casada, que se tornou uma poderosa interface entre o pai adoentado e o mundo. Um comentarista chegou a sugerir: "A filhinha do papai desempenha o papel planejado por seu papai candidato". A decepção de Eleanor foi amenizada pela sugestão em tom bem-humorado do marido de que, uma vez terminado seu mandato quatro anos mais tarde, eles visitariam o deserto árabe e mostrariam aos árabes como fazê-lo florescer ou embarcariam em um navio para uma viagem ao redor do mundo.

Durante a ausência do marido, Eleanor se ocupava representando-o em diversas inaugurações e defendendo suas próprias causas liberais. Entre elas, estava a dos direitos civis, que apoiava com firmeza, ao contrário do marido, que não aprovou nenhuma lei a respeito durante os doze anos no cargo. Em 1939, ela se afastou das Daughters of the American Revolution (Filhas da Revolução Americana) porque recusaram o uso de um salão por uma famosa cantora negra norte-americana. Enquanto isso, Anna Boettiger constava da lista do Ministério do Exterior da comitiva de Yalta como "secretária particular". Seu codinome nas comunicações internas era "Topázio".

O casamento de Churchill com Clementine, dez anos mais nova, foi, sem sombra de dúvida, feliz. Ela o colocava no ponto central de sua vida e subordinava a ele os próprios interesses e, na verdade, às vezes também os de seus filhos que sobreviveram. Ela o acompanhava em suas inspeções durante a guerra e, como Eleanor Roosevelt, também realizava viagens independentes. Embora Clementine mencionasse um breve romance que o marido teve a bordo, nenhum dos biógrafos de Churchill afirma que ele manteve relações extraconjugais, e muitas vezes insinuaram que ele não era muito chegado a sexo.[*]

---

[*] Roy Jenkins, que foi ministro inglês da Fazenda, escreveu em sua biografia de Churchill que "provavelmente ele era, desde William Pitt, o Novo, o político menos perigoso em matéria sexual nos dois lados do Atlântico e menos ainda no outro lado do Canal. Todavia, em 2018, um documentário da TV insinuou que Churchill manteve um breve caso nos anos 1930 com a "socialite" lady Doris Castlerosse, mas as provas duvidosas foram amplamente questionadas.

Nem os filhos de Churchill e tampouco os de Roosevelt, em especial, tiveram casamentos fáceis. Os cinco filhos de Roosevelt que chegaram à idade adulta se divorciariam, no total, catorze vezes. Na época de Yalta, os casamentos de dois dos filhos de Churchill enfrentavam problemas. Sarah, atriz e bailarina que atuara com Fred Astaire, mas na ocasião era oficial da Royal Air Force, estava se separando do marido Victor (Vic) Oliver, que trabalhava na área do entretenimento e nunca fora aprovado por Churchill. No momento, estava mantendo uma relação com John Winant, novo embaixador dos Estados Unidos na Grã-Bretanha.

O casamento do único filho de Churchill, o beberrão e complicado Randolph, também desmoronou. Pamela, sua aristocrática e atraente esposa de cabelos cor de fogo com quem se casou poucas semanas depois de conhecê-la, começara um caso com Averell Harriman quando ele esteve em Londres como emissário de Roosevelt. Após se separar, ela viveu algum tempo com a filha de Harriman, Kathleen, de quem continuou sendo boa amiga. Depois que Harriman deixou Londres, Pamela teve diversos romances, inclusive com o general Frank Anderson, da Força Aérea dos Estados Unidos, que estaria presente na Conferência de Yalta, assim como com seu amigo íntimo Charles (Peter) Portal, chefe do Estado-maior da Força Aérea da Grã-Bretanha, que escreveria de Yalta para ela. Uma das várias razões das desavenças de Randolph Churchill com os pais era o fato de eles terem conhecimento dos "casos" de Pamela e os tolerarem. Pelo menos no caso de seu pai, por influência de uma forma norte-americana de pensar, tendo em vista que tanto Churchill quanto Clementine continuaram mantendo boas relações com Pamela.

Nos dias de Yalta, Pamela estava mantendo um romance com Edward R. Murrow, famoso radialista da CBS que morou em Londres durante a guerra e elogiava Churchill como líder e orador, ressaltando sua capacidade para "utilizar a língua inglesa e aproveitá-la para a batalha". Para complicar ainda mais a situação, falava-se que Kathleen Harriman mantinha um caso amoroso com Franklin Delano Roosevelt Junior, filho de Roosevelt.

Stalin não tinha mulher que pudesse levar para Yalta. Sua primeira esposa morrera de tuberculose em 1907. A segunda, a extremamente sensível Nadya

Alliluyeva, suicidou-se em 1932, após um banquete em que Stalin deu muita atenção à esposa de um colega. Stalin ficou devastado. "Ela destruiu minha vida. Deixou-me aleijado", declarou. Sua filha Svetlana escreveu: "A morte de minha mãe foi terrível, um tremendo golpe, que destruiu a crença de meu pai em seus amigos e no povo em geral [...], ele encarou sua morte como uma traição, uma facada nas costas". Diversos biógrafos concordaram, sugerindo que o suicídio deixou marcas em sua personalidade e agravou sua indiferença diante do sofrimento e da morte dos outros.

Stalin teve três filhos. Yakov, do primeiro casamento, piloto capturado pelos alemães, foi prisioneiro de guerra. Nenhum dos dois filhos que teve com Nadya — Svetlana, então com dezoito anos e grávida de muitos meses, e Vasily, piloto de avião de combate que bebia além da conta — o acompanhou a Yalta. Segundo Sergo Beria, Stalin tinha uma queda por cantoras de ópera "e não por causa de seus talentos. Meu pai sempre contava histórias picantes sobre as mulheres com quem ele se relacionava. Todas eram grandes, louras 'bem fornidas' de olhos azuis e pelo menos uma cabeça mais alta do que Stalin. Tipo valquírias". Apesar disso, não foi uma voluptuosa cantora de ópera, mas sim, sua fiel amante durante o último quarto de sua vida, a robusta governanta Valentina Istomina, "Valechka", que o acompanhou a Yalta. Atendendo aos desejos de Stalin, ela, como sempre, permaneceria discretamente nos bastidores.

Averell Harriman e sua filha Kathleeen, de 27 anos, foram de trem de Moscou para Yalta antes da conferência, para checar os preparativos. O alto e simpático embaixador na União Soviética, aos 53 anos e duas vezes casado, era filho de um magnata da Union Pacific Railroad. Sua segunda esposa permanecera nos Estados Unidos. As ligações que fizera anteriormente na União Soviética e o tempo que passou na embaixada em Moscou fizeram com que não tivesse ilusões quanto aos problemas que o presidente enfrentaria com os soviéticos na Conferência de Yalta. Já alertara particularmente o presidente que Stalin, Molotov e seus mais próximos companheiros eram homens "inflados pelo poder" que tentariam impor suas decisões sem contestação de nossa parte e de todos os países. Sua postura em relação à questão polonesa em particular era de "agressividade, determinação e disposição para adotar solução independente".

Como lembrou Kathleen, a viagem dos Harriman foi "longa — três dias e três noites —, a maior parte do tempo parados em estações bombardeadas". Enquanto o trem passava devagar pelos campos cobertos de neve, viram muitos comboios transportando caminhões norte-americanos cedidos pelo Lend-Lease. Uma camareira arrumava as camas "a cada hora ou passava limpando o corredor, uma tarefa surpreendente. Borrifava água com a própria boca no carpete para umedecê-lo e em seguida o limpava". Embora as camas fossem confortáveis, os percevejos picaram tanto Kathleen na primeira noite que um de seus olhos amanheceu fechado. "Quase fiquei louca com a coceira. Depois disso borrifei DDT em tudo."

Ao longo da viagem, os agentes da NKVD vigiaram atentamente o grupo, que incluía Robert Meiklejohn, assistente pessoal de Harriman. Os viajantes tinham se preparado. Escreveu Meiklejohn em seu diário: "Trouxemos conosco garrafas de água e todos os alimentos de que precisávamos [...], já que não havia vagão-restaurante no trem, e, se houvesse, não correríamos o risco de usá-lo". Vendedores ambulantes nas estações ofereciam pão e outros alimentos, mas "tudo o que compramos foram alguns ovos com os quais fizemos umas gemadas que eram quase bourbon puro". A alternativa era o caldo feito com cubos de carne dissolvidos em copos com água quente de um samovar no fim do vagão, com sanduíches de presunto e peru, além de ovos cozidos. Quando perceberam que a atendente "recolhia algumas cascas de pão que deixávamos", passaram a deixar algum alimento nos pratos depois de cada refeição.

Em Simferopol, fim da ferrovia para Yalta, o acompanhante soviético de Harriman insistiu para que ele passasse a noite na cidade, alegando que seria muito perigoso dirigir pelas montanhas durante a noite. Contudo, o embaixador insistiu em prosseguir e, apesar de enfrentar uma nevasca, chegaram a Yalta em segurança. Dois dias depois, Harriman partiu novamente para se encontrar com Churchill e Roosevelt em Malta, deixando a filha para supervisionar a frenética atividade em curso para preparar o palácio de Livadia para a chegada do presidente, "pendurando cortinas, estofando cadeiras, instalando vidraças nas janelas e pintando tudo...".

Em 1º de fevereiro — 48 horas antes da hora prevista para a chegada de Roosevelt —, Kathleen escreveu: "Nunca imaginei quantas coisas poderiam dar errado e de tantas formas diferentes... Os tapetes do quarto do presidente foram trocados quatro vezes. Em cada uma, a mobília precisava ser deslocada, uma grande e pesada mobília vitoriana. Os soviéticos não conseguiam decidir os desenhos orientais que ficavam melhor". Embora tivessem depenado os hotéis de Moscou, não havia suficientes "espelhos para barbear, cabides e lavatórios", de modo que as áreas vizinhas "estavam sendo vasculhadas em busca dessas coisas". Um cinzeiro de porcelana tinha a marca do fabricante anunciando orgulhosamente que a empresa já servira a cinco czares. Ela também constatou que, embora Livadia fosse um palácio bem amplo, os aposentos estariam superlotados — apenas generais, almirantes e chefes de Estado teriam quartos individuais.

Kathleen convidou para jantar Joan Bright, assistente do general britânico Hastings "Pug" Ismay, que chegara a Yalta para supervisionar os preparativos feitos no palácio Vorontsov para receber a delegação britânica. Antes da guerra, Joan recusara um convite para ensinar a família de Rudolf Hess na Alemanha a falar inglês. Um dos namorados de Joan durante a guerra foi Ian Fleming que, segundo alguns, se baseou em seu irônico senso de humor para compor a eficiente e descontraída Miss Moneypenny, personagem de seus livros sobre James Bond. Enquanto ainda estava em Londres, Joan recebera telegramas da missão militar britânica em Moscou sugerindo que levasse "muito remédio contra pulgas e papel higiênico para todos", um alerta para as dificuldades que encontraria. Também recebera uma mensagem do Comissariado de Relações Exteriores do Povo Soviético declarando que "havia muita preocupação com a quantidade de pessoas que lá estariam".

Ao entrar pela primeira vez no palácio Vorontsov, Joan achou que estava vivendo "um sonho. No grande salão de entrada, ardia o fogo em duas majestosas lareiras". Arrumadeiras em vestidos pretos e aventais brancos passavam de um lado para outro, e garçons imaculadamente trajados serviam as refeições. Depois da "pobreza e da miséria" que observara durante a viagem para Yalta, pareciam "saídos de um conto de fadas". Entre os empregados locais, identificou uma mulher, funcionária de um dos hotéis de Moscou, a "alta e querida Nina Alexandrovna". Apenas os delegados britânicos do alto escalão ficariam no palácio propriamente dito. Os demais ficariam em dois sanatórios um pouco distantes da área do palácio. Ao inspecioná-los, Joan ficou decepcionada. "Embora limpas e recentemente pintadas, suas instalações eram insuficientes, e dava para imaginar que nossos diplomatas e militares não ficassem muito satisfeitos com dormitórios para seis, sem banheiro privativo." Ela telegrafou para o general Ismay: "As acomodações vão levar a paciência do pessoal ao limite".

Quando Kathleen lhe mostrou a área do Livadia, Joan chegou à conclusão de que "meu problema matemático de alojar seis generais de brigada em um só quarto era muito simples em comparação com os dos norte-americanos. Dormiriam oito generais em um aposento, dezesseis coronéis em outro e quarenta oficiais intermediários em outro".

Os "argonautas" britânicos e norte-americanos partiram no fim de janeiro, e o destino deles era um segredo cuidadosamente guardado, apesar de haver uma percepção geral de que os líderes estavam na iminência de uma reunião. Embora se tentasse evitar notícias a respeito, a chegada de Harry Hopkins à Europa no fim de janeiro, enviado por Roosevelt para conversar com o papa, com De Gaulle — para acalmá-lo por não ter sido convidado para a conferência — e com Churchill, foi amplamente divulgada nos dois lados do Atlântico. As declarações de Hopkins para os jornalistas os deixaram praticamente com a certeza de que a longamente esperada segunda reunião era iminente. Nos Estados Unidos, os repórteres notaram a súbita ausência de Roosevelt e Anna Boettiger em Washington e a recusa das autoridades da Casa Branca a falar sobre seu paradeiro, enquanto no Reino Unido a ausência de Churchill e Eden na Câmara dos Comuns fortalecia a especulação.

A jornada de 4.800 quilômetros de Churchill seria menor do que a de Roosevelt, mas, de qualquer forma, era um desafio para um homem de setenta anos que já sofrera um ataque cardíaco. Contudo, Churchill, que estivera fora da Grã-Bretanha durante a guerra por cerca de um ano dos cinco como primeiro-ministro, percorrendo mais de 160 mil quilômetros por terra, mar e ar e em suas jornadas mais perigosas, dizendo para seus guarda-costas que o matassem se houvesse ameaça de ser capturado, estava mais preocupado com o destino do que com os riscos da viagem. Cinco dias antes de partir, reclamou com Harry Hopkins: "Se tivesse passado dez anos procurando, não encontraria no mundo um lugar pior". Dois dias depois, em 26 de janeiro, Churchill enviou para Roosevelt um telegrama avisando que um grupo de oficiais norte-americanos e britânicos tinha tentado duas vezes chegar a Yalta, mas fora obrigado a retornar por causa de nevascas nas montanhas, "uma experiência terrível", como descrevera um oficial britânico.

Às 21h30 do dia 29 de janeiro, o Skymaster de Churchill decolou para Malta da base aérea da RAF em Northolt, na periferia de Londres, mais cedo do que fora planejado inicialmente, para evitar mau tempo. Churchill viajava sob o codinome "coronel Kent". Sua filha Sarah Oliver, de trinta anos, e seu médico, lorde Moran, estavam a bordo. No começo, o avião estava gelado, e o frio era tanto que Sarah escreveu para a mãe:

> Papai estava sentado, embrulhado em seu grande capote, quando começou a esquentar. Em um minuto, ficamos todos rosados como tomates, desesperados por ar fresco. Todos se acomodaram novamente, e papai parecia um pobre bebê cor-de-rosa, quase chorando! Mediu sua temperatura — estava alta [...]. Era cerca de uma hora da manhã quando nos preparamos para descansar, mas ninguém conseguiu dormir muito.

Churchill atribuiu sua temperatura a umas pílulas de sulfa que Moran lhe dera, mas o médico negou que essa fosse a causa.

Às 4h30, em meio à escuridão de uma madrugada de inverno, o avião aterrissou em Malta. Com a temperatura de Churchill ainda elevada, Moran pensou em levá-lo ao hospital, em vez de transferi-lo, como previsto, para o cruzador leve HMS *Orion*, ancorado no castigado Grande Porto de Valeta. "Foram momentos críticos entre o hospital e o navio", lembrou Sarah Oliver. "Ora ele iria para o hospital — o navio era cancelado — ora o hospital era cancelado e ele iria para o navio." Churchill começou a se sentir melhor quando embarcou no *Orion*, mas achou que lá estava muito frio para seu gosto e que "a cama não estava no lugar certo". Churchill sentou-se desanimado enquanto mudavam a posição da mobília, antes de se recolher e se aquecer com garrafas de água quente.

Eden, que partira da Inglaterra doze horas antes de Churchill, voando separadamente do primeiro-ministro por motivos de segurança, também teve um voo ruim. Ele recordou: "Voamos em elevada altitude e não recebemos oxigênio. Em consequência, cheguei com dor de cabeça e não me sentia bem". O chefe do Estado-maior geral britânico, o marechal de campo sir Alan Brooke, que partiu na mesma hora de Eden, escreveu:

> Uma manhã fria e horrível, passando pelo Hyde Park coberto por neve e em meio à escuridão. Lamentei a ideia de ter que partir para o espaço frio e pensei o quanto seria bom poder ficar em casa! Entretanto, tivemos uma viagem maravilhosa, a cerca de 12 mil pés de altitude, sobre as nuvens e com o sol brilhando.

Uma semana antes, Eden reclamara:

> Acho que não aguento mais um dia trabalhando com Winston; não adianta, ele não tem jeito, é incapaz de entender a situação militar e decidir. Estivemos com ele esta manhã para tentar (sem sucesso) chegar a algumas decisões, antes de nossas reuniões com os chefes de Estado-maior norte-americanos.

Chegando a Malta, Brooke mergulhou em discussões estratégicas com seus correspondentes norte-americanos. Nessa época, a vitória aliada na Europa parecia praticamente assegurada. Com algumas significativas exceções, como no norte e no leste da Holanda, onde centenas de milhares de pessoas em cidades como Amsterdã estavam sendo obrigadas a comer bulbos de tulipas e açúcar de beterraba nos dias que ficaram conhecidos como "Inverno da Fome", quase todos os territórios ocupados pelos alemães desde que a guerra começara em 1939 tinham sido libertados. Todavia, embora a principal incerteza não fosse se, mas quando os nazistas seriam derrotados, obviamente ainda havia muitas batalhas a serem travadas, e a estratégia a ser adotada no futuro era o item principal das discussões entre os chefes.

No Ocidente, a invasão da França, que fora objeto de muitas divergências e discussões não apenas em Teerã em 1943, mas também entre os dois Aliados Ocidentais, tinha obtido sucesso. Paris fora libertada em agosto de 1944 e quase toda a França agora estava livre do jugo nazista. Mais ao norte, a ofensiva das forças alemãs nas Ardenas, que envolveu o emprego de 250 mil soldados cruzando a floresta a fim de recuperar o porto de Antuérpia, tinha sido contida na Batalha do Saliente, logo após a melhora das condições atmosféricas que permitiu o emprego pleno da superioridade aérea aliada.

Não obstante, a resistência alemã diante das tropas norte-americanas, algumas consideradas pelo general George Patton ainda muito inexperientes, estava se revelando competente e obstinada. O avanço inicial nas Ardenas provocara algum pânico em Antuérpia e em alguns outros pontos das linhas aliadas, levando o general Eisenhower a entregar ao marechal de campo Bernard Montgomery o comando-geral da defesa. Embora inicialmente contribuísse significativamente para a reorganização da defesa com tropas em sua maioria norte-americanas, à sua maneira característica Montgomery agiu sem tato e, em uma entrevista para a imprensa, atribuiu a si mesmo mais do que lhe cabia pelo sucesso das operações defensivas, exacerbando tensões entre generais norte-americanos e britânicos.

No princípio de janeiro de 1945, o Exército alemão lançou um ataque diversivo sob o codinome "Vento do Norte" contra Estrasburgo. Preferindo preservar suas forças para a defesa das Ardenas, Eisenhower optou pelo abandono da cidade. O líder francês Charles de Gaulle se opôs, ameaçou retirar as tropas francesas do comando conjunto aliado e deu ordem para que defendessem a cidade, o que foi feito com sucesso, repelindo os agressores na última ponte antes de Estrasburgo. Esse incidente não ajudou a melhorar as relações dos Aliados com seu problemático parceiro francês.

Na Itália, cujo governo se rendera em 1943, as Forças Aliadas avançavam arduamente na região montanhosa do país, enfrentando resistência obstinada dos alemães, anteriormente aliados dos italianos. Essa campanha, em que as tropas polonesas desempenharam importante papel, estava quase paralisada. Isso se devia em parte ao rigoroso inverno, mas, por outro lado, ao terreno, à obstinação da defesa e à retirada de algumas tropas britânicas para atuar na recém-libertada Grécia, para combater o que os britânicos viam como uma insurreição comunista. Por trás das linhas alemãs, *partisans* italianos, muitos de tendência esquerdista, perturbavam e atacavam os defensores alemães.

Na Europa oriental, Stalin se mostrara aliado fiel por ocasião da visita a Moscou do chefe do Estado-maior da Força Aérea britânica, o marechal Arthur Tedder, vice-comandante supremo de Eisenhower, que foi pedir aos soviéticos para aliviar com urgência a pressão alemã no front ocidental, onde as ofensivas nas Ardenas e em Estrasburgo ainda não haviam sido contidas. Em decisão que Churchill saudou como "um grande feito dos russos e de seu comandante ao apressar sua ampla ofensiva, sem dúvida pagando pesado custo em vidas", Stalin antecipou a planejada ofensiva soviética na direção do Ocidente de 20 para 12 de janeiro de 1945 e disse a Tedder:

> Somos camaradas. É uma atitude apropriada, assim como também sensata e independente, nos ajudarmos em tempos de dificuldades. Eu seria tolo se preferisse me manter à parte e deixar os alemães os aniquilarem; se voltariam contra mim depois de destruí-los. Do mesmo modo, é de seu interesse fazer todo o possível para evitar que os alemães me destruam.

O avanço soviético foi rápido e em larga frente, cobrindo 480 quilômetros em apenas dezoito dias. Em 17 de janeiro, as forças do marechal Georgii Zhukov capturaram Varsóvia. O fato de Stalin não ter apoiado o levante do verão anterior nessa cidade gerou grande tensão entre ele e seus aliados. No mesmo dia, tropas russas que avançaram sobre as já sitiadas cidades gêmeas Buda e Peste, na Hungria, prenderam por suspeita de espionagem Raoul Wallenberg, diplomata sueco na Hungria, que nos meses anteriores salvara muitos judeus arranjando-lhes passaportes e outros documentos. Wallenberg nunca mais foi visto. No dia seguinte, 18 de janeiro, as tropas alemãs se retiraram de Peste e atravessaram o rio Danúbio para Buda, explodindo as famosas e lindas pontes das Correntes e Elizabeth.

Em 21 de janeiro, o Exército alemão abandonou Tannenberg, palco da grande vitória sobre os russos em agosto de 1914, levando com eles os corpos do marechal de campo Paul von Hindenburg — vencedor da batalha e posteriormente chefe do Estado-maior alemão na Primeira Guerra Mundial, além de presidente da Alemanha no período em que Hitler ascendeu ao poder — e o de sua esposa, que tinham sido enterrados naquela cidade. Em 27 de janeiro, as tropas russas se apoderaram da "Toca do Lobo", quartel-general de Hitler perto de Rastenburg, na Prússia Oriental, onde, por ocasião da "Operação Valquíria" em julho de 1944, a explosão de uma bomba não alcançou seu objetivo, que era matar Hitler. Na Alemanha, houve o julgamento e a execução de conspiradores e de outros suspeitos — inclusive, em 23 de janeiro, a de Erwin Planck, filho do físico Max Planck, vencedor do Prêmio Nobel. Enquanto Yalta estava acontecendo, o avanço das unidades do marechal Zhukov chegou a oitenta quilômetros de Berlim, capital de Hitler, e sua vanguarda já atravessava o congelado rio Oder.

Todavia, as forças alemãs ainda contavam com novas e importantes armas em seu arsenal. Uma inovação temida pelos chefes de Estado-maior das Forças Aliadas e visada por suas Forças Aéreas era a produção de uma nova geração de submarinos. Esses submarinos parcialmente pré-fabricados contavam com baterias aperfeiçoadas e tubos de lançamento de torpedo que permitiam disparar mais de um ao mesmo tempo. Mais importante, contavam com *schnorkels* — tubos de ventilação que permitiam ao submarino permanecer submerso praticamente o tempo todo, criando grande dificuldade para detectá-los e destruí-los quando atacavam comboios Aliados. A versão maior desses submarinos — o tipo XXI, de 1.600 toneladas —, de acordo com relatórios de inteligência, podia atravessar o Pacífico sem reabastecer e manter uma velocidade, submerso, de mais de dezesseis nós.

Outra nova arma, fabricada em grande quantidade, foi o primeiro míssil balístico do mundo, a bomba V2 (vingança nº 2). Tinha um alcance de 320 quilômetros, viajava a 5.700 quilômetros por hora e a uma altura de cerca de 112 quilômetros, antes de mergulhar e explodir no solo com sua ogiva que transportava três quartos de tonelada de alto explosivo. A primeira V2 a atingir a Grã-Bretanha explodiu em Staveley Road, em Chiswick, na área ocidental de Londres, no dia 8 de setembro de 1944, uma sexta-feira, matando três pessoas. Na época, o governo descreveu o episódio para o povo não como um míssil, mas como uma explosão de gás. Formou uma cratera de três metros de profundidade ao lado da casa de John Clark, então com seis anos de idade. Clark estava no banheiro do piso superior, nos fundos da casa. "Você fica surdo, é o que acontece com você", lembrou. "Ver um armário voar pelos ares e cair à sua frente sem nenhum ruído prévio é uma experiência assustadora." Rosanna, irmã de três anos de John, que estava no berço no quarto da frente, foi morta. "Não havia nenhum sinal externo em Rosanna", recordou John, "de que a explosão havia paralisado pulmões".

Somente em 10 de novembro, depois de outros ataques das v2, as autoridades britânicas admitiram que se tratava de mísseis balísticos. O maior temor era de os foguetes lançarem gases venenosos. Cientistas alemães tinham produzido uma adaptação das ogivas para tal fim, mas nunca foram usadas. Em janeiro de 1945, as v2 caíam sobre Londres "como folhas no outono", como descreveu Jock Colville. A velocidade dos foguetes impedia que o povo fosse alertado antes que explodissem no solo. Um morador de Londres os descreveu como "uma arma aterrorizante — você não ouve quando chegam". O característico duplo trovão, quando rompia a barreira do som e quando explodia no solo menos de um segundo depois, era ouvido a quase cem quilômetros de distância. Assim, embora as baixas fossem em muito menor número do que durante a blitz, as v2 intranquilizaram o povo britânico, que acreditava que não sofreria mais com ataques aéreos. "Os últimos ataques foram a gota d'água", lembrou outro londrino. "É difícil descrever a tensão em que vivíamos, expostos 24 horas por dia. Só a crença de que a guerra provavelmente terminaria em poucos meses nos manteve."

Assim como Londres, Paris e Antuérpia foram alvos preferidos. Em 16 de dezembro de 1944, mesmo dia em que começou a ofensiva alemã nas Ardenas, um foguete v2 disparado da Holanda ocupada atingiu a Antuérpia, causando o maior número de baixas já provocado por uma dessas armas: 567 pessoas, inclusive 296 militares Aliados que estavam em um cinema assistindo ao popular filme *Buffalo Bill*. Os ataques com as v2 continuaram durante a Conferência de Yalta, apesar dos bombardeios Aliados sobre as bases de lançamento.

Cientistas e engenheiros alemães fabricaram outras duas armas, mas em número insuficiente e ainda não confiáveis o bastante para emprego militar: o primeiro avião de combate a jato, o Messerschmitt Me 262, operacional em pequeno número no verão de 1944, e o Arado 234B, bombardeiro a jato que fez o primeiro voo operacional na véspera do Natal de 1944, quando dezesseis dessas aeronaves atacaram fábricas e terminais ferroviários perto de Liège, na Bélgica, apoiando a ofensiva nas Ardenas.

O programa mais secreto dos Aliados Ocidentais, o Projeto Manhattan, da bomba atômica, ainda estava em fase de desenvolvimento, embora fosse crescente a confiança na viabilidade de uma arma nuclear. O primeiro urânio enriquecido para uso bélico e o primeiro plutônio estavam prontos para serem enviados para as instalações em Hanford, no estado de Washington, no fim de janeiro de 1945. No mesmo mês, um avião do esquadrão de Boeings B-29 Superfortresses, comandado por Paul Tibbets e especialmente adaptado para transportar uma bomba atômica, pousou no campo Batista, a dezenove quilômetros de Havana, Cuba, para treinar voos de bombardeio e navegação sobre o mar, aproveitando o bom tempo do Caribe.

Ainda incertos quanto ao potencial do Projeto Manhattan e sobretudo ignorando-o no princípio de 1945, os generais norte-americanos temiam que provavelmente só conseguissem derrotar o Império Japonês em 1947. O general Douglas MacArthur, comandante supremo das Forças Aliadas no sudoeste da Ásia, estimava que precisaria de 5 milhões de homens para invadir e conquistar as ilhas japonesas, com cerca de um quinto de baixas. Um dos principais objetivos de Roosevelt e seus assessores militares em Yalta seria convencer a União Soviética a entrar na guerra contra o Japão e, assim, aliviar o ônus dos Estados Unidos. A preocupação dos militares norte-americanos era fortalecida pela obstinação da resistência japonesa, ainda que a maré da guerra estivesse favorecendo os Aliados em todas as frentes, com exceção da China Oriental.

Na batalha do golfo de Leyte em outubro de 1944, apesar de sofrer o primeiro ataque coordenado dos aviões camicases japoneses, a Marinha dos Estados Unidos infligiu pesados danos à esquadra de superfície do Japão a ponto de anulá-la como força combatente naquele que foi o maior enfrentamento naval da Segunda Guerra Mundial e, de acordo com certos critérios, de toda a história. A batalha ocorreu para apoiar o desembarque das tropas do general MacArthur na ilha filipina de Leyte. Depois de derrotar os japoneses em Leyte e Mindoro, em 9 de janeiro as forças de MacArthur invadiram Luzon, a maior ilha filipina, na qual fica a capital Manila. Enquanto isso, na Birmânia tropas britânicas e indianas combatiam aguerridamente ao avançar para o sul, na campanha para recuperá-la dos japoneses.

Em Malta, os generais britânicos e norte-americanos discutiam como aplicar o golpe final na Alemanha. Nas conversas descritas pelo general George Marshall, chefe do Estado-maior geral dos Estados Unidos, como as "mais tempestuosas de toda a guerra", o ponto crítico foi a estratégia do general Eisenhower, que previa duas invasões simultâneas na Alemanha após a indispensável travessia do rio Reno. A primeira, ao norte, seria um avanço ao longo do Ruhr, atravessando a região alemã na planície setentrional da Europa, na direção do Báltico. A outra seria um avanço partindo de Karlsruhe, na direção de Kassel. Os britânicos, que consideravam Eisenhower cauteloso demais, prefeririam partir diretamente na direção de Berlim, em um único ataque em frente mais estreita. De qualquer modo, restava a dúvida quanto à capacidade dos Aliados para realizar as duas operações. Marshall, às vezes "brutalmente franco [...], apoiou firmemente a proposta de Eisenhower", opondo-se ao que Eisenhower chamava de "ataque com a ponta de um lápis" na direção de Berlim. Brooke considerou que os britânicos chegaram à "mais infeliz conclusão", ao concordarem, embora a contragosto, com a estratégia de Eisenhower e aceitarem a garantia norte-americana de que os recursos destinados à operação britânica além do Ruhr, que seria comandada por Montgomery, não seriam prejudicados por qualquer ofensiva norte-americana em alguma outra frente.

Os Estados-maiores das Forças Aéreas, chefiados pelo major-general Laurence Kuter, da Força Aérea dos Estados Unidos, e por Peter Portal, da Grã-Bretanha, de modo geral mantinham um relacionamento cordial e as pequenas diferenças eram superadas porque tinham consciência de que os meios de que dispunham lhes permitiriam vencer a guerra. Em Malta, elaboraram planos para conciliar as prioridades dos bombardeios realizados por britânicos e norte-americanos com o apoio ao avanço soviético na direção da Alemanha. Concordaram não somente em bombardear fábricas alemãs de tanques, mas também em lançar "pesados ataques a quatro cidades: Berlim, Dresden, Leipzig e Chemnitz", que, segundo esperavam, "dificultariam os esforços inimigos para transferência de meios entre as frentes ocidental e oriental". Também adotaram medidas para que certo número de bombardeiros da RAF fosse empregado no Pacífico, para ajudar nos bombardeios sobre o Japão. Em decisão que pareceu prudente, abandonaram o Projeto Weary

Willie, que consistia em lançar bombardeiros pesados, já muito desgastados e sem piloto, sobre a Alemanha, cada um transportando vinte toneladas de explosivos de alta potência.

Enquanto se recuperava e esperava o presidente chegar, Churchill era mantido a par das discussões dos militares. Sua temperatura logo voltou ao normal, e ele passou a se "mostrar alegre e a comer e beber tudo o que estava a seu alcance". Com permissão de lorde Moran, ficava até tarde da noite jogando cartas, especialmente besigue, com Averell Harriman. "Não há dúvida de que o surto de febre serviu para pôr juízo em sua cabeça. Mas Winston é um jogador, e jogadores não ficam contando as moedas que restam em seus bolsos. Não está preocupado em defender seus poderes, que estão minguando [...]. Caramba, ele nunca se dará uma chance?"

Não obstante, vez ou outra Churchill deixava aflorar sua habitualmente agitada natureza e seu modo de ser ao perceber que os desafios que tinha pela frente eram terríveis. Em 1º de fevereiro, ele escreveu para sua esposa:

> Fico muito triste ao tomar conhecimento dos relatos sobre massas de mulheres e crianças alemãs se arrastando por toda parte ao longo das estradas em colunas de 65 quilômetros rumo ao Ocidente, diante dos exércitos que avançam [...]. A miséria que campeia em todo o mundo me deixa horrorizado e, cada vez mais, temo que possam surgir novos conflitos, sucedendo aos que hoje estamos encerrando com êxito.

As palavras com que conclui refletem sua tristeza:

> Muito amor, minha querida.
> Sinto muito sua falta.
> Sinto-me sozinho no meio da multidão.
> Seu marido, que muito a ama.

O rápido avanço soviético estava realmente provocando, à frente de suas vanguardas, uma onda de miséria em forma de seres humanos desesperados e desnorteados. Mais de 2 milhões de pessoas estavam se deslocando em meio a um inverno rigoroso. Entre eles, refugiados alemães da Prússia Ocidental e da Prússia Oriental, prisioneiros de campos de concentração e prisioneiros de guerra obrigados a marchar até morrer. Em sua esteira, o avanço deixava centenas de milhares de amedrontados civis que, com razão, temiam perder seus lares e terras, refugiados desorientados e desesperados, e ex-prisioneiros famintos engolidos pela velocidade do avanço.

Em 20 de janeiro, um prisioneiro de guerra britânico estava em uma marcha forçada à qual foram se juntando refugiados que "caminharam a noite inteira para atravessar o Oder antes que as pontes fossem destruídas [...]. Frio intenso. Seis crianças refugiadas morreram no trajeto, muitos caíam exaustos, muita gente congelada". Outro prisioneiro de guerra britânico, Stan Wells, e seus companheiros foram escondidos e cuidados por uma jovem mulher judia do campo de concentração de Stutthof que escapara da Marcha da Morte. Wells escreveu em seu diário:

> Deus está castigando a Alemanha. Hoje vi a cena mais sórdida, infame e cruel que jamais presenciei em minha vida. Às nove horas da manhã, uma coluna se deslocava pela estrada na direção de Danzig. Fiquei aturdido, com uma tremenda raiva, uma fria cegueira que quase fez com que eu fosse morto. Nunca em minha vida me senti tão destemido em abrir a boca. Elas vinham caminhando em meio ao frio intenso, eram cerca de trezentas mancando, arrastando-se, escorregando e caindo para em seguida se levantarem sob os golpes dos guardas da miserável ss. Implorando pão e comida, trezentas, de cabelos desgrenhados, meros objetos imundos que antes eram judias!

Em 27 de janeiro, as vanguardas russas chegaram ao campo de concentração de Auschwitz-Birkenau, perto da fronteira entre Alemanha e Polônia antes da guerra. Poucos dias antes, os guardas tinham forçado 60 mil prisioneiros maltrapilhos e famintos que ainda podiam andar a marchar quase cinquenta quilômetros em 72 horas sobre neve e gelo para serem embarcados em vagões ferroviários e levados para outros campos. Um quarto dos que partiram — 15 mil — morreu ao longo da marcha, fuzilados à queima-roupa pelos guardas quando caíam. Cerca de 7 mil, mais fracos e doentes, foram deixados para trás no campo abandonado. Entre eles, estava o químico italiano, e mais tarde famoso escritor, Primo Levi, que sofria de escarlatina. Ele lembrou: "Vivíamos em um mundo de mortos e fantasmas. O último traço de civilização desaparecera dentro de nós. A degradação abominável começada pelos alemães enquanto vitoriosos chegara ao fim com sua derrota".

Montados em seus cavalos de crina abundante, o tenente Ivan Martynushkin e seus camaradas da 322ª Divisão de Infantaria soviética, por questão de prudência, entraram em alerta para evitar alguma emboscada. Nessa ocasião, ele notou:

> Algumas pessoas por trás do arame farpado [...] lembro-me de seus rostos, especialmente o sofrimento visível em seus olhos. Inicialmente houve certa apreensão nos dois lados, mas em seguida parece que perceberam quem éramos e começaram a nos saudar [...] a sinalizar que sabiam quem éramos e que não precisávamos ter medo deles. Não eram guardas nem alemães por trás do arame farpado, mas apenas prisioneiros. Vendo seus olhos, pudemos notar que estavam contentes por terem sido salvos do inferno. Felizes por serem libertados.

Entre 1941 e janeiro de 1945, os nazistas assassinaram pelo menos 1,1 milhão de pessoas em Auschwitz, cerca de 90% judeus, quase um sexto dos que morreram no genocídio de judeus. Martynushkin e seus comandados encontraram seiscentos corpos em decomposição, pilhas de dentes dos quais tinham sido removidas as obturações em ouro, 370 mil ternos de homens, 837 mil peças de roupa feminina e 7,7 toneladas de cabelo humano. Além disso, os nazistas tentaram na última hora, embora sem sucesso, destruir o equipamento do campo, como as câmaras de gás. Mais tarde, Primo Levi lembrou que estava com um amigo carregando em uma maca o corpo "muito leve" de outro detento quando, "ao virar a maca na neve acinzentada", viu os russos chegando.

As gêmeas de dez anos de idade Eva e Miriam Mozes Kor estavam detidas em uma área do campo onde eram cobaias das infames experiências do doutor Josef Mengele sobre "herança biológica" de gêmeos. Poucos dias antes de sua libertação, já ouvindo tiros das tropas soviéticas, foram levadas para a área principal do campo. Muito debilitada por causa das injeções que recebia, Eva se sustentava dizendo para si mesma que precisava sobreviver. "Se eu morresse, minha irmã gêmea Miriam seria morta com uma injeção no coração para que Mengele pudesse comparar as autópsias." As duas meninas, muito magras, chegaram ao campo principal e, um dia ou dois mais tarde, ouviram uma mulher na barraca em que estavam confinadas gritar: "Estamos livres! Estamos livres!". Eva correu até a porta e tudo o que conseguiu ver foi neve. Em seguida, percebeu que havia soldados soviéticos com uniformes brancos de camuflagem. "Corremos para eles, que nos abraçaram e nos deram biscoitos e chocolates", recordou ela. "Estando tão sozinha, um abraço significa mais do que se possa imaginar, porque significava o calor humano que tanta falta nos fazia. Não estávamos famintas apenas de comida, mas também [...] de bondade humana."

Durante o mês de janeiro, o almirante alemão Karl Dönitz, comandante da Marinha, reuniu uma frota de oitocentos navios de todos os tipos, de transatlânticos a barcos pesqueiros, para uma operação de codinome "Aníbal", para evacuar tropas e civis alemães da costa báltica da Prússia Oriental e da Prússia Ocidental, então definitivamente isoladas. Entre os navios maiores, estava o *Wilhelm Gustloff*, de 20 mil toneladas. Deixou Danzig logo após o meio-dia de 30 de janeiro de 1945 com cerca de 10 mil pessoas a bordo, em sua maioria civis e refugiados, mas também soldados feridos, cerca de trezentas subalternas da Marinha e mil tripulantes de submarinos.

Na obscuridade característica do inverno, naquela noite — 12º aniversário da ascensão do Partido Nazista ao poder —, o submarino soviético s-13, comandado pelo capitão Alexander Marinesko, avistou o *Gustloff* e disparou três torpedos. Atingiram o transatlântico a bombordo, justamente quando a familiar voz hipnótica, embora áspera, de Hitler era transmitida pelo alto-falante do navio como se fosse a última vez que se dirigia ao povo alemão pelo rádio: "Espero que cada alemão cumpra plenamente seu dever, que faça qualquer sacrifício que possa ou deva ser exigido [...] que todos os homens em condições estejam dispostos a entrar na batalha mesmo arriscando a vida [...] que cada mulher ou menina lute com a máxima devoção!".

Um torpedo atingiu a casa de máquinas inutilizando-a e cortando toda a energia e as comunicações. Outro explodiu na piscina vazia onde boa parte das trezentas subalternas da Marinha se abrigavam, matando instantaneamente quase todas.

Apenas nove botes salva-vidas dos existentes no navio puderam ser lançados ao mar. Muita gente mergulhou nas águas geladas do Báltico, onde flutuavam pequenos blocos de gelo. Muitos morreram imediatamente por hipotermia. Em apenas uma hora ou pouco mais, o transatlântico afundou, começando pela proa. Após o torpedeamento, um bote recolheu quase mil pessoas. As restantes — cerca de 9 mil — morreram, a mais numerosa perda de vidas em um só naufrágio em toda a história. Uma mulher que sobreviveu em um bote salva-vidas contou:

> Não consigo esquecer o som claro da sirene enquanto o *Gustloff* [...] deu o mergulho final. Podia ver claramente pessoas ainda a bordo, agarrando-se à balaustrada. Mesmo enquanto afundavam, continuavam se segurando e gritando. Em torno de nós, havia pessoas nadando ou apenas flutuando no mar. Ainda posso ver suas mãos tentando agarrar a borda de nosso bote. Estava muito cheio e não cabia mais ninguém.

Enquanto alguns se portavam como libertadores, muitos soldados soviéticos maltratavam, violentavam e saqueavam as populações civis dos países que ocupavam, fuzilando quem tentasse resistir a suas depredações. Um grupo deles prendeu Agnes Karlik, de quinze anos, e sua irmã, de catorze, em uma barraca. "Eles gritavam... Eu estava absolutamente apavorada, não conseguia me mover [...] eles nos violentaram. Éramos apenas meninas. Muito jovens. E não sabíamos o que estavam fazendo porque naquela época as crianças eram educadas de forma diferente."

Um relatório da embaixada suíça em Budapeste afirmou:

> O maior sofrimento da população húngara é o estupro de mulheres. Os estupros, que envolvem mulheres de todas as idades, dos dez aos setenta, são tão comuns que pouquíssimas mulheres húngaras foram

poupadas [...]. A desgraça fica maior por causa do triste fato de muitos soldados russos serem portadores de doenças e não haver remédios de nenhuma espécie na Hungria.

Na oportunidade, o Partido Comunista Húngaro fez um relatório para os soviéticos confirmando a situação. Stalin respondeu a uma das denúncias: "Será que não compreendem que um soldado que atravessou milhares de quilômetros em meio a fogo, sangue e morte possa se alegrar com uma mulher e se divertir um pouco?".

No Reich alemão, definitivamente sem aliados em face das defecções da Bulgária, Romênia e Hungria, o pensamento do povo variava. Alguns alemães permaneciam ferozmente fiéis a Hitler e à causa nazista. No dia de Ano Novo de 1945, um piloto de Junkers 87 Stuka, Hans-Ulrich Rudel, ao qual se creditava a destruição de quinhentos tanques russos, compareceu ao quartel-general do Führer na região ocidental do país, em Bad Neuheim, para dele receber a "mais alta condecoração por bravura, a Cruz de Cavaleiro da Cruz de Ferro com Folhas de Carvalho Douradas, Espadas e Diamantes" e ser promovido ao posto de capitão. Hitler lhe ofereceu a oportunidade de ser afastado de missões operacionais e Rudel lhe disse "não posso aceitar a condecoração e a promoção se não puder continuar voando com minha esquadrilha". "Olhando-me fixamente nos olhos", Hitler sorriu e concordou. Um oficial mais experiente disse a Rudel: "O rápido relâmpago no rosto do Führer nem sempre termina com um sorriso".

Em Berlim, que sofria com a fome e os bombardeios cada vez mais intensos dos Aliados, uma jornalista, Ursula von Kardorff, escreveu em seu diário que ela e seus colegas estavam em "um hospício [...] robôs desempenhando um papel sem sentido. Por exemplo, todos os dias temos que escrever longos panfletos com exortações idiotas narrando atrocidades cometidas pelos russos. 'Aguentem firme' porque Goebbels insiste que estamos no limiar da vitória. 'Vamos vencer porque devemos vencer!' é a frase típica". Todavia, o povo era muito cuidadoso e evitava falar contra o Führer. Em meados de janeiro, Gertrude Seele, uma enfermeira, foi executada por ser "considerada inimiga do Estado". Seu crime foi comentar, em um evento privado, que Hitler lhe causava repugnância.

Em 23 de janeiro, retornando de Bad Neuheim para Berlim, onde então passava a maior parte do tempo em um abrigo subterrâneo a mais de quinze metros da superfície, Hitler parecia ter perdido a fé em seus generais e nomeou Heinrich Himmler, sem a mínima experiência militar, para comandar as forças alemãs do Grupo de Exércitos Vístula.

No fim de janeiro, o filme mais dispendioso jamais produzido pelos nazistas, *Kolberg*, foi exibido pela primeira vez. De acordo com seu diretor, Veit Harlan, 187 mil soldados alemães foram afastados das operações para atuar como extras nesse filme colorido. Previsto para elevar o moral do povo e dos militares, mostrava a heroica defesa germânica de Kolberg em 1807, no Báltico, contra as forças francesas de Napoleão. Foram distribuídas cópias para tropas alemãs em todos os setores. Pouco depois, essa mesma cidade, Kolberg, caiu nas mãos dos soviéticos, fato que por algum tempo foi escondido do público alemão.

Na cidade portuária de Hiroshima, assim como em todas as ilhas japonesas, os cinemas também exibiam alguma coisa capaz de elevar o moral. Um filme, *The Divine Wind Special Attack Forces Take Off* [Decolam as Forças Especiais de Ataque Vento Divino], exaltava os primeiros camicases e mostrava como, antes de partir para suas missões sem volta, os pilotos suicidas juravam lealdade a seu imperador e sorriam ao subir em seus aviões. Associações de bairro começaram a organizar treinamentos contra os ataques aéreos a fim de orientar as áreas atingidas em caso de ataque. Distribuíam pequenos copos de louça marrom e branca com inscrições como "A comunidade unida consegue resistir". Os líderes dessas comunidades observavam ou espionavam conversas derrotistas e as denunciavam à polícia secreta, a Kempei Tei. Estudantes de treze anos ou mais já eram convocados para trabalhar até oito horas por dia em fábricas de armamento. Em seu tempo livre, recebiam ordem para cavar trincheiras e abrigos nas encostas das elevações.

Essa era a situação mundial e da guerra enquanto Churchill esperava a chegada de Roosevelt a Malta.

4
"Uma pequena chama na escuridão"

Em Washington, na noite de 22 de janeiro, após algumas comemorações de aniversário — Roosevelt completaria 63 anos em 30 de janeiro —, o presidente e sua filha Anna desceram para o subsolo da Agência de Gravações e Impressão, junto à Casa Branca. Lá, em um ramal subterrâneo construído para transportar em segredo notas de dólares recentemente impressas, os esperava o vagão ferroviário Pullman privativo de Roosevelt, o *Ferdinand Magellan*. Somente um outro presidente — Abraham Lincoln no princípio da década de 1860 — dispusera de um vagão exclusivo para uso próprio. Durante toda sua vida, Lincoln se recusou a usá-lo porque era "luxuoso e enfeitado demais", mas foi nesse vagão que seu corpo foi transportado para seu local final de repouso em Illinois. No começo de 1942, depois que os Estados Unidos entraram na guerra, Roosevelt aprovou a sugestão de Mike Reilly para que ele tivesse seu próprio vagão ferroviário. A escolha recaiu sobre o *Ferdinand Magellan*, construído em 1928 como um dos seis vagões Pullman que receberam nomes de famosos exploradores. As oficinas da Pullman Company, próximas a Chicago, foram encarregadas de reformá-lo. A única exigência de Roosevelt foi que ficasse "um pouco mais confortável".

As acomodações em que se instalaram o presidente e sua filha consistiam em quatro dormitórios, uma sala de jantar com uma mesa de mogno para oito pessoas e carpete verde, e uma sala de estar em cor creme de onde podiam apreciar a viagem. O vagão pesava 140 toneladas, e as laterais, o piso, as extremidades e o teto eram revestidos de uma blindagem de liga de aço-níquel. As janelas tinham vidros à prova de balas de aproximadamente 7,5 centímetros de espessura, e as portas, uma vez trancadas, eram à prova d'água. Em caso de emergência, o presidente poderia optar por uma de duas vias de escape, uma escotilha no teto da sala de estar e outra na parede do banheiro. Cada aposento contava com um telefone que, quando o trem estava em uma estação, podia ser conectado a um aparelho da própria linha ferroviária. Em movimento, a estação-rádio a diesel no vagão de comunicações, operada pelo pessoal do Corpo de Comunicações do Exército, mantinha o presidente em contato com o mundo exterior. Debruçada sobre a janela do trem para se despedir do marido John, Anna Boettiger, ex-jornalista, mas agora oficial do Exército, "ficou coberta de fuligem" da máquina a vapor do trem.

O resto do trem compreendia quatro outros vagões-dormitórios, um vagão-restaurante e um vagão-lounge. Viajando com Roosevelt estavam seus dois médicos: o particular, vice-almirante Ross McIntire, e o capitão-tenente Howard Bruenn, chefe da cardiologia do Hospital Naval de Bethesda. Como no mês de março anterior Roosevelt tinha sido diagnosticado com hipertensão e coração dilatado, Bruenn, que em caráter privado dizia francamente que a condição do presidente era "terrível", atendia-o constantemente. Também a bordo estavam os atendentes filipinos do iate presidencial *Potomac*, que cozinhariam suas refeições em Yalta. Igualmente importante para o bem-estar de Roosevelt era a presença familiar do major-general Edwin "Pa" Watson, nascido no Alabama, seu assistente militar desde 1933 e mais tarde secretário responsável por sua agenda. Os dois eram amigos de longa data. O presidente gostava de jogar pôquer com "Pa" e zombar dele por causa de seu notório e irritante gosto por loções pós-barba. Watson vinha acompanhando Roosevelt em quase todas as viagens presidenciais importantes, como a Conferência de Teerã.

Um companheiro de viagem mais problemático era James Byrnes, advogado de 62 anos de idade. De origem católica-irlandesa, nascera em Charleston, Carolina do Sul. Foi membro da Câmara dos Deputados de 1911 a 1924 e concorreu ao Senado, mas perdeu porque seus oponentes exploraram sua recusa em se aliar à Ku Klux Klan, em virtude da posição anticatólica da organização. Paradoxalmente, em muitas áreas os pontos de vista de Byrnes coincidiam com os da Klan. Finalmente eleito para o Senado em 1930, foi um veemente defensor do segregacionismo, opondo-se frontalmente à integração racial. Em meados dos anos 1930, ajudou a bloquear a legislação que proibia o linchamento, alegando que essa prática era a forma mais eficiente de evitar o rapto de mulheres brancas por homens negros. Até Roosevelt se sentiu incapaz de apoiar a lei por medo de desagradar os eleitores do Sul. (Na época de Yalta, a segregação continuava enraizada na sociedade norte-americana. Somente em 1948, o presidente Truman anunciou o fim da segregação no meio militar.)

Em 1941, em parte como recompensa pelo apoio de Byrnes na defesa do programa Lend-Lease no Congresso, Roosevelt resolveu indicá-lo para o Supremo Tribunal. Em 1942, Byrnes renunciou ao cargo no tribunal para chefiar inicialmente a nova Agência de Estabilização Econômica em tempo de guerra e depois a Agência de Mobilização para a Guerra, responsável por inúmeros assuntos internos durante o conflito, desde as aquisições públicas até o controle de salários e racionamento. Mais adiante, entretanto, por duas vezes o presidente decepcionou Byrnes, primeiro por não apoiá-lo como companheiro de chapa na eleição presidencial de 1944 — Byrnes achava que Roosevelt quebrara sua palavra e ficou irritado com sua hipocrisia — e, segundo, por ter indicado Stettinius, e não ele, para ministro do Exterior. Convidando Byrnes para acompanhá-lo a Yalta a fim de assessorá-lo em assuntos econômicos, Roosevelt estava lhe oferecendo um pálido consolo, embora Byrnes precisasse ser persuadido antes de aceitar.

Uma notável ausência na comitiva presidencial era o homem em quem Roosevelt mais confiaria em Yalta, seu assessor especial Harry Hopkins, que partira no dia anterior para as reuniões com Churchill, De Gaulle e o papa, e que se juntaria a Roosevelt em Malta. Afetuosamente, o presidente o chamava de "Harry, the Hop". Havia quem o descrevesse como olhos e ouvidos do presidente. Um famoso jornalista político norte-americano achava que ele possuía um instinto natural para trabalhar com Roosevelt:

> Muitos defensores do New Deal têm incomodado Roosevelt com zelo exagerado. Hopkins nunca faz isso. Sabe, por instinto, quando pedir,

> quando ficar calado, quando insistir, quando recuar, quando se dirigir diretamente a Roosevelt, quando chegar a ele por vias indiretas [...]. Diligente, astuto, alerta, audacioso e conduzindo-se com um ar inteligente de quem está surpreso, Hopkins é, inevitavelmente e sob todos os aspectos, o favorito de Roosevelt.

Outro comentarista salientou a sensibilidade "quase 'feminina' de Hopkins às manias de Roosevelt". Como o presidente, Hopkins não simpatizava com os membros do Ministério do Exterior e os considerava "um bando de bajuladores, de maricas, isolacionistas até a raiz dos cabelos". Juntos, Hopkins e o presidente costumavam contornar o ministério — circunstância que pode perfeitamente explicar o comentário do economista John Maynard Keynes de que a comunicação por meio do Ministério do Exterior era como "fazer amor por cima de um cobertor".

Oito anos mais novo do que Roosevelt e filho de um seleiro de Iowa, Hopkins trabalhara em projetos sociais e de saúde pública. Em 1933, Roosevelt o nomeou chefe da Agência Federal de Atendimentos de Emergência, cujo objetivo era financiar a criação de empregos, parte integrante do New Deal. O trabalho de Hopkins o levou a manter íntimo contato com Roosevelt. Em maio de 1940, o presidente o convidou para jantar na Casa Branca e, com o tempo, a passar a noite em sua residência oficial. Hopkins continuou morando na Casa Branca, ocupando os aposentos de Lincoln e mantendo permanente contato com Roosevelt por três anos e meio, até dezembro de 1943, quando sua nova e terceira esposa, Louise Gill Macy, insistiu em ter uma casa própria.

No começo de 1941, Roosevelt escolheu Hopkins para ser seu emissário em conversas com Churchill em Londres, onde, atuando como se tivesse uma procuração, Hopkins lançou as bases para um relacionamento próximo entre o presidente e o primeiro-ministro. Ele se considerava um "agente catalisador entre duas primas-donas". Roosevelt achava que ele era "o embaixador perfeito para meus objetivos. Ele até desconhece o significado da palavra 'protocolo'". Roosevelt o chamava de "Lord Root of the Matter" (senhor decisivo) e logo o definiu como amigo da Grã-Bretanha: "Para nós, mais valioso do que um encouraçado". O emotivo Churchill ficou profundamente comovido quando, por ocasião de seu jantar de despedida ao retornar aos Estados Unidos após sua visita em 1941, Hopkins citou o Livro de Rute: "Aonde fores irei, onde ficares ficarei! O teu povo será o meu povo e o teu Deus será o meu Deus".

Alto e desajeitado, Hopkins não ligava para a aparência. Seu perfil publicado na The New Yorker o descreveu como "um feixe de trigo vivo". "Pug" Ismay, general britânico, com sua habitual formalidade militar, o achava "lamentavelmente desleixado", "parece que dorme regularmente com a roupa que usa e parece que alguém sentou em seu chapéu". A fragilidade física de Hopkins, que parecia estar sempre em uma dieta de cigarros e café, era óbvia. O câncer de estômago que acabaria por matá-lo apareceu pela primeira vez no fim da década de 1930, provocando diversos problemas gastrintestinais e provavelmente foi por essa razão que nunca concorreu a um cargo político. Pamela, nora de Churchill, assim o descreveu:

> Pequeno, enrugado, cara de cansado [...] sempre com um cigarro apagado no canto da boca, parecendo um cachorro triste... Se você entrar na sala e o vir sentado lá, vai sentir pena dele. Mas, se o escutar falando, perceberá que vale a pena ouvi-lo com muita atenção.

Com soldados vigiando a linha férrea, sobretudo nos cruzamentos, o *Ferdinand Magellan* se dirigiu para o sul a uma velocidade constante de 65 quilômetros por hora porque Roosevelt queria evitar sacudidelas, devendo chegar antes do amanhecer a Newport News, na Virgínia. A tripulação do cruzador pesado USS *Quincy* aguardava para receber o presidente a bordo com todas as honras e começar a viagem de mais de 8 mil quilômetros através do Atlântico, para entrar no Mediterrâneo e chegar a Malta. O *Quincy*, de 13.600 toneladas, tinha como mais poderoso armamento nove canhões de 20,3 centímetros e transportava quatro aviões de observação Kingfisher que podiam ser lançados por catapulta. Já estivera em ação no Dia D, atirando sobre as baterias de costa alemãs na praia de Utah. Preparando-se para a viagem a Malta, estava, assim como o *Catoctin*, equipado com rampas especiais para permitir que Roosevelt embarcasse, desembarcasse e se movimentasse em sua cadeira de rodas.

Protegido por uma cortina de destróieres e cruzadores, e contando com a cobertura aérea das aeronaves dos porta-aviões e das bases norte-americanas no norte da África, o *Quincy* permaneceu às escuras durante a viagem, ziguezagueando para escapar dos submarinos inimigos. A precaução era ainda mais necessária porque, no primeiro dia de navegação do *Quincy*, a inteligência dos Estados Unidos informou pelo rádio que o governo alemão poderia ter descoberto a localização da conferência. Por duas vezes os navios de escolta detectaram submarinos inimigos, mas eram alarmes falsos. Entre as extremas providências de segurança, houve a inclusão de um exímio nadador na equipe do serviço secreto. Suas ordens, em caso de necessidade súbita de abandonar o navio, eram retirar o presidente e mantê-lo flutuando até chegar o resgate. Antes de deixar Washington, Roosevelt teve a precaução de dizer ao filho mais velho James que seu testamento e as instruções para seu funeral estavam no cofre da Casa Branca. Também lhe disse: "Quero que fique com o anel da família que uso, e espero que também o use".

Durante a viagem, Roosevelt deixou James Byrnes surpreso com "o quanto ele tinha se preparado pouco para a Conferência de Yalta". Não leu a bordo os detalhados estudos sobre assuntos a serem abordados pelo Ministério do Exterior. Apenas quatro ou cinco vezes, normalmente durante o jantar, ventilou questões que tinham a ver com Yalta, dando preferência à sua proposta para a criação das Nações Unidas. Por outro lado, gostava muito de ver filmes, como Churchill e Stalin, este último fã de *Tarzan* e filmes de caubói. Durante o dia, Roosevelt se interessava mais por examinar selos — filatelia era seu passatempo favorito — e assistir à competição dos marinheiros em corrida de três pernas e cabo de guerra.

Em 30 de janeiro, aniversário do presidente, a tripulação do *Quincy* lhe deu de presente um cinzeiro de latão feito com o estojo de um projétil de 12,7 centímetros que o navio disparara no Dia D. No círculo íntimo, Roosevelt abriu um pacote com "diversos pequenos objetos" recebido de Lucy Mercer Rutherfurd e sua prima Daisy Suckley, contendo, inclusive, pentes de bolso e um isqueiro capaz de acender seus cigarros mesmo sob o vento forte do convés. No jantar de aniversário daquela noite, Anna providenciou para que fosse presenteado com cinco bolos de aniversário — um dos oficiais do *Quincy*, um dos graduados do cruzador, um dos demais tripulantes, um dos cozinheiros filipinos que o serviam e, por fim, um de seus companheiros de viagem. Os quatro primeiros simbolizaram seus quatro mandatos como presidente, enquanto o quinto — talvez uma premonição — estava enfeitado com um grande sinal de interrogação de glacê. Diante da alusão a um possível quinto mandato presidencial, Roosevelt deu uma gargalhada. Mais tarde, jogou algumas rodadas de pôquer, ganhando "todas as apostas" e desfrutando "o jogo mais do que os demais".

Por volta das 9h30 do dia 2 de fevereiro, com os Spitfires fazendo sobrevoos, as bandas nos navios de guerra britânicos e americanos tocando "The Star-Spangled Banner" e os marinheiros alinhados nos conveses, o *Quincy* passou pelas redes antissubmarino do Grande Porto de Valeta, finalizando sua viagem de dez dias. Para Sarah Oliver, uma das filhas de Churchill, o navio de guerra norte-americano fazia o "mais modesto" *Orion* parecer um anão. Quando o *Quincy* passou pelo cruzador britânico, Roosevelt, com um casaco marrom e um boné de *tweed*, e Churchill, em uniforme da Marinha (de acordo com Anna Boettiger, "ereto, em rigorosa posição de sentido"), trocaram acenos. Sob um céu sem nuvens, o povo se aglomerava em torno do porto, sobre os telhados e de onde pudesse assistir, esticando o pescoço para ver o presidente. Eden, que também assistia à cena, lembrou que "em grande parte o destino do mundo estava nas mãos de Roosevelt [...] e subitamente imperava imensa calma. Foi um daqueles momentos em que tudo parece parar e surge a consciência de que se está vivendo um evento histórico".

Duas horas mais tarde, Churchill e Eden visitaram o presidente. Churchill disse acreditar que "ele está animado e em plena saúde". Outros discordaram. Marian Holmes, uma das secretárias de Churchill, que vira Roosevelt pela última vez em Quebec quatro meses antes, ficou chocada com a perda de peso, com as manchas escuras sob os olhos e com sua fragilidade geral, "como se já não estivesse neste mundo". Eden notou que suas forças estavam visivelmente definhando.

Até então, em Malta, Eden tivera uma única discussão política séria, relacionada com a conferência que estava para acontecer. Foi com seu correspondente norte-americano recentemente nomeado ministro do Exterior dos Estados Unidos, Edward Stettinius, e não se sabe bem o quanto foi calorosa. A escolha de Roosevelt no fim de novembro de 1944, optando pelo talentoso empresário de 44 anos, inexperiente em relações exteriores, surpreendera muita gente, pelo menos porque o ministro afastado, Cordell Hull, poderosa figura política do Tennessee, defendera Byrnes para ser seu sucessor. Charles Bohlen, membro do Ministério do Exterior considerava seu novo chefe cordato e de cabelos prematuramente grisalhos, "um homem decente e muito ingênuo", às vezes "desconhecendo nuances da política", mas que não era "maquinador, combativo nem político". Já que Roosevelt confiava em Harry Hopkins como "seu principal instrumento em relações exteriores", concluiu que essas características poderiam ser proveitosas. Ao contrário do impetuoso Byrnes, Stettinius "não estava disposto a discordar em nada do que fosse do gosto de Roosevelt e Hopkins" e direcionava todo seu entusiasmo de escoteiro para a reorganização do Ministério do Exterior. Henry Morgenthau, amigo de Roosevelt e ministro da Fazenda, concordava que na verdade o presidente precisava era de "um bom funcionário". Outros eram mais severos. Harold Ickes, por longo tempo ministro do Interior do governo Roosevelt, julgou que a nomeação tinha sido "uma ducha de água fria para a maioria das pessoas inteligentes do governo". Um dos subordinados de Stettinius achava que ele era "ministro do Exterior tanto quanto eu era o rei da Espanha". Em junho de 1945, Truman o substituiria por Byrnes.

As discussões de Stettinius com Eden, em Malta, cobriram ampla agenda, desde as zonas de ocupação em uma Alemanha derrotada ao controle dos campos de petróleo do Irã e ao futuro da Polônia. Eden estava receoso porque, diante da preocupação com as Nações Unidas, menina dos olhos de Roosevelt, os norte-americanos estavam negligenciando a questão polonesa. Na verdade, ao lado do esforço para levar a União Soviética a entrar na guerra contra o Japão, a principal prioridade de Roosevelt em Yalta era as Nações Unidas. O presidente via a nascente organização como uma estrutura internacional capaz de assegurar a paz no pós-guerra, sendo sua principal atribuição confiar o papel de garantidores aos cinco Estados "policiais" — os Estados Unidos, o Reino Unido, a URSS, a China de Chiang Kai-shek e, no devido tempo, a França. Também previa como papel da ONU administrar a inclusão de novas nações que se libertariam do jugo colonial. A organização seria regida por uma carta baseada nos princípios que nortearam a Carta do Atlântico e a preferida do presidente Wilson, a da Liga das Nações.

O nome "Nações Unidas" surgira em conversas entre Roosevelt e Churchill na época de Natal e Ano Novo de 1941-1942. Tarde da noite, na Casa Branca, eles discutiram diversas sugestões antes de resolverem se recolher para dormir. Na manhã seguinte, Roosevelt decidiu o nome. Dirigiu-se em sua cadeira de rodas para o aposento de Churchill e entrou, encontrando o primeiro-ministro "totalmente nu e rosado, saindo do banho". Roosevelt fez menção de sair, mas Churchill fez o comentário que ficou famoso: "O primeiro-ministro da Grã-Bretanha nada tem a esconder do presidente dos Estados Unidos". Em seguida, Roosevelt anunciou: "Nações Unidas". E Churchill simplesmente respondeu: "Bom!". O nome foi utilizado pela primeira vez na Declaração das Nações Unidas, apresentada em Washington no dia de Ano Novo de 1942 e assinada nesse dia por Churchill, Roosevelt e pelos representantes da União Soviética e de Chiang Kai-shek, e no dia seguinte pelos de 22 outros países. Os signatários se comprometiam a fazer um esforço máximo de guerra e a não celebrar paz em separado. O objetivo era "assegurar vida, liberdade, independência e liberdade religiosa, além de defender os direitos do homem e a justiça".

De modo geral, Churchill apoiou Roosevelt ao longo dos três anos seguintes na elaboração de planos para a nova organização, sobretudo porque recebera a garantia de que as colônias britânicas não seriam objeto de administração pelas Nações Unidas, embora continuasse apreensivo nessa questão. Stalin também se dispunha a apoiar as propostas de Roosevelt.

Depois de longas conversas que duraram sete semanas em Dumbarton Oaks, uma mansão em Washington, no fim do verão e começo do outono de 1944, a estrutura geral da ONU começou a ser definida. Uma Assembleia Geral em que todas as nações-membro teriam assento daria voz às nações menores, mas muito mais como um foro para conversas. Um Conselho de Segurança, com representantes de onze membros — em que apenas os cinco Estados "policiais" seriam permanentes, enquanto os demais observariam o critério de rotação —, tomaria e implementaria as decisões, inclusive o emprego da força para "manter a paz e a segurança". Não obstante, havia muitas outras coisas a serem esclarecidas, como procedimentos de votação no Conselho de Segurança, condições para veto e se as repúblicas soviéticas se tornariam membros da Assembleia Geral apesar da presença da própria União Soviética tanto na Assembleia quanto no Conselho de Segurança.

Quanto à Polônia, Eden pressionou Stettinius para que Roosevelt insistisse com Stalin no sentido de que aquele país fosse tratado "com alguma decência", alegando que era a vez dos Estados Unidos "assumirem a responsabilidade nessa questão. Nós os apoiaríamos plenamente, mas é preciso haver uma troca de bastão". Concordaram que a melhor solução para a Polônia seria a formação de um governo provisório, seguida por eleições livres.

Com Roosevelt e Churchill juntos, Eden esperava que houvesse coordenação de objetivos, mas ficou decepcionado e escreveu a respeito do almoço que se seguiu a bordo do *Quincy*: "Agradável, mas nada ficou resolvido". De acordo com Anna Boettiger, durante a viagem desde Newport News, de fato houve "muita conversa sobre a insistência de Churchill para que os dois líderes se reunissem quando chegarmos a Malta [...] e correu a piada de que teria chegado um telegrama de Stalin dizendo 'Eu disse Yalta, e não Malta'". Querendo assumir a iniciativa e falar "cara a cara" com Stalin, como fizera em Teerã, Roosevelt continuou decidido a não permitir que Churchill o envolvesse em compromissos prematuros que pudessem levar Stalin a pensar que a Grã-Bretanha e os Estados Unidos estariam conspirando contra ele. Churchill sentiu a preocupação de Roosevelt em não se comprometer. Sua filha lembrou: "Meu pai e toda a delegação britânica sentiram a redução do anterior clima de fácil entendimento (com Roosevelt)".

Embora não estivesse disposto a se aprofundar em assuntos de maior importância, durante o almoço Roosevelt deu a Churchill um mínimo de atenção e, como era previsível, comoveu o emotivo primeiro-ministro: "Ele deve ter notado uma pequena vela acesa ao lado de minha cama quando estive na Casa Branca, porque agora havia uma pequena vela acesa em meu lugar na mesa de almoço, para que eu pudesse acender meu charuto". Recentemente, o presidente tinha enviado para Churchill três gravatas-borboleta que o primeiro-ministro tinha se comprometido a usar em Yalta.

Após o almoço, o general governador-geral de Malta e sua esposa levaram Roosevelt, Anna Boettiger e Sarah Oliver para dar uma volta pela cidade. Sarah, que ainda não conhecia Anna, declarou: "Imediatamente reparei o quanto se parece com a mãe, obviamente muito mais bonita [...]. Ela é muito simpática e gosto dela, mas creio que está um pouco nervosa com a viagem". Percorrendo a ilha, Anna Boettiger lembrou: "o grau de destruição foi como um golpe para meus olhos porque vi pela primeira vez a devastação maciça causada pela guerra". Embora pequena — com apenas 27 quilômetros de comprimento por quinze de largura —, a posição estratégica de Malta, possessão britânica e base de suprimentos em que se transformara, a tornou alvo importante para o inimigo. Durante 154 dias e noites de ataques aéreos constantes, tripulações alemãs e italianas decolaram da Sicília, a menos de 160 quilômetros de distância, e despejaram 6.700 toneladas de bombas na ilha rochosa, duas vezes o que foi lançado sobre Londres durante a blitz. Em abril de 1942, no auge dos bombardeios, o rei George VI conferira a *George Cross*, a mais alta condecoração civil por bravura, a toda a população.

A ilha também sofrera um longo bloqueio naval que levou sua população à beira da inanição e não foi levantado até agosto de 1942. Em 1943, Malta foi uma das bases de lançamento da invasão da Sicília pelos Aliados. Em dezembro daquele ano, passando por Malta ao regressar de Teerã, Roosevelt presenteou a ilha com uma carta em nome do povo dos Estados Unidos. Elogiava assim: "Sob o fogo ininterrupto que vinha dos céus, Malta resistiu sozinha, destemida no meio do mar, uma pequena chama na escuridão". Nessa nova oportunidade, o governador-geral mostrou a Roosevelt essas palavras gravadas em uma placa na fachada do palácio do Grão-mestre de Valeta.

Membros de menor expressão das delegações também tiveram a oportunidade de conhecer Malta. A estenógrafa britânica Joyce Rogers ficou impressionada com a "presença por toda parte de gôndolas com um ou dois homens com longos remos que usavam [...] em pé" e "pelos terríveis danos resultantes dos bombardeios". Mais tarde, ela ficou contente ao ver que não precisava "se preocupar com o blecaute" e com a disponibilidade — ao contrário do racionamento que havia na Grã-Bretanha — de "toranja no café da manhã".

Na noite de 2 de fevereiro, depois de uma reunião entre as equipes dos chefes de Estado-maior e Churchill, Roosevelt convidou o primeiro-ministro e Eden para jantar. Na opinião deste último, "não houve mais progressos do que no almoço" em termos de resolver as coisas. Britânicos e norte-americanos "estavam na iminência de partir para a conferência decisiva e até então não tinham debatido como conduziriam as questões com o Urso (Stalin), que certamente sabia muito bem o que queria".

Até certo ponto, as preocupações de Eden eram exageradas. Mesmo admitindo que, como salientou Hopkins, Roosevelt "adora Winston como guerreiro, mas tem horror à sua atitude reacionária para o pós-guerra", as posições dos Estados Unidos e Reino Unido estavam razoavelmente alinhadas em quase todos os temas. No entanto, apesar de toda a discussão que já ocorrera, nunca haveria uma concordância completa com o objetivo preponderante de Churchill de preservar e defender a posição não somente da Grã-Bretanha, mas do próprio Império Britânico, que governava cerca de um quarto da população mundial.

Churchill era um imperialista incorrigível. Sua obsessão por um império era um anacronismo, um calcanhar de Aquiles que o levava a dedicar ao assunto muito tempo e energia que poderiam ser melhor aplicados em outros aspectos, a fim de conseguir concessões mais importantes para o futuro da Grã-Bretanha do que as que defendia no suposto interesse do império. Nos anos 1930, ele já confessara que "era um filho da Era Vitoriana [...] quando a estrutura de nosso país parecia ser bastante sólida, quando sua posição no comércio marítimo era inigualável e quando a compreensão da grandeza de nosso império e nossa disposição para preservá-lo eram cada vez mais fortes". Sua visão às vezes se aproximava de um racismo dirigido a outras nações, acreditando piamente na superioridade anglo-saxônica e, em especial, na "raça britânica". Por exemplo, quando conversou com um assessor de Roosevelt sobre a África do Sul, declarou: "Não vou deixar os hotentotes resolverem, por meio do voto popular, jogar os brancos ao mar". Em 1940, como primeiro-ministro, Churchill disparou: "Odeio indianos [...] são um povo abominável com uma religião abominável".

Leo Amery, ministro das Índias durante a guerra, amigo de Churchill, relutante e não muito inclinado a admitir conciliações, jamais conseguiu convencer o primeiro-ministro a apaziguar Jawaharlal Nehru, líder do Partido do Congresso da Índia, oferecendo concessões após a guerra. Desde meados da década de 1930, Nehru vinha sistematicamente acusando Hitler e criticando com vigor a política contemporizadora de Chamberlain. Se tivesse sido tratado de forma diferente, provavelmente se disporia a de alguma forma apoiar os objetivos de guerra britânicos. Amery reclamava que Churchill mantinha "em relação à Índia uma postura semelhante à de Hitler" e costumava "vociferar" quando o assunto era a Índia, lembrando os 500 milhões de habitantes que "se reproduziam como coelhos". Em certa ocasião, Amery questionou se "a propósito da Índia, ele (Churchill) está realmente bom da cabeça". Lembrou que "não há relação entre sua atitude material e intelectual a respeito desse tema e o equilíbrio e o bom senso que prevalecem quando trata de assuntos que afetam diretamente a condução da guerra".

Talvez, em parte por causa de sua atitude geralmente hostil, Churchill tenha demorado a perceber a gravidade da fome de 1940 em Bengala, que provocou a morte de mais de 1 milhão de pessoas. A imprensa dos Estados Unidos, como da Grã-Bretanha e da Índia, condenou as frágeis tentativas do governo britânico e das autoridades indianas locais para aliviar a fome. Não obstante, houve considerável pressão, inclusive uma ameaça de renúncia do vice-rei britânico na Índia, lorde Wavell, como também por parte de Leo Amery e do Parlamento, para superar a "escandalosa" omissão do governo. Finalmente convencido, em abril de 1944, Churchill escreveu para Roosevelt solicitando o empréstimo de navios mercantes norte-americanos para transportar trigo da Austrália para a Índia. Seria necessário 1 milhão de toneladas "para controlar a situação e, assim, satisfazer as necessidades das tropas norte-americanas, britânicas e indianas, além da população civil". Roosevelt não se dispôs a ajudar, temendo prejudicar o transporte de suprimentos para as forças norte-americanas no Pacífico. Contudo, os crescentes esforços das autoridades aliviaram as piores consequências da fome e, na época da reunião em Yalta, o assunto já não era mais alvo da atenção pública. A despeito da luta pela independência e do problema da fome em Bengala, em 1945 as autoridades britânicas já tinham conseguido convocar no subcontinente o maior exército totalmente voluntário da história, aumentando seu efetivo de 189 mil para cerca de 2,5 milhões em 1939.

Roosevelt e Stalin conheciam muito bem a oposição quase histérica de Churchill a qualquer menção à independência da Índia. Em Teerã, o próprio Roosevelt discutira em caráter privado com Stalin a posição de Churchill, e concordaram que o império era um ponto melindroso para o primeiro-ministro britânico. Em Washington, na passagem de ano de 1941 para 1942, Roosevelt sugeriu que Churchill se comprometesse com a independência da Índia e propusesse um calendário para alcançá-la, como os Estados Unidos tinham feito com as Filipinas. Churchill respondeu que preferia renunciar a "ceder uma só polegada de território sob a bandeira britânica". À margem da Conferência de Casablanca, depois de, em tom de zombaria, oferecer Gandhi aos Estados Unidos — "ele sai muito barato, agora que está fazendo greve de fome" —, Churchill prosseguiu:

> Estão sempre aparecendo solteironas zelosas da Pensilvânia, de Utah, de Edimburgo e de Dublin escrevendo repetidamente cartas, assinando petições e dando ardorosos conselhos [...] para que a Índia seja devolvida aos indianos e a África do Sul aos zulus ou aos bôeres, mas, enquanto eu for primeiro-ministro de sua majestade, o rei, não apoiarei o desmantelamento do Império Britânico.

De Malta, escreveu para a esposa:

> Há algum tempo venho me preocupando muito com a conexão da Grã-Bretanha com a Índia e ficarei ainda mais inquieto se acontecer uma súbita ruptura [...]. Não obstante, das sombras de minhas dúvidas surge uma renovada determinação de continuar lutando, enquanto for possível, para assegurar que nossa bandeira não seja arriada enquanto eu estiver no leme.

De qualquer modo, já se esgotara o tempo para discussões prévias e o que Churchill chamou de "o êxodo" começou na mesma noite de 2 de fevereiro. Por questão de segurança, ficara decidido partirem depois que anoitecesse. Vinte aviões de transporte Douglas Skymaster e cinco Avro York da RAF esperavam autorização da torre de controle do aeródromo de Luqa para transportar cerca de setecentas pessoas para a Crimeia, a 2.250 quilômetros de distância. Entre eles, estava o *Vaca Sagrada*, o Skymaster modificado que faria seu primeiro voo com Roosevelt a bordo, que, por sua vez, seria o primeiro presidente dos Estados Unidos a visitar a União Soviética. Quando viu o elevador especialmente instalado no avião para permitir a condução da cadeira de rodas para a cabine, Roosevelt resmungou: "Nunca autorizei isso. É absolutamente desnecessário".

Pouco antes da meia-noite, em meio à escuridão, o primeiro avião decolou, seguido, a cada dez minutos, pelos 24 restantes. Para permitir que o presidente se acomodasse para passar a noite deitado em um amplo sofá-cama, o *Vaca Sagrada* só partiu às 3h30 da madrugada, cinco minutos antes da aeronave em que viajava Churchill, em uma noite que o navegador John Mitchell lembrou como "fria e estrelada". O cardiologista Howard Bruenn passou a noite inteira sentado em uma cadeira em frente ao sofá-cama de Roosevelt, para assegurar que o presidente não cairia em caso de turbulência ou se sentisse mal.

Todas as precauções possíveis foram tomadas. Edward Stettinius recordou mais tarde que "os aviões deveriam voar sem luzes e seus rádios, permanecer em silêncio. Em caso de um avião ser atacado, havia uma radiofrequência, conhecida por todos, a ser usada para alertar as demais aeronaves. Se esse ataque realmente ocorresse, todos os aviões estavam orientados para voar na direção de bases na África". Haveria um revezamento de aviões de combate Lockheed P-38 norte-americanos — apelidados pelas tropas alemãs de "demônios de cauda bifurcada", por causa de sua dupla cauda — que escoltariam os aviões do presidente e do primeiro-ministro. Como os nazistas ainda ocupavam Creta, os pilotos Aliados contornariam a ilha por noroeste. Depois de passar por Atenas perto do amanhecer, tomariam o rumo dos Dardanelos e seguiriam em frente, como Jasão e os argonautas dos tempos míticos, sobre a vastidão do mar Negro. Navios Aliados com equipes de resgate estavam a postos ao longo da rota, para o caso de algum incidente.

Para evitar o risco de serem confundidos com inimigos, ao se aproximarem do radiotransmissor soviético perto do aeródromo de Saki, os aviões fariam, como fora acertado com os russos, uma volta de noventa graus. Como outra precaução contra o fogo precipitado das baterias antiaéreas — recentemente engajadas em violentos combates com forças alemãs — que, por engano, atacassem aviões aliados que se aproximavam, Mike Reilly dissera a Artikov, seu correspondente da NKVD, que, a menos que permitissem que um sargento da Força Aérea dos Estados Unidos ficasse de prontidão em cada uma das baterias, o presidente não iria. Um espantado Artikov teve que consultar Stalin, que concordou de imediato.

Entretanto, por mais cuidadoso que fosse o planejamento, as coisas ainda podiam dar errado. Um York que levava membros da delegação britânica para Malta, inclusive o ajudante de ordens de Brooke, caíra depois que o piloto, na escuridão, se confundiu e tomou Lampedusa por Malta. Sem conseguir se comunicar com o solo, continuou circulando até ficar sem combustível e teve que tentar pousar no mar. Por azar, o local que escolheu era sobre um navio naufragado submerso que rasgou a parte de baixo da fuselagem do avião, matando a maior parte dos que estavam a bordo. Elizabeth Layton, uma das secretárias de Churchill, lembrou como ela e outras catorze mulheres integrantes da delegação "estavam todas abaladas com as más notícias do dia" enquanto, acomodadas no piso de seu avião York, esperavam a hora de decolar para Yalta.

Não obstante, todos os aviões que partiram de Malta naquela noite chegaram ao destino em segurança. Roosevelt fora o primeiro presidente a voar em missão oficial. Seu primo Teddy fora o primeiro presidente a viajar em um avião. Os médicos de Roosevelt insistiram para que o *Vaca Sagrada*, em velocidade de cruzeiro de 320 quilômetros por hora e despressurizado como todos os demais aviões, voasse baixo, a não mais de 6 mil pés, para evitar problemas respiratórios e de pressão alta no presidente. Entretanto, Bruenn assinalou que o presidente "dormiu mal por causa do barulho e da vibração".

O capitão Hugh Lunghi, jovem tradutor da missão militar britânica em Moscou, ao ver o avião do presidente aterrissar em Saki, ficou chocado ao observar a forma como o presidente "foi sacado [...] é a única palavra que posso usar" do *Vaca Sagrada*. Lunghi nunca vira o presidente e ficou impressionado como

> Estava abatido, uma figura frágil com uma capa preta sobre os ombros, presa ao pescoço por um laço, e um chapéu de feltro com a aba da frente levantada. Sua face estava [...] meio amarelada, pálida e aparentando cansaço, muito magra, e, por algum tempo, lá ficou mais ou menos recostado, de boca aberta [...] o olhar distante.

Na verdade, a propensão a manter a boca aberta era consequência da medicação que Roosevelt tomava para hipertensão. O médico de Churchill, lorde Moran, concordou com Lunghi: "O presidente parece estar muito doente. Apresenta todos os sintomas de aterosclerose cerebral em estágio avançado".

Os "cuidados dos seguranças com o presidente" impressionaram Sergo Beria, que também acompanhou de perto a chegada. "Era evidente que o adoravam. Bastava ver a forma como o colocaram no carro, fazendo de tudo para esconder sua enfermidade."

A cerimônia de recepção incluiu um cardápio com caviar, esturjão, salmão defumado, ovos, champanhe, vodca e copos de algo que os recém-chegados acharam que deveria ser um conhaque da Crimeia. Em seguida, as delegações partiram na direção sul, rumo a Yalta, a 144 quilômetros de distância, "sob nuvens baixas e leves pancadas de chuva e neve" por uma estrada onde o tráfego fora proibido. A superfície sem pavimentação era tão irregular que o almirante William Leahy logo começou a reclamar que a viagem estaria "quebrando todos os ossos de seu corpo" e que estava "sendo asfixiado pelo escapamento do motor". Pelo menos, na condição de mais idoso, o almirante estava no banco da frente. O assistente de Marinha de Roosevelt, o vice-almirante Wilson Brown, sacolejando no banco de trás, lembrou que "a tenacidade do motorista, entre a cruz e a caldeirinha, tentando manter sua posição na coluna, foi um magnífico exemplo do domínio do medo pela disciplina. Logo ficamos convencidos de que ele manteria sua posição ou morreria com o resto de nós se preciso fosse".

Observando o cansaço de seu pai, Anna Boettiger garantiu que só ela viajaria ao seu lado "para que ele pudesse dormir o quanto desejasse, sem ter que ficar 'conversando'". Atravessaram um terreno plano e monótono, passando por prédios em ruínas, tanques queimados e trens de transporte alemães destruídos durante a recente retirada nazista. Hitler se vangloriara de fazer da Crimeia a "nossa Riviera" quando as tropas nazistas a ocuparam por dois anos e meio. Roosevelt disse a Anna que a devastação aumentava sua determinação de "se vingar dos alemães".

Preparando-se para a conferência e por ordem de Lavrenti Beria, a NKVD realizara verificações de segurança na área, o que resultou na prisão de mais de oitocentas pessoas que supostamente constituíam risco para a segurança. Sem conseguir ver um civil sequer, a não ser alguns camponeses de cara fechada, Sarah Oliver, sentada ao lado do pai, achou que a vista era "tão desoladora quanto uma alma em desespero!". No trajeto, soldados com grossos capotes, alguns com chapéus de pele e todos armados com velhos fuzis Springfield fornecidos pelo Lend-Lease norte-americano, estavam em postos de sentinela a cada duzentos metros, batendo continência para cada carro que passava. Havia muitas mulheres, reparou Sarah, por sinal, de bela aparência. Deslocando-se aos trancos ao longo da estrada lamacenta a somente trinta quilômetros por hora, não demorou para Churchill perguntar à filha há quanto tempo estavam viajando. Quando ela lhe disse *uma hora*, ele retrucou: "Cristo, ainda temos mais cinco de sofrimento".

O comboio passou por Simferopol, cidade sem maiores atrativos, ponto final da longa viagem de Stalin, de 1.600 quilômetros desde Moscou, e onde Averell Harriman e a filha tinham chegado poucos dias antes. Stalin não gostava de voar. Sua única experiência fora uma turbulenta viagem, de fazer as pernas tremerem, em um Douglas Dakota norte-americano recebido pelo Lend-Lease, saindo de Baku, passando pelo mar Cáspio e chegando a Teerã para a conferência. Causou não apenas um severo sangramento nasal, mas também uma dor de ouvido que durou duas semanas. Em 30 de janeiro, com seu habitual traje de camponês, calça larga, túnica cáqui muito simples, botas e fumando sem parar seus cigarros norte-americanos favoritos — assim como Roosevelt, gostava especialmente de Camels, Chesterfields e Lucky Strikes —, deixara Moscou em um trem blindado verde sem identificações especiais, mas contando com intensa proteção, que incluía guarnições de canhões antiaéreos montados em pranchas ferroviárias e um vagão com vidros à prova de bala, como o *Ferdinand Magellan*, no qual viajou.

A viagem de três dias e três noites do ditador o levou a atravessar as regiões de Tula, Orel e Kursk, palcos de tristes e destruidoras batalhas. Esta última tinha sido, havia menos de dezoito meses, cenário da maior batalha de tanques da Segunda Guerra Mundial, que envolveu 8 mil veículos e foi um enfrentamento crucial, em que o Exército Vermelho deteve a última grande ofensiva estratégica alemã na frente oriental. O major Arthur Birse, da missão militar britânica em Moscou, que seria o intérprete principal de Churchill, como já fora em Teerã, e tinha feito a mesma viagem alguns dias antes, ficou impressionado com o espetáculo de florestas inteiras cujas árvores tinham sido derrubadas pelos tiros das metralhadoras, e com os refugiados, sem-teto e desamparados, que se reuniam em torno de choupanas provisórias de madeira erguidas em estações destruídas durante os combates. De Simferopol, Stalin prosseguira de carro para Yalta pelas mesmas estradas esburacadas que seus convidados estavam percorrendo.

À medida que o comboio subia as montanhas entre Simferopol e Yalta, muitos delegados norte-americanos e britânicos perceberam com alívio que o ar estava mais quente e o clima, mais ameno. Ciprestes atenuavam a paisagem e logo desapareciam os vestígios de neve. O mar Negro surgiu no horizonte perto da cidade de Alushta, que ficava em sua orla, refletindo o azul do mar. Nessa ocasião, Maureen Stuart-Clark, do WREN (Women's Royal Naval Service), viajando com o almirante James Somerville, de quem era ajudante de ordens, e com o marechal de campo Henry Wilson, precisou urgentemente de um banheiro:

> Finalmente não pude mais resistir e me virei para o marechal de campo Wilson e perguntei: "Sabe se vamos fazer alguma parada em breve, sir?". Ao que ele respondeu ponderadamente: "Não, não, é melhor você escolher um lugar". Foi o que fiz — um dos tanques russos abandonados para o qual me arrastei em meio à neve.

Sarah Oliver também pensou no "chamado da natureza [...] naquele momento quase desesperador!". Ela também gostaria de encontrar um tanque abandonado ou uma moita, mas com "carros na frente e fotógrafos da imprensa atrás!", sentiu-se inibida. "Obviamente, não havia jeito! Por fim, quando praticamente já não tinha esperança", o comboio parou em uma pousada. Era um local mais do que apenas confortável. No interior, encontraram um ambiente preparado com todo tipo de regalias, inclusive caviar, sob a supervisão de um sorridente Molotov. Roosevelt e a filha tinham parado mais cedo para café e sanduíches. Preocupada com a necessidade de seu pai chegar o mais cedo possível a Yalta e sem consultá-lo, Anna saiu rapidamente do carro, procurou o intérprete de Molotov e "preparou o caminho para uma recusa do pai". Voltando para junto de Roosevelt, disse-lhe que ninguém se importaria se prosseguissem de imediato para Yalta. Para evidente desapontamento dos russos, o presidente concordou com Anna. Entretanto, Churchill, "aquele velho durão", parou para um agradável lanche durante o qual rolhas de champanhe espocaram "o tempo todo, como tiros de metralhadora".

A partir de Alushta, o trecho final da viagem seguiu a "rota Romanov". Construída em 1913 para o último czar Nicolau II, nada tinha de "imperial". A curva fechada que, a despeito do precipício abaixo, não tinha amuradas de proteção assustou um dos assistentes de Marinha de Roosevelt: "Os passageiros eram jogados de um lado para outro com as mudanças bruscas de direção. O susto de passar bem junto a um precipício era logo seguido por outra passagem de tirar o fôlego". Churchill se distraiu declamando para a filha "praticamente todo" o longo poema "Don Juan", de Byron.

Já tinha anoitecido quando os cansados visitantes se aproximaram de Yalta e as luzes dos veículos iluminaram os soldados de sentinela. Três quilômetros a sudoeste da cidade, o comboio de Roosevelt tomou outra direção. Poucos momentos depois, o palácio de Livadia, pintado de rosa e marrom à guisa de camuflagem por questão de segurança, apareceu entre as árvores. Kathleen Harriman estava parada na entrada para receber o presidente, depois de uma jornada em que ele percorreu um terço de uma volta ao mundo.

A vinte quilômetros de distância, na Villa Vorontsov, Joan Bright esperava apreensiva, sentindo-se como uma "gerente de hotel". Era seu "Dia D — o dia derradeiro — o dia em que a delegação principal chegaria". Achava que "ninguém ficaria satisfeito com as acomodações", mas tinha feito o melhor que podia, inclusive conseguindo a cama de casal que, como bem sabia, Churchill preferiria para trabalhar e dormir e que fora trazida especialmente de Moscou.

Quando finalmente chegou, Churchill parecia "de mau humor". "Para que buraco eu trouxe você!", desculpou-se com sua secretária, Marian Holmes.

Parte iii
"Frente a frente", Yalta, 3 a 11 de fevereiro de 1945

> "Se não conseguimos entrar em acordo quando nossos exércitos convergem sobre o inimigo comum, como vamos nos entender a respeito de coisas ainda mais importantes no futuro?"
> Roosevelt para Stalin, fevereiro de 1945, Yalta

5
"Todo o conforto de nossos lares"

Embora Churchill fosse pessimista em relação a Yalta, houve quem a considerasse um local encantador e agradável. Em 1860, Alexandre II, o Libertador, comprou a propriedade de Livadia, onde construiu dois palácios para sua família desfrutar no verão. A aristocracia russa seguiu o exemplo do czar e construiu suas próprias e aprazíveis mansões com vistas para o mar Negro. Mark Twain, que lá chegou de navio em 1867, admirou os "grandes parques e jardins dos nobres" e "as cores vívidas de seus palácios" contrastando com "o fundo dramático das montanhas altas e acinzentadas... as encostas com florestas de pinheiros".

Um guia turístico britânico de 1875 comparou o "encanto de Yalta" a uma "Nápoles em menor escala [...] o número de famílias russas que para lá se dirigem a fim de tomar banho de mar aumenta a cada ano e se dispõe a transformar Yalta em uma Brighton russa". Um guia de viagem mais tarde consideraria Yalta:

> O resort mais alegre, exclusivo e caro da Rússia. Como sempre acontece com russos elegantes, tudo é feito em escala gigantesca. Os hotéis são enormes, muito amplos. A vida social e nos cassinos é tipicamente extravagante [...]. O planeta Yalta gira dia e noite. É a capital social da Crimeia.

Apesar do frenesi vivido durante a temporada de verão, Tolstói e Górki encontraram paz e inspiração em Yalta. O clima ameno fora ideal para Anton Tchekhov, que lá viveu seus últimos anos, vítima de tuberculose, em sua *datcha* pintada de branco na encosta da montanha, sob a sombra de cerejeiras, amoreiras e amendoeiras que plantou enquanto escrevia *As três irmãs* e *O jardim das cerejeiras*. Os visitantes de Yalta que procuravam estar sempre na moda divertiam Tchekhov, que notou "duas peculiaridades nas pessoas bem-vestidas que frequentavam a cidade [...] as senhoras mais idosas se vestiam como jovens e havia grande número de generais".

Em 1909, Alexandra, esposa de Nicolau II, convenceu-o a construir um novo palácio em Livadia porque achava que as construções antigas eram insalubres e tinham sido responsáveis pela febre tifoide contraída pelo filho mais novo Alexei. Em 1911, terminou-se a construção da nova mansão de pedra calcária branca com detalhes em mármore Carrara, três pisos e cinquenta quartos em estilo renascentista italiano. Nicolau e Alexandra eram senhores claramente exigentes. Um relatório sobre o palácio preparado para a delegação norte-americana da Conferência de Yalta descreveu como o arquiteto tinha, astutamente, incorporado a fisionomia do czar na cabeça do leão do brasão de armas nos dois bancos ao lado da porta principal: "Quando se coloca um chapéu sobre a cabeça do leão, é 'impressionante' a semelhança com o czar". Nicolau e a família passaram apenas quatro verões no Livadia, passeando de barco e caminhando pelos gramados. Era sabido que o czar dormia cada noite em um quarto diferente, inclusive mudando de um para outro durante a noite, com medo de ser assassinado. Durante a Conferência de Yalta, Stalin contou, em tom de piada, que diziam que o único lugar em que certamente Nicolau II podia ser encontrado era no banheiro.

Após a abdicação do czar em março de 1917, Alexander Kerensky e o novo governo menchevique rejeitaram o pedido de permissão para que a família imperial vivesse tranquilamente no Livadia. Em vez disso, o palácio foi utilizado inicialmente para abrigar as "vítimas do czarismo" e, com a Revolução de Outubro de 1917, quando Lenin e os bolcheviques assumiram o poder tomado de Kerensky, foi transformado em sanatório para trabalhadores tuberculosos. Durante a ocupação nazista, unidades da Wehrmacht ficaram aquarteladas no palácio. Uma testemunha descreveu os soldados alemães como "animais, embebedando-se e às vezes atirando taças de vinho e pratos por cima de uma sacada de frente para o mar Negro". Depois, Hitler deu o Livadia de presente ao marechal de campo Karl von Rundstedt como recompensa pela conquista da Crimeia, mas o marechal deixou a frente oriental no fim de 1941. Quando os russos retomaram Yalta em abril de 1944, as tropas alemãs que se retiravam saquearam completamente o palácio.

A ocupação nazista e sua posterior expulsão também devastaram a cidade. Arthur Birse registrou que, "embora a cidade parecesse atraente quando dela nos aproximávamos, um olhar mais atento revelava sua tragédia. Cada casa era um esqueleto sem teto, a destruição tinha sido sistemática e, antes de se retirarem, os alemães não deixaram uma só casa intocada". Constatou que "também havia outra razão para a desolação: os tártaros — a maior nacionalidade específica da Crimeia — tinham sido deportados".

No ano anterior, por insistência de Lavrenti Beria, Stalin ordenara a deportação forçada de mais de 230 mil habitantes da Crimeia, inclusive 180 mil tártaros — um grupo étnico turco que havia cerca de mil anos se instalara na península de Qirim, talvez origem do presente nome Crimeia, Krym em russo. A deportação foi justificada com a alegação de que, após a ocupação nazista na área em setembro de 1941, 20 mil tártaros tinham servido nos batalhões alemães da assim chamada "autodefesa". Foram abrangidos pela deportação prisioneiros de guerra que preferiram lutar ao lado dos nazistas a morrer de fome nos campos de concentração e outros revoltados com a pilhagem de suas aldeias pelos partisans russos, que desprezavam os tártaros. O preço de suas opções foi o castigo coletivo imposto a toda a população tártara da Crimeia.

Olga Korniyasenko, professora russa de 28 anos, nascida na Crimeia, morava em uma aldeia onde apenas sete das 120 famílias eram tártaras, mas "não fazíamos distinção do tipo 'eu sou tártaro e você é russa'". Ela observou, impotente, os soldados retirarem amigos e vizinhos de suas casas. Com a partida dos tártaros, "nossa localidade se transformou em uma aldeia-fantasma".

As deportações foram súbitas, cruéis e sem aviso prévio. "Antes do exílio, tudo estava calmo", lembrou mais tarde Arire Idrisli, um rapaz de dezesseis anos na época. De repente, nas primeiras horas de 18 de maio de 1944, chegaram os soldados russos. Empurraram Idrisli e sua família para dentro de um caminhão de transporte de gado que os levou para leste, para o distante Uzbequistão, no centro da União Soviética:

> Foram 28 dias de viagem. Fomos alimentados apenas uma vez [...], o vagão estava tão cheio que eu não conseguia esticar as pernas. Os que morriam durante a viagem eram empilhados à beira da estrada [...]. Quando chegamos a Samarkand, nos reuniram em um estádio. Juntaram nossos pertences e os empilharam em um canto. Fomos levados, aos trancos e barrancos, sob a ameaça de seus fuzis, para o banho [...], nos xingavam e nos jogaram água fervente com algum preparado químico. Alguns morreram por causa das queimaduras.

Os tártaros deportados foram alojados em celeiros de diversas aldeias espalhadas na estepe e obrigados a realizar árduos trabalhos forçados. Nos primeiros dois anos, 30 mil morreram de fome, por doença ou vítimas dos rigores do clima desértico de uma região tão diferente da acolhedora Crimeia. "Uma mulher e seu filho foram devorados por chacais. Reconhecemos o menino pelos sapatos", lembrou Arire Idrisli.

Embora cansados, os recém-chegados a Yalta procuraram fazer um balanço do local onde estavam. Anna, filha de Roosevelt, ficou satisfeita ao constatar que Kathleen Harriman tinha transformado o palácio de Livadia em um "ambiente acolhedor". "Quando chegamos, o fogo crepitava nas lareiras de todos os cômodos do primeiro piso, o que foi muito bem-vindo, pois estávamos gelados depois da viagem de cinco horas." Roosevelt não conseguia "compreender a preocupação de Winston. Aqui dispomos de todo o conforto de nossos lares". Ele dormiria em um quarto revestido com cetim amarelo, em uma ampla cama emoldurada de madeira com entalhes de animais míticos. A sala de bilhar de Nicolau II, com teto de imbuia ao estilo Tudor, seria sua sala de jantar, e o aposento com cortinas de veludo vermelho em que o czar concedia audiências seria seu gabinete de trabalho. Também contaria com um banheiro privativo recentemente construído, com paredes azuis da cor do mar — que causaram preocupação aos decoradores soviéticos e exigiram seguidas pinturas para chegar ao tom desejado. O assento da privada tinha sido especialmente escolhido.

O aposento de Anna Boettiger era mais espartano, um "quarto que parecia um cubículo", com:

> Uma cama de ferro exótica, um colchão fino uns trinta centímetros mais curto do que o estrado, uma mesa e nenhuma cadeira [...]; dois cômodos adiante há um grande banheiro com uma privada e uma pia somente com água fria, e nada mais. O quarto possui duas portas, uma delas sem tranca.

Como o ponto mais próximo com água quente ficava um tanto distante e o banheiro de seu pai era mais perto, Anna avisou que pretendia usá-lo. Ficou surpresa quando um oficial soviético tentou acariciá-la. Seu pai descreveu a pessoa que tentou molestá-la como "uma praga de aparência sinistra" que lembrava um certo negociante que conhecera.

O "círculo íntimo" de Roosevelt, cerca de duas dúzias de pessoas, incluindo Harry Hopkins, Averell Harriman e Edward Stettinius, também contava com quartos privativos no térreo, com três banheiros disponíveis. O quarto de Hopkins, que passaria boa parte da conferência sofrendo de problemas digestivos, ficava ao lado do de Roosevelt. Kathleen Harriman escreveu para a amiga Pamela Churchill: "Harry não se sentia muito bem ao chegar e foi direto para a cama com diar... (não sei escrever corretamente). Os médicos recomendaram que não comesse nada, a não ser cereais, mas o palerma comeu duas boas porções de caviar, sopa de repolho e, só depois, o cereal".

O grande grupo de assessores militares dos Estados Unidos estava instalado no primeiro andar do Livadia em aposentos que outrora tinham sido ocupados pela czarina e por suas filhas. Eles estavam, como antecipou Kathleen, "espremidos como presos em uma cela". Sete generais se viram confinados em um único quarto e dez coronéis em outro. O general George Marshall, chefe do Estado-maior do Exército e chefe também da delegação militar norte-americana, foi o único ocupante do antigo quarto da czarina. O almirante de esquadra Ernest King, comandante em chefe da esquadra norte-americana, cuja filha afirmava ser "o homem mais temperamental da Marinha, ele está sempre com raiva", foi alojado no *boudoir* da czarina, motivo para gozações gerais. Portal escreveu: "Ernie K. está no *boudoir* da imperatriz, com uma escada secreta que Rasputin costumava usar. Se o fantasma dele subir essa escada hoje, vai tomar um tremendo susto!".

O único banheiro que realmente funcionava nessa parte do palácio ficava no aposento de King. Ele gostava de ler enquanto usava a privada, motivando Marshall a bater na porta exigindo sua vez. King o ignorou. Como outros membros de maior posto da equipe militar também exigiram o uso do banheiro, acabou sendo adotado, como mais tarde mencionou um coronel em tom de brincadeira, um "sistema de tempos e movimentos". Alguns dos integrantes da delegação norte-americana acharam que o jardim "cheio de frondosos arbustos e plantas" poderia ser uma alternativa, mas logo descobriram que guardas russos "espreitavam", escondidos atrás de cada árvore:

> Não entendiam inglês nem nossas urgências, e pareciam não se sensibilizar com o funcionamento normal do corpo humano. Uma noite, o almirante Brown recebeu ordens para voltar para o palácio em um momento visivelmente inconveniente e protestou, com veementes expressões em inglês, contra o tratamento que, como hóspede, estava recebendo.

O major-general Kuter lembrou: "Com exceção da guerra, os banheiros eram o assunto geralmente mais discutido". Ao longo do arriscado programa de restauração administrado por Lavrenti Beria, as equipes soviéticas obtiveram êxito marcante ao recuperar 43 aposentos do Livadia, assim como outros 48 cômodos em um palácio próximo, para o pessoal subalterno da delegação norte-americana. Instalaram sistemas elétricos e de aquecimento em todos os prédios e construíram um sólido abrigo antibombas no subterrâneo do Livadia para o presidente. Os banheiros, todavia, eram, nas palavras de Kathleen Harriman, "praticamente inexistentes". Não que os líderes soviéticos menosprezassem esses confortos burgueses. Em maio de 1942, quando Molotov esteve na Inglaterra e Churchill o convidou para ficar em Chequers, residência campestre oficial do primeiro-ministro, Molotov resmungou: "Existe um banheiro, mas sem chuveiro. Já estive na casa de Roosevelt. Passei a noite na Casa Branca. Era tudo como deveria ser. Tinha um banheiro com chuveiro".

Funcionários e outros membros da delegação ficaram no primeiro piso do Livadia. Todos acabaram se acostumando, durante as horas de escuridão, com as arrumadeiras russas entrando sem bater, os faxineiros com vassouras de galhos ou descalços lavando os pisos bem polidos com um feixe de trapos.

Naquela primeira noite, Roosevelt planejou tomar seus habituais coquetéis, mas, ao saber que não havia gelo e que os soviéticos tinham preparado sua própria versão de coquetel, preferiu beber bourbon com água. O mordomo que devia atender o presidente era *maître d'hôtel* do Metropol de Moscou e, "depois de muitas reverências", se dirigia ao presidente como "sua excelência", cortesia que Kuter percebeu que "não agradava ao presidente". Sob a direção do *maître d'hôtel*, garçons de casaca serviam o jantar em uma mesa cuidadosamente preparada, com cinco copos por convidado. Kathleen Harriman contou para Anna Boettiger que tinha visto os garçons treinando durante a semana anterior, pondo e tirando a mesa três a quatro vezes, experimentando os efeitos dos cristais e porcelanas. Anna notou que durante as refeições, sempre que alguém recusava um prato, "o *maître d'hôtel* parecia ter sofrido um choque ou ter sido ferido mortalmente".

Antes de ir para a cama, Roosevelt pediu a Averell Harriman para ir até a delegação soviética no palácio de Yusupov, nas proximidades, e discutir planos para a primeira reunião da conferência no dia seguinte, para a qual ainda não havia pauta estabelecida. Quando, duas semanas antes, Harriman ventilara essa questão com Molotov, os russos responderam calmamente: "O governo soviético não preparou pauta alguma, tampouco proporá uma [...]; o marechal Stalin está pronto para discutir os assuntos que o presidente quiser discutir". Harriman também deveria perguntar se Stalin concordava em se encontrar com Roosevelt "para uma conversa estritamente pessoal" antes que a conferência fosse formalmente aberta.

O carro de Harriman cruzou com três patrulhas da segurança soviética, que contavam inclusive com cães, no caminho para o palácio de Yusupov, onde Molotov o recebeu em torno de meia-noite. Quando Harriman explicou que o presidente desejava uma discussão prévia sobre assuntos militares, Molotov concordou, afirmando que Stalin também gostaria de abordar o avanço dos Aliados na Alemanha, além de questões políticas pertinentes. Também concordou com a visita de Stalin ao presidente às quatro da tarde, antes do início da reunião, prevista para as cinco horas, e aceitou um convite para que o líder russo jantasse no Livadia com Roosevelt, a fim de demarcar o primeiro dia da conferência.

Enquanto isso, Churchill se acomodava no palácio Vorontsov, com cem anos de existência, construído em um magnífico parque, em meio a plantas subtropicais, magnólias e ciprestes. Não voltou a dizer que era "um buraco horroroso" e, para própria surpresa, acabou gostando do lugar:

> O cenário onde ficamos era impressionante. Por trás da mansão em estilo meio gótico e meio mourisco, erguiam-se as montanhas cobertas de neve, com o pico mais alto da Crimeia. Diante de nós, podíamos contemplar a imensidão inexorável do mar Negro, mas ainda assim agradável e ameno nesta época do ano.

O palácio fora construído pelo arquiteto inglês Edward Blore para o príncipe Mikhail Vorontsov, herói das guerras contra Napoleão e mais tarde governador da Crimeia. Um tanto estranhamente, Blore nunca esteve na Crimeia, mas projetou um palácio que Sarah, filha de Churchill, considerou "fantástico! […], um pouco como se fosse um salão de um baronato escocês por dentro e uma mistura de chalé suíço e mesquita por fora!". Outras pessoas ficaram menos impressionadas. Maureen Stuart-Clark, do Women's Royal Naval Service, declarou: "É o lugar mais feio que vi".

Como no Livadia, Lavrenti Beria dispensara atenção especial à recuperação do palácio. Os operários tinham tornado habitáveis os 22 quartos de pé-direito alto do Vorontsov, embora para Churchill não tenham construído um abrigo subterrâneo contra bombas como tinham feito onde ficariam alojados Roosevelt e Stalin. As acomodações de Churchill consistiam em três aposentos, inclusive um quarto de dormir em exótico estilo mourisco, com portas duplas que se abriam para um terraço com vista para o mar. No aposento vizinho, o comandante da Marinha Richard Pim — que chegara com antecedência —, já instalara a inseparável Sala de Mapas de Churchill, que sempre o acompanhava. Durante a preparação para a conferência, a embaixada britânica em Moscou disse aos russos que Churchill não somente fazia questão de sua Sala de Mapas ao lado de seus aposentos em Yalta, mas que também a tornassem "acessível ao presidente Roosevelt em sua cadeira de rodas". Pim montara a primeira Sala de Mapas para Churchill em 1939 quando ele assumiu a chefia do almirantado. Quando Churchill se tornou primeiro-ministro, a Sala de Mapas o acompanhou em Downing Street. Churchill levara sua Sala de Mapas para a Casa Branca em dezembro de 1941 e mostrou ao presidente como a usava para acompanhar os mais recentes movimentos terrestres e navais. Roosevelt ficou tão impressionado que mandou instalar uma sala semelhante no andar térreo da Casa Branca.

Sarah Oliver, filha de Churchill, e os mais graduados da delegação britânica também ficaram em condições confortáveis. "Em todos os quartos havia bandejas com frutas e garrafas de água mineral. E também uma com vodca!" Sir Alexander Cadogan, subsecretário permanente do Ministério do Exterior, escreveu em seu diário que não havia aquecimento central no palácio — ao contrário do Livadia —, mas inúmeras lareiras e aquecedores russos revestidos de ladrilhos mantinham os aposentos razoavelmente aquecidos. Todavia, a corrente elétrica era errática. E disse:

> Há um sistema de "controle remoto" da iluminação um tanto complicado [...]; as luzes são ligadas ou desligadas em uma central no fim do corredor! Assim, uma arrumadeira russa ou um fuzileiro desastrado podiam esbarrar em um deles na escuridão ou ligar as luzes às seis da manhã!

Como no Livadia, os poucos banheiros disponíveis eram um problema. Como Roosevelt, Churchill dispunha do luxo de um banheiro privativo. O mesmo acontecia com Eden, que resolveu compartilhar o seu com Cadogan. Para os demais, quem chegasse primeiro, usava. "Se você ficasse observando o corredor dos quartos por volta das 7h30, veria três marechais de campo disputando um balde!", contou Sarah para sua mãe.

Para o pessoal que ficou a bordo do USS *Catoctin*, as condições eram melhores. Por questão de segurança e atendendo à insistência dos russos, que asseguravam que o porto de Yalta estava repleto de minas, o navio de guerra ficou ancorado em Sebastopol, 128 quilômetros a oeste, protegido por dois caça-minas norte-americanos. De Sebastopol, as mensagens expedidas ou recebidas pelo presidente circulavam por mensageiros ou eram transmitidas por linhas terrestres instaladas pelo Corpo de Comunicações dos Estados Unidos. Eram linhas vitais porque, como o pessoal da Casa Branca levava até cinco dias para fazer a correspondência chegar a Yalta, o presidente estaria no limite absoluto da distância à qual poderia chegar para poder cumprir o dever constitucional de se pronunciar sobre os projetos de lei do Congresso dentro do prazo máximo de dez dias. O transatlântico *Franconia*, da Cunard britânica, requisitado para transportar tropas no princípio da guerra, também ficou ancorado ao largo de Sebastopol, cumprindo a mesma função como quartel-general britânico. Como comentou Churchill, era uma alternativa "caso as acomodações em Yalta falhassem". O estoque de vinhos do navio anterior à guerra foi retirado do depósito e trazido a bordo, e novamente pôde ser utilizada a melhor roupa de cama.

Funcionários e fuzileiros navais soviéticos mantinham cerrada vigilância sobre as equipes de comunicações que trabalhavam em terra para lançar e manter as linhas de ligação com a delegação em Yalta. Sebastopol tinha sido tomada pelo Exército alemão no fim de junho de 1942, após 250 penosos dias de cerco, e retomada pelo Exército Vermelho em maio de 1944. O vulto da devastação, com os habitantes sobrevivendo em ambiente congelante, abrigados em choupanas levantadas apressadamente, com teto de ferro corrugado, chocou os visitantes. "Tudo destruído e as ruas cheias de prisioneiros romenos, cenas dignas de pena e montes de destroços", lembrou um oficial da Marinha britânica.

Relatórios detalhados tinham alertado norte-americanos e britânicos em Yalta para não circularem livremente. "Quando um guarda pedir 'seus documentos', '*propock*', 'passaportes' ou '*bumagy*', não hesite e mostre seu cartão de identificação. Se por alguma razão desconfiar de você, mostre sua identificação. Não tente intimidar os guardas — eles estão obedecendo ordens." O alerta funcionou. No palácio Vorontsov, Maureen Stuart-Clark encontrou por toda parte guardas da NKVD, "muito elegantes em seus uniformes cáqui e suas botas de cano alto, gorros vermelho e azul, galões dourados". Ela conseguiu negociar por apenas três pennies um dos distintivos com estrela vermelha dos gorros, que colocou na gravata de seu uniforme. Apesar da vigilância, Joan Evans, uma auxiliar de Churchill que trabalhava na criptografia, conseguiu explorar um pouco a região, apreciando a acolhedora população local e os parreirais, mas ficou chocada com a quantidade de destroços de guerra, inclusive "um capacete de estanho com o pedaço de uma cabeça em seu interior".

O grande número de soldados russos e agentes da NKVD empunhando metralhadoras que patrulhavam os arredores do Livadia desapontou Anna Boettiger, que reclamou:

> Temos que levar nosso cartão de identificação para toda parte. A cada dez metros nos pedem para mostrá-lo [...]. Concluímos que não podemos ir até a praia. Uma justificativa que nos apresentam é que aparecem minas na praia e às vezes elas explodem. Acho que é apenas uma desculpa, embora tenham me dito que isso já aconteceu.

No alto da colina em Koreiz, no palácio de Yusupov, cercado por um bosque de bordos e carvalhos e com caminhos de cascalho margeados por esculturas, Stalin se preparava para a conferência. O palácio pertencera ao príncipe Felix Yusupov, educado em Oxford, oficial reconhecidamente bissexual que gostava de perambular em São Petersburgo com roupas e joias de sua mãe, casado com Irina, sobrinha do czar. No fim de dezembro de 1916, em seu ainda mais suntuoso palácio em São Petersburgo, Yusupov tentou envenenar Grigori Rasputin, o carismático padre odiado por toda parte por causa da influência que exerce sobre a família imperial. Adicionou cianeto ao vinho e ao bolo em quantidade suficiente para matar instantaneamente vários homens. Quando, para sua surpresa, o veneno não surtiu efeito, Yusupov atirou em Rasputin com seu revólver. Não obstante, nem mesmo o tiro foi capaz de matar o padre, que cambaleou até um pátio, onde foi novamente alvejado por conspiradores ligados ao príncipe e, por fim, caiu. Os assassinos amarraram o corpo, embrulharam-no em um lençol, abriram um buraco no gelo do rio Moika e nele jogaram Rasputin. No dia seguinte, quando se retirou o corpo, as cordas que o atavam estavam parcialmente frouxas, indicando que ele ainda estava vivo quando foi jogado no rio.

Depois da revolução, Yusupov e sua família se refugiaram em seu palácio de Yalta. Quando surgiram dois marinheiros bolcheviques sequiosos de sangue, a fama do príncipe como matador de Rasputin o salvou: "Um deles me perguntou se eu era realmente o homem que matara Rasputin e, quando respondi, os dois brindaram à minha saúde, garantindo [...] que nem eu nem minha família devíamos temê-los". Em abril de 1919 — nove meses após os bolcheviques terem assassinado o czar e seus familiares em Ekaterinburg —, os Yusupovs, junto com os sobreviventes da família Romanov, inclusive a mãe do czar, deixaram Koreiz a caminho do exílio a bordo de um encouraçado britânico.

As acomodações de Stalin no palácio de Yusupov eram modestas. Consistiam em um amplo aposento dividido em dois ambientes, um para dormir e outro para trabalhar, ambos mobiliados com simplicidade. Embora gostasse de zombar do medo do czar de ser assassinado, ele também temia um ataque, preferindo entrar no palácio por uma discreta porta lateral em vez de usar a entrada principal. O abrigo antibombas recém-construído no palácio de Yusupov era mais robusto do que o de Roosevelt no Livadia. Lavrenti Beria garantiu a Stalin que nem mesmo uma bomba de quinhentos quilos seria capaz de perfurar o teto de dois metros de concreto e um metro de areia. Beria tinha convertido uma sala de bilhar em um cinema onde Stalin poderia ver cenas dos últimos combates e seus filmes favoritos. Também tinha instalado telefones de alta frequência e sistemas telegráficos que o ligavam às delegações norte-americana e britânica. Os cabos de ligação eram bem vigiados pelas unidades da NKVD. Na verdade, Beria transformara Yalta em uma fortaleza, com 244 aviões soviéticos em alerta e baterias antiaéreas equipadas com trezentos canhões e metralhadoras antiaéreas para defender seu espaço aéreo.

Sendo o único que podia agir como chefe supremo, sem alguém que o desafiasse nas esferas política e militar, ao contemplar o futuro, Stalin era provavelmente o mais preparado dos três líderes e, sem dúvida, o que tinha seus objetivos mais definidos. Além do propósito de derrotar a Alemanha o mais cedo possível, que compartilhava com os outros dois, e de demonstrar que fazia questão da existência de uma frente única capaz de desencorajar qualquer tentativa de dividir os Aliados, Stalin queria assegurar um cordão sanitário de Estados-satélites em torno da Rússia, objetivo que pouco diferia das metas de seus antecessores, os czares. O fato é que Eden considerava Stalin "muito mais o herdeiro de Pedro, o Grande, do que de Lenin".

É importante lembrar que Stalin sabia que, para respaldar seus objetivos, contava com o significativo amparo de suas tropas, que já ocupavam a maior parte dos territórios em questão. Também estava decidido a cobrar um alto preço para concordar em entrar na guerra contra o Japão. Stalin desconfiava particularmente de Churchill e do que considerava ser uma perfídia histórica da Grã-Bretanha. Na véspera do Dia D, dissera para um importante líder comunista iugoslavo:

> Talvez você ache que, somente porque somos aliados dos britânicos, esquecemos quem eles são e quem é Churchill. Não há nada que gostem mais do que enganar seus aliados. Durante a Primeira Guerra Mundial, eles seguidamente enganaram os russos e os franceses. E Churchill? Churchill é aquele tipo de homem que tira um copeque de seu bolso se você não se cuidar! Isso mesmo: tira um copeque de seu bolso! E Roosevelt? Roosevelt não é assim. Ele só estica a mão por moedas mais valiosas. Churchill faz isso por apenas um copeque.

De certa forma, Stalin estava certo. Roosevelt se preocupava mais com a conciliação de pontos de vista amplos e a concordância de princípios do que com a complexidade dos pormenores. Entretanto, Stalin não soube reconhecer que sua própria posição guardava certas semelhanças com a de Churchill. Ambos eram imperialistas, embora com características diferentes e com espectros políticos diversos. As "repúblicas" soviéticas eram como as colônias britânicas, mas contavam com menos liberdades individuais. Com base na história europeia, ambos acreditavam em blocos de poder político e militar e em esferas de influência. Por outro lado — ainda que o governo dos Estados Unidos se aproximasse de posição similar anos depois —, Roosevelt era presidente de um país que, embora com alguma relutância, emergia do isolacionismo, e ele próprio via um mundo mais harmonioso em que o predomínio dos Estados Unidos resultaria de fatores econômicos e morais.

De acordo com a mulher de Roosevelt, "ele sabia barganhar, era um bom jogador de pôquer e adorava o jogo da negociação". Realmente, em termos de habilidade para bater a carteira do outro, Stalin provavelmente temia mais as sutilezas do enigmático e mais sinuoso Roosevelt, que encontrara apenas uma vez, do que o temperamento familiar, direto e mais fácil de interpretar de Churchill, com quem já se encontrara duas vezes, em Moscou e Teerã.

Uma das maiores preocupações de Stalin, talvez alimentada por sua natureza peculiarmente desconfiada, como também por lembrar que ele próprio celebrara um pacto oportunista com os nazistas em 1939, continuava sendo o medo de que Estados Unidos e Reino Unido conspirassem contra ele nas negociações de paz. Sua persistente apreensão, nunca plenamente percebida por Roosevelt ou Churchill, era que os dois tentassem uma paz em separado com alguns elementos da Alemanha e, quem sabe, voltassem a força conjunta de seus exércitos ocidentais contra ele. Tentando se prevenir contra essa possibilidade, durante toda a conferência Stalin faria questão de salientar com veemência a solidez da aliança das três potências. Também indagaria repetidamente e faria perguntas sobre a velocidade do avanço norte-americano e britânico na Alemanha, para se certificar de que os dois países não estavam detendo suas tropas a fim de concluir uma paz em separado. Para continuar pressionando moralmente seus aliados, Stalin também lembraria diversas vezes o sangue derramado pela União Soviética, expresso na quantidade de vidas perdidas, em muito maior número do que os outros dois países, sustentada pelas forças soviéticas na busca do objetivo comum de derrotar Hitler.

Durante a conferência, o ministro do Exterior de Stalin, Vyacheslav Molotov, com seu espesso bigode, 64 anos e apenas um 1,75 metro de altura, estaria permanentemente a seu lado, observando os demais delegados por trás de seu pincenez. Os aposentos de Molotov no palácio de Yusupov eram mais amplos do que os de Stalin. Abrangiam uma elegante sacada de onde podia apreciar o mar e, a pedido seu, um piano. Seu verdadeiro nome era Vyacheslav Scriabin e adotara o nome "Molotov" (martelo) ao se tornar revolucionário. Era o nono de dez filhos de uma mulher cujos irmãos eram donos de próspero mercado onde seu pai trabalhava. Nos tempos do czar, o jovem Molotov esteve exilado duas vezes em razão de suas atividades revolucionárias. Depois da revolução, por algum tempo editou o *Pravda* e, por sua habilidade e sua dedicação como funcionário do partido, chamou a atenção de Krupskaya, mulher de Lenin, que o ajudou em sua ascensão. Quando Stalin assumiu o poder, Molotov passou a ser seu mais leal defensor.

Embora seu conhecimento de línguas estrangeiras fosse superficial e não tivesse experiência em diplomacia internacional, em 1939 Stalin nomeou Molotov comissário do Povo para Assuntos Exteriores. Substituiu o respeitado Maxim Litvinov, cujas raízes judaicas poderiam, na visão de Stalin, dificultar as coisas com os nazistas, embora a adorada esposa de Molotov, Polina, fosse judia. Charles Bohlen, que seria intérprete de Roosevelt em Yalta, como fora em Teerã, ao conhecer Molotov em Moscou o viu como "cuidadoso e criterioso negociador", mas "um homem enigmático", difícil de decifrar. "Embora obviamente tentasse ser afável, não sorria com facilidade, e sua face permanecia impassível durante toda a conversa." Eden identificou "confiança e até certa intimidade entre Stalin e Molotov como nunca vi entre dois líderes soviéticos. Era como se Stalin soubesse que contava com um valioso defensor e Molotov estivesse confiante justamente por causa da forma como era considerado".

Embora de modo geral fosse retraído e intimidante, Molotov era capaz de eventuais comentários mordazes. Ao lado de Ribbentrop, em um abrigo em Berlim durante um ataque aéreo britânico, em 1940, justamente na época do pacto Molotov-Ribbentrop, ele comentou: "Você diz que os britânicos já estão derrotados. Então, por que estamos sentados aqui neste abrigo antiaéreo?". A opinião de Churchill a respeito de Molotov refletia todas essas características:

Homem de extraordinária habilidade e implacável frieza [...]. O raciocínio rápido, o bigode negro, os olhos atentos, a fisionomia imutável, a sagacidade verbal e a conduta imperturbável demonstravam claramente suas qualidades e aptidões. Nunca vi um ser humano que melhor representasse a concepção moderna de um robô. E, por trás disso tudo, havia uma visível racionalidade e uma diplomacia sutilmente refinada.*

Fisicamente, Beria era uma figura pouco atraente, "baixinho", segundo o iugoslavo Milovan Djilas, que notou que "no Politburo de Stalin raramente se via alguém mais alto do que o próprio chefe". Beria era um tanto roliço, pálido e insosso, mãos moles e úmidas [...] boca bem marcada e olhos salientes por trás de um pincenez. Gostava daquilo que considerava meras brincadeiras, como pôr tomates nas cadeiras antes que as pessoas se sentassem, para então explodir em gargalhadas diante do desagrado dos outros. Era sexualmente insaciável e ganhou a merecida, embora sinistra, reputação de estuprador. Algumas mulheres voluntariamente se prostituíam e até ofereciam suas filhas a ele em troca de favores, mas seus guarda-costas do Cáucaso raptavam outras que chamavam sua atenção. Tatiana Okunevskaya, atriz de cinema levada para a casa de Beria por ordem do próprio, lembrou como:

> Ele se despiu e ficou rolando em sua luxuosa cama, com olhos de cobiça. Parecia [...] não exatamente uma medusa, mas um sapo horroroso e disforme. Ele disse: "Vamos jantar. Você está muito distante de tudo, de modo que, para mim, não faz diferença se gritar ou ficar calada. Agora, você está em meu poder".

Estava previsto que, durante a conferência, Beria seria encarregado de ler as transcrições das conversas de norte-americanos e britânicos preparadas por seu filho Sergo e sua equipe de interceptações. Nessas conversas interceptadas, "muitas vezes Roosevelt se queixava dos britânicos", mas Sergo

---

* Nos últimos anos de vida e governo de Stalin, quando sua esposa Polina foi presa sob acusação de sedição, Molotov foi súbita e devidamente responsabilizado e se divorciou dela, mas o casal voltou a se casar depois que ela foi libertada, após a morte de Stalin.

ficava especulando se não era um blefe para ludibriar os soviéticos que o ouvissem, a fim de "despertar a simpatia de Stalin pelos Estados Unidos". Certamente, norte-americanos e britânicos sabiam perfeitamente da possibilidade de estarem sendo "grampeados" enquanto estivessem na União Soviética. O intérprete Hugh Lunghi lembrou como, sempre que tinham algo sensível para discutir, os membros da missão militar britânica em Moscou se trancavam no banheiro e abriam ao máximo as torneiras para abafar a conversa. Logo depois da guerra, descobriram dispositivos de escuta sob os tacos do piso e tiveram que chamar uma equipe norte-americana para retirar os equipamentos. Constataram que "todos os aposentos estavam 'grampeados', inclusive a sala de criptografia, com aparelhos de escuta escondidos nos ventiladores e rodapés". Jornais que envolviam os equipamentos eram dos anos 1930.

Entretanto, nem os norte-americanos nem os britânicos sabiam que os soviéticos tinham espiões em seus órgãos de governo, transmitindo informações para Moscou e alertando as autoridades soviéticas para as táticas de negociação dos Aliados e suas "linhas vermelhas". Da delegação norte-americana em Yalta fazia parte o agente soviético Alger Hiss, um magricela formado em Harvard que, após a conferência, foi calorosamente cumprimentado por um antigo chefe da espionagem soviética. Outros agentes de destaque infiltrados no governo dos Estados Unidos foram Gregory Silvermaster, na Junta de Desenvolvimento Econômico, e Dexter White, na época de Yalta recentemente promovido a subsecretário da Fazenda a pedido do próprio ministro da Fazenda de Roosevelt, Henry Morgenthau. White também desempenhara importante papel nas discussões de Bretton Woods, New Hampshire, em 1944, chefiando a criação do Fundo Monetário Internacional. Todos eram motivados por sólida crença soviética e comunista. Silvermaster — codinome inicialmente "PAL" e depois "ROBERT" — que alimentara Moscou com outras preciosas informações sobre pormenores do Plano Morgenthau enquanto estava sendo formulado — tinha asma crônica e achava que não viveria muito tempo. Escreveu: "Meu tempo de vida é muito limitado e, ao morrer, quero sentir que pelo menos contribuí de alguma forma para a construção de uma vida decente para quem vier depois de mim".

As principais fontes de informação para os soviéticos no lado britânico durante a preparação para Yalta eram do grupo dos "cinco de Cambridge": Donald MacLean, Guy Burgess, Kim Philby, John Cairncross e Anthony Blunt. Todos eles transmitiram informações vitais. Contudo, Beria e Stalin já tinham sido espiões duplos na juventude, às vezes espionando seus camaradas revolucionários. Portanto, eram suficientemente cautelosos — para não dizer paranoicos — para suspeitar que, no início dos anos 1940, os cinco agentes fossem agentes duplos e, de fato, o contato com eles chegou a ser cortado durante um bom período de 1940 e 1941. Em parte, a suspeita decorria da qualidade das informações que transmitiam, boas demais para serem verdadeiras. Aos olhos soviéticos, era ainda mais significativo o fato de não transmitirem informação alguma sobre agentes britânicos ou norte-americanos atuando na União Soviética ou sobre a conspiração que julgavam ter realmente existido envolvendo a fuga de Rudolf Hess, imediato de Hitler, para a Escócia em 1941. Os soviéticos acreditavam que fora uma tentativa de celebrar uma paz em separado. Na verdade, nem os Estados Unidos e tampouco o Reino Unido tiveram agentes operando na União Soviética durante a Segunda Guerra Mundial, e as autoridades britânicas simplesmente prenderam Hess. Em 4 de fevereiro de 1945 — dia em que foi aberta a Conferência de Yalta —, Hess, confinado em Abergavenny, Gales, tentou o suicídio com uma faca de pão.

Somente no verão de 1944, os soviéticos absolveram os cinco do "núcleo de espionagem" de Londres da suspeita de serem agentes duplos e passaram a dar a devida atenção a suas informações. Nos seis primeiros meses de 1945, por exemplo, Guy Burgess transmitiu para os soviéticos 389 documentos do Ministério do Exterior britânico classificados como ultrassecretos. Donald MacLean, então primeiro-secretário da embaixada britânica em Washington, forneceu úteis informações sobre as estratégias de negociação dos Estados Unidos e da Grã-Bretanha e sobre as tensões entre as duas potências.

Entrementes, em relação ao que se passava no mundo, no sábado, 3 de fevereiro, véspera da Conferência de Yalta, como parte de um pesado bombardeio planejado por Kuter e Portal em Malta: mil bombardeiros B-17 da 8ª Força Aérea norte-americana, escoltados por cerca de quinhentos aviões de combate P-51 Mustang, atacaram Berlim. Um tripulante de um dos bombardeiros lembrou como os oficiais orientaram suas tripulações:

> Devia ser uma missão para desmoralizar, criar confusão e quebrar o moral [...] era um esforço supremo [...] cada esquadrilha de bombardeio da 8ª Força Aérea participaria. Nos disseram [...] que deveríamos esperar a presença de aviões de caça inimigos e pesado fogo antiaéreo e que provavelmente perderíamos muitos aviões.

Ficou imaginando qual seria seu destino e se seria abatido e aprisionado já que, de sua placa de identificação, constavam seu nome, seu posto, seu número de série e também o "H" de hebreu.

O ataque destruiu o quartel-general da Gestapo em Prinz-Albrechtstrasse, deixou em chamas o Ministério da Aviação da Alemanha, matou mais de 2.500 pessoas, feriu 20 mil e deixou sem teto outras 100 mil. A jornalista berlinense Ursula von Kardorff, que sobreviveu em um abrigo, descreveu como logo depois ficou vagando pelas ruas arrasadas. "Por que ninguém grita 'basta, basta', por que ninguém enlouquece? Por que não acontece uma revolução?", clamava por respostas. "Aguente até o fim, que frase estúpida! Esperam que aguentemos até estarmos todos mortos — como se não houvesse alternativa." Entre os mortos, estava Roland Freisler, famoso juiz que presidia os sucessivos julgamentos de suspeitos de conspiração para matar Hitler em julho de 1944. Quando uma bomba atingiu o Tribunal do Povo, uma viga e outros destroços que caíram o acertaram e destruíram os documentos do julgamento que estava em curso naquele dia. Diante da destruição dos arquivos, pela lógica tortuosa dos nazistas, o julgamento não devia prosseguir. Os três prisioneiros, que estavam na iminência de serem condenados à morte, foram levados de volta para as celas e sobreviveram. Acabaram sendo libertados.

As V2 continuavam caindo na Grã-Bretanha. Naquele dia, o *Times* publicou o relato de um soldado que voltava para o lar em gozo de licença e "viu que sua casa tinha se transformado em um monte de destroços. Naquele mesmo dia, mais cedo, uma bomba v tinha explodido na casa [...] sua esposa estava ferida no hospital e dois de seus quatro filhos tinham sido mortos".

O mesmo artigo também anunciou a publicação em Londres de um panfleto intitulado *Nil Desperandum* abordando "um plano realista e sensato para a resolução definitiva do problema russo-polonês". A autoria era do governo polonês no exílio, que aguardava com um misto de ansiedade e esperança para ver se a Conferência de Yalta devolveria o país aos poloneses. No mesmo dia, escreveram para Churchill e Roosevelt reconhecendo que "o destino de muitas nações está em suas mãos", mas lembrando que a Polônia "combateu incansavelmente [...] ao lado das grandes democracias norte-americana e britânica" e apelando para que "não permitam que sejam tomadas decisões que possam ameaçar o legítimo direito da Polônia à sua independência e que saibam repelir quaisquer fatos consumados relacionados à Polônia".

6
"Tio Joe e o Urso de Pedra"

Por volta do meio-dia de domingo, 4 de fevereiro — "um dia maravilhosamente ameno" —, Anthony Eden foi levado ao palácio de Yusupov para discutir alguns assuntos com Molotov. Desde seu último encontro em uma noite fria de dezembro de 1941, em meio ao espocar de flashes das câmeras da imprensa quando o ministro do Exterior russo o recebeu na estação ferroviária de Moscou, Eden considerava a truculência, as incessantes exigências e as "repetidas negativas" de Molotov extremamente irritantes. Como Harriman, Eden desejava acertar uma pauta antes da abertura da conferência. Estava satisfeito com as propostas de Harriman e Molotov para que fossem temas prioritários a situação militar e o tratamento a ser dispensado à derrotada Alemanha nazista. Todavia, Eden também queria que os delegados discutissem planos para uma Organização das Nações Unidas e o futuro da Polônia. Molotov concordou a respeito das Nações Unidas, mas afirmou abruptamente que a Polônia tinha sido libertada dos nazistas e deveria permitir que cuidasse, ela mesma, de seus próprios interesses. Talvez alertado pelos agentes soviéticos para as tensões entre britânicos e norte-americanos sobre a matéria, também insinuou que fora muito útil saber que já tinham se consultado a respeito da questão, já que isso contribuiria para agilizar o trabalho da conferência. Eden, desconcertado, negou que já tivesse havido tal conluio.

Na verdade, embora Roosevelt tivesse obtido sucesso em Malta ao tentar contornar os esforços britânicos para acertar previamente posições comuns, Eden não tinha desistido e recorrera a Harry Hopkins em busca de auxílio. Na noite anterior, Anna Boettiger estivera com Hopkins para ver como ele se sentia, mas constatou que ele estava "em apuros":

> Fez uma longa arenga dizendo que Roosevelt *devia* ver Churchill de manhã para uma longa reunião, a fim de acertarem como os dois conduziriam a conferência. Fez algumas observações agressivas porque, afinal, Roosevelt pedira que fizesse esse trabalho e agora, gostasse ele ou não, tinha que realizá-lo e era imperativo que Roosevelt e Churchill acertassem previamente algumas coisas, antes do início da grande conferência.

Anna — preocupada com a possibilidade de essa iniciativa "despertar certa desconfiança em nossos parceiros russos" — ficou imaginando se a doença não estaria afetando o senso de julgamento de Hopkins ou se era apenas uma questão de ela "nunca saber exatamente o quanto Harry era pró-britânicos".

Ministro do Exterior de Churchill desde dezembro de 1940, Eden, com 47 anos, ocupara esse cargo de 1935 a 1938, quando renunciou em protesto contra a política do primeiro-ministro Neville Chamberlain de conciliação com Hitler. Como tantos outros políticos britânicos do passado e da época, tinha sido educado na escola pública de Eton e na Universidade de Oxford — tendência que Roosevelt reprovava dizendo "É Eton e Oxford demais". Eden era o filho mais novo de um baronete que vivia da renda de sua propriedade e tataraneto de sir Robert Eden, último governador da colônia de Maryland. Durante a Primeira Guerra Mundial, recebeu a Cruz Militar por bravura no resgate de um sargento ferido.

Sereno e elegantemente simpático, revelava certos traços de vaidade e até efeminados, embora fosse um conquistador incorrigível. "Valendo seu peso em ouro como cliente de todas as lojas de West End", era um gozador. Seu colega de Gabinete, Rab Butler, chamava o sensível e extremamente delicado Eden de "metade baronete maluco, metade linda mulher". Em Malta, ficara satisfeito ao ser reconhecido por alguns soldados britânicos e, na ocasião, escreveu: "Nada me alegra mais do que ver o rosto de um soldado se iluminar quando me reconhece. Creio que se trata de presunção, mas espero que apenas em parte. A verdade é que gosto de nossa gente e de estar com ela". O chefe de assessoria de Eden, Alexander Cadogan, lembrava do "prazer" de Eden ao ser reconhecido e também como a chegada um pouco antecipada de Churchill a Malta o desagradou e o deixou assustadoramente desanimado. Não era a primeira vez que Eden ficava visivelmente temeroso de ser ofuscado e superado por Churchill.

Eden estivera em Moscou várias vezes depois que a Rússia soviética entrou na guerra. Andrei Gromyko escreveu comentando sobre "seu sorriso encantador" e afirmando que "Anthony Eden era um inglês típico [...]. Um modelo em pessoa do que deveria ser o Império Britânico. Possuía uma qualidade invejável em um político: a de ser capaz de puxar uma conversa sob um mínimo pretexto". Charles Bohlen concordava que Eden possuía "habilidades diplomáticas" e era "muito suave" na forma como fazia as coisas, em parte por saber "cultivar a atitude de indiferença ou até frivolidade dos britânicos". Contudo, revelava "um toque de petulância" quando as discussões não corriam como desejava, sobretudo quando Churchill discordava dele. Bohlen achava que as relações entre os dois "não eram as mais harmoniosas".

A visão de Eden em relação aos Estados Unidos sempre foi muito mais cautelosa e ostensivamente crítica do que a de Churchill. Fazia questão de salientar a vontade de Roosevelt de promover uma descolonização: "Era sua premissa, obviamente acalentada pelas possíveis vantagens que proporcionaria [...]. Julgava que os antigos territórios, uma vez livres de seus colonizadores, ficariam política e economicamente dependentes dos Estados Unidos". Em outubro de 1941, preocupado com a crescente dependência da Grã-Bretanha de suprimentos vindos dos Estados Unidos, Eden iniciara o planejamento de uma nova ordem no pós-guerra caso Roosevelt tentasse, com suas propostas, esvaziar o poder da Grã-Bretanha. Depois que os norte-americanos entraram no conflito, um dos assessores de Eden o descreveu como "um tanto isolacionista no que concerne à presença dos norte-americanos na Europa. Ele quer que nós, e não eles, sejamos o parceiro predominante".

Havia na Grã-Bretanha quem compartilhasse a opinião de Eden e chegasse a condenar a posição "condescendente" de Churchill com os Estados

Unidos. Em 30 de dezembro de 1944, o *The Economist* desancou a política de Churchill para com os Estados Unidos, "adotada (por ele) por iniciativa própria, com toda a humilhação e subserviência que vieram a reboque, uma vez que Pearl Harbor mostrou que tal atitude não era necessária". Stettinius mostrou o artigo a Roosevelt, comentando astutamente que "revela o que passa pela cabeça de milhões de britânicos [...], a causa subjacente é a dificuldade que [...] todos os britânicos têm para se adaptar a um papel secundário, depois de terem sempre admitido que a liderança era uma prerrogativa da nação".

Stalin manteve a palavra e visitou Roosevelt no Livadia para uma discussão privada antes da abertura da conferência, mas primeiro esteve com Churchill no Vorontsov; era a quarta vez que os dois se encontravam. Arthur Birse, intérprete de Churchill, percebeu que, não importando quais fossem suas opiniões pessoais, ao menos externamente "os dois pareciam estar satisfeitos por se encontrarem mais uma vez e conversaram como velhos amigos". Discutiram assuntos militares, mas não os políticos. Com a onda de vitórias dos Aliados avolumando-se, Stalin mostrou seu entusiasmo diante da "situação desesperadora em que se encontra o Exército alemão na Polônia e na Prússia Oriental". O que interessava a Churchill era saber se Stalin visava apenas ao prêmio que seria a conquista de Berlim, sem pensar em nada mais. As forças soviéticas estavam a oitenta quilômetros da cidade, enquanto as norte-americanas e britânicas, quando atravessassem o Reno, ainda teriam quase 650 quilômetros pela frente. Se Stalin assim desejasse, Berlim seria sua. Para testá-lo, Churchill perguntou o que ele faria se Hitler fugisse de Berlim. Stalin respondeu que as tropas soviéticas o caçariam, para onde quer que fugisse. Em seguida, o dirigente russo insistiu em uma ofensiva de norte-americanos e britânicos na frente ocidental para evitar que Hitler transferisse forças para leste, agora que os russos tinham ocupado a Silésia, negando o acesso dos alemães ao que lhes restava de reservas de carvão.

Churchill mostrou a Stalin sua Sala de Mapas e ficou desapontado quando Stalin prontamente assinalou que a linha de frente russa estava incorretamente demarcada. Em seguida, Churchill pediu ao marechal de campo Harold Alexander que se juntasse a eles e relatasse a mais recente situação no Mediterrâneo. A apresentação de Alexander, servindo-se de um mapa detalhado da Itália, foi "esclarecedora e convincente", segundo avaliou Birse. Stalin também pareceu impressionado, olhando para Alexander "como se dissesse: 'Bem, você sem dúvida sabe fazer seu trabalho!'". Todavia, quando Stalin sugeriu contornar as forças nazistas nos Apeninos e enviar tropas aliadas da Itália através da Iugoslávia para se juntar às tropas soviéticas próximas a Viena, Alexander lhe disse simplesmente que não dispunha de efetivos para tal manobra. Como Stalin provavelmente sabia, no passado Churchill defendera essa manobra, mas não fora capaz de convencer os norte-americanos e seus próprios chefes militares. Um general norte-americano condenou suas ideias como "as eternas e diabólicas aventuras de Churchill nos Balcãs". Consciente de que era muito tarde, Churchill simplesmente respondeu a Stalin: "Talvez o Exército Vermelho não nos dê tempo para realizar essa operação".

Em seguida, Stalin saiu em sua limusine Packard preta fortemente blindada, com vidros com 7,6 centímetros de espessura capazes de resistir a tiros de metralhadora, e foi se encontrar com Roosevelt. Quando ele entrou no palácio de Livadia, observado por guardas da NKVD postados no telhado, Edward Stettinius ficou impressionado com "sua respeitável e poderosa cabeça e ombros sobre um corpo sólido, que transmitiam a sensação de muita força". O presidente, em um terno de cor clara e gravata florida, esperava ao lado de Charles Bohlen para receber Stalin em seu escritório com decoração em veludo vermelho. O líder russo, em uma túnica cáqui de colarinho alto e com a estrela dourada de marechal bordada nas ombreiras, tinha a seu lado Molotov e Vladimir Pavlov, assistente do ministro do Exterior da Rússia, para atuar como intérprete. Bohlen descreveu: "Os dois líderes se cumprimentaram como se fossem velhos amigos [...]. Sorrindo largamente, o presidente segurou a mão de Stalin e a apertou calorosamente. Stalin, o rosto marcado por um raro, embora leve, sorriso, expressava o prazer de rever o presidente".

A chegada de Stalin surpreendeu o filho de Harry Hopkins, Robert, fotógrafo de guerra do Exército dos Estados Unidos, que integrava a delegação norte-americana como fotógrafo oficial: "Desci às pressas a escada com minha Speed Graphic (câmera) a tempo de fotografar o presidente conversando com Stalin [...]. Estavam sentados em um sofá aveludado com uma mesa marchetada à sua frente". A foto mostra um Stalin relaxado e alegre, sentado com as mãos repousando sobre as coxas, e os cigarros do presidente em um cinzeiro sobre a mesa, a seu alcance. Hopkins viu o presidente repetir o ritual "que regularmente seguia na Casa Branca. Preparou um jarro de martíni seco. Ao passar o copo para Stalin, disse, em tom de desculpa, que um bom martíni devia ter um toque de limão". No dia seguinte, um grande limoeiro trazido da Geórgia, terra natal de Stalin, curvado pelo peso de duzentos frutos, apareceu no salão de entrada do Livadia.

As cortesias continuaram. Roosevelt disse que, cruzando o Atlântico no *Quincy*, "fizera inúmeras apostas [...] que o Exército Vermelho chegaria a Berlim antes de os norte-americanos chegarem a Manila". Stalin replicou amistosamente que os norte-americanos estariam em Manila antes de suas tropas entrarem em Berlim e realmente estava certo, porque no dia seguinte soldados norte-americanos entraram na cidade. Roosevelt também disse a Stalin que, pelo que tinha visto ao longo da estrada entre o aeródromo de Saki e Yalta, ficara "com mais sede de sangue dos alemães do que um ano antes [...]. Os alemães são uns selvagens". Mais uma vez se aproximando de Stalin e se distanciando de Churchill, Roosevelt fez referência aos comentários que o líder russo fizera em Teerã de que 50 mil oficiais alemães deviam ser executados e que deixaram Churchill tão ofendido. Completou declarando que esperava que Stalin "novamente propusesse um brinde à execução de 50 mil".

Voltando às tratativas, Stalin alertou que ainda havia muito combate árduo pela frente. Como fizera com Churchill, insistiu para que fosse realizada uma ofensiva rápida e poderosa sobre o Ruhr a fim de precipitar o colapso econômico da Alemanha, mas aparentemente não se perturbou quando Roosevelt lhe disse que, embora Eisenhower estivesse planejando uma ofensiva em pequena escala de 8 a 12 de fevereiro, até março os Aliados não poderiam transpor o Reno. Imediatamente concordou com o pedido do presidente para que Eisenhower fosse autorizado a se comunicar diretamente com o alto-comando soviético para aperfeiçoar a coordenação das ações militares.

Nesse momento, Roosevelt perguntou a Stalin o que achava de De Gaulle e comentou o quanto o líder francês gostava de se comparar a Joana D'Arc como líder espiritual da França e a Georges Clemenceau como chefe político. Stalin menosprezou De Gaulle, afirmando que era "uma pessoa muito complicada", que esperava que seu país tivesse o mesmo tratamento de Rússia, Estados Unidos e Grã-Bretanha, expectativa "fora de realidade", tendo em vista que, em 1940, a França "praticamente não resistiu". Perguntou a Roosevelt se a França deveria receber uma zona de ocupação na Alemanha, e o presidente respondeu que, embora não fosse má ideia, isso poderia acontecer como "mera gentileza". Stalin concordou.

Em seguida, Roosevelt disse que contaria ao marechal algo que não gostaria de dizer na presença do primeiro-ministro Churchill, ou seja, que por dois anos os britânicos pensaram em transformar a França em uma grande potência, com 200 mil soldados na fronteira oriental do país para resguardá-la, enquanto a Grã-Bretanha, durante o período, organizava um poderoso exército, para o caso de eclodir nova guerra. "Os britânicos são um povo peculiar", que "quer o bônus sem assumir o ônus." "Parecem pensar que é obrigação dos norte-americanos restaurar a ordem na França" e depois lhes restituir o controle político. Também disse que "estava enfrentando muitas dificuldades com os britânicos" a propósito de zonas de ocupação na Alemanha após sua derrota. Embora Stalin nada comentasse, a observação de Roosevelt sobre os britânicos e o bolo está registrada nos arquivos russos sobre a reunião.

Às cinco da tarde, os delegados se reuniram no Livadia para a primeira sessão plenária. Robert Hopkins não era mais o único fotógrafo presente. Nesse momento, já tinha chegado um enorme contingente de fotógrafos oficiais norte-americanos, britânicos e russos [...] dezesseis fotógrafos e cinegrafistas do Exército dos Estados Unidos, dois fotógrafos britânicos e pelo menos trinta russos, mas nenhum "fotógrafo da imprensa civil". Por acordo mútuo, nenhum jornalista foi autorizado a ir a Yalta. Anna Boettiger também tinha preparado sua câmera. Hopkins descreveu cenas caóticas:

> O saguão de entrada [...] estava superlotado; empurrões de todos os lados [...]. Consegui fotografar a chegada de Churchill e de Stalin, e quando cumprimentaram as personalidades presentes. Superados em número pelos fotógrafos russos, parecia que cada vez que levantava minha máquina para tirar uma foto, um deles aparecia subitamente à minha frente e bloqueava minha visão.

Os cinegrafistas não foram autorizados a entrar na sala da conferência "e empurravam uns aos outros tentando filmar da porta de entrada da sala".

Chefiada por Stalin, a delegação soviética foi a última a entrar no grande salão de baile do Livadia, cruzando a vistosa porta dupla de nogueira que os auxiliares russos fecharam tão logo a delegação passou. O circunspecto salão de baile, também conhecido como "Salão Branco", tinha mais de quarenta metros de comprimento, teto decorado com refinado acabamento artístico. Em um lado, portas francesas se abriam para um bonito pátio em estilo italiano e o outro, com sete altas janelas em arco, dava vista para o norte, para as montanhas. Na compacta lareira de mármore em estilo renascentista no lado oposto ao das portas, ardia uma acha de bétula, como deve ter acontecido na primeira cerimônia oficial ali realizada, o baile em novembro de 1911 comemorando o 16º aniversário da filha mais velha do czar, a grã-duquesa Olga. Aquele mundo já ficara para trás, o mundo de príncipes, grã-duques e matronas com colares de diamante conversando sob a luz suave enquanto jovens em vestidos de seda em tom pastel e *chiffons*, nas palavras da polícia secreta do czar, flutuavam "como borboletas" nos braços de seus parceiros de dança. Mas Arthur Birse não pôde deixar de pensar nos fantasmas de Livadia — a "vida suntuosa e deslumbrante que aquelas paredes tinham testemunhado e a sorte destinada a seus moradores imperiais".

Como registrou o almirante William Leahy, os três líderes, que juntos comandavam "a mais poderosa força militar jamais reunida", ocuparam seus respectivos lugares em torno da grande mesa redonda coberta por uma toalha castanha, perto de uma lareira. Solicitamente, Stalin ofereceu a Roosevelt o assento mais próximo à lareira. Do lado direito de cada um, sentaram-se os respectivos ministros das Relações Exteriores: Molotov, Eden e Stettinius. Os demais delegados, agrupados por nacionalidade, ocuparam os assentos restantes em torno da mesa ou atrás de seus chefes. Harry Hopkins, embora adoentado para comparecer à primeira sessão, estaria presente nas demais, perto o bastante do presidente para poder lhe passar as notas que escrevia.

Durante toda a conferência, cada líder teria seu intérprete à sua esquerda para traduzir suas palavras, e a impressão era de que, como lembrou Bohlen, "o intérprete de quem estava falando tinha uma compreensão melhor do que seu chefe estava dizendo do que o intérprete do líder que estava ouvindo". A responsabilidade dos intérpretes foi gigantesca. Certa vez, Stalin disse para Eden: "Estamos completamente nas mãos deles". Para facilitar o trabalho dos intérpretes, cada orador devia falar apenas uma frase ou um curto parágrafo de cada vez, em um processo lento e penoso. Os voos oratórios de Churchill passaram a constituir um verdadeiro desafio. Birse lembrou as dificuldades com perguntas retóricas e floreadas como: "As famílias serão novamente reunidas? O combatente voltará para casa? As casas arrasadas serão reconstruídas? O trabalhador voltará a ver seu lar?". Mesmo assim, achou que era mais fácil do que traduzir para o indecifrável Stalin. Não haveria registro oficial algum das reuniões. Ao contrário, cada delegação cuidaria de suas próprias atas, apresentando um relato geral que, obviamente, salientava as declarações de seus próprios chefes e colocava diferentes ênfases e nuances, mas apenas ocasionalmente discordando. Tampouco haveria qualquer tipo de votação. Todas as decisões deveriam ser unânimes.

Como Harry Hopkins, outro membro da delegação norte-americana não compareceu à primeira reunião. Roosevelt informara James Byrnes, diretor da Agência de Mobilização para a Guerra, que, considerando que a principal discussão seria sobre assuntos militares e Stalin talvez falasse com mais liberdade com a presença de um mínimo de civis, ele não seria necessário até que a conversa tratasse de política. Aconselhado a estar pronto às seis da tarde, quando ele seria admitido no salão da conferência, na hora aprazada Byrnes estava à espera no lado de fora das portas duplas e lá ficou por 45 minutos, quando, perdendo a paciência, saiu em passadas enfurecidas e foi "dissipar a raiva contida" em cima de "Pa" Watson e outros, como escreveu em seu diário Anna Boettiger. Todavia, os assessores militares russos, norte-americanos e britânicos, em seus uniformes com galões dourados, sentados em torno de seus respectivos chefes, acompanharam toda a reunião.

Stalin convidou Roosevelt, como único chefe de Estado presente, a abrir a conferência, como fizera em Teerã. Roosevelt aceitou polidamente, percebendo que, dessa forma, Stalin o estava transformando em presidente da conferência. Ao longo de toda a conferência, o tom de Stalin para com o presidente foi muito mais respeitoso do que o do tratamento com Churchill. Harriman notou: "Sempre que Roosevelt falava, Stalin o fitava com certa reverência. Temia a influência de Roosevelt no mundo".

O silêncio imperava enquanto todos olhavam esperançosos para Roosevelt. Mestre em gestos dramáticos, ele permaneceu calado por alguns momentos, examinando as fisionomias dos que o cercavam. Em seguida, disse que ali, em Yalta, "podiam passar em revista toda a situação mundial", mas que o primeiro item a ser discutido deveria ser a mais recente situação militar e, em especial, o avanço soviético na frente oriental, tão notável que "não tinha certeza se a alegria do povo russo diante do avanço do Exército Vermelho na Alemanha seria maior do que a dos norte-americanos e britânicos".

Churchill então pediu a um dos oficiais que assessoravam Stalin para informar a última posição. Com a maioria dos principais chefes militares de Stalin, como Zhukov, empenhados na frente de combate, o subchefe do Estado-maior geral do Exército Vermelho, general Alexei Antonov, que chefiava a delegação militar soviética, forneceu informações sobre a ofensiva russa lançada em 12 de janeiro. Em dezoito dias, a despeito da pesada cerração que prejudicou o emprego de aviões e artilharia, as tropas soviéticas tinham avançado 480 quilômetros, destruído 45 divisões e feito 100 mil prisioneiros. Em contrapartida, os soviéticos tinham sofrido 300 mil baixas e avaliavam que o alto-comando alemão estava transferindo trinta a 35 divisões para a frente oriental. Para aliviar as pressões que sofriam, os russos queriam que as tropas norte-americanas e britânicas acelerassem seu avanço e lançassem ataques aéreos a fim de dificultar o movimento de tropas alemãs para leste. Embora isso não conste dos arquivos oficiais, Hugh Longhi, da missão militar britânica em Moscou, lembrou que, além dos bombardeios de entroncamentos ferroviários em Berlim e Leipzig, Antonov pediu, em particular, que a junção ferroviária em Dresden fosse bombardeada, porque "não queriam que viessem reforços alemães da frente ocidental, da Noruega e da Itália" para impedir o avanço russo. De acordo com Lunghi, os chefes britânicos e norte-americanos concordaram com tais ataques aéreos.

Como assinalou o marechal de campo Alan Brooke, a informação de Antonov não disse "muito mais do que norte-americanos e britânicos já sabiam". Em particular, nada souberam sobre a questão que Churchill tentara elucidar com Stalin: se as forças russas fariam uma parada no Oder para se reagrupar ou se prosseguiriam a todo vapor até Berlim. Na verdade, Stalin ainda não decidira. Na véspera da conferência, o marechal Zhukov pedira a Stalin uma definição urgente. Sua vanguarda cruzara o Oder gelado em 30 de janeiro e estabelecera uma cabeça de ponte, mas seus flancos estavam altamente expostos a contra-ataques. Zhukov pediu a Stalin reforços urgentes, mas as tropas que desejava estavam imobilizadas na Prússia Oriental diante da feroz resistência alemã. As tropas soviéticas tinham acabado de tomar Lansberg, mas as forças alemãs tinham lançado pesado contra-ataque e, naquele momento, cercavam a cidade. A situação era tão desesperadora que até enfermeiras soviéticas estavam lutando na linha de frente.

Em seguida, o general Marshall descreveu a situação na frente ocidental. Marshall, com seus 64 anos, foi o primeiro norte-americano a ter o posto de general de cinco estrelas do Exército e acompanhara a mais ampla expansão e modernização militar da história do país. Quis comandar os desembarques do Dia D, mas Roosevelt escolhera Eisenhower, dizendo a Marshall: "Acho que não dormiria tranquilo sem você em Washington".

Marshall informou que aviões de caça e bombardeiros leves norte-americanos e britânicos "tinham destruído boa parte do sistema de transportes alemão", assim como depósitos de combustível. Acrescentou que a abertura do porto de Antuérpia tinha facilitado o recebimento de suprimentos, embora as tropas alemãs ainda estivessem bombardeando o porto com "bombas robôs e foguetes" (v2). Também resumiu as operações planejadas por britânicos e norte-americanos para as semanas seguintes e, em particular, o avanço dos Aliados através do Reno. Tinham sido identificados três ou quatro pontos adequados para a transposição do rio, e as tropas o cruzariam tão logo lá chegassem. Entretanto, até 1º de março o gelo que se deslocava ao sabor da rápida corrente tornaria perigosas as tentativas de travessia. Também alertou que os alemães estavam na iminência de "iniciar uma guerra submarina em larga escala" empregando seus novos submarinos com *schnorkels* (respiradouros).

Stalin, fumando cigarros russos e rabiscando em um pedaço de papel — gostava de desenhar lobos com lápis vermelho no verso da folha —, quis saber de Marshall o número de divisões e tanques norte-americanos e britânicos, salientando que nos mais recentes combates os russos tinham empregado 9 mil tanques. Segundo Stettinius: "Ele falou com palavras enérgicas e em determinado ponto se levantou da cadeira e enfatizou suas opiniões com gestos dramáticos". Churchill, em uniforme de coronel e olhando por cima do aro de tartaruga de seus óculos, assegurou que os britânicos e norte-americanos superavam amplamente as forças alemãs tanto no ar quanto em blindados, mas não em infantaria. Stalin apenas perguntou o que mais os Aliados desejavam que ele fizesse, ao que Churchill respondeu que tudo o que pediam era "que os russos continuassem a fazer o que vinham fazendo". Ficou particularmente satisfeito ao saber que as tropas russas se aproximavam de Danzig, onde estava concentrado cerca de um terço dos novos e perigosos submarinos alemães que dispunham de *schnorkel*. Também propôs que no dia seguinte os três líderes discutissem "o futuro da Alemanha, se ela tivesse algum".

A primeira sessão plenária — repleta de cortesia e tapinhas nas costas — terminou pouco antes das vinte horas, ficando acertado que os Estados-maiores soviético, norte-americano e britânico em Yalta se reuniriam no dia seguinte para debater a melhor forma de coordenar as frentes ocidental e oriental, enquanto os ministros do Exterior fariam sua própria reunião. Esse foi o padrão adotado pela conferência. Roosevelt, Churchill e Stalin, que se reuniriam diariamente, em geral, às dezesseis horas, e discutiriam seus assuntos até o início da noite, em seguida encaminhariam os tópicos a serem debatidos por seus chefes de Estado-maior e ministros do Exterior para que os discutissem e apresentassem suas opiniões na sessão plenária da tarde seguinte.

Essa prática foi uma forma útil de acalmar as tensões. Quando as discussões entre os líderes ficavam delicadas e até cáusticas, rapidamente transferiam os problemas para seus assessores militares e políticos, que passavam longas horas em busca de uma solução que satisfizesse a todos. Os ministros do Exterior em particular — com a ajuda de Averell Harriman e sir Archibald Clark Kerr, embaixadores norte-americano e britânico em Moscou, e de Andrei Gromyko e Fedor Gusev, embaixadores soviéticos em Washington e Londres — seriam os motores da conferência. Todas as tardes seus relatórios eram o primeiro item da agenda dos três líderes.

Quando os delegados deixaram o salão de baile, a preocupação dos dois guardas da NKVD que acompanhavam Stalin divertiu Stettinius ao perceberem que "perderam de vista o dirigente russo quando ele foi ao banheiro. Houve grande correria e enorme agitação nos corredores, até Stalin reaparecer".

A aparência e o comportamento de Stalin surpreenderam os membros das delegações norte-americana e britânica que, como Kuter, ainda não o conheciam. "Era conhecido por não ser homem de grande estatura, mas causou surpresa ver o quanto era pequeno." Contudo:

> Era tão bem proporcionado que normalmente as fotografias que o mostravam com sua abundante cabeleira deixavam a impressão de alguém fisicamente muito maior [...]. Até certo ponto também surpreendia ouvi-lo falando em tom bastante moderado, com uma voz que, além de não ser muito forte, não tinha conotações vigorosas e certamente não denunciava a origem de seu poder e controle. Por outro lado, falava com simplicidade e indiscutível objetividade.

Naquela noite, Roosevelt ofereceu o primeiro dos três jantares oficiais dos líderes durante a conferência. James Byrnes, ainda aborrecido por ter sido excluído da sessão plenária, inicialmente se recusou a comparecer. Alertada pelo doutor Bruenn de que ele "estava tendo um ataque de nervos", Anna Boettiger deixou de lado a tarefa de checar os nomes nos cartões à frente dos assentos à mesa do jantar e correu para o quarto de Byrnes. Como assinalou em seu diário: "Dizer que era um ataque de nervos era pouco! Seus olhos cuspiam fogo enquanto Byrnes esbravejava 'Em casa, eu podia tratar com os militares e de fato fazia isso, mas aqui não sou considerado realmente importante'". Averell Harriman chegou quando Byrnes reclamava que "nunca tinha sido tão insultado em toda a vida e que exigiria um avião para voltar para casa".

Naquele momento, totalmente exasperada, Anna acabou respondendo: "Ok, quem se importa se você vai ou não ao jantar?". Não obstante, Harriman tentou argumentar com Byrnes e, quando suas palavras não funcionaram, disse com firmeza: "Se você voltar para casa, será um homem fracassado. O povo norte-americano vai vê-lo como o homem que se comportou de forma equivocada". Anna finalmente lembrou que, com treze pessoas à mesa do jantar, "Roosevelt, tão supersticioso, sofreria dez ataques!". Mais calmo, para não dizer arrependido, Byrnes acabou comparecendo ao jantar, como previsto. Harriman considerou seu comportamento "um caso extremo de febre da conferência [...], todos querendo participar de cada reunião porque isso os fazia se sentirem importantes".

Robert Hopkins fotografou os convidados em torno da mesa de jantar. No instante em que a foto foi tirada, uma cadeira na ponta da mesa estava vazia porque Arthur Birse, intérprete de Churchill, ainda não havia chegado. Hopkins soube que mais tarde a revista francesa *Paris Match* publicou a foto em página inteira com a legenda: "A cadeira vazia era a do general De Gaulle refletindo o desagrado francês por sua exclusão das deliberações de Yalta".

A equipe do cozinheiro filipino de Roosevelt tinha preparado uma combinação russo-americana de caviar, esturjão, salada de frango, torta de carne e galinha frita ao estilo sulista, e as bebidas foram champanhe e vodca da Rússia. Em seguida, houve uma série de brindes compartilhados por todos, com exceção de um homem do serviço secreto que estava entre os convidados russos, bebendo apenas água e limonada e que nada falava, "mas tudo ouvia". Stettinius notou que Stalin bebia sua vodca quando percebia que ninguém estava olhando e, ao contrário do que fizera na sessão da conferência, fumava cigarros norte-americanos "que, aliás, parecia preferir". Stalin aprendera algumas expressões em inglês, que significavam: "O que diabos está acontecendo por aqui?" e "Concordo", aprendidas nos filmes norte-americanos que apreciava e que agora utilizava para impressionar os visitantes.

No fim do jantar, em um arroubo de delicadeza, Roosevelt disse a Stalin, como já fizera em Teerã, que ele e Churchill se referiam a ele como Tio Joe (Uncle Joe), como forma de manifestar apreço. Todavia, dessa vez

Stalin pareceu ter ficado ofendido e levou Roosevelt a rapidamente pedir mais champanhe e Byrnes a dizer em tom apaziguador para Stalin: "Afinal, o senhor não se incomoda quando falam em Tio Sam, então, por que Tio Joe seria tão ruim?". Se Stalin ficou ou não realmente ofendido — ou segundo argumentou Molotov "apenas provocando" —, o fato é que o clima tinha mudado. Quando a conversa se voltou para a melhor forma de preservar a paz quando esta chegasse, Stalin insistiu que apenas os que tinham aguentado os rigores dos combates deveriam deliberar sobre a paz. Seria absurdo conceder a mesma prerrogativa a um país minúsculo como a Albânia. Roosevelt comentou que o problema do tratamento dos países de menor expressão era realmente complexo. "Temos, por exemplo, muitos poloneses nos Estados Unidos que estão absolutamente interessados no futuro da Polônia." "Mas dos seus sete milhões de poloneses, apenas sete mil votam", retrucou Stalin.

Apesar de em Moscou ter concordado com Stalin na questão das esferas de influência, e invocando *Tito Andrônico*, de Shakespeare, Churchill insistiu que as grandes potências tinham a responsabilidade moral de respeitar os direitos das nações menores: "A águia deve permitir que pequenos pássaros cantem, sem se importar com o que cantam". Talvez percebendo que tinha ido longe demais, Churchill propôs um brinde "às massas proletárias do mundo". A conversa em torno da mesa derivou para como se livrar dos líderes que não mais apoiavam. O primeiro-ministro salientou — como afirmaria várias vezes durante a conferência — que, embora fosse constantemente "massacrado" por ser considerado reacionário, era o único dos três presentes que poderia ser afastado do cargo a qualquer momento. Quando Stalin insinuou que Churchill temia eleições, o britânico respondeu que: "Longe de temê-las, orgulhava-se do direito do povo britânico de trocar o governo sempre que julgasse conveniente".

Falando sobre o direito do povo norte-americano de expressar livremente suas opiniões, Charles Bohlen ficou chocado com Andrei Vyshinsky, vice-comissário do Povo para Assuntos Exteriores, que disparou o comentário: "O povo norte-americano deve aprender a obedecer a seus líderes e a não questionar o que lhe mandam fazer". Bohlen replicou que "gostaria que fosse aos Estados Unidos e dissesse isso ao povo americano". Vyshinsky tinha sido chefe da Promotoria nos implacáveis expurgos ordenados por Stalin no fim da década de 1930, algo que Bohlen não conseguiu esquecer: "Sempre que fitava seus olhos pálidos, eu via o terrível espetáculo dos promotores intimidando os defensores". Vychinsky era muito sensível a respeito desse assunto e em outra ocasião dissera para Arthur Birse: "Sei que o pessoal lá fora está dizendo que eu fui responsável pela morte e pelo exílio de muita gente inocente. Mas você percebe que salvei milhares de vidas que poderiam ser destruídas pela conspiração para solapar a segurança de nosso Estado?". Por acaso, Hugh Lunghi ouviu Stalin comentar sobre Vyshinsky em Yalta: "Não confio em Vyshinsky, mas com ele tudo é possível. Ele ataca quem eu mandar". Lunghi comentou, talvez sem causar surpresa, que Vyshinsky agia "como um cão de caça acuado" diante de Stalin.

Naquela noite, Anthony Eden, desanimado, escreveu em seu diário:

> Jantar com os norte-americanos, evento terrível [...] presidente ambíguo, indefinido e ineficaz. Winston, vendo que o negócio estava escapando do controle, fez esforços desesperados e discursos muito longos para ver se conseguia manter as coisas em seus devidos lugares. A atitude de Stalin em relação às pequenas nações me chocou, pois é terrível, para não dizer sinistra.

Não mencionou que, ao fim da noite, ele próprio tinha discutido com Churchill. Bohlen, que acidentalmente ouvira a conversa, descreveu como Churchill, voltando à posição que adotara em Moscou, disse que "ele preferia concordar com o marechal Stalin e que as nações pequenas deviam ser protegidas, mas não teriam voz em assuntos de maior importância". Eden respondera que discordava e "estava disposto a levar a questão à votação na Câmara dos Comuns a qualquer momento".

Enquanto isso, em outro lugar e no mesmo dia, 4 de fevereiro de 1945, perto de Brandscheid, no sudoeste da Alemanha, tropas norte-americanas rompiam as defesas da Linha Siegfried, também conhecida como Muro

Ocidental, obstáculo que devia defender a Alemanha de ataques vindos do oeste. Construída entre 1938 e 1940, estendia-se por quase 650 quilômetros, da fronteira alemã com a Holanda até o limite com a Suíça, e consistia em mais de 18 mil casamatas, armadilhas contra tanques e túneis. No mês de agosto anterior, Hitler dera ordens para que fosse reforçada, e 20 mil trabalhadores escravizados, ajudados por civis alemães, tinham sido empregados nessa tarefa.*

Nesse mesmo dia, o general Karl Wolff, comandante das ss na Itália, estava em Berlim para discutir um plano secreto — codinome "Wool" — inicialmente elaborado por membros das ss em novembro de 1944. Seu objetivo era entrar em contato com os embaixadores norte-americano e britânico na Suíça para sondar a posição de seus países a propósito de uma paz em separado com a Alemanha em termos mais favoráveis, que não incluíssem a rendição incondicional que os Aliados exigiam publicamente. O plano repousava na convicção de que as ligações entre a União Soviética comunista e o Ocidente capitalista contrariavam a lógica e não poderiam durar. Assim, esperavam que, mesmo que fracassasse, essa tentativa de aproximação poderia dividir os Aliados e alimentar as desconfianças entre eles.

Entrementes, Hitler, ciente de que estava em curso a Conferência dos Três Grandes, passou a criticar severamente seus inimigos. Atacou Churchill em particular por não ter concordado em negociar um acordo de paz com a Alemanha em 1941, "depois que vitórias britânicas no norte da África recuperaram seu prestígio", além de negar à Alemanha liberdade de ação na Europa e se submeter à vontade de Stalin e Roosevelt:

> O novo e crucial fator é a existência desses dois gigantes, os Estados Unidos e a Rússia. A Grã-Bretanha de Pitt (nas Guerras Napoleônicas) assegurou o equilíbrio do poder mundial [...]. Se o destino tivesse concedido a uma ultrapassada e enfraquecida Grã-Bretanha um novo Pitt, em vez desse beberrão meio-americano a serviço dos judeus, o novo Pitt reconheceria de uma vez que a tradicional política britânica de

---

* A Linha Siegfried original era uma linha de fortificações e obstáculos contra tanques construída no norte da França pelo Exército da Alemanha Imperial no período 1916-1917.

equilíbrio de poder agora teria que ser aplicada em diferente escala, dessa vez mundial. Em vez de criar e manter rivalidades europeias e alimentá-las com mais combustível, a Grã-Bretanha devia se esforçar ao máximo para incentivar e promover a unificação da Europa.

7
"A cada um o que merece"

A SEGUNDA-FEIRA, 5 DE FEVEREIRO, segundo dia da conferência, amanheceu encoberta e agradável: "O sol radiante desapareceu". Às 7h30, um mensageiro da Casa Branca chegou ao palácio de Livadia, completando o primeiro teste do complexo mecanismo para garantir que Roosevelt pudesse continuar administrando o que acontecia no país enquanto estivesse em Yalta. O mensageiro partira de Washington em 31 de janeiro, voara inicialmente para o Cairo e prosseguira para Saki. A viagem tinha durado cinco dias, mas durante a conferência, o tempo médio foi reduzido para quatro.

Preocupada com a saúde do pai, Anna Boettiger o observava cuidadosamente e tentava evitar que pessoas "desnecessárias" o incomodassem. Como observou corretamente Frances Perkins: "Anna tinha ido para Yalta como uma espécie de secretária com poderes para reduzir o número e a extensão de conversas capazes de cansar o pai". Algumas pessoas achavam que Anna estava um tanto poderosa demais. Robert Meiklejohn, assistente de Harriman, a considerava "uma extraordinária mulher, muito parecida com sua peripatética mãe", que sabia se valer do "peso do cargo de Roosevelt e exercia seu poder onde bem entendesse". "Pa" Watson, entretanto, sabia que Anna era uma das poucas pessoas que podiam "lidar" com Roosevelt. "Ela pode lhe dizer: 'Você não deve estar com essa pessoa [...]. Você não pode conversar com eles. Isso o deixaria exausto'."

Anna Boettiger simplesmente sabia muito bem o quanto seu pai estava fragilizado e o quanto Howard Bruenn e Ross McIntire estavam preocupados com o "velho problema cardíaco". Escreveu para seu marido:

> Descobri por intermédio do Bruenn (que não quer que eu diga a Ross que sei) que o problema do coração é muito mais grave do que eu imaginava. E a maior dificuldade para administrar a situação aqui é que, claro, não posso contar para ninguém [...]. É realmente muito preocupante e não há nada que se possa fazer.

E acrescentou: "É melhor recortar e destruir este parágrafo", conselho que seu marido não acatou. Anna também estava aborrecida, pois sua mãe ainda não tinha escrito para seu pai. "É uma situação muito triste, querido, porque as únicas vezes em que ele a mencionou para mim durante esta viagem foi quando se queixou das atitudes dela em relação a coisas que ele fez e a pessoas de quem ele gosta."

Por outro lado, Clementine Churchill pedira a Sarah para "mandar todos os dias algumas linhas dando notícias de papai" e durante toda a conferência Churchill encontrou tempo para escrever às pressas mensagens afetuosas para "sra. Kent", codinome de Clementine. Nesse dia, no palácio Vorontsov, Churchill acordou tarde, como faria durante toda a conferência. Sua filha escreveu para a mãe dizendo que os hábitos do pai "criam certo problema [...], não sobra tempo para o café da manhã e o almoço [...] seu desjejum consiste apenas em um suco de laranja às 11h30 — e nada mais até as 21 horas!". O suco e o desjejum eram servidos a Churchill sentado na larga cama de casal em que dormia e trabalhava. Sempre ansioso pelas notícias mais recentes, naquela manhã estava esperando a mala diplomática britânica que durante a conferência foi levada diariamente para Saki por um avião Mosquito e, em seguida, para Yalta, por via terrestre. Durante toda a conferência chegaria por volta de meia-noite, mas em 5 de fevereiro estava atrasada e só chegou no meio da manhã. Em coerência com o codinome Argonauta atribuído à conferência, as mensagens que chegavam para Churchill recebiam o codinome "Fleece" (Velocino) e as que eram expedidas, "Jason" (Jasão). Para o caso de os soviéticos as interceptarem, enquanto Churchill esteve em Yalta foi tomado o cuidado de não incluir mensagens dos nazistas decodificadas pelo ultrassecreto sistema conhecido como ULTRA.

Entre os documentos recebidos naquela manhã, havia um telegrama que, a despeito dos árduos esforços de Churchill para evitar que se revoltassem, os comunistas gregos estavam fazendo novas exigências. Em outubro de 1944, tropas britânicas tinham desembarcado na Grécia quando as forças alemãs abandonaram apressadamente o país, acossadas por combatentes da resistência local, muitos deles com sólidas ligações com o Partido Comunista. Convicto de que a Grã-Bretanha devia dominar o Mediterrâneo Oriental a fim de proteger seus interesses no Oriente Médio, o canal de Suez e a Índia, no mesmo mês, quando estava em Moscou, Churchill argumentara com firmeza com Stalin: "A Grã-Bretanha deve ser a potência preponderante no Mediterrâneo" e esperava que o marechal Stalin o deixasse ter a primeira palavra no que se relacionasse com a Grécia. Stalin concordou:

> A Grã-Bretanha teve muito a perder em consequência do domínio das rotas marítimas no Mediterrâneo pelos alemães [...]; se não for garantida a segurança dessas rotas, a Grã-Bretanha sofrerá uma grave perda. A Grécia é um ponto importante para o estabelecimento dessa segurança [...]; a Inglaterra deve ter direito a ser uma voz dominante na Grécia.

Aceitou os termos do "ardiloso documento" de Churchill propondo que os britânicos ficassem com 90% da influência estrangeira naquele país.

Entretanto, nas primeiras semanas após o desembarque britânico, cresceram as tensões entre a Frente Nacional de Libertação da Grécia (EAM, na sigla em grego) e sua ala militar, o Exército de Libertação do Povo Grego (ELAS, na sigla em grego). Foi uma consequência do apoio britânico, com aprovação de Churchill, ao retorno do rei grego e à inclusão de outros elementos direitistas, inclusive alguns supostamente colaboradores, na coalizão governamental. Essa coalizão, chefiada por Georgios Papandreou, foi organizada às pressas e dela participava a EAM, mas em situação desconfortável. Cada lado temia que um golpe partisse da facção oposta. O embaixador norte-americano reclamou do tratamento dispensado pelos britânicos a "esta nação fanaticamente defensora da liberdade [...] como se fosse composta por nativos submetidos ao rajá britânico". Ele também temia problemas.

A crise irrompeu no começo de dezembro, quando membros da EAM deixaram o governo. A polícia grega atirou em manifestantes que protestavam nas ruas. Partidários da EAM retaliaram de imediato, montando barricadas e invadindo órgãos do governo e delegacias policiais. As lutas se intensificaram, e Churchill enviou reforços, dando ordens às tropas britânicas para agir "sem hesitação, como se estivesse em uma cidade conquistada onde está em curso uma rebelião local [...]. Temos que manter e dominar Atenas. Será muito bom se conseguir fazer isso, se for possível, sem derramamento de sangue, mas também com derramamento de sangue, se for preciso". As tropas britânicas atacaram empregando artilharia e aviões, causando consideráveis baixas.

Nos Estados Unidos, houve protestos quando vazou a ordem ultrassecreta de Churchill. A mídia acusou a Grã-Bretanha de "atribuir uma repugnante conotação ao sentido da palavra libertação" e disse que o assunto se resume em saber "se na Europa os Aliados estavam a fim de ser reis ou republicanos vencedores, segundo os princípios da Carta do Atlântico". No Reino Unido, Churchill conseguiu superar uma moção de desconfiança na Câmara dos Comuns e resolveu ir a Atenas. No dia de Natal de 1944, tiros foram disparados enquanto ele entrava na embaixada britânica e uma mulher foi atingida na rua em frente. O mesmo aconteceu com outras pessoas em diferentes locais da cidade durante sua visita.

Foi a última vez na vida que Churchill foi alvo de tiros. Em reunião com todas as facções envolvidas, apertou a mão de todos e foi acertada uma paz temporária. Todavia, essa paz pouco durou e a luta recomeçou, e no fim de janeiro de 1945 elementos da extrema-direita venceram o conflito e tentaram uma sangrenta vingança contra seus adversários. Muitos membros do ELAS e seus partidários, porém, sobreviveram e retomaram as hostilidades em 1946. Foi a única ocasião durante a Segunda Guerra Mundial em que tropas ocidentais lutaram para impedir uma revolta comunista em um país europeu e atiraram em oponentes que sabidamente tinham combatido na resistência contra os nazistas. Cumprindo o compromisso assumido em Moscou, Stalin não interveio. Entretanto, uma das preocupações de Churchill ao longo das negociações em Yalta foi a possibilidade de Stalin mudar de posição, o que agravaria a tensa situação na Grécia.

Cuidar de Churchill enquanto ele esmiuçava seus documentos, muitas vezes espalhando-os pelo chão, era uma tarefa delicada para seu mordomo Frank Sawyers. "Todas as manhãs, o primeiro-ministro perde coisas", escreveu Moran, descrevendo suas constantes indagações ao mordomo — "Sawyers, Sawyers, onde estão meus óculos?" — e demandas sobre o paradeiro de sua garrafa com água quente, ao que o mordomo respondia: "Está sentado nela, sir". O humor de Churchill não melhorou quando soube que Stalin mandara "um coronel russo perfumado demais" corrigir as imperfeições nos mapas que mantinha em sua sala, identificadas por Stalin no dia anterior. Marian Holmes e outras secretárias de Churchill, Jo Sturdee e Elizabeth Layton, trabalhavam em uma sala ao lado, separada de seu quarto de dormir por "uma porta corrediça [...], barulhenta e difícil de abrir e fechar". Holmes lembrava que, depois de encher sua caneta-tinteiro naquela manhã: "Voltei, abri a porta um pouquinho e me esgueirei para dentro do dormitório. O primeiro-ministro explodiu em risadas e disse que eu parecia uma lagartixa".

Outros integrantes da delegação britânica continuavam adaptando-se às novas circunstâncias. As condições nos dois antigos sanatórios onde estavam instalados os menos graduados eram austeras. "Ninguém parecia se importar", comentou Churchill desatenta e talvez equivocadamente. A oficial da WREN Maureen Stuart-Clark recordou que o pessoal "andava muito impaciente". Ela estava achando as coisas "um tanto fúteis e irrealistas, principalmente os bandos de mulheres intérpretes vindas de Moscou [...] que falavam excelente inglês, embora nunca tivessem saído do país". Também se sentia um tanto constrangida com o esmero dos russos para atender seus convidados. A Rússia é um "país difícil, sem escrúpulos [...], e mesmo assim os russos estão dando o mais belo espetáculo", que inclui:

> Arrumadeiras com toucas, aventais e sapatos de salto alto que nunca usaram antes e que, por isso mesmo, caminhavam sem firmeza com passos desajeitados e risíveis; intérpretes com roupas e meias novas, para não se sentirem inferiores a nós; vodca, champanhe, salmão defumado etc., enquanto o único alimento que certamente recebem é pão preto

[...] e a única coisa que lhes permitem pensar é: "Estamos cumprindo nossas tarefas o melhor que podemos e tomara que gostem".

Entretanto, os anfitriões nada fizeram a respeito da água, que "era imprópria para beber, e os únicos líquidos que se podia usar eram vodca, champanhe etc. [...] passávamos todo o tempo atordoados ou morrendo de sede".

As instalações sanitárias eram as mais estranhas de todas:

> Onde estávamos instalados havia um banheiro e três chuveiros, tudo junto em uma pequena cabana no jardim. Havia uma graciosa camponesa para nos atender, que esfregava vigorosamente nossas costas, fosse homem ou mulher. Na verdade, inicialmente houve certa dificuldade porque era hábito tomarem banho juntos e nus, e não conseguiam entender nossa relutância em tomarmos banho com majores-generais e almirantes ao mesmo tempo.

A cena de "figurões seminus esperando a vez para tomar banho" divertia Gladys Adams, uma estenógrafa alojada em uma cabana nos jardins do sanatório. Todavia, como as outras mulheres britânicas, ela ficou muito satisfeita quando os soviéticos providenciaram cabeleireiras e manicures, facilidade que não houve no Livadia, onde Kathleen Harriman e Anna Boettiger eram as únicas mulheres da delegação norte-americana.

Como Churchill previra, os percevejos incomodavam a todos, onde quer que estivessem alojados. Inicialmente, ele confiara "em um suprimento compatível de uísque [...] bom para tifo e mortal para piolhos que surgissem naquelas partes", mas, apesar disso, seus pés foram severamente picados. Sergo Beria e sua equipe de escuta, ao ouvirem, se divertiram com suas indignadas reclamações. Quando Moran esteve no sanatório para ver como estavam os hóspedes, ficou horrorizado com "as mais primitivas condições nos dormitórios, as coisas espalhadas pelo chão, insetos por toda parte".

Imediatamente, Moran telefonou para a delegação norte-americana no Livadia a fim de pedir ajuda. Apesar das precauções tomadas, eles também enfrentavam problemas. Robert, filho de Harry Hopkins, arranjara um quartinho só para ele no sótão e acabou descobrindo que precisava compartilhá-lo com "uma horda de percevejos russos que saíam aos borbotões do papel de parede rasgado". Apesar dos problemas que também enfrentavam, os norte-americanos ajudaram Moran enviando "alguns integrantes de sua equipe sanitária, que começaram a aplicar DDT em todas as camas". "Quanto a mim, ainda não abri minha mala e não pretendo abri-la", escreveu Moran.

Às dez horas da manhã, os chefes de Estado-maior britânico e norte-americano se reuniram e se prepararam para o encontro que teriam no fim da manhã com seus correspondentes russos. Um importante item discutido foi a participação soviética na guerra contra o Japão. Os planejadores norte-americanos estimavam que levaria, pelo menos, dezoito meses após a rendição da Alemanha para que tropas fanáticas como as japonesas fossem derrotadas e, portanto, os chefes de Estado-maior consideravam essencial a ajuda soviética. Douglas MacArthur dissera a Roosevelt: "Não penso em invadir qualquer ilha japonesa sem que as forças do Japão empregadas na Manchúria sejam imobilizadas pelos russos". Em 23 de janeiro — dia em que Roosevelt embarcara no *Quincy* —, os chefes militares lhe enviaram um memorando ultrassecreto reiterando que a entrada o mais cedo possível da Rússia na guerra do Pacífico era "necessária a fim de proporcionar a máxima ajuda a nossas operações no Pacífico". Preponderava na mente deles a necessidade de poupar a vida de jovens norte-americanos. Esses chefes estimavam que as baixas norte-americanas poderiam se reduzir a 200 mil se a União Soviética entrasse no conflito antes que realizassem ataques anfíbios nas ilhas japonesas.

Em Teerã, Stalin anunciara, de acordo com o que disse Andrei Gromyko, que "depois que a Alemanha de Hitler for destruída, a União Soviética prestará o necessário apoio aos Aliados na guerra contra o Japão". Contudo, ainda não tinham chegado a um acordo sobre o que esse apoio significaria na prática e o preço que Stalin cobraria para prestá-lo.

Os chefes norte-americanos propuseram uma abordagem dupla com os russos em Yalta. Eles próprios se ligariam com o chefe do Estado-maior russo em busca de uma reunião bilateral para discutir planejamento e assuntos logísticos relacionados com a entrada dos soviéticos na guerra do

Pacífico, enquanto o presidente escreveria para Stalin à procura de respostas para questões militares específicas, tais como se os russos permitiriam aos Estados Unidos utilizar bases aéreas no leste da Sibéria. Os britânicos apoiaram essas sugestões, e os documentos apresentando as propostas aos russos foram despachados naquele mesmo dia.

Ao meio-dia, os chefes militares soviéticos, norte-americanos e britânicos se reuniram no palácio de Yusupov para sua primeira reunião tripartite, evento que Stalin, sem necessariamente acreditar no que dizia, considerou um sinal de confiança mútua entre os Aliados. Os britânicos foram os primeiros a chegar e, "depois de serem cuidadosamente examinados pelas sentinelas", foram finalmente autorizados a entrar. Os norte-americanos "tinham se perdido" e chegaram meia hora atrasados. Os britânicos aproveitaram a ausência e o marechal de campo Alan Brooke conseguiu ter uma conversa privada com seu correspondente Antonov, enquanto Portal e Cunnigham quebravam o gelo e faziam amizade com seus equivalentes russos. Tão logo chegaram com suas equipes, Marshall e os almirantes Leahy e King trocaram ideias com os russos. O almirante Kuznetsov, comissário soviético do Povo na Marinha, deixou Leahy particularmente impressionado. O norte-americano o descreveu como "um sujeito grandalhão, em um uniforme de almirante muito bem talhado", que falava francês fluente e parecia "muito bem informado". Não obstante, Leahy duvidava de que fosse um bom comandante de Marinha e observou com certa condescendência: "Os russos nunca foram bons marinheiros".

Convidado por Antonov para iniciar os trabalhos, de imediato Brooke levantou a questão da coordenação das ofensivas soviética e anglo-americana nos meses futuros. Pediu que o Exército soviético exercesse a máxima pressão sobre as forças alemãs durante março e abril, enquanto as tropas norte-americanas e britânicas transpunham o Reno. Antonov disse que os soviéticos prosseguiriam com a ofensiva "desde que as condições atmosféricas permitissem" e, por sua vez, insistiu para que norte-americanos e britânicos se empenhassem para impedir que o Exército alemão transferisse tropas para a frente oriental, sobretudo as que estavam na Itália. Brooke respondeu que algumas divisões norte-americanas estavam sendo deslocadas da Itália para a frente ocidental, uma vez que, com os golpes vitais desencadeados pelas forças soviéticas no leste, o setor correto para a aplicação do golpe mortal a oeste era o noroeste da Europa. Não obstante, prometeu que as tropas britânicas e norte-americanas que continuassem na Itália fariam todo o possível para impedir que os alemães retirassem forças daquela frente.

Marshall procurou assegurar a um obviamente desconfortável Antonov a ampla superioridade aérea anglo-americana e mencionou um relatório sobre operações aéreas que recebera recentemente. Em 2 de fevereiro, a RAF realizara 2.400 surtidas, atacando estradas e ferrovias em Koblenz e no leste da Alsácia. Na mesma noite, mil aviões da Força Aérea dos Estados Unidos atacaram Wiesbaden e Karlsruhe. Em 3 de fevereiro, aviões de bombardeio dos Aliados atacaram parques ferroviários em Marienberg e mil outros aviões bombardearam Berlim. Um ataque semelhante estava planejado para Leipzig, logo à retaguarda das linhas alemãs na frente oriental, um importante centro de comunicações e de suprimentos para esse setor. Portal lembrou Antonov que a Grã-Bretanha e os Estados Unidos contavam com 14 mil aviões nas frentes ocidental e italiana e informou sobre os planos para bombardeios estratégicos sobre as linhas de suprimento de combustível do inimigo — "a melhor contribuição que as Forças Aéreas podem proporcionar, tanto para a ofensiva terrestre quanto para a aérea" — e também sobre as fábricas alemãs de aviões a jato de combate. Continuariam atacando as comunicações ferroviárias do inimigo e, uma vez iniciada a ofensiva terrestre anglo-americana, "empregariam todos os meios aéreos a fim de contribuir para o sucesso da ofensiva". De acordo com o intérprete Hugh Lunghi, Antonov fez questão de destacar: "Queremos que o entroncamento ferroviário em Dresden seja bombardeado", com o que britânicos e norte-americanos concordaram.

Apesar dos esforços de Brooke, as negociações para o aperfeiçoamento das ligações entre comandantes russos, norte-americanos e britânicos não progrediram. Com a brecha entre as frentes ocidental e oriental estreitando-se a cada dia, britânicos e norte-americanos queriam estabelecer linhas diretas de comunicação entre comandantes das forças terrestres. Entretanto, Antonov insistiu que "não era necessário haver coordenação entre forças terrestres dos Aliados e russas no plano tático" e que a prioridade era a coordenação em nível estratégico entre as respectivas Forças Aéreas e com todas as comunicações passando pelo Estado-maior geral soviético em Moscou.

Quando norte-americanos e britânicos insistiram para que houvesse alguma forma de ligação dia a dia que permitisse o máximo proveito das oportunidades "para atacar os alemães pelo ar", Antonov e seus companheiros mais uma vez resistiram. Como todos sabiam, o próprio Stalin tomava as decisões militares mais importantes em Moscou e não queria que os comandantes que conduziam as operações tratassem diretamente com seus correspondentes norte-americanos e britânicos.

Após três horas de negociações que realmente não satisfizeram ninguém, a reunião chegou ao fim. À tarde, Brooke, ornitólogo apaixonado, relaxou um pouco observando aves e identificando "corvos-marinhos, muitas gaivotas e patos mergulhando". Mais tarde, porém, vendo os desafios que precisavam ser enfrentados na guerra, escreveu em seu diário: "Meu Deus, como estou farto de tudo isso!".

Enquanto os chefes militares discutiam no palácio de Yusupov, Molotov era o anfitrião de um almoço de confraternização com os ministros do Exterior. Com a conferência mal iniciada, eles ainda não tinham assumido as tarefas mais árduas da conferência, como trabalhar em prazos apertados para responder às questões encaminhadas a eles nas sessões plenárias. Portanto, o ambiente estava bastante descontraído. Molotov abriu o almoço com "um brinde aos líderes dos três países". Quando Averell Harriman anunciou a "sensacional notícia" de que MacArthur tinha entrado naquele dia em Manila, imediatamente Molotov propôs um novo brinde. Houve mais dezesseis.

Quando Eden perguntou sobre os assuntos que os soviéticos gostariam de abordar na sessão plenária daquele dia, Molotov cortesmente respondeu: "Qualquer um que o Reino Unido e os Estados Unidos desejarem". Acrescentou que os russos queriam discutir as reparações a serem pagas pelos alemães e voltou ao assunto que abordara anteriormente com Harriman em janeiro: a União Soviética queria que os Estados Unidos concedessem empréstimos de longo prazo de 6 bilhões de dólares a juros de 2%, com o pagamento começando em quinze anos e com trinta anos para saldá-los. Bohlen achou engraçada a afirmativa russa de que "os fundos serão empregados para comprar bens industriais nos Estados Unidos" e a insinuação de que se tratava "menos de um pedido de ajuda norte-americana para a União Soviética se reconstruir após a guerra e mais um oferecimento de ajuda soviética para que os Estados Unidos resolvessem seu problema de desemprego".[*]

O almoço se prolongou até as 15h30, quando o grupo embarcou em suas limusines e partiu para o Livadia. Cadogan resmungou: "É muito chato ver as diversas delegações tão longe umas das outras".

A sessão plenária daquele dia começou às 16h15. Os fotógrafos registraram a chegada de Churchill ao palácio de Livadia vinte minutos antes da hora, com um grande gorro de pele e o capote cobrindo o uniforme do Exército com uma fila dupla de condecorações. Um filme soviético relatou: "Primeiro entrou o longo charuto e em seguida Winston Churchill, acompanhado por seu assistente e sua filha, Sarah". Stalin já estava lá, acenando para os fotógrafos alinhados no saguão de entrada, Robert Hopkins entre eles. Roosevelt ainda estava em seus aposentos, trocando ideias com Harry Hopkins, que conseguira levantar da cama depois de um tempo doente. Então, as portas do quarto de Roosevelt se abriram e um acompanhante conduziu a cadeira de rodas do presidente até o saguão. Os três líderes trocaram apertos de mãos e se dirigiram para o salão de baile.

Com ar cansado e sofrendo com uma tosse seca, Roosevelt abriu a reunião e propôs que discutissem as zonas de ocupação dos Aliados na Alemanha vencida. Quase de imediato, Stalin interferiu apresentando uma série de perguntas. Como exatamente a Alemanha seria dividida? Como conduziriam sua rendição, principalmente se a base de poder de Hitler desmoronasse? E se um grupo declarar que derrubou Hitler? Estaríamos dispostos a tratar com esse grupo? Deveriam os Três Grandes estabelecer um governo único na Alemanha ou governos separados em suas próprias zonas de ocupação? Quais seriam exatamente os termos da rendição incondicional da Alemanha? Que tipo de reparações a Alemanha deveria pagar e qual o valor? Não era a hora de se chegar a uma decisão?

---

[*] Essa negociação existiu, mas não foi adiante.

Em Teerã, os três líderes tinham concordado que, para fins de ocupação, a Alemanha seria dividida em três zonas, uma para cada país. Os Estados Unidos assumiriam a zona sudoeste, a Grã-Bretanha ficaria com a noroeste e a União Soviética, com a zona leste. A propósito do futuro da Alemanha a longo prazo, tinham concluído, em termos gerais e pensando na segurança europeia, que a Alemanha devia ser desmembrada em um certo número de Estados independentes, mas não decidiram quantos seriam. Roosevelt, ainda com vivas lembranças dos pequenos principados alemães que visitara na juventude, propusera cinco. Stalin, convencido de que era preciso "espalhar as tribos alemãs" a fim de tornar a Alemanha "definitivamente incapaz de novamente levar o mundo a uma guerra", mas sem se preocupar particularmente com fatores matemáticos, concordara. Churchill, acreditando que, ainda que a dividissem, a Alemanha acabaria "reunindo-se como uma só nação" e que "o principal era manter a Alemanha dividida pelo menos por cinquenta anos", propôs a separação da Prússia — a origem do mal — do sul da Alemanha, que "então não terá condições para começar uma nova guerra". No ano seguinte, em Moscou — quando Churchill apresentara a Stalin a minuta de seu "ardiloso documento", no qual definia esferas de influência britânica e russa nos Balcãs —, também sugerira a Stalin colocar o Ruhr e a Westfália sob controle internacional. Contudo, nenhuma decisão fora tomada.

Quando os três líderes voltaram a discutir o assunto, Bohlen ficou imaginando se a saúde precária de Roosevelt não estaria afetando seu senso de julgamento:

> O presidente ficou divagando sobre a Alemanha que conhecera em 1886, com Estados pequenos e semiautônomos, como os prósperos Darmstadt e Rotemburgo. A centralização da Alemanha com o governo de Berlim foi uma das causas [...] dos males que hoje afetam o mundo. A divagação de Roosevelt e sua declaração inconclusiva chegam a parecer contraditórias.

Bohlen também achava que Roosevelt perdera o interesse pelo assunto e que a ideia do desmembramento "era apenas conversa-fiada". A delegação soviética ouvia "com polida indiferença", e os britânicos "davam sinais de enfado", Churchill brincando com seu charuto e Eden com olhar distante.

Entretanto, quando Stalin insistiu para que se chegasse a uma decisão, Churchill se animou e argumentou que a questão era histórica, geográfica e etnicamente muito complexa para ser resolvida de imediato e que devia ser objeto de estudo mais detalhado. Quando Stalin propôs fosse informado ao governo alemão que a rendição incondicional exigida pelos Aliados implicaria o desmembramento da Alemanha, Churchill ficou ainda mais irritado. Embora tivessem aprovado a política de rendição incondicional, Churchill e seu Gabinete estavam preocupados com a possibilidade de essa decisão intensificar a resistência alemã. A proposta de Stalin reavivou esse temor. Se fosse informado que seu país estava para ser dividido, certamente "o povo alemão combateria com mais ardor", argumentou Churchill. Os Aliados poderiam perfeitamente determinar o desmembramento a qualquer momento depois da rendição e tudo o que os alemães precisavam saber até então era: "Esperem nossa decisão quanto a seu futuro". Stalin, porém, tinha opinião oposta. Anunciar desde logo a decisão para os alemães os forçaria a aceitar "o que o futuro lhes reservava" e lhes daria certo grau de certeza quanto a seu destino, tornando mais difícil para Goebbels combater o temor do desconhecido e encorajá-los a continuar lutando.

Sentindo que havia um impasse, Hopkins rabiscou uma nota para Roosevelt:

> Senhor presidente,
> Sugiro que o senhor diga que se trata de assunto muito importante e urgente e proponha que os três ministros do Exterior presentes apresentem amanhã uma proposta quanto ao *procedimento* a ser adotado para que se chegue o mais cedo possível a uma decisão sobre o desmembramento.
>
> Harry

Roosevelt fez a proposta recomendada, e Stalin e Churchill concordaram. Contudo, como Stalin continuou insistindo para que uma referência ao desmembramento fosse incluída nos termos da rendição incondicional,

Roosevelt o apoiou e propôs que se pedisse aos ministros do Exterior que recomendassem como isso poderia ser feito — algo que Churchill teve que aceitar.

Todavia, o que realmente chocou Churchill nesse dia foi um comentário fortuito de Roosevelt quando se discutiu se a França teria uma zona de ocupação na Alemanha. O presidente afirmou que "não acreditava que tropas norte-americanas permanecessem na Alemanha por muito mais de dois anos" porque nem o Congresso nem a opinião pública norte-americana permitiriam. Também surpreendeu os assessores de Roosevelt, com os quais o presidente não discutira o assunto. Para Churchill, foi uma "declaração inquietante". Se realmente os norte-americanos se retirassem da Europa, caberia à Grã-Bretanha "ocupar sozinha todo o setor ocidental da Alemanha […], tarefa muito além de nossas possibilidades".

Temendo não apenas o renascimento da Alemanha, mas também as intenções soviéticas na Europa, Churchill logo concluiu que uma Grã-Bretanha empobrecida e desgastada pela guerra precisaria de ajuda. Na ausência dos Estados Unidos, essa ajuda só poderia vir da França. Com apoio de Eden, começou imediatamente a defender não apenas um setor de ocupação francesa na Alemanha, extraído das zonas destinadas a norte-americanos e britânicos, mas também que a França fosse admitida como membro pleno da Comissão Aliada de Controle que governaria a Alemanha ocupada. Stalin, cuja posição acabara de ser fortalecida pelos comentários de Roosevelt, quis saber por que a França — que, como disse em tom de desprezo, tinha "aberto os portões para o inimigo" — mereceria uma zona de ocupação. Mesmo que recebesse uma zona — e ele não seria contra, desde que isso não diminuísse o setor soviético —, não teria participação no mecanismo de controle que seria implantado. Ignorou quando Churchill comentou que a França tinha cometido erros tanto quanto outros países, uma alfinetada na União Soviética por causa do Pacto de 1939 com a Alemanha nazista.

Como dissera para Stalin quando se reuniram em caráter privado, Roosevelt não era contra a França ter sua própria zona de ocupação. Na questão da participação no mecanismo de controle do país, mais uma vez concordou com Stalin, afirmando que assim não estimularia outros países a reivindicar suas participações. Por fim, Stalin encerrou a discussão declarando que estavam de acordo que a França teria sua zona de ocupação, mas que não participaria da Comissão de Controle. Os ministros do Exterior estudariam as relações entre a zona francesa de ocupação e essa comissão. Mais uma vez, Stalin e Roosevelt frustraram Churchill. Stettinius percebeu que, se Roosevelt queria cortejar Stalin, a recíproca era verdadeira: "Durante toda a discussão, como ao longo de toda a conferência, Stalin demonstrou o evidente desejo de sempre concordar com Roosevelt" e "não revelava" essa mesma disposição em relação a Churchill.

A questão das reparações a serem pagas pelos alemães deu margem a novos atritos. Andrei Gromyko reparou que, embora Churchill tentasse esconder o que sentia naquele momento, "seus charutos o denunciavam. Fumava muito mais quando estava tenso ou agitado. O número de tocos de charuto era diretamente proporcional à tensão que experimentava durante a reunião". Abrindo a discussão, Roosevelt disse a Stalin que nem os Estados Unidos e tampouco a Grã-Bretanha queriam "reparações da Alemanha em mão de obra". Sutilmente, Stalin evitou o assunto, afirmando que ainda não estava em condições de falar sobre a mão de obra alemã. Leahy concluiu que essa posição era consequência de os russos já estarem "utilizando muitos milhares de prisioneiros em campos que, segundo se dizia, eram praticamente de trabalho escravo e, assim, pouco tinham a ganhar discutindo essa matéria".

Não obstante, Stalin se dispôs a discutir diretamente a questão das reparações e pediu a Ivan Maisky — com seu ar de acadêmico e barba bem aparada —, que fora embaixador soviético em Londres, onde fizera amizade com H. G. Wells e George Bernard Shaw, para apresentar as exigências soviéticas. Maisky tinha se preparado para esse momento. "Um grande dia!", segundo registrou em seu diário. Falou concisa e francamente. A estimativa de perdas feita pela Rússia chegava a números "realmente astronômicos". Queriam o ressarcimento de, pelo menos, 10 bilhões de dólares a serem obtidos de duas maneiras. "A primeira, retirando dos bens do país, ou seja, fábricas, terras, maquinários, máquinas operatrizes, material rodante das ferrovias, investimentos em empresas estrangeiras etc." A segunda, por meio de pagamentos anuais em espécie e obtidos pela produção atual, que se estenderiam por dez anos após o fim das hostilidades. Maisky também propôs o confisco e a remoção física de 80% de reservas de ferro e aço, material de engenharia, indústrias químicas e metalúrgicas e 100% das fábricas de aviação, instalações para produção de lubrificantes sintéticos e todas as empresas de fins militares da Alemanha. Alegou que a retenção de 20% de sua indústria pesada seria mais do que suficiente para sustentar a vida econômica do país e cumprir o programa de pagamentos anuais.

Para Churchill, essas exigências pareceram exageradas e, como as do Plano Morgenthau, desnecessariamente devastadoras. Um colega político comentou com boa dose de justiça: "Ele nunca procurou tripudiar sobre um inimigo vencido, fosse um adversário político ou uma nação derrotada". Agora, confiando em argumentos práticos e não mais nos emocionais, lembrou Stalin o que resultara da sangria a que fora submetida a Alemanha após a Primeira Guerra Mundial. Quem, perguntou, seria o responsável pela alimentação de uma Alemanha esquálida, faminta? As reparações deviam considerar o que a Alemanha poderia pagar. "Se quer um cavalo para puxar sua carroça, você precisa lhe dar algum feno." "Tudo bem, mas cuidado para que o cavalo não se volte contra você e lhe dê um coice", retrucou Stalin, ao que Churchill respondeu: "Se você tem um automóvel, precisa de certa quantidade de combustível para fazê-lo andar". Não querendo deixar com o primeiro-ministro a última palavra, Stalin disparou uma falsa analogia: "Os alemães são pessoas, não são máquinas".

Roosevelt lembrou que, depois da Primeira Guerra Mundial, os Estados Unidos tinham emprestado bilhões de dólares a uma empobrecida Alemanha, que lutava para pagar reparações, mas tinha sofrido grandes perdas quando o Estado alemão faliu. Não podia deixar que a situação se repetisse. Também disse: "Os Estados Unidos não querem mão de obra, fábricas e maquinários", mas pode confiscar os modestos bens alemães nos Estados Unidos, "estimados em não mais de 200 milhões de dólares". Entretanto, acenando para Stalin, afirmou que "apoiaria de boa vontade quaisquer exigências de reparações feitas pelos soviéticos, pois achava que o padrão de vida dos alemães não devia superar o dos soviéticos". Devia ser extraído o máximo dos alemães, desde que seu povo não viesse a passar fome.

Alarmado com a direção que a discussão tomava, Churchill propôs que fosse criada uma comissão para avaliar as exigências de reparações apresentadas não somente pelas três grandes potências, mas também por outros países que tinham sido vítimas da agressão alemã. Stalin insistiu que as três potências, que fizeram os sacrifícios maiores, deviam ter "prioridade nas reparações". A França, por exemplo, sofrera menos do que a Bélgica, a Iugoslávia e a Polônia. Não se deixou impressionar pela réplica de Churchill, que afirmou que "os Aliados tinham causado grandes prejuízos à França". Novamente, os ministros do Exterior ficaram com a missão de resolver os detalhes — no caso, avaliar como uma comissão de reparações, com sede em Moscou, funcionaria e apresentaria seus relatórios. As gravações soviéticas revelam que mais uma vez Stalin teve a última palavra. Quando Churchill astutamente fez referência a Marx, mencionando o princípio de que reparações devem ser "cada um atuando de acordo com suas necessidades", Stalin retrucou que "preferia outro princípio: a cada um o que merece".

Depois de quatro extenuantes horas e de concordarem que as Nações Unidas e a Polônia seriam os principais temas da pauta do dia seguinte, a reunião foi encerrada. Roosevelt jantou mais cedo com os assessores mais próximos e sua filha. Embora tivesse formalmente presidido as discussões — Kathleen Harriman achava que, sendo o mais novo dos três líderes, "ele estava um tanto deslumbrado" —, quem, na verdade, assumira a direção fora Stalin. Andrei Gromyko comentou como Stalin, fumando como uma chaminé, "não perdera nem um detalhe" apesar de trabalhar "sem papéis e sem anotações". Ao contrário de Roosevelt, que várias vezes teve que ser corrigido ou tiveram que lembrá-lo de algum pormenor, a memória de Stalin continuava fantástica.

Os participantes norte-americanos e britânicos também ficaram impressionados com a capacidade de Stalin. Em suas memórias, Eden assinalou que em Yalta,

> O marechal Stalin foi o mais duro negociador [...]; se eu tivesse que escolher alguém para integrar minha equipe em uma conferência, Stalin seria minha primeira opção. Claro que o homem é

inescrupuloso e sabia bem qual era seu objetivo. Nunca desperdiçou uma palavra, raramente se exaltou nem mesmo demonstrou irritação. Contido, calmo, nunca levantando a voz, evitava as repetidas negativas de Molotov [...]. Usando métodos mais sutis, conseguia o que queria sem parecer muito teimoso.

Em contrapartida, Churchill "gostava de falar e não era de seu feitio ficar apenas ouvindo. Tinha dificuldade para esperar e raramente deixava escapar sua vez de falar. Os ganhos no jogo diplomático não contemplam necessariamente o mais ansioso por falar. Às vezes Stalin o deixava prosseguir". Cadogan também concluiu que "Tio Joe (é) o que mais impressiona entre os três. É muito tranquilo e contido". Admirava como Stalin conseguia ficar sentado por longos períodos,

> Sem dizer uma só palavra quando não era sua vez de falar. O presidente se entusiasmava e o primeiro-ministro se agitava, enquanto Joe permanecia sentado e quieto, a tudo observando e parecendo até se divertir. Quando realmente ligava o motor, nunca usava uma palavra supérflua e ia direto ao ponto. Obviamente tinha senso de humor, além de um raciocínio bastante rápido.

Analisando a observação de Roosevelt de que a opinião pública norte-americana exigiria um retorno rápido das tropas norte-americanas na Europa, Stalin, mais tarde conversando com Lavrenti, comentou que "a fraqueza das democracias repousa no fato de o povo não delegar permanentemente direitos como os que o governo soviético possui". Nessa época, seu prestígio com os públicos norte-americano e britânico, cujas liberdades políticas ele menosprezava, nunca estivera tão alto. A imagem mostrada na capa da revista *Time* de 5 de fevereiro era a de um Stalin magnânimo, mas resoluto. Em página interna, uma matéria com o título "Rússia: força histórica" declarava que, "excluindo a possível existência de santos e grandes profetas na terra, talvez a pessoa mais importante do mundo na última semana seja Joseph Vissarionovitch Djugashvili", cujos "gigantescos exércitos" estão estraçalhando as forças alemãs na Polônia e no Reich.

Por outro lado, Stalin não estava tão confiante de que seus exércitos continuariam seu avanço vitorioso. Preocupado com a vulnerabilidade das tropas a contra-ataques, particularmente nos flancos expostos, e com as linhas de suprimento esticadas além da conta, à noite telefonou para o marechal Zhukov e deu ordem para que sustasse seu avanço para Berlim e, ao contrário, mantivesse a posição no Oder para, em seguida, dirigir suas forças para o norte.

Incomodado com o rumo que a conferência estava tomando, nessa noite Churchill desabafou com seu médico. Estava perplexo porque Stalin via a França como uma nação que capitulara como qualquer outra e não compreendia, ou não valorizava, sua contribuição para a civilização ocidental. "Você acha que Stalin lê algum livro? Fala como se a França fosse uma nação sem passado. Será que conhece sua história?", indagou. Moran, ao anotar as palavras de Churchill em seu diário, acrescentou: "Ele ama a França como se fosse uma mulher. Quando Stalin disse que não sabia o que a França tinha feito pela civilização, ficou espantado. Aos olhos de Winston, a França é a civilização". Nesse dia, Moran também escreveu que, "enquanto as opiniões do presidente flutuavam ao sabor do vento", Churchill olhava para Harry Hopkins implorando ajuda, embora, de acordo com Moran, Hopkins aparentemente estivesse "apenas em parte neste mundo", sua pele fazendo lembrar "uma membrana amarelada que recobria os ossos". E, na verdade, Hopkins estava tentando ajudar. Embora não estivesse com disposição para jantar com o presidente, mais cedo, naquela tarde, tentara convencer Roosevelt de que "era simplesmente impossível atribuir uma zona de ocupação à França sem admiti-la no Conselho de Controle" e que também "era praticamente impossível querer governar a Alemanha sem a participação da França, sua inimiga e vizinha tradicional, além de nossa velha amiga".

À noite, a melancolia que tinha abatido Churchill em Malta voltou a afligi-lo. Antes de ir para a cama, disse para a filha, com palavras semelhantes às que escrevera em Malta para a esposa: "Creio que em nenhum momento da história a angústia do mundo foi tão forte e generalizada. Hoje à noite o sol se põe, enquanto o mundo sofre mais do que em nenhum momento no passado".

Mais uma vez, suas palavras refletiam uma verdade. Apesar de as tropas norte-americanas terem penetrado em Manila naquele dia, a batalha pela conquista da cidade levaria um mês e as tropas de MacArthur pagariam um alto preço — mil mortos e 5 mil feridos —, assim como a população civil, que já sofrera tanto. Ao verem as forças norte-americanas aproximando-se da cidade, as tropas japonesas tinham arrebanhado mais de vinte mulheres filipinas e, nos últimos dois dias, estupraram-nas repetidamente. Quando uma granada de artilharia norte-americana explodiu na casa onde estavam presas, algumas conseguiram escapar. Uma delas, Esther Moras, mais tarde testemunharia em Tóquio nos julgamentos por crimes de guerra.

No mesmo dia, quando as forças soviéticas começaram a atravessar o Oder, Vladimir Gelfand, um jovem tenente judeu oriundo da Ucrânia central, anotou em seu diário como ele e seus companheiros tinham capturado um grupo de mulheres alemãs combatentes. "As guerreiras alemãs disseram que estavam vingando seus maridos que tinham sido mortos. Precisavam ser mortas sem misericórdia. Nossos soldados propuseram meter a faca em suas genitálias, mas eu apenas as executei." Enquanto isso, no "corredor de execução" do campo de concentração de Ravensbrück, a oitenta quilômetros ao norte de Berlim, um soldado das ss matava a agente de 23 anos Violette Szabo, das Forças de Operações Especiais da Grã-Bretanha, com um tiro na nuca. As tropas nazistas a tinham aprisionado em junho de 1944 em sua segunda missão na França ocupada, após um intenso tiroteio. Ela sobreviveu a quatro dias de tortura e interrogatórios conduzidos pelas ss antes de ser enviada para Ravensbrück. Com ela, foram mortas, em 5 de fevereiro de 1945, suas companheiras das Forças Especiais Lilian Rolfe e Denise Bloch, ambas tão fracas que foram levadas para a morte em padiolas.

A imprensa dos Estados Unidos, da Grã-Bretanha e da Alemanha continuavam especulando onde estava sendo realizada a Conferência dos Três Grandes e o que estaria sendo discutido. Em 5 de fevereiro, o *Middletown Times Herald*, do estado de Nova York, publicou rumores que corriam "nos círculos diplomáticos" dos Balcãs de que estava sendo realizada em Stalingrado. Também publicou fanfarronices transmitidas pela rádio alemã de que, apesar de a Conferência dos Três Grandes conclamar a Alemanha a se render", o soldado alemão continuaria lutando "sem temor". O *Syracuse Herald Journal* reclamou:

> Algumas informações oficiais sobre o local e o desenrolar da Conferência dos Três Grandes podem ser anunciadas no fim desta semana, mas parece que no momento o público aliado está mais uma vez sendo deixado sem notícia sobre o que realmente está acontecendo na reunião [...]. O fato é que ninguém sabe muita coisa sobre um evento que, se pode dizer, está fazendo história não somente em nossos dias, mas também o fará por um longo tempo no futuro.

Em artigo no *The Times*, seu correspondente diplomático afirmou que o "porta-voz oficial de Ribbentrop em Berlim está envolvido em uma tentativa de adivinhar o local da conferência [...]; obviamente os alemães estão 'jogando iscas'". Aparentemente, os nazistas não foram tão longe quanto o fizeram antes de Teerã, quando Heinrich Himmler consultou místicos e magos alemães para saber onde e quando os Três Grandes se reuniriam. O próprio *The Times* tentou especular a respeito de certas indagações: "Por exemplo, o que significa ser a parte da França?"; Quais eram as propostas para evitar que a Alemanha pudesse novamente "devastar a Europa de um extremo a outro?"; Quais eram os planos para "uma nova Liga capaz de garantir a segurança internacional?"; e, principalmente, "O problema polonês" seria resolvido?

8
"O monstro bastardo do Tratado de Paz de Versalhes"

No dia 6 de fevereiro, uma terça-feira, Churchill escreveu para a esposa: "Trabalho muito complicado. Provavelmente mais uns cinco ou seis dias". Não obstante, Sarah Oliver garantiu para a mãe: "Papai está animado, firme e forte". Como tantos da delegação britânica, acostumada com o racionamento, continuava impressionada com a alimentação. Terminou a carta dizendo: "Você sabe que, não importam as dificuldades materiais daqui, estamos de barriga cheia. Uau!".

Jo Sturdee, secretária de Churchill, estava "comendo demais [...]; gostaria de ser um camelo para poder armazenar um pouco dessa deliciosa manteiga cremosa que botamos em generosas porções em cada pedaço de torrada". Ela gostava em particular dos "deliciosos pães doces quentes [...] queijo, tangerinas, maçãs e chocolates", embora a vodca, o champanhe e o vinho, em generosa oferta, também fossem um desafio. "Você precisa se cuidar para ficar bem firme e poder andar em linha reta."

O tempo estava bom o suficiente para sair sem um casaco. Sarah passou parte da manhã no terraço do Vorontsov apreciando "uma cena impressionante. Um grande cardume de peixes [...] atacado pelo ar e pelo mar. Pelo mar, por um grupo de toninhas e pelo ar, por centenas de gaivotas [...]; o máximo que os pobres peixes faziam para se defender era se juntar cada vez mais". Igualmente estranho era o espetáculo de "Peter Portal alimentando o peixe dourado no jardim de inverno com moscas varejeiras que ele capturou na biblioteca!!!". O comandante da Força Aérea já estava entediado e lembrava: "Em todas as conferências anteriores, o elemento terrestre tem sido a *prima donna,* ocupando o centro do palco. Em Yalta ficamos matando tempo, esperando a convocação que nunca vem [...]; fica difícil arranjar o que fazer para ocupar meu tempo".

Para passar as horas, Portal, mágico habilidoso, que tinha sido muitas vezes solicitado em Malta e Yalta para "fazer os truques que sabia com cartas e fitas", encontrou sua própria solução para a corrida diária pelo banheiro do Vorontsov:

> Fiquei muito contente ao descobrir como destrancar o [...] banheiro com um pedaço de madeira. Existem uma ou duas pessoas antissociais que não percebem que não está certo ficar meia hora no banho entre as oito e as nove horas da manhã, sabendo que a única água quente que se pode usar para barbear é a do chuveiro e que a única forma de chegar a uma das duas privadas é passando pelo chuveiro. Portanto, abro a tranca sempre que é preciso e vou entrando. Ontem foi Sawyers (mordomo de Churchill)! Saiu rapidamente do chuveiro e vestiu o pijama sem mesmo se secar, mas consegui a água para fazer tranquilamente minha barba!

Mais tarde no mesmo dia, Sarah Oliver se encontrou com Kathleen Harriman e Anna Boettiger para um passeio de duas horas e meia pelas sinuosas estradas que levam a Sebastopol: "Uma vista terrível. Não vi uma só casa que não estivesse em ruínas, mas mesmo assim havia gente morando nelas". Prisioneiros romenos imundos estavam em uma fila para conseguir almoçar — "algo que estava em um balde em cima de uma carroça puxada por um cavalo esquelético. Já se tinha visto em filmes filas semelhantes de seres humanos atordoados, mas testemunhá-las é terrível". Seu guia, um marinheiro russo, parecia estar em outro planeta, apontando para uma praça que era "adorável no verão". As três mulheres "viram, espantadas, uma área devastada — uma praça abandonada com árvores quebradas e crateras de granadas". Sarah reparou que o guia via Sebastopol como "alguém que realmente adora uma pessoa e, apesar de uma terrível tragédia em sua aparência, ainda a vê como se nada tivesse mudado, incólume".

Naquela manhã, os ministros do Exterior se reuniram no palácio de Livadia. Depois de alguns debates sobre o que dizer nos termos da rendição, a propósito da divisão da Alemanha, elaboraram um comunicado para a imprensa respondendo à crescente especulação internacional sobre o local em que estava sendo realizada a conferência e seu objetivo. Em resumo, em linguagem vaga, o comunicado informava que os três líderes estavam se reunindo "na região do mar Negro" e construindo as fundações para uma paz duradoura. As discussões englobavam "ocupação e controle da Alemanha" e "a criação, o mais cedo possível, de uma organização internacional permanente para a manutenção da paz". Seria expedido mais tarde outro comunicado, ao fim da conferência. Membros do Ministério do Exterior da Grã-Bretanha receberam um alerta enviado por sua delegação em Yalta dizendo que "não deve ser acrescentado nenhum comentário local" quando o comunicado for expedido para a imprensa.

Churchill se dirigiu para o Livadia a fim de almoçar com Roosevelt no solário do palácio. Preocupada em não cansar seu pai, Anna Boettiger pediu a Harriman, que estaria presente, para despachar o primeiro-ministro às 14h45, para que seu pai pudesse descansar antes de ir para a reunião plenária "e não tivesse que ficar trabalhando sem interrupção desde o almoço, às 13h, até as 19h30 ou 20h, quando normalmente acaba a reunião da conferência". Cadogan, também presente, considerou a ocasião "muito agradável e divertida, mas não necessariamente útil [...]. O presidente estava evidentemente envelhecido". Para Cadogan, os três líderes mal tinham começado a tratar dos temas:

> Sempre acontece isso nestas conferências. Levam dias para entrar nos trilhos. Os Grandes Homens não sabem do que estão falando e precisam ser orientados a ser um pouco mais objetivos em seus métodos de trabalho. Acho que estamos fazendo algum progresso, mas este lugar ainda parece um hospício.

O próprio Roosevelt prolongou o almoço até as quinze horas. Sabendo que Churchill gostava de uma soneca após o almoço, sugeriu que cochilasse no Livadia antes da sessão plenária. Harry Hopkins, que deixara a cama para comparecer ao almoço, rapidamente arranjou um quarto no térreo onde ele pudesse descansar. O que ele escolheu tinha sido a antiga sala de estar dos Tsarevitch e agora era compartilhado pelo vice-almirante Wilson Brown e o general "Pa" Watson que, naquele momento, estava na cama — o doutor Bruenn tinha diagnosticado problemas cardíacos e de próstata. Quando Hopkins lhe pediu que deixasse o aposento, Watson se recusou, alegando que estava doente e o primeiro-ministro não. Quando Hopkins insistiu, ocorreu uma discussão acalorada e Hopkins ameaçou mandar escoltarem Watson para fora do quarto. Por fim cedendo, o habitualmente cordato "Pa" se levantou. Apanhou suas roupas e saiu irritado. Hopkins, então, mandou avisar que tinha arranjado uma cama para Churchill que, sem saber a confusão que tinha causado, desfrutou um sono reconfortante, preparando-se para as discussões que teria pela frente.

Cada um dos três líderes sabia que naquele dia teria que enfrentar a questão mais complexa e sensível da conferência: a Polônia. Também era a que demandaria mais tempo e geraria as atas oficiais mais longas. Mais tarde, Churchill a lembraria como "a mais importante razão para a Conferência de Yalta" e "a primeira das grandes causas que levaram ao rompimento da Grande Aliança". Duas questões preponderavam: quem governaria a Polônia e quais seriam suas fronteiras?

Havia muito tempo que essas considerações atormentavam um país cuja história era vítima da geografia. Sua localização na estreita planície ao norte da Europa, com apenas 480 quilômetros de largura, que se estendia do mar do Norte aos montes Urais — divisa natural entre Europa e Ásia —, significava que raramente suas fronteiras tinham durado muito tempo. A estratégica localização do país era um corredor muito disputado por onde, ao longo de sua atribulada história, tinham passado exércitos invasores vindos tanto de leste quanto de oeste.

Inicialmente, no começo do milênio passado, a Polônia surgiu com identidade bem definida. No século xv, casamentos entre dinastias a uniram com a Lituânia. Juntos, os dois países governaram grande parte da

Europa central, incluindo Ucrânia, Bielorrússia e outros territórios que mais adiante passaram a fazer parte da Rússia. Seguiu-se um período de declínio durante o qual, em 1655, os suecos invadiram a costa da Polônia no Báltico. Diversas guerras contra invasores turcos debilitaram o poder militar e financeiro do país. A Polônia ficou tão fragilizada que ocorreram três perdas de seu território — a primeira em 1772, a segunda em 1793 e, por fim, a terceira em 1795 — dividindo o país em proveito de três vizinhos mais poderosos, Rússia, Prússia e Império Austro-Húngaro.

Embora a Polônia deixasse de existir como Estado, os poloneses nunca abdicaram de sua identidade nacional e da luta pela independência. Muitos apoiaram Napoleão, tanto na campanha contra os impérios que tinham absorvido seu país quanto na criação do Ducado de Varsóvia. Alguns se uniram ao Grande Exército que marchou através de seu território em 1812 para atacar a Rússia e conquistar Moscou, mas os famintos sobreviventes do derrotado exército tiveram que recuar para suas terras durante o inverno de 1812-1813.

Mais uma vez absorvidos pelos impérios vizinhos, os poloneses continuaram se rebelando. Tentando esmagar a cultura e a resistência dos poloneses, em 1863, a Rússia e, em 1872, a Prússia impuseram o uso de seus idiomas para todos os fins, inclusive nas escolas. Na adolescência, Marie Curie, nascida Sklodowska na Polônia russa, correu o risco de ser presa e deportada para a Sibéria por estudar e depois ensinar na clandestina "Universidade Itinerante" em Varsóvia, uma escola noturna em polonês para mulheres jovens. O objetivo da universidade era criar um grupo de mulheres comprometidas e capazes de educar os pobres da Polônia e, por conseguinte, capacitá-los a resistir à opressão russa. Durante esse período, muitos poloneses emigraram, sobretudo para a América do Norte. Em discussões sobre a Polônia durante a Segunda Guerra Mundial, Roosevelt várias vezes se referiu aos milhões de eleitores poloneses nos Estados Unidos. Outros emigraram para a Europa Ocidental, inclusive Marie Curie, que foi para a França, e o marinheiro e romancista Joseph Conrad, que foi para a Grã-Bretanha.

Durante a Primeira Guerra Mundial, mais uma vez as planícies polonesas se transformaram em campos de batalha, inicialmente quando as tropas russas, vindas de oeste, invadiram a Prússia e, depois — com a derrota dos russos em Tannenberg —, quando as forças alemãs e austro-húngaras invadiram a Rússia. A Alemanha comemorou a vitória de Hindenburg em Tannenberg apaixonadamente, vingando-se da derrota sofrida pelos Cavaleiros Teutônicos invasores diante das forças polonesas e lituanas em 1410.

A Polônia recuperou sua independência no fim da guerra como consequência do Tratado de Versalhes e reconquistou grande parte de seu território ocidental que estivera sob governo alemão, mas inicialmente nada recebeu da Rússia. Tropas polonesas também tomaram a província da Galícia e sua capital Lvov do decadente Império Austro-Húngaro.* Em 1920, os bolcheviques invadiram a Polônia, que vivia uma fase de ressurgimento, em tentativa de estender sua revolução para oeste. Stalin foi nomeado comissário político do exército que atuava na frente sudoeste. Seu fracasso ao autorizar a transferência inoportuna de unidades dessa frente para o setor de Mikhail Tukhachevsky, comandante do setor oeste, justamente quando suas tropas avançavam para Varsóvia, foi o fator que mais contribuiu para que as tropas bolcheviques fossem repelidas no que os poloneses chamam de "o milagre do Vístula". Stalin ficou tão abatido com seu fracasso em enviar reforços que em 1925 tentou ocultar o papel que desempenhara retirando documentos importantes dos arquivos de Kiev e em 1937 mandou matar Tukhachevsky em um dos expurgos que ordenou.

O Tratado de Riga, de 1921, transferiu para a Polônia territórios orientais que então pertenciam às novas repúblicas soviéticas da Rússia, Bielorrússia e Ucrânia, deixando a fronteira oriental da Polônia praticamente correspondendo à que vigorava quando ocorreu a partição de 1793. Essa nova fronteira ficou bem mais para leste do que preconizara lorde Curzon, ministro do Exterior da Grã-Bretanha, quando foi rejeitada sua tentativa de atuar como árbitro entre as duas partes. Não obstante, a "Linha Curzon", que passava bem a leste de Lvov e se baseava em considerações étnicas, teria muita influência nas discussões realizadas ao fim da Segunda Guerra Mundial tratando da futura fronteira oriental da Polônia.

---

* Durante o século XX, a cidade de Lvov — seu nome russo — também foi conhecida como Lemberg (austro-húngaro), Lwów (polonês) e Lviv (ucraniano), refletindo as mudanças em suas fronteiras.

Nos anos entre as duas grandes guerras, a economia polonesa prosperou, mas persistiram os problemas com as minorias. Em 1939, a população da Polônia era de cerca de 35 milhões de habitantes, dos quais 16% eram ucranianos; 10%, judeus; 6%, bielorrussos; e 3%, alemães. O restante era de etnia polonesa, embora em territórios cedidos pelo Tratado de Riga estes últimos ficassem em minoria. Essas diversas etnias e as contestadas fronteiras fixadas após a Primeira Guerra Mundial levaram Molotov, que não gostava do país e dos poloneses mais do que Stalin, a se referir à Polônia como "o monstro bastardo do Tratado de Paz de Versalhes".

O governo polonês passou cada vez mais a temer a ameaça das ditaduras vizinhas, particularmente da Alemanha hitlerista em sua fronteira ocidental. Após a ocupação da Tchecoslováquia pelos nazistas, desrespeitando o Acordo de Munique de 1938, em 31 de março de 1939 a Grã-Bretanha garantiu que as fronteiras da Polônia seriam respeitadas e afirmou que "no caso de alguma ação que ameace claramente a independência da Polônia [...] o governo de sua majestade se sentirá na obrigação de prestar ao governo polonês todo o apoio que seu poder possa proporcionar". Negociações posteriores confirmaram a disposição britânica de ajudar a Polônia caso o país fosse vítima de ataques, mas um acordo não publicado deixou claro que isso se aplicava apenas a uma agressão partida da Alemanha. Em outros casos, os dois países "consultariam" a França, aliada tradicional dos poloneses e que mantinha acordos similares com eles.

Como temiam os poloneses, Hitler já tinha preparado planos para invadir a Polônia e recuperar a Prússia Ocidental e outros territórios cedidos pelo Tratado de Versalhes, assim como se apossar de mais *lebensraum* (espaço vital) para o *volk* (povo) alemão. Todavia, Hitler percebeu que tal invasão certamente provocaria a guerra contra a França e a Grã-Bretanha. Em consequência, Hitler, que desprezava as "raças eslavas" e que no passado se referira aos líderes soviéticos como "um grupo internacional de criminosos judeu-bolcheviques bárbaros" e a União Soviética como "o maior perigo para a cultura e a civilização da humanidade [...] desde a derrocada dos Estados do mundo antigo", começou a sondar qual seria a atitude da União Soviética a propósito de uma eventual aliança. O governo soviético reagiu com prudência e simultaneamente procurou saber o que pensavam os governos britânico e francês sobre uma possível aliança, mas ambos reagiram com frieza. Tal atitude levou Stalin a concluir que a melhor forma de defender os interesses soviéticos era — pelo menos temporariamente — prosseguir com as negociações com a Alemanha. Qualquer acordo com os nazistas abriria a possibilidade de se apossar de mais um pedaço da Polônia, um novo território capaz de funcionar como uma espécie de escudo defensivo.

Na tarde de 23 de agosto de 1939, Joachim von Ribbentrop, ministro do Exterior da Alemanha, foi levado para o Kremlin no automóvel particular de Stalin, onde o esperavam não somente Molotov, mas também o próprio dirigente soviético. Eles rapidamente passaram às negociações. Von Ribbentrop disse que o Führer propunha "um acordo de não agressão entre os dois países que duraria cem anos". Stalin respondeu: "Se concordarmos com esses cem anos, o povo rirá de nós, achando que não estamos falando sério. Proponho [...] dez anos". A discussão logo derivou para "esferas de influência", eufemismo para conquista de territórios. Von Ribbentrop afirmou: "O Führer aceita que a porção oriental da Polônia e da Bessarábia, como Finlândia, Estônia e Letônia até o rio Duena, fiquem na esfera soviética". Stalin quis mais e pediu toda a Letônia. Após consulta a Hitler, Von Ribbentrop concordou. Durante toda a conversa, não houve discussão ostensiva envolvendo a invasão dos territórios visados pela negociação.

Depois de mais conversas e uma recepção regada a caviar, champanhe e vodca, com a qual os Aliados mais tarde se familiarizariam, a União Soviética e a Alemanha nazista assinaram um pacto de não agressão nas primeiras horas de 24 de agosto de 1939. Em protocolo secreto, foram esboçados planos para a divisão da Polônia entre os dois países. Enquanto descansavam após as negociações, Stalin mencionou outras potências europeias e disse a Von Ribbentrop:

> Não gosto dos britânicos e desconfio deles; são adversários habilidosos e obstinados. Mas seu exército é fraco. Se a Inglaterra ainda governa o mundo, isso se deve à idiotice de outros países que ainda se deixam ludibriar. É ridículo ver apenas algumas centenas de britânicos governando a enorme população da Índia.

Nove dias mais tarde, em 1º de setembro de 1939, a Alemanha invadiu a Polônia. Grã-Bretanha e França declararam guerra, mas pouca ajuda puderam oferecer à Polônia. Em 17 de setembro, 600 mil soldados soviéticos invadiram e ocuparam a Polônia Oriental, e os comissários lhes diziam que estavam libertando seus primos étnicos da exploração dos capitalistas poloneses.

Com as esferas de influência russa e alemã transformadas em zonas de ocupação, Von Ribbentrop voltou a Moscou no fim de setembro de 1939 para prosseguir as negociações com Stalin sobre "esferas de influência", revelando os planos nazistas de estender o domínio alemão aos Balcãs. No mesmo dia, em algum lugar do Kremlin, Molotov informou o ministro do Exterior da Estônia que 35 mil soldados russos estavam sendo despachados para "guarnecer" seu país. "Guarnições" semelhantes foram enviadas para a Lituânia e a Letônia como primeira etapa da assimilação dos três Estados bálticos pela União Soviética, formalmente anunciada em 1º de outubro de 1940. Como república soviética, a Lituânia recuperou Vilnius (Wilno para os poloneses), tomada pelos poloneses após a Primeira Guerra Mundial. No banquete depois da reunião de negociações, Stalin apresentou Lavrenti Beria a Von Ribbentrop com as seguintes palavras: "Veja, este é nosso Himmler — também não é lá muito ruim no que faz". Usou palavras muito semelhantes ao apresentar Beria em Yalta.

Grã-Bretanha e França protestaram veemente e repetidamente com Moscou por causa das invasões soviéticas, mas não tomaram iniciativa alguma. Diante da invasão de seu país, soldados, marinheiros e aviadores poloneses começaram a fugir para o oeste, pensando em prosseguir a luta. Pilotos poloneses tiveram grande participação na derrota da Luftwaffe na Batalha da Grã-Bretanha em 1940, abatendo 203 aviões inimigos e perdendo apenas 39 pilotos. Um dos esquadrões poloneses se tornou a mais bem-sucedida unidade do Comando de Caça da RAF, destruindo 128 aviões alemães em somente 42 dias.

Entretanto, muitos militares poloneses não conseguiram fugir e foram aprisionados pelos russos e pelos alemães. Logo em seguida, Stalin e Beria começaram a agir contra os que consideraram "indesejáveis" nos territórios então conquistados, promovendo uma série de deportações. Os primeiros a sofrer foram os poloneses veteranos da guerra de 1920 contra os bolcheviques, em que o próprio Stalin estivera envolvido. Conhecidos como *osadniks*, muitos tinham sido assentados em terras concedidas perto da fronteira soviética. Agora, eles e suas famílias haviam sido arrebanhados e tiveram que partir com os poucos pertences que puderam empacotar em apenas meia hora. Espremidos em vagões de trem, foram deportados para o norte da Rússia e para a Sibéria, onde morreram, em grande número, de frio e fome. Wiesława Saturnus, sobrevivente, lembrou: "A fome era terrível [...], a fome extrema acaba com o ser humano [...]; uma pessoa vira um animal".

Nessa ocasião, pelo menos 130 mil poloneses foram deportados, mas um destino ainda pior estava reservado para os oficiais e cidadãos proeminentes da Polônia Oriental que foram aprisionados. Obedecendo a uma ordem de Stalin, a polícia secreta soviética, a NKVD, na primavera de 1940 assassinou sistematicamente quase 22 mil deles, sob a acusação de serem "contrarrevolucionários". A atrocidade ficou conhecida pelo nome do local onde ocorreu, a floresta de Katyn, a cerca de vinte quilômetros de Smolensk, na Rússia ocidental. Um fazendeiro local lembrou: "Por aproximadamente quatro ou cinco semanas, três ou quatro caminhões se dirigiram para a floresta cheios de gente [...]. Eu ouvia os tiros e as vozes de homens gritando [...], não havia dúvida de que os poloneses estavam sendo fuzilados pela NKVD". As famílias das vítimas eram deportadas para lugares remotos como a Sibéria e o Cazaquistão. Lobos os atacavam nos veículos que os transportavam. Oficiais soviéticos alertavam os aldeões da Sibéria e do Cazaquistão para se manterem longe dos recém-chegados e não oferecerem abrigo contra o frio, porque eram "poloneses inimigos do povo". Muitos morreram. Outros mal conseguiram so-breviver. Um deles lembrou como foi obrigado a trabalhar no interior e no entorno de uma mina de ouro: "Muitas vezes uma orquestra tocava enquanto os prisioneiros trabalhavam. Para acompanhar a música, os guardas costumavam convocar em especial prisioneiros que não estavam rendendo bem no trabalho e os fuzilavam na hora".

Notícias sobre as deportações chegaram aos países mais a oeste, mas ainda nada se sabia sobre os massacres de Katyn. Em 15 de abril de 1940, o *The New York Times* publicou: "Os exilados tiveram apenas quinze minutos para deixar suas casas [...]; pessoas gravemente doentes foram obrigadas a embarcar nos trens sem aquecimento para serem transportadas". Não obstante, as autoridades norte-americanas e britânicas se limitaram a lamentar.

Representando vários países ocupados, os poloneses que conseguiram chegar à Grã-Bretanha estabeleceram um governo no exílio em Londres. Depois que a União Soviética se juntou aos Aliados após a invasão alemã em 1941, as autoridades soviéticas libertaram muitos soldados poloneses que ainda estavam presos em seus campos de concentração. Muitos partiram na direção oeste. Sob o comado do general Władysław Anders, formaram uma tropa eficiente que integrou o Exército britânico. Em abril de 1943, finalmente a Rádio Berlim anunciou que sepulturas coletivas tinham sido encontradas na floresta de Katyn, com os corpos de milhares de oficiais poloneses. Muitos civis poloneses foram convocados para testemunhar a remoção dos corpos. Um deles, Dimitry Khudykh, descreveu "as faces negras [...], o terrível mau cheiro". Nesse estágio da guerra, as testemunhas já estavam imunes ao sofrimento: "Éramos jovens, não estávamos particularmente interessados. Já conhecíamos a morte que os alemães nos infligiam. Tínhamos visto prisioneiros russos morrendo nos campos de concentração".

O governo polonês no exílio pediu diversas vezes às autoridades soviéticas informações sobre muitos oficiais que estavam desaparecidos, mas era repelido com a resposta de que tinham sido libertados e seus paradeiros eram desconhecidos. Agora, puderam renovar com maior vigor seus pedidos de informações. Embora o próprio Stalin tivesse assinado a ordem de execução, os soviéticos atribuíram a responsabilidade por Katyn à Alemanha, e o *Pravda* insinuou que o governo polonês no exílio estava colaborando com os nazistas ao culpar as íntegras autoridades soviéticas, acusação particularmente dolorosa para o novo primeiro-ministro polonês Stanisław Mikołajczyk, cuja esposa Cecylia estava em um campo de concentração nazista. Para convencer o mundo de sua inocência, em janeiro de 1944 os soviéticos convidaram um grupo de jornalistas estrangeiros para visitar Katyn. Kathleen Harriman e um jovem diplomata da embaixada norte-americana em Moscou acompanharam o evento cuidadosamente preparado. O grupo teve menos de 24 horas para observar as provas que os russos tinham preparado para eles e, após examiná-las, Kathleen e seu companheiro concluíram que as autoridades alemãs eram realmente culpadas, tendo em vista o "sistema metódico de assassinar, cada homem sendo executado com um tiro na base do crânio". A despeito de ponderáveis evidências em contrário que vieram à tona, nem o governo dos Estados Unidos nem o do Reino Unido questionaram publicamente a inocência de seu aliado soviético.

Quando os poloneses de Londres continuaram a pressionar em busca de respostas, Stalin rompeu relações com eles, embora as mantivesse com Churchill. Anunciou: "O governo soviético está ciente da campanha hostil conduzida pelo governo polonês a fim de exercer pressão [...] com o objetivo de obter concessões territoriais à custa de interesses da Ucrânia, da Bielorrússia e da Lituânia soviéticas". O governo polonês no exílio em Londres não admitiu estar errado ao suspeitar da União Soviética, provocando uma ruptura permanente com o governo soviético.*

No verão de 1944, as autoridades soviéticas prepararam um grupo de poloneses dispostos a satisfazer a vontade soviética de estabelecer uma nação socialista amiga em suas fronteiras e, o mais importante, a aceitar a Linha Curzon como fronteira oriental da Polônia, que o governo polonês no exílio repelia. Enquanto as forças soviéticas prosseguiam em seu avanço, instalaram o grupo em Lublin, na Polônia Oriental. Logo ficou conhecido como "os poloneses de Lublin", um governo "de fato" das áreas ocupadas pelos soviéticos da nova Polônia, status que a União Soviética confirmou em 1º de janeiro de 1945 ao anunciar que reconhecia esse grupo como legítimo governo da Polônia.

Enquanto isso, as divisões polonesas continuavam combatendo bravamente ao lado do Exército britânico. Em maio de 1944, depois de semanas de combate ininterrupto, muitas vezes corpo a corpo, as tropas polonesas hastearam sua bandeira nas ruínas do mosteiro italiano no alto do monte Cassino, onde os defensores alemães resistiram com sucesso a assaltos anteriores, inicialmente por tropas da França Livre e, depois de pesados bombardeios, por soldados neozelandeses, britânicos e indianos. O general Anders, que visitou o campo de batalha, recordou os "cadáveres de soldados alemães e poloneses, muitas vezes unidos em um abraço mortal, espalhados por toda parte, o ar

---

* As suspeitas polonesas foram confirmadas 47 anos mais tarde quando, em 1990, o presidente Mikhail Gorbachev admitiu a responsabilidade soviética pelos massacres.

contaminado pelo mau cheiro dos corpos em decomposição" estendidos nas inúmeras crateras que deformavam a encosta do monte.

O governo polonês no exílio em Londres exerce considerável, mas não total, controle sobre o grupo de combatentes clandestinos da resistência que continuavam lutando em território polonês. No verão de 1944, 3 mil desses combatentes ajudaram o Exército Vermelho a libertar Lvov, mas acabaram tendo seus oficiais presos e, em seguida, suas unidades desarmadas e dispersadas. Logo depois, enquanto o Exército Vermelho se aproximava de Varsóvia, Tadeusz Bór-Komorowski deu a ordem para a "Hora W", começo do levante, que seria às dezessete horas de 1º de agosto.

Stalin, porém, conteve o avanço de suas forças e se recusou a apoiar o "bando de criminosos", como chamou as forças locais. Equivocadamente os acusou de colaborarem com os nazistas, mas acertadamente alegou não ter sido avisado da intenção de se revoltarem, algo que Churchill e Eden recomendaram com veemência que fizessem. Stalin não permitiu que aviões Aliados aterrissassem em bases soviéticas depois de lançar suprimentos para os partisans. Não obstante, pilotos poloneses da RAF realizaram alguns voos partindo do sul da Itália para lançar suprimentos, mas tais missões foram logo suspensas por causa das grandes perdas. Hugh Lunghi lembrou as contínuas tentativas britânicas de persuadir Stalin a apoiar o lançamento aéreo de suprimentos:

> Durante as duas primeiras semanas estive com ele (o chefe do Estado-maior) quase diariamente, mas logo ficou evidente que não havia esperança. Constatamos que não nos permitiriam, nem permitiriam aos norte-americanos, aterrissar em território russo. Para nós, isso pareceu uma tremenda traição, não apenas com os poloneses, mas também com os Aliados (Ocidentais).

Em Varsóvia, os poloneses combateram bravamente, embora em flagrante inferioridade. Em Berlim, Himmler festejou:

> Sob o ponto de vista histórico, o levante dos poloneses foi uma bênção. Vamos acabar com eles [...]. Varsóvia será liquidada, cidade que é capital

intelectual de uma forte nação de 16 ou 17 milhões de habitantes que vem bloqueando nosso caminho para o leste há setecentos anos [...]. Cessará de existir. Do mesmo modo [...] os poloneses deixarão de ser um problema [...] para todos que virão depois de nós.

Os soldados alemães trataram tanto os civis quanto os *partisans* que se renderam com extrema crueldade. Um soldado alemão lembrou como as ss entraram em uma escola que funcionava em instalações improvisadas. Trezentas crianças estavam descendo as escadas com as mãos sobre a cabeça, anunciando que não eram *partisans*: "Os ss começaram a atirar, mas o comandante disse: 'Não gastem munição, usem a coronha da arma!', e o sangue começou a escorrer pelos degraus da escada". Por toda parte, as tropas alemãs, inclusive membros do regimento de cossacos que com elas colaboravam, assassinaram, estupraram e saquearam à vontade. Apesar dos apelos dos britânicos, dos norte-americanos e do governo polonês no exílio em Londres, Stalin tomou iniciativas apenas simbólicas para apoiar o levante até o dia 2 de outubro, quando os insurgentes se renderam em Varsóvia.

Em derradeira transmissão pelo rádio em Varsóvia, a resistência polonesa anunciou para o mundo:

> Esta é a pura verdade. Fomos tratados pior do que os satélites de Hitler, pior do que a Itália, a Romênia, a Finlândia. Que Deus, que é justo, castigue quem for culpado pela terrível injustiça sofrida pela nação polonesa [...]. Seus heróis são os soldados cujas únicas armas contra tanques, aviões e fuzis foram seus revólveres e garrafas cheias de gasolina. Seus heróis são as mulheres que cuidaram dos feridos, que, sob fogo, transmitiram mensagens, que cozinharam em porões bombardeados e arruinados para alimentar crianças e adultos, que aliviaram e confortaram os moribundos. Seus heróis são as crianças que continuaram brincando tranquilamente no meio das ruínas ainda fumegantes. Esse é o povo de Varsóvia [...] que continuará combatendo, que vencerá mais uma vez e será testemunha de que a Polônia continua viva enquanto houver poloneses vivos.

Cerca de 220 mil poloneses — 90% deles civis — foram mortos durante o levante. Em seguida, as tropas alemãs destruíram sistematicamente a cidade. As forças soviéticas só entraram na arruinada Varsóvia duas semanas antes do início da Conferência de Yalta.

Enquanto acontecia a revolta, o general Anders pediu a um "profundamente comovido Churchill" para fazer alguma coisa. Churchill respondeu: "Sei que os alemães e os russos estão destruindo todos os seus melhores elementos, sobretudo nas esferas intelectuais. Sinto profundamente. (Mas) você precisa acreditar que a Grã-Bretanha nunca o abandonará [...] nunca". O conhecimento de quanto a Grã-Bretanha devia à coragem dos 150 mil poloneses que lutavam ao lado das tropas britânicas em monte Cassino, na Batalha da Grã-Bretanha, e em outras frentes, a existência de um certo grau de culpa por não ter sido feito mais para apoiar o levante de Varsóvia e o fato de a Grã-Bretanha ter ido à guerra principalmente para defender a soberania da Polônia eram questões que passavam pela cabeça não somente de Churchill como também de muitos de seus assessores nas discussões entre as grandes potências a propósito da Polônia.

Esses debates começaram quando o ministro do Exterior britânico, Anthony Eden, esteve em Moscou em dezembro de 1941, justamente quando as tropas alemãs estavam a menos de oitenta quilômetros da capital russa. Imediatamente, Stalin exigiu que a fronteira oriental com a Polônia após a guerra fosse a de 1941, obedecendo à linha "Ribbentrop-Molotov" que dividira a Polônia. Embora passando logo a leste de Lvov, essa divisa, ao contrário da fixada pela chamada Linha Curzon, passava a oeste da cidade, aproximando-se bastante da proposta de Curzon. Um argumento que Stalin costumava usar a favor da Linha Curzon era como a União Soviética poderia aceitar menos do que Curzon, o mais aristocrata dos ministros do Exterior britânicos, sugerira em dezembro de 1919, em uma tentativa de arbitragem supostamente imparcial.

Nas reuniões seguintes, Stalin continuou insistindo na Linha Curzon ou nas "antigas fronteiras, as de 1941". Preferia esses dois nomes ao que fazia lembrar a aliança com a Alemanha. Embora inicialmente manifestassem contrariedade à ideia de Stalin de manter o território que conquistara em 1939, Churchill e Roosevelt cederam em Teerã. Roosevelt disse a Stalin e Molotov em caráter confidencial, em reunião privada, que aceitaria o avanço da Polônia para oeste. No encontro que manteve em um fim de noite com Stalin, Churchill sugeriu, usando palitos de fósforo para demonstrar o que tinha em mente: "A Polônia deve avançar para oeste após a guerra, como soldados em ordem unida [...]; se a Polônia irritar os alemães, não poderemos evitar".

Quando Eden disse para Mikołajczyk, primeiro-ministro polonês, que os britânicos esperavam que ele aceitasse a Linha Curzon, ele protestou, lembrando que, após "tanto sofrimento", seu povo "esperava sair da guerra com [...] suas províncias orientais intactas". A máquina de propaganda nazista tirou proveito da situação e transmitiu pelo rádio uma mensagem para os soldados poloneses que lutavam em monte Cassino. "Sua terra está sendo entregue nas mãos de Stalin por Churchill. Vocês não terão para onde regressar quando a guerra acabar."

Em outubro de 1944, quando esteve em Moscou, Churchill convenceu Stalin a convidar Mikołajczyk para se juntar a eles e se encontrar com alguns poloneses de Lublin enquanto ele estava lá. Averell Harriman estava presente quando Mikołajczyk se reuniu com Stalin e Churchill no Kremlin. Esperando agir como mediador, o primeiro-ministro britânico comentou com veemência sobre o sofrimento da Polônia, mas afirmou que o país devia ser "amistoso" com a União Soviética e lembrou que os sacrifícios dos russos para libertar a Polônia os tornavam merecedores dos territórios além da Linha Curzon. Quando Mikołajczyk não concordou com a cessão de território de seu país, Molotov deixou escapar que em Teerã (em novembro de 1943), embora "não desejasse que aquilo viesse ao conhecimento público naquele momento", Roosevelt "concordara com a Linha Curzon". Portanto, "as posições da União Soviética, da Grã-Bretanha e dos Estados Unidos coincidiam". Como Roosevelt lhe assegurara na Casa Branca, em junho de 1944 — sete meses antes da Conferência de Teerã —, que se opunha à Linha Curzon, Mikołajczyk ficou atônito. "Olhei para Churchill e Harriman, silenciosamente implorando a eles que dissessem que esse maldito acordo era uma mentira. Harriman baixou o olhar para o tapete. Churchill me encarou e disse serenamente: 'Eu confirmo'."

No dia seguinte, em uma *datcha* nos arredores de Moscou, Churchill continuou pressionando Mikołajczyk e lhe disse: "Devemos mostrar ao mundo o quanto você está agindo de forma irracional. Vai dar início a uma nova guerra em que 25 milhões de vidas serão sacrificadas! Mas você não se importa". Como o líder polonês continuou resistindo, Churchill prosseguiu: "Você devia estar em um asilo de loucos! Não sei se o governo britânico continuará o reconhecendo como governo".

De volta a Londres, Mikołajczyk escreveu para Roosevelt contando o quanto ficara "chocado" ao saber que em Teerã o norte-americano aceitara a Linha Curzon. Todavia, agora que já tinha sido reeleito, Roosevelt, mais pragmático do que Churchill na questão polonesa, tinha menos motivos para se importar com o que sentiam os poloneses dentro e fora dos Estados Unidos. Em 24 de novembro, Mikołajczyk renunciou ao cargo de primeiro-ministro. Se por um lado ele achava que Churchill e Roosevelt estavam abandonando a Polônia, por sua vez Churchill reclamava da teimosia dos poloneses de Londres e disse ao Parlamento que, se eles tivessem entrado em acordo com Stalin, "a Polônia poderia ocupar um lugar de destaque entre as nações que lutavam contra a Alemanha". Embora os governos britânico e norte-americano continuassem reconhecendo os poloneses de Londres sob seu novo líder Tomasz Arciszewski, as relações ficaram abaladas.

Mikołajczyk ainda tentou salvar alguma coisa. Em janeiro de 1945, disse a Charles Bohlen, que estava em Londres com Harry Hopkins, que "qualquer compromisso seria melhor do que um simples fracasso para chegar a um acordo" em Yalta, cuja única consequência seria "o domínio da Polônia" pela União Soviética. Pediu aos Aliados Ocidentais para propor um governo provisório "que consistiria em um grupo de poloneses proeminentes que tinham permanecido na Polônia e outros tantos entre os que tinham deixado o país", até que fossem realizadas eleições livres. Em Yalta, Hopkins e Bohlen transmitiram o desejo de Mikołajczyk a Roosevelt, que, como Churchill, concordou em apoiá-lo. Como escreveu Bohlen posteriormente, o objetivo dos líderes ocidentais em Yalta era absurdamente simples: o direito dos poloneses de governar a si mesmos, ainda que escolhessem um governo comunista.

Quando começou a sessão plenária às dezesseis horas de 6 de fevereiro, a Polônia não foi o primeiro item a ser debatido. Stettinius fez um breve resumo sobre as discussões mantidas pelos ministros do Exterior naquela manhã a propósito dos termos de rendição a serem impostos à Alemanha. Nessa ocasião, Churchill reafirmou seus argumentos a favor de uma França forte — quando as tropas norte-americanas se retirassem —, "pois só ela poderia evitar locais de lançamento de foguetes em sua costa no Canal e organizar um exército grande e poderoso o suficiente para conter os alemães". Reportando-se de certa forma a suas observações na véspera, Roosevelt disse que, embora naquele momento a opinião pública norte-americana desejasse um breve regresso de seus soldados, a organização de um mundo capaz de preservar a paz poderia alterar sua posição quanto à manutenção de tropas dos Estados Unidos na Europa.

Dessa maneira, Roosevelt habilmente puxou a conversa para a questão das Nações Unidas. A seu pedido, Stettinius expôs de forma um tanto prolixa a fórmula proposta pelos Estados Unidos para a deliberação sobre um Conselho de Segurança, algo que não fora decidido em Dumbarton Oaks. Cada um dos onze membros do conselho teria direito a um voto. Em questões de procedimento, nenhuma moção seria considerada se não fosse aprovada pelo voto de sete membros. Em outros assuntos — como admissão e expulsão de países da organização, supressão ou acerto de disputas, regulação de armamentos e envio de tropas para locais problemáticos —, mais uma vez seria necessária a aprovação de sete membros, mas estes sete teriam que incluir todos os cinco membros permanentes: União Soviética, Estados Unidos, Grã-Bretanha, China e França. Assim, cada um dos cinco teria o poder de veto, recusando seu apoio à moção. Roosevelt enviara dois meses antes, em 5 de dezembro, uma nota para Churchill e Stalin expondo essas propostas, mas, à medida que Stettinius continuava apresentando monotonamente os detalhes, Stalin parecia cada vez mais intrigado. Harry Hopkins concluíra que ele não se dera ao trabalho de ler a nota do presidente e que "esse sujeito não pode estar muito interessado nessa organização de paz". Os intérpretes não ajudaram. Com dificuldades para traduzir as nuances e complexidades apresentadas por Stettinius, algumas vezes ficaram confusos.

Stalin perguntou a Stettinius se a proposta que estava apresentando continha algo novo, que já não constasse da nota do presidente. "Uma pequena alteração de redação", respondeu, levando Stalin a suspeitar que, de acordo com o que falou Stettinius, "nós estivéssemos tentando lhe esconder alguma coisa". Stalin disse que as propostas não pareciam "totalmente claras" e que precisava estudá-las mais. Churchill interferiu, assegurando a Stalin que o governo britânico as examinara cuidadosamente e que eram aceitáveis. Embora "em última instância a paz mundial ficasse dependente da amizade e da cooperação entre os três governos presentes em Yalta, acreditava que as propostas então sob apreciação proporcionariam a nações menores um fórum no qual pudessem debater suas queixas. Essa possibilidade era uma questão de justiça porque, se assim não fosse, "pareceria que as três grandes potências estariam tentando governar o mundo, quando o objetivo era salvá-lo, sobretudo de uma repetição dos horrores desta guerra". Para reforçar seu argumento, Churchill disse que, se a China exigisse o retorno de Hong Kong, teria o pleno direito de justificar sua pretensão, mas, em uma instância final, a Grã-Bretanha defenderia sua posição exercendo seu direito de veto. Do mesmo modo, a Grã-Bretanha poderia vetar um pedido de devolução do canal de Suez apresentado pelo Egito.

Não obstante, Stalin continuou cético, duvidando de que a proposta assegurasse salvaguardas compatíveis para as grandes potências, mas também a satisfação dos pequenos países com a mera oportunidade de poder apresentar suas opiniões e queixas. Para ele, o maior perigo seria "um conflito entre nós mesmos". Rússia, Estados Unidos e Grã-Bretanha eram, naquele momento, Aliados, mas quem sabe o que acontecerá em dez anos, quando poderia haver uma nova geração de líderes? O sistema precisava ser suficientemente poderoso para "manter a paz por pelo menos cinquenta anos" e preservar a unidade das grandes potências e, por conseguinte, evitar "uma nova investida alemã".

Quando Churchill e Stettinius argumentaram que, segundo as propostas dos Estados Unidos, as Nações Unidas nunca dirigiriam seu poder contra um membro permanente, Stalin lembrou como, em dezembro de 1939, durante a guerra entre Rússia e Finlândia, a Grã-Bretanha e a França tinham conseguido expulsar a União Soviética da Liga das Nações e até cogitado "uma cruzada contra a Rússia". Roosevelt tentou acalmar a discussão. Sempre haveria divergências entre as grandes potências, mas o fato de poderem discuti-las francamente no Conselho de Segurança "demonstraria a confiança que existe entre nós e nossa capacidade para resolver problemas. Isso fortaleceria nossa unidade, em vez de enfraquecê-la". Stalin, com visível má vontade, concordou em estudar as propostas e continuar a discuti-las no dia seguinte.

Em seguida, foi a vez da Polônia. Abrindo o debate, Roosevelt disse, um tanto sem jeito, que, vindo dos Estados Unidos, tinha "uma visão distante da questão polonesa". Os 5 ou 6 milhões de poloneses que viviam nos Estados Unidos tendiam a aprovar a Linha Curzon como fronteira oriental, desde que a Polônia fosse recompensada com território alemão a oeste. Como fizera em Teerã, Roosevelt insinuou que convencer a opinião pública de seu país seria mais fácil se a União Soviética fizesse alguma concessão aos poloneses na nova fronteira oriental, como lhes cedendo a cidade de Lvov e as reservas de petróleo da região, embora não insistisse nesse ponto. Os poloneses, lembrou, eram "como os chineses [...] sempre preocupados em 'não serem humilhados'".

Stalin tomou a iniciativa e perguntou a quais poloneses Roosevelt estava se referindo: "Os verdadeiros ou os que emigraram? Os verdadeiros viviam na Polônia". Adiantando-se, Roosevelt disse: "O mais importante é um governo permanente para a Polônia". A opinião pública norte-americana se opunha ao reconhecimento do governo de Lublin apoiado pelos soviéticos porque acreditava que ele representava apenas uma pequena parcela do povo polonês. O que os poloneses querem é "um governo representativo" e propôs a criação de um Conselho Presidencial de líderes da Polônia para organizar tal governo, que seria composto pelos chefes dos cinco principais partidos políticos poloneses.

Churchill falou em seguida e declarou que, apesar das críticas sofridas no Parlamento, continuava apoiando com firmeza a Linha Curzon para demarcar a fronteira oriental da Polônia. "Depois dos sofrimentos por que passara a Rússia se defendendo dos alemães e os grandes feitos para expulsá-los da Polônia e libertar este país, sua pretensão se fundamentava não na força, mas no direito." Entretanto, repetiu o apelo do presidente para que houvesse concessões territoriais no leste, "como gesto magnânimo a favor de um país mais fraco". Mais uma vez fazendo eco a Roosevelt, alegou que a

Roosevelt, Stalin, Churchill e as delegações americana, soviética e britânica na Conferência de Teerã de 1943 — a primeira reunião dos Três Grandes, como eram chamados.

A destruição causada em Chiswick pela primeira bomba v2 nazista a atingir a Grã--Bretanha, em 8 de setembro de 1944.

O vagão ferroviário *Ferdinand Magellan*, que transportou Roosevelt na primeira fase de sua jornada para Yalta.

Roosevelt e Churchill a bordo do USS *Quincy*, no Grande Porto de Valeta, em Malta, em 2 de fevereiro de 1945, véspera da Conferência de Yalta.

Roosevelt e Churchill na chegada ao aeródromo de Saki, na Crimeia, em 3 de fevereiro de 1945.

Roosevelt a bordo do USS *Quincy* em Malta com Leahy, King, Marshall e Kuter.

O italianizado palácio de Livadia, construído pelo último czar, no qual Roosevelt se hospedou e onde as sessões plenárias da Conferência de Yalta foram convocadas.

Mulheres soviéticas trabalhando no palácio de Livadia.

O palácio Vorontsov — parte em estilo mourisco (primeira foto), parte em estilo escocês —, onde Churchill se hospedou durante a Conferência.

Um dos leões do palácio Vorontsov. Churchill os achou tão bonitos que quis comprar um.

O palácio de Yusupov em Koreiz, outrora propriedade do assassino de Rasputin, príncipe Felix Yusupov, onde Stalin se hospedou durante a Conferência.

Churchill, Roosevelt e Stalin durante a Conferência de Yalta com seus respectivos ministros das Relações Exteriores: Eden, Stettinius e Molotov.

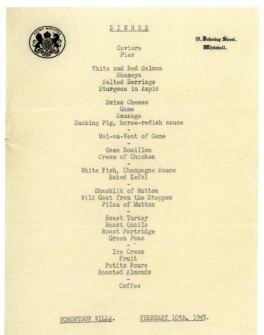

Menu do jantar oferecido por Churchill no palácio Vorontsov, na noite de 10 de fevereiro de 1945.

Stalin em Moscou, em agosto de 1945, com Malenkov, Beria e Molotov, à esquerda, e seu sucessor Khrushchev, à direita.

Stanisław Mikołajczyk, primeiro-ministro do governo polonês no exílio em Londres durante a maior parte da guerra e vice-primeiro-ministro da Polônia no pós-guerra.

Cadogan e Eden durante a Conferência de Teerã em 1943.

As filhas de Churchill, Roosevelt e Harriman — Sarah, Anna e Kathleen, respectivamente —, em Yalta, onde eram chamadas de "Três Pequeninas".

General Charles de Gaulle, líder da França Livre, que não foi convidado para a Conferência de Yalta.

Roosevelt e Churchill com o líder nacionalista chinês Chiang Kai-shek no Cairo durante o encontro preparatório para a Conferência de Teerã. Chiang Kai-shek não foi convidado para Yalta.

Encontro de Roosevelt com o rei da Arábia Saudita, Ibn Saud, em 14 de fevereiro de 1945, a bordo do uss *Quincy*, ancorado no Grande Lago Amargo, no meio do canal de Suez.

Refugiados alemães expulsos da Europa Oriental nos últimos estágios da guerra.

Os resultados dos bombardeios da RAF e da Força Aérea dos EUA em Dresden, em meados de fevereiro de 1945, realizados em cumprimento aos compromissos assumidos perante os soviéticos na Conferência de Yalta.

Encenação da captura de Berlim pelo Exército Vermelho soviético.

Delegados na primeira reunião das Nações Unidas, em São Francisco, em 25 de abril de 1945.

Churchill, Truman e Stalin na Conferência de Potsdam, realizada na Alemanha ocupada pelos Aliados, entre 17 de julho e 2 de agosto de 1945. Attlee substituiria Churchill como primeiro-ministro durante a conferência, após sua vitória nas eleições gerais britânicas.

A bomba atômica "Little Boy" explodindo sobre Hiroshima, em 6 de agosto de 1945.

liberdade e a independência da Polônia eram mais importantes do que fronteiras que demarcavam territórios. Fora por essa razão que a Grã-Bretanha entrara na guerra contra a Alemanha, assumindo um risco terrível, "que quase nos custou a vida". A Grã-Bretanha nunca aceitaria um acordo que não permitisse que a Polônia fosse "senhora de sua própria casa e dona de sua própria alma". Naquele momento, a Polônia possuía dois governos, o de Lublin e o de Londres. O mundo criticaria as três grandes potências, segundo declarou Churchill, se permitissem que grupos rivais as separassem. Seguramente, eles poderiam, ali em Yalta, organizar um governo representativo para a Polônia até que houvesse eleições plenas e livres.

A sessão foi interrompida por dez minutos a pedido de Stalin. Quando recomeçou, um Stalin "áspero e inflexível" apresentou sua resposta. Levantou-se teatralmente e ficou caminhando para um lado e para outro atrás de sua cadeira enquanto expunha sua posição. Foi a única vez durante toda a conferência em que demonstrou tanta emoção e falou por tanto tempo. Se a Polônia era ponto de honra para a Grã-Bretanha, para a Rússia era "questão de vida ou morte". Duas vezes no passado a Polônia tinha sido o corredor pelo qual as tropas alemãs tinham passado para atacar a Rússia. Tinham conseguido porque a Polônia era fraca. Ao contrário da Rússia czarista, que tentara anexá-la, a União Soviética queria não apenas assegurar a liberdade da Polônia, mas também mantê-la poderosa o bastante para impedir invasões.

Stalin lembrou a Churchill e Roosevelt que a Linha Curzon não era invenção russa e que o próprio Lenin se opusera a ela. Ao aceitá-la, já estava contrariando a posição de Lenin. Aceitar menos e oferecer concessões territoriais "seria vergonhoso" aos olhos de seus compatriotas. Os norte-americanos e britânicos desejariam que "os líderes soviéticos fossem menos russos do que Curzon?". Se a Polônia queria mais terras, elas deveriam estar no Ocidente, às expensas de territórios alemães. Lembrou a Roosevelt e Churchill que no mês de outubro anterior, quando esteve em Moscou, Mikołajczyk ficara "muito satisfeito" quando Stalin afirmou que a fronteira ocidental da Polônia seria o rio Neisse. Quis deixar bem claro o que queria dizer. Havia dois rios com o mesmo nome, um passando por Breslau e outro bem mais a oeste. "Era esse Neisse mais a oeste que tinha em mente." Será que Roosevelt e Churchill o apoiariam? O que Stalin não disse foi que, na verdade — e os líderes ocidentais desconheciam —, Molotov já assinara um memorando de entendimento com o chefe dos poloneses de Lublin comprometendo o governo soviético com a Linha Curzon e o Neisse mais a oeste como novas fronteiras da Polônia.

Stalin repeliu a sugestão de Churchill para, ainda em Yalta, se tratar da criação de um governo provisório. Esperava que fosse apenas um "escorregão" de Churchill. Afinal, como se poderia decidir isso sem a participação dos poloneses? "Dizem que sou ditador, e não um democrata, mas sou suficientemente democrata para me recusar a criar um governo polonês sem que os poloneses sejam consultados." Lembrou a Roosevelt e Churchill que, durante a visita de Mikołajczyk a Moscou em outubro de 1944, quando lá também estava Churchill, aparentemente houvera certa concordância sobre o assunto. Entretanto, mais adiante os poloneses de Londres rejeitaram todas as negociações com o grupo de Lublin, que chamaram de "bandidos e criminosos". Os poloneses de Lublin responderam à altura, acusando os de Londres de serem "traidores e vira-casacas". Alegou que não sabia como reconciliá-los, mas que tentaria chegar a uma solução e se ofereceu para convidar alguns do grupo de Lublin, cujos princípios democráticos eram "pelo menos os mesmos de De Gaulle", para irem a Yalta.

Por fim, Stalin declarou que, como militar, queria apenas uma coisa do governo de um país recentemente libertado pelo Exército Vermelho: que seus soldados "não fossem fuzilados pelas costas". Acusou os poloneses de Londres de apoiar partisans anticomunistas que atacavam suas tropas e já tinham matado 212 soldados russos e atacado depósitos de munições. Em contrapartida, o governo de Lublin estava sendo muito útil e nele se podia confiar para "manter a paz e acabar com a guerra civil e os ataques ao Exército Vermelho".

Um Roosevelt visivelmente cansado sugeriu o adiamento para o dia seguinte, mas Churchill tinha algo mais a falar. Disse a Stalin que as informações de que dispunha sobre a Polônia eram bem diferentes, insinuando que apenas um terço da população apoiava os poloneses de Lublin. Os Aliados Ocidentais temiam muito um conflito entre guerrilheiros poloneses e o governo de Lublin, além "das mágoas, do derramamento de sangue, das prisões e das deportações" que poderiam causar. Era por essa razão que estavam tão ansiosos por ver instalado um único e mais representativo governo.

Stalin nada disse. Roosevelt, decidido a encerrar a sessão, comentou que "a Polônia tem sido fonte de problemas por cerca de quinhentos anos". Churchill replicou: "Mais uma razão para acabarmos com esses problemas". Com isso, a sessão mais difícil da conferência chegou ao fim. Tanto norte-americanos quanto britânicos ficaram decepcionados com a resposta que Eden rotulou como "muito desagradável" de Stalin a respeito da Polônia. Depois da reunião, Churchill disse para Maisky:

> Fiquei muito aborrecido. Stalin está muito inflexível. Em minha fala tentei ser o mais cortês e cuidadoso possível. Mencionei "informações diferentes" [...]. Mas, falando francamente, todos os dias recebo muitas informações que revelam a situação interna da Polônia como um cenário extremamente sombrio: o governo de Lublin é impopular; muitos o detestam; todos os dissidentes estão sendo presos e exilados em massa para a Sibéria. Tudo é tratado na ponta das baionetas.

Contudo, como ele e Eden sabiam, na verdade "o Exército Vermelho controlava a maior parte do país. Portanto, Stalin podia impor sua vontade".

Naquela noite, durante o jantar, Eden e Churchill — que três dias antes dissera a Moran "Não podemos admitir que a Polônia se transforme em simples marionete da Rússia, onde quem não concorda com Stalin é sumariamente eliminado" — discutiram brevemente sobre o que poderiam fazer, mas não chegaram a conclusão alguma.

Embora cansado, naquela noite Roosevelt continuou pensando no problema da Polônia. Uma massagem e um pequeno descanso o restauraram um pouco antes do jantar, mas reclamou com Byrnes, que apareceu para vê-lo, que "as longas reuniões na verdade são culpa de Winston porque ele fala demais". Durante um jantar tranquilo, Roosevelt perguntou a sua filha e a Kathleen Harriman o que tinham achado da visita a Sebastopol, mas tão logo o jantar terminou, com a ajuda de Charles Bohlen escreveu uma carta para Stalin abordando a questão da Polônia e pediu a Harriman que a levasse imediatamente ao palácio Vorontsov a fim de ser mostrada a Churchill.

Como registrou Harriman, a carta estava maquiavelicamente escrita em termos que invocavam a preservação da unidade Aliada. Dizia ao marechal que Roosevelt estava "extremamente preocupado" com a possibilidade de as três potências não concordarem "com o projeto político para a Polônia". O fato de Stalin apoiar um grupo e seus aliados apoiarem outro insinuaria para o mundo que os observava a existência de uma brecha entre eles. O presidente queria aceitar a sugestão de Stalin para que fossem levados a Yalta membros do grupo de Lublin, desde que também fossem "outros representantes do povo polonês". Listou cinco deles, inclusive o arcebispo da Cracóvia. Se Stalin concordasse, se abriria a possibilidade de ele e Churchill aproveitarem as circunstâncias para se dissociar do governo de Londres e transferir seu apoio para um novo governo provisório de base mais ampla, do qual seria exigido o compromisso de realização de eleições livres o mais cedo possível. "Se não conseguimos chegar a um acordo justamente quando nossos exércitos convergem sobre o inimigo comum, como poderemos chegar a um entendimento em questões mais vitais para o futuro?", perguntou Roosevelt.

Churchill e Eden consideraram a redação do documento norte-americano "na direção certa, mas não suficientemente enfático". Sugeriram que Mikołajczyk e dois outros poloneses de Londres fossem acrescentados à lista dos poloneses de Lublin a serem convidados para Yalta. Harriman voltou com a proposta, e o presidente aceitou as alterações. A carta foi entregue no palácio de Yusupov na mesma noite. Nas primeiras horas de 7 de fevereiro, Churchill enviou uma mensagem para Clement Attlee: "Estamos passando por momentos complicados aqui. A questão da Polônia será muito difícil".

Mais uma vez, Stalin foi o único dos Três Grandes que ficou satisfeito. Na mesma noite, Lavrenti, pai de Sergo Beria, entrou em seu quarto alardeando: "Quanto à Polônia, Iosif Vissarionovich não cedeu um centímetro". Pescando o que podia sobre o que acontecera nas discussões daquele dia, Moran comparou Stalin e Roosevelt em seu diário: "Stalin não vê sentido em sentimentos vagos e nebulosas aspirações de liberdade de certas nações de menor expressão [...]. Já Roosevelt gostaria de ditar receitas para o mundo. Stalin ficou satisfeito ao deixar claro o que a União Soviética deseja absorver".

Enquanto isso, em Berlim, Eva Braun comemorava seu 33º — e último — aniversário com uma festa no complexo de abrigos à prova de bombas de Hitler sob os jardins da antiga chancelaria. Houve dança, e Hitler estava "radiante" e ainda esperançoso de que os Três Grandes fracassassem: "Esses países não conseguem se entender. Aquele que, como uma aranha em sua teia, consegue observar os acontecimentos, percebe que os antagonismos crescem cada vez mais, hora a hora".

Em 6 de fevereiro, em território alemão mais a leste, os comandantes soviéticos deram ordem para a prisão de todos os homens alemães com idade entre dezessete e cinquenta anos, que seriam enviados para a União Soviética a fim de realizar trabalhos forçados.

Em Manila, tropas japonesas ainda ofereciam forte resistência, levando jornais norte-americanos a publicar manchetes como "Japoneses incendeiam Manila". Na Birmânia, o 14º Exército Inglês atravessava o rio Irauádi e se preparava para avançar para Mandalay. Um jovem soldado britânico, George MacDonald Fraser, que mais tarde escreveria a série de livros *Flashman*, integrava uma patrulha quando apareceu um soldado japonês no topo de um barranco, a poucos passos de distância. Quando MacDonald Fraser o alvejou, o soldado japonês explodiu "e fiquei cego pelo intenso clarão [...]; caí, surdo e com os destroços desabando em cima de mim — terra, pedras e pedaços do japonês...". O soldado japonês era um homem-bomba suicida.

9
"A Riviera de Hades"

No quarto dia da conferência, 7 de fevereiro, a novidade da vida na Crimeia estava deixando de ser atraente e alguns aspectos começavam a ficar monótonos. Durante a caminhada que fizeram juntos, Anna Boettiger, Kathleen Harriman e Robert Hopkins deram chocolate para uma criança, mas um soldado soviético os obrigou a pegá-lo de volta, dizendo rudemente: "Crianças russas não estão precisando de alimentos".

Agentes da NKVD tinham previamente alertado cidadãos comuns para se manterem afastados dos estrangeiros e não aceitarem presentes. No verão anterior, um funcionário soviético orientara um diplomata norte-americano:

> Precisamos ensinar nosso povo a supor que todos os estrangeiros são espiões. Só desse modo podemos treiná-lo a exercitar o autocontrole que todos devem observar como cidadãos de uma grande potência [...]. Não podemos permitir que você se torne íntimo deles. Você vai lhes contar todo tipo de histórias sobre seu país, sobre o padrão de vida mais elevado [...]. Vai confundi-los. Vai enfraquecer sua lealdade a seu próprio sistema.

Robert Hopkins, como tantos outros, estava ficando cansado dos exageros da alimentação. "O caviar Beluga é abundante no palácio de Livadia.

Na verdade, uma porção individual generosa de caviar é o primeiro prato do desjejum todos os dias, seguido por arenque, pão, frutas e chá. O menu nunca varia. Gostaria de ter suco de laranja, ovos fritos, torradas e café." Normalmente, ele tomava o café da manhã no quarto do pai, Harry, servidos por uma dupla de carrancudos garçons do Hotel Metropol. O Hopkins mais velho se divertia ao ver o filho "tentando em vão, com gestos e rabiscos, descrever para os garçons o desjejum que preferia". Vários dias se passaram até "triunfantemente me trazerem uma dúzia de ovos de galinha fritos". Robert fazia suas outras refeições com o pessoal do serviço secreto e da Marinha norte-americana. O cardápio também nunca variava: "caviar com faisão assado, vagem, repolho e batatas, acompanhados por excelente vinho da Geórgia". William Rigdon, assistente da Marinha na Casa Branca, lembrou: "Quando alguns de nós pedíamos ovos e conseguíamos, vinham tão pouco cozidos que pareciam ter sido mergulhados em água quente e logo em seguida retirados da água. Quase crus, mas mornos".

O general Marshall estava enfrentando problemas mais sérios com a comida, principalmente com o pregado do mar Negro, a perca, o camarão, a lula e o lagostim, que apareciam com muita frequência no menu. Odiava peixe e era alérgico a moluscos, que lhe faziam mal. Durante a conferência, recorreu a um estoque de barras de chocolate tamanho gigante que trouxera. Eram o que o mantinha. No entanto, gostassem ou não, os membros das delegações perceberam o quanto eram privilegiados. Joan Evans, decodificadora britânica, inicialmente ficou encantada com os ursos de trinta centímetros de altura esculpidos com manteiga e colocados nas mesas de jantar, mas logo notou que, ao voltarem para a cozinha, os garçons mais idosos — relíquias dos tempos dos czares, achava ela — "comiam apressadamente tudo o que sobrava em nossos pratos e por isso deixávamos o máximo que podíamos".

Joan também estava se adaptando às restritas medidas de segurança para proteger segredos britânicos de Sergo Beria e sua equipe. Algumas óbvias vigilâncias no Vorontsov eram até divertidas. Dois dias após Portal "ter ficado admirado com dois grandes tanques transparentes com plantas e reparado que não continha peixes", o peixe dourado que costumava alimentar com moscas estava de volta. Um membro da segurança britânica fez uma varredura no local de trabalho inicialmente utilizado por Evans e suas colegas em busca de dispositivos de escuta, o que a deixou intrigada, porque "a ideia de aparelhos de escuta era novidade para mim". Considerando o aposento muito vulnerável, o homem da segurança transferiu os funcionários do setor de códigos e os equipamentos para outra sala.

> Ficava sempre conosco um marinheiro, 24 horas por dia, sete dias por semana. Normalmente, quando duas pessoas trabalham com códigos, boa parte desse trabalho é oral, mas fomos orientadas a guardar absoluto silêncio e todos os papéis usados para rascunho deviam ser colocados em sacos que seriam levados para o navio (o *Franconia*, em Sebastopol). Cobríamos as 24 horas do dia, éramos duas durante o dia e uma durante a noite.

O oficial de segurança alertou Joan que muitos "jovens varrendo casualmente" os corredores "provavelmente estavam nos espionando".

Contudo, ela e suas amigas desfrutavam alguns momentos agradáveis. Uma noite, membros da delegação naval britânica da missão militar em Moscou, "que havia muito tempo não viam uma garota britânica", as convidaram para uma festa animadíssima, que acabou com os homens bebendo champanhe nos sapatos delas. O "pessoal da inteligência" no Livadia alertou Anna Boettiger, doutor Bruenn e outros que costumavam fazer as refeições juntos "para considerar que todos os aposentos estavam com escutas e, portanto, que fossem cuidadosos com o que falavam".

As rotinas diárias foram se consolidando. De manhã e à noite, em seu escritório no palácio de Yusupov, Stalin revia com seus assessores os progressos realizados. Sempre encontrava tempo para conversar com quem, "por sua posição", fosse capaz de "manifestar uma opinião ou manter contato com norte-americanos e britânicos", como recordou Gromyko. Stalin também patrocinava no fim da noite festas para todos os 53 membros da delegação soviética, com o cuidado de "trocar algumas palavras com cada um deles".

Todas as manhãs, Churchill e Roosevelt examinavam os documentos que chegavam pelo correio diário que vinha de Downing Street e da Casa Branca. Em seguida, preparavam-se com seus assessores para a sessão plenária do dia. Alexander Cadogan escreveu para a esposa que "cada dia era igual ao outro". Os ministros do Exterior se reuniam por volta do meio-dia para examinar suas pesadas agendas, enquanto os chefes militares, cujas reuniões eram mais curtas, dispunham de algum tempo livre. Membros da delegação norte-americana recebiam convites para viagens a Sebastopol, embora a oferta não soasse muito tentadora: "É uma viagem de três horas por uma estrada sinuosa e montanhosa. Não há restaurantes ou hotéis. A viagem deve ser realizada somente à luz do dia". O escritório administrativo britânico, que funcionava no saguão do Vorontsov, oferecia visitas a atrações locais, como a casa de Tchekhov, jardins botânicos e outros lugares bonitos, e à Massandra, "onde é fabricado um dos famosos vinhos locais".

O marechal de campo Brooke e outros chefes britânicos decidiram naquele dia fazer uma excursão mais longa aos campos de batalha de Balaclava, cena da desastrosa carga de cavalaria da Brigada Ligeira da Grã-Bretanha em 1854, durante a Guerra da Crimeia. O local ainda era um palco de guerra. Com tantos destroços de combates recentes espalhados pelo terreno, Brooke precisou dos detalhados esboços sobre a campanha de 1854 que levara para poder reconstituir a ação. Ainda tentava decifrar como as coisas tinham acontecido quando "alguém descobriu um esqueleto humano completo a cinco passos de onde estávamos". Mexendo no esqueleto, ficaram em dúvida se tratava-se de um russo ou um alemão. Embora Brooke reconhecesse o quanto os soldados britânicos tinham sofrido quase um século antes com "a lama, as tempestades, as tremendas dificuldades e os terríveis sofrimentos", o que mais o comoveu — "como se neste remoto canto do mundo já não tivesse testemunhado sofrimentos humanos suficientes" — foram os "inúmeros sinais dos mais recentes combates para conquistar e libertar Sebastopol! Um túmulo ao lado dos destroços de um avião aqui, um tanque danificado ali, filas e filas de crateras de bombas e granadas [...] sepulturas estranhas e os escombros habituais dos campos de batalha. É muito estranho como a história se repete de diferentes maneiras".

Enquanto isso, naquele mesmo dia em Yalta, os chefes de Estado-maior norte-americanos aprovavam a linha que limitaria as áreas de bombardeios a serem realizados pelas Forças Aéreas norte-americana e britânica e pelas tropas soviéticas que avançavam rapidamente. A linha, traçada em comum acordo pelos Estados-maiores das Forças Aéreas dos três países, começava em Berlim, passava por Dresden e Viena e chegava a Zagreb. O objetivo era evitar que bombardeios anglo-americanos acabassem atingindo tropas soviéticas. No campo político, naquela manhã Harry Hopkins e James Byrnes ressaltaram para Edward Stettinius a importância de os soviéticos aceitarem o plano norte-americano para o sistema de votação no Conselho de Segurança das Nações Unidas e o pressionaram para levantar essa questão na reunião de ministros do Exterior que começaria no palácio de Yusupov ao meio-dia. Stettinius realmente tentou, mas Molotov, que presidiu a reunião, afirmou taxativamente que "naquele momento não estava preparado para discutir o assunto".

Roosevelt almoçou tranquilamente na companhia da filha e de "Pa" Watson, que parecia estar recuperado do recente mal-estar, quando foi expulso de seu quarto por Hopkins para que Churchill desfrutasse sua sesta lá. Sarah Oliver conduziu o pai para a sessão plenária sob um sol radiante que "se esforçava para aquecer os picos de granito e brilhava tanto sobre o mar que seu reflexo quase nos cegava. Papai e eu olhávamos serenamente para a cena e ele comentou: 'A Riviera de Hades!'". Mais cedo, ela caminhara até a praia "para ver mais de perto o mar Negro […] de um azul vivo salpicado de pontos brancos", em um turbilhão que sibilava ao se chocar com as gigantescas pedras.

A plenária começou pouco depois das dezesseis horas. De acordo com Stettinius, os britânicos souberam que os russos estavam dispostos a concordar com os procedimentos propostos para a votação na ONU. Sentando-se ao lado do presidente por alguns instantes, Churchill sussurrou: "Tio Joe vai concordar com Dumbarton Oaks". Não obstante, em suas primeiras palavras, Roosevelt apontou a Polônia, e não as Nações Unidas, como primeiro tópico de importância a ser examinado naquele dia, repetindo o argumento que usara no dia anterior de que "a questão do governo polonês" era mais relevante do que a das fronteiras polonesas. Não estava preocupado com a continuidade do governo naquele país — afinal, desde 1939 não havia um legítimo governo polonês —, mas queria que os Três Grandes agissem corajosa e resolutamente para chegar a um governo provisório. "Precisamos de algo novo e drástico, como um sopro de ar fresco."

Entretanto, antes que a discussão se voltasse para a Polônia, o protocolo exigia que os delegados ouvissem o relato de Molotov sobre a reunião de ministros do Exterior que ocorrera pela manhã. Pincenez pendente sobre o nariz, Molotov disse que o trabalho na reunião prosseguira em busca da melhor forma de incorporar uma referência ao desmembramento da Alemanha por meio de sua rendição incondicional e da divisão de seu território. Embora os ministros concordassem que a França deveria receber uma zona de ocupação, não houve acordo quanto à admissão do país na Comissão de Controle. Molotov e Stettinius eram a favor de transferir a decisão para a Comissão de Assessoramento na Europa, constituída pelas três potências em 1943 para estudar "questões europeias ligadas ao término das hostilidades". Eden, porém, insistia que a França deveria integrar a Comissão de Controle e que o assunto precisava ser decidido em Yalta. A respeito das reparações a serem pagas pela Alemanha, Molotov reafirmou que o novo comitê para examinar essa questão se reuniria em Moscou e que a prioridade seria buscar uma acordo sobre assuntos vitais, como o quanto e de que forma a Alemanha pagaria.

Roosevelt e Churchill reconheceram o trabalho dos ministros do Exterior, mas imediatamente começaram a divergir a respeito da França. Churchill defendeu firmemente que a concessão de uma zona de ocupação à França sem voz na Comissão de Controle era ilógica e inviável, enquanto Roosevelt continuou insistindo no adiamento de uma decisão. A acalorada discussão terminou com um impassível comentário de Stalin: "Os três governos têm resolvido muitas coisas por correspondência" — e a França não poderia fazer o mesmo?

Pondo de lado o assunto sem solução, Roosevelt propôs que tratassem da questão polonesa, esperando uma resposta à carta que acordara com Churchill e fora enviada para Stalin na noite anterior. Stalin alegou tê-la recebido "apenas uma hora e meia antes". Ele tentara falar com os líderes dos poloneses de Lublin por telefone, quando soube que estavam fora, em Cracóvia e Łódź. Quanto aos outros poloneses mencionados na carta, "não tinha a certeza de poderem ser localizados a tempo de irem à Crimeia". Molotov tinha propostas "que em certa medida iam ao encontro das ideias do presidente", mas como ainda não tinham sido traduzidas para o inglês, sugeriu que inicialmente discutissem as Nações Unidas — uma manobra inteligente de Stalin, que sabia muito bem que o assunto sensibilizava Roosevelt.

Alertado por Churchill que os russos tinham concessões a oferecer, rapidamente Roosevelt concordou. Molotov expôs a posição soviética. Após examinar o relato de Stettinius sobre o mecanismo de votação nas Nações Unidas e os esclarecimentos de Churchill, "o governo soviético considera que as propostas garantem plenamente a unidade das grandes potências na questão de preservação da paz" e eram "totalmente aceitáveis". Ficou evidente o alívio nas delegações norte-americana e britânica, com "sorrisos em todos os lábios", conforme escreveu Ivan Maisky em seu diário. Entretanto, não gostou do tom que os Aliados Ocidentais adotaram ao insistir na defesa de seus próprios interesses, que considerou hipócrita: "A Inglaterra e os Estados Unidos se colocaram na posição do Deus Todo-poderoso, com a missão de julgar o restante de um mundo pecador, inclusive o meu país".

Se desejava conquistar boa vontade, Stalin obteve pleno sucesso. Sergo Beria escreveu:

> Ao tratar com os Aliados, Stalin sempre procurou passar a impressão de ser homem de palavra. Chegou a fazer concessões a fim de atingir esse objetivo [...], mas cada um de seus gestos de boa vontade era cuidadosamente avaliado e ponderado antecipadamente. Ao contrário de Roosevelt, Stalin nunca agiu por impulso.

Nesse caso, avaliara que, fazendo uma pequena concessão, teria mais uma arma na mão. Molotov lembrou os presentes de que a admissão das dezesseis repúblicas soviéticas nas Nações Unidas já fora discutida em Dumbarton Oaks, mas não fora resolvida. A União Soviética não mais insistia na admissão de todas, mas ficaria satisfeita com a inclusão de Ucrânia, Bielorrússia e Lituânia, as repúblicas que "tinham feito os maiores sacrifícios durante a guerra, as primeiras a serem invadidas pelo inimigo" e que certamente eram tão dignas de serem membros quanto os domínios britânicos, como a Austrália e o Canadá.

Roosevelt, que dissera a seu Gabinete e aos líderes do Congresso em Washington que se os soviéticos insistissem em assentos extras, "exigiria

48 votos para os Estados Unidos", continuou se opondo. Enquanto Molotov ainda falava, passou um bilhete para Stettinius: "Isso não é bom".

Quando Molotov terminou, o presidente evitou dar uma resposta incisiva. Depois de esclarecer que os soviéticos se referiam à Assembleia Geral e não ao Conselho de Segurança, afirmou que a proposta de Molotov merecia ser estudada com mais profundidade, mas alertou que, "se as grandes nações tiverem direito a mais do que um voto, podem prejudicar a tese de um voto para cada membro". Em seguida, falou longamente — às vezes de forma confusa — sobre as dificuldades que poderiam surgir se essa tese fosse abandonada. Por exemplo, alguns países geograficamente grandes, mas de população pequena, e vice-versa. Quais seriam seus direitos? A prioridade imediata, insistiu, era realizar uma conferência no fim de março, ou mesmo antes, para discutir como a organização das Nações Unidas deveria ser criada. Uma questão-chave era: Quais nações deveriam ser convidadas para participar da reunião? Obviamente, as que lutaram contra Hitler, mas, e as outras, como Paraguai, Peru, Uruguai, Chile, Egito e Islândia, que simplesmente esfriaram as relações com a Alemanha, mas não declararam guerra?

Com Stalin começando a dar sinais de impaciência, Hopkins passou para Roosevelt uma nota:

> Senhor presidente,
> Creio que deveria tentar transferir esse assunto para os ministros do Exterior antes que surjam problemas.
>
> Harry

Roosevelt aceitou o conselho e propôs que se pedisse aos ministros do Exterior para recomendar onde e quando a conferência deveria ser realizada, que nações seriam convidadas e também para examinar a proposta soviética para a admissão de suas repúblicas como membros da organização.

Antes de chegarem a uma decisão, Churchill interveio. Consciente das implicações de "uma nação, um voto" para o Império Britânico, defendeu o direito dos quatro domínios autônomos do Império Britânico — Canadá, Austrália, Nova Zelândia e África do Sul, que tinham sido membros da Liga das Nações — a assentos nas Nações Unidas. Não tinham necessidade de combater, e seus governos entraram na guerra por iniciativa própria. Portanto, a Grã-Bretanha "jamais concordaria com um sistema que os excluísse". Por analogia, tinha "profunda simpatia" pelas aspirações da União Soviética com seus 180 milhões de habitantes e podia compreender a razão de "convir examinar a questão com uma visão das disposições constitucionais da Comunidade Britânica, que induzem à conveniência de termos mais de um voto na Assembleia". Não tinha autoridade pessoal para aceitar a proposta soviética sem consultar seu Gabinete de Guerra, mas talvez pudesse enviar um telegrama para Londres naquela mesma noite.

As observações de Churchill não surpreenderam os norte-americanos, que sabiam que ele protegeria a posição dos Domínios e até "o direito da Índia de integrar as Nações Unidas", conforme escreveu Bohlen. Entretanto, surpreenderam-se quando Churchill se opôs a uma conferência sobre as Nações Unidas logo adiante, em março, alegando que isso seria muito difícil, uma vez que "a batalha deveria estar no auge e muitos soldados estariam envolvidos mais do que em qualquer outro momento da guerra". Além disso, "algumas nações ainda estariam sob o jugo alemão [...], outras estariam famintas e na miséria, como a Holanda". Portanto, não era a hora apropriada para "assumir a imensa tarefa da futura organização do mundo".

Os comentários de Churchill espantaram também seus colegas britânicos. Eden considerou que os norte-americanos "compreensivelmente" se ressentiram com suas observações "porque já tínhamos concordado com essa reunião muito tempo atrás" e que elas eram "mais um exemplo da relutância do primeiro-ministro em ver as energias desviadas para tarefas de tempos de paz". Cadogan foi menos cauteloso: "O primeiro-ministro saiu dos trilhos. Velho tolo — sem sequer uma palavra prévia para Anthony [Eden] ou para mim, disparou essa longa arenga sobre [a] organização mundial sem nada saber sobre o que estava falando e transformando a questão em uma coisa totalmente sem sentido". Em nota que escreveu para Roosevelt, Hopkins alertou: "Por trás dessa conversa, existe alguma coisa cuja motivação desconhecemos. Talvez seja melhor esperar até a noite (para descobrir) o que ele tem em mente".

Roosevelt escreveu embaixo: "É tudo bobagem". Em seguida, riscou "bobagem" e substituiu por "política local". Hopkins respondeu: "Agora tenho certeza de que ele está pensando na próxima eleição na Grã-Bretanha".

Roosevelt insistiu com veemência em sua proposta para que os ministros do Exterior estudassem um local e uma oportunidade para a reunião — tão cedo quanto possível, como fora acertado em Dumbarton Oaks —, que países seriam convidados e o pedido da União Soviética para que suas repúblicas fossem inclusas na organização. Churchill cedeu, embora alertasse que a ocasião não devia ser uma mera questão de ordem técnica, mas objeto de "importante decisão". Stalin, que tantas vezes permaneceu quieto enquanto o presidente e o primeiro-ministro discutiam, disse calmamente que não se estava pedindo aos primeiros-ministros que decidissem coisa alguma, mas que apenas relatassem o que tinham conversado.

Churchill propôs que em seguida discutissem a Pérsia — como ele ainda gostava de chamar o Irã, embora o nome tivesse sido trocado em 1935 —, onde Grã-Bretanha e Rússia disputavam a influência desde os dias do "grande jogo". Em 1907, tinham concordado na repartição de esferas de influência, a Rússia dominando o norte e a Grã-Bretanha, o sul do país. No ano seguinte, prospecções tinham descoberto petróleo, e foi criada uma empresa, que se tornaria a British Petroleum Company (BP), para explorá-lo. Nos anos 1930, preocupado com as ambições britânicas e russas, o xá do Irã buscou se aproximar de Hitler para contrabalançá-las. Em agosto de 1941, porém, a Grã-Bretanha e a União Soviética, então aliadas, invadiram conjuntamente o país para, conforme o que anunciaram, proteger seu acesso às refinarias de petróleo. O xá do Irã apelou a Roosevelt para "adotar medidas humanitárias eficazes e urgentes para pôr fim a estes atos de agressão", mas o presidente preferiu não intervir. Um mês após a invasão, o xá abdicou em favor de seu filho, Mohammad Reza Pahlavi, mais submisso e que permaneceria no chamado Trono do Pavão até ser afastado em 1979 pelo aiatolá Khomeini. Depois que os Estados Unidos entraram na guerra, tropas e assessores norte-americanos também chegaram ao Irã, estabelecendo e fazendo funcionar a rota norte de suprimentos que servia ao Lend-Lease, do golfo Pérsico ao Azerbaijão, na União Soviética.

Em 1943, na Conferência de Teerã, os Três Grandes — todos então firmemente interessados no país — assinaram uma declaração garantindo a soberania, a independência e a integridade territorial do Irã, comprometendo-se a retirar suas tropas no prazo de seis meses após o fim da guerra e prometendo ajuda financeira. Suspeitando que, apesar das palavras eloquentes, seria difícil retirar russos e britânicos, o novo xá passou a cortejar os Estados Unidos. Roosevelt prometeu publicamente adotar para com o Irã uma política norte-americana altruísta, mas, de acordo com seu então secretário de estado Cordell Hull, apoiou velada e vigorosamente "os esforços das empresas norte-americanas a fim de obter concessões para exploração de petróleo" no Irã. No fim de 1944, essa posição ambígua obteve sucesso, permitindo que os Estados Unidos se firmassem como potência estrangeira predominante no Irã, financeira e politicamente.

Churchill, acabrunhado, percebeu a manobra. Contudo, não quis alimentar rivalidades por causa do petróleo que pudessem estremecer as relações anglo-americanas. A despeito de apreensões de alguns membros de seu Gabinete, em agosto de 1944 apoiou um acordo entre Grã-Bretanha e Estados Unidos sobre o acesso ao petróleo no Oriente Médio. O anunciado objetivo era desenvolver a produção de petróleo e torná-lo disponível para "todas as nações pacíficas do mundo a preços razoáveis e segundo um critério não discriminatório", mas a verdadeira meta era proteger os interesses britânicos e norte-americanos. Beria insistiu com Stalin para procurar ingressar no "clube do petróleo" anglo-americano e conseguir um acordo soviético-iraniano para concessões de exploração no norte do Irã. Stalin ignorou a primeira recomendação e acatou a segunda, mas ficou frustrado quando os iranianos — com incentivos norte-americano e britânico — resistiram à pressão soviética no fim de 1944 e aprovaram um decreto proibindo novas concessões para exploração petrolífera até a guerra terminar. Enquanto isso, os britânicos pressionavam para a retirada das tropas do Irã mais cedo do que ficara acertado em Teerã, manobra suspeita para os soviéticos, pois permitiria que os britânicos intensificassem seus negócios envolvendo petróleo no sul do Irã sem serem perturbados ou ameaçados por seus rivais estrangeiros.

Em consequência, o Irã foi um ponto doloroso para Stalin em Yalta. Não obstante, em 7 de fevereiro a discussão a respeito foi breve e Roosevelt se limitou a comentar que "até então nunca vira país mais pobre do que a Pérsia", mas que esperava que as Nações Unidas ajudassem essas nações subdesenvolvidas a contribuir para o comércio mundial. De acordo com Maisky, enquanto Churchill educadamente ouvia a declaração do presidente, "Stalin permaneceu calado, desenhando figuras em seu caderno de anotações" durante toda a inconclusiva conversa.

Finalmente, as propostas soviéticas tinham sido traduzidas para o inglês e distribuídas no salão de festas e, assim, a discussão mais uma vez se voltou para a Polônia, com Molotov expondo a posição soviética. A Linha Curzon deveria ser a fronteira oriental da Polônia, com pequenas variações de poucos quilômetros a favor da Polônia, e a fronteira ocidental seriam os rios Oder e o Neisse mais a oeste. Seria bom acrescentar ao governo provisório polonês (de Lublin) "alguns líderes democráticos oriundos dos círculos de emigrantes poloneses" e que os governos aliados reconhecessem esse governo ampliado, que realizaria eleições "tão cedo quanto fosse possível". Molotov disse que ele, Harriman e o embaixador britânico, sir Archibald Clark Kerr, quando regressassem a Moscou, submeteriam propostas detalhadas sobre como o governo provisório da Polônia se ampliaria. Pondo de lado o documento que tinha em mãos, Molotov repetiu a alegação de Stalin de que tinha sido impossível falar por telefone com a Polônia, mas que as propostas soviéticas "correspondiam plenamente aos desejos do presidente". Mais tarde, Bohlen escreveu que elas se tornaram "base para o acordo final sobre a Polônia". Não obstante, o debate estava longe de acabar.

Nem Roosevelt e tampouco Churchill questionaram a ridícula ficção de que tinha sido impossível entrar em contato com os poloneses de Lublin e convidá-los para irem a Yalta. Também não contestaram o fato de as propostas russas defenderem a manutenção do grupo de Lublin como núcleo do governo provisório polonês em vez do estabelecimento de um órgão totalmente novo, como já fora discutido. Roosevelt apenas argumentou que as propostas somente se referiam à inclusão de "emigrantes poloneses" no governo, sugerindo que poderiam ser encontrados "poloneses na Polônia" e pediu mais tempo para estudar as propostas com Stettinius. Churchill também questionou a palavra "emigrantes", mas por diferentes e um tanto pedantes razões. Na Grã-Bretanha, significavam pessoas afastadas de seus países por iniciativa de seus próprios concidadãos, como os refugiados da Revolução Francesa. Nessa ocasião, todavia, os poloneses tinham deixado seu país por causa da "brutal agressão alemã". Sugeriu que o termo "emigrantes" fosse substituído pela expressão "poloneses temporariamente no exterior", e Stalin concordou.

Em seguida, Churchill declarou que sempre fora a favor de mudar a fronteira polonesa mais para oeste, porém não mais do que os poloneses pudessem controlar, alegando que "seria uma pena se o ganso polonês ficasse tão saturado de alimentos alemães que acabasse morrendo de indigestão". O povo britânico ficaria "terrivelmente chocado" com a ideia de transferir à força tantos milhões de alemães para oeste. Quando Stalin tranquilamente comentou que isso não era problema porque "a maioria dos alemães dessa região já tinha partido para oeste fugindo do Exército Vermelho", Churchill reconheceu que esse fato tornava as coisas mais fáceis: "Ademais, 6 ou 7 milhões de alemães já tinham sido mortos e provavelmente pelo menos 1 ou 1,5 milhão mais seriam mortos até o fim da guerra", o que significava haver mais espaço. Não obstante, alertou que tão grande número de habitantes devia ser visto sob o ponto de vista da "capacidade dos poloneses de lidar com esse deslocamento e dos alemães de acolhê-los". Pediu tempo para "pensar sobre o problema". E assim — já eram vinte horas — a sessão plenária daquele dia foi suspensa.

À noite, Churchill teve um jantar agradável com a filha, Eden e Cadogan. Mais tarde, telegrafou para Attlee e o Gabinete de Guerra afirmando: "Hoje foi muito melhor. Todas as propostas apresentadas pelos norte-americanos em Dumbarton Oaks foram acolhidas pelos russos", que se limitaram a reivindicar que suas repúblicas fossem aceitas como membros da Assembleia Geral. Obviamente, "Roosevelt previu dificuldades sob o ponto de vista norte-americano", mas a posição britânica, comentou Churchill, "era até certo ponto diferente". A Grã-Bretanha estava pedindo "um grande acordo" a propósito do direito a vagas na Assembleia para Canadá, Austrália, África do Sul, Nova Zelândia e talvez Índia, assim como, claro, para si mesma. Não era "pedir muito" que a Rússia tivesse assentos na Assembleia para duas de suas repúblicas, e isso livraria a Grã-Bretanha de críticas, pois "não seria o único país a contar com múltiplos votos no plenário". Além disso, optar por "um gesto amistoso com a Rússia" seria proveitoso "tendo em vista outras concessões importantes pendentes ou feitas pelo país". Pediu autorização para informar aos russos que, quando a questão de suas repúblicas fosse submetida para decisão, em Yalta ou mais tarde, a Grã-Bretanha os apoiaria. Seria "uma espécie de acordo de cavalheiros".

O otimismo de Churchill se refletiu em uma breve descrição de Yalta para seus colegas do Gabinete:

> A despeito de nossas apreensões e previsões sombrias, Yalta acabou sendo uma surpresa muito agradável, pelo menos até agora. É uma faixa abrigada da austera Riviera, com estradas sinuosas como Corniche. As mansões e os palácios [...] remontam à nobreza e ao imperialismo já extintos. Neles nos instalamos usufruindo do mobiliário trazido de Moscou com extraordinário esforço.

A respeito da questão da Polônia, também tinha um vislumbre de esperança e telegrafou para Attlee naquela noite: "Pretendo lutar firmemente por um governo na Polônia que nós e os Estados Unidos possamos reconhecer e reivindicar seu reconhecimento por todas as Nações Unidas". Em contrapartida, a Grã-Bretanha exigiria "uma realmente substancial e efetiva representação" dos poloneses de Londres, particularmente de Mikołajczyk, assim como "dos poloneses que permaneceram na Polônia, citados pelos norte-americanos". Seria conveniente reconhecer imediatamente tal governo, para que "possamos enviar embaixadores e delegações para a Polônia e finalmente descobrir o que está acontecendo lá e verificar se podem ser estabelecidas as bases para uma eleição livre, justa e sem restrições que possa dar vida e legitimidade a um governo polonês".

Cadogan também achava que finalmente estava havendo progresso: "Tio Joe mostra sinais de boa vontade" no que se refere tanto às Nações Unidas quanto à questão polonesa. Eden, porém, estava menos otimista, lembrando que, a propósito da Polônia, "os russos mais uma vez tinham feito concessões que nos dão alguma esperança, embora ainda estejamos longe do que desejamos". Tentando diminuir as diferenças, naquela noite ele e sua equipe revisaram a proposta soviética e prepararam uma nova versão a ser discutida no dia seguinte.

Naquela noite, o presidente estava de bom humor, mas, quando esteve com ele, Stettinius constatou que estava preocupado com o pedido russo de membros extras na Assembleia Geral das Nações Unidas, proposta que passou algum tempo analisando. "Sob o ponto de vista de geografia e população, achava que nada havia de absurdo na proposta russa de contar com votos extras", disse a Stettinius, principalmente porque o verdadeiro poder continuaria com o Conselho de Segurança, onde cada país, grande ou pequeno, teria apenas um voto. Além disso, sabia que para Stalin "o voto da Ucrânia seria vital [...] para a União Soviética". Roosevelt também refletiu:

> Os britânicos também estavam em situação embaraçosa sob o ângulo de uma decisão do Império Britânico opondo-se à pretensão russa. A Índia não era autônoma — e Churchill deixou claro que não era a favor da independência indiana — e mesmo assim a Índia deveria ter direito a um voto.

Mais tarde, à noite, no palácio de Yusupov, Antonov apresentou seu habitual relatório militar a Stalin. Por volta da meia-noite, Stalin e seus chefes militares sentaram-se para uma refeição. Stalin perguntou ao almirante Kuznetsov sobre a situação da esquadra soviética no Pacífico. Kuznetsov, ansioso para entrar na guerra contra o Japão, lembrou Stalin que no começo da conferência pedira autorização para discutir com o almirante King a transferência de alguns navios de guerra norte-americanos para a esquadra soviética. Stalin lhe disse para esperar, mas que "conversaria com Roosevelt".

Naquele dia, 7 de fevereiro de 1945, sob frio cortante e chuva fina, divisões de infantaria norte-americanas estavam atravessando o rio Sauer, partindo de Luxemburgo e entrando na Alemanha. Como lembrou um daqueles soldados da infantaria:

> À nossa frente estava a famosa Linha Siegfried de fortificações, guarnecida por uma elite de oficiais das ss, e não por soldados de dezesseis ou 65 anos da Volksturm apressadamente colocados por Hitler na frente de combate. Nossa missão era transpor o rio em botes de assalto e subir uma colina muito íngreme e enlameada, avançando três passos e recuando dois. Trincheiras de concreto bloqueavam o avanço com metralhadoras varrendo a encosta da colina [...]. Graças ao general Patton, todos os meios disponíveis, além de tanques e até

canhões antiaéreos, martelaram incessantemente a colina e até mais adiante; as trajetórias dos projéteis riscando o céu parecia um interminável trem de carga retumbando sobre nossas cabeças [...]. Então foi nossa vez. A barragem de artilharia prosseguiu até o último momento possível. As fortificações de concreto eram imunes às granadas de artilharia, e sua única vulnerabilidade eram as portas de aço nas laterais e na retaguarda. Apesar disso, seus ocupantes devem ter ficado espantados porque mesmo assim conseguimos conquistar a terrível e enlameada colina.

No mesmo dia, após 48 horas de violentos combates, a 2ª Frente Ucraniana conquistou a estação ferroviária ao sul de Buda, no setor ocidental de Budapeste, capital da Hungria, na margem do Danúbio oposta a Peste. O Exército Vermelho se apoderou de toda a cidade depois de um cerco que durou seis semanas e cobrou alto custo em vidas de civis. Um sobrevivente recordou:

> Meu Deus, dias terríveis. Eu era apenas um adolescente [...] e lembro que passei a maior parte do tempo durante o cerco no fundo de nosso porão, à luz de velas e em meio a pilhas de alimentos e carvão, enquanto a cidade era devastada. À noite, um jovem soldado alemão chamado Gunther — era apenas alguns anos mais velho que eu — vinha e ficava conosco. Minha mãe tentava consolá-lo quando ele chorava de saudade da família e dizia que não queria morrer sozinho em Budapeste. Um dia não mais voltou.

Enquanto isso, na Alemanha, no mesmo dia os engenheiros alemães do vale do Ruhr explodiam os portões de barragens em esforço desesperado para impedir o avanço dos Aliados transformando a região a oeste de Colônia em um lago. Na Prússia Oriental, o fogo naval dos cruzadores alemães *Scheer* e *Lützow* dificultavam os ataques soviéticos ao norte de Königsberg.

No outro lado do Atlântico, o Paraguai — um dos países mencionados por Roosevelt por se omitir — e a Argentina finalmente declararam guerra à Alemanha e ao Japão.

Os povos britânico e norte-americano mal escondiam a alegria com as boas notícias, os jornais exibindo manchetes como "Linha do rio Oder cai depois de violentos ataques"; "Começa a grande ofensiva sobre Berlim"; "Japoneses cercados incendeiam Manila" e, com otimismo, "'Três Grandes' chegam a total acordo para apressar a guerra contra a Alemanha". Esta última era mera especulação, uma vez que o sucinto comunicado para a imprensa, preparado pelos ministros do Exterior, destacando os objetivos da conferência só foi expedido naquele dia e não mencionava tal pretensão.

10
"As imensas planícies ensolaradas da paz e da felicidade"

Começou o quinto dia da conferência, 8 de fevereiro, quinta-feira, e Sarah Oliver escreveu para a mãe: "Papai está aguentando muito bem, apesar da tensão de ter que tratar de tantas coisas em tão pouco tempo, com a paciência e o árduo trabalho que um milhão de complexidades exigem [...]. Tem dormido bem, sem precisar daquelas pilulazinhas cor-de-rosa". Ela e Sawyers, mordomo de Churchill, tiveram "uma ideia maravilhosa" para manter seu pai bem alimentado durante as longas sessões plenárias: "Vamos mandar para ele uma canja de galinha em uma garrafa térmica e quando houver um intervalo de alguns minutos para o chá, ele pode tomar sua canja! Se não resolver beber uísque com soda!".

Com um vento frio soprando de leste, Moran e Cadogan foram visitar a pequena e bem arrumada casa de Tchekhov lá no alto de Yalta, como fizera Kathleen Harriman poucos dias antes, quando esteve com a irmã do escritor, "uma velha senhora de 83 anos, emocionada por se encontrar com alguns norte-americanos". Moran achou um tanto sombria a sala de jantar com o piano, uma grande fotografia do dramaturgo "e uma pintura, obra do irmão de Tchekhov, em tamanho natural, mostrando uma jovem mulher sentada distraidamente, a mão pendente e visivelmente disforme". Gostou mais da acolhedora sala de estar com a janela de onde se descortinava o vale, o busto de bronze de Tolstói e, sobre uma mesa, o pequeno estetoscópio de madeira que pertencera a Tchekhov, médico que morreu tuberculoso e somente depois de muita relutância deixou de exercer a profissão por recomendação de seu próprio médico.

Moran também esteve no Livadia para visitar Hopkins. Parecia "péssimo", embora logo "começasse a conversar com sua velha verve" sobre o pedido soviético por dois votos adicionais na Assembleia Geral das Nações Unidas. Reclamou: "O presidente parece não ter opinião firmada. Veio para Yalta aparentemente decidido a se opor a que alguma nação tivesse mais de um voto, porém, quando o primeiro-ministro opinou veementemente a favor da proposta de Stalin, Roosevelt declarou que também apoiaria Stalin". Alguns membros da delegação norte-americana — ele e Byrnes inclusive — se opunham firmemente à exigência soviética e o membro do Departamento de Estado, Alger Hiss, fizera circular naquela manhã um documento intitulado "Argumentos contra a inclusão de qualquer república soviética no grupo inicial de membros". Fica-se imaginando se ele passou cópias para seus contatos russos. Ao meio-dia, Roosevelt se reuniu com Hopkins, Harriman, Byrnes e Bohlen para examinar a questão.

Enquanto isso, Stettinius se dirigia de carro para o palácio Vorontsov, onde Eden estava presidindo a reunião de ministros do Exterior prevista para aquele dia e na qual os principais assuntos a serem discutidos seriam a ocasião e o local da conferência inicial das Nações Unidas e, claro, o pedido soviético por membros adicionais. Passando com cuidado pelas estreitas curvas e à beira de precipícios, Stettinius ficou impressionado com as ruínas queimadas de mansões onde no passado a aristocracia dos dias czaristas passava amenos verões e que agora salpicavam, com ares fantasmagóricos, as encostas das montanhas.

Os ministros do Exterior rapidamente concordaram com a data para a conferência — 25 de abril — e aceitaram o convite de Stettinius para que fosse realizada nos Estados Unidos. As discussões sobre a solicitação soviética por assentos extras foram mais difíceis. Embora Roosevelt tivesse dito a Stettinius na noite anterior que a reivindicação russa "era razoável" e se mostrasse disposto a fazer algumas concessões, Stettinius não quis apresentar a posição dos Estados Unidos até poder conversar novamente com o presidente e se certificar de que ele chegara a "uma conclusão definitiva".

Portanto, tentou o meio-termo, dizendo para Molotov que o pedido soviético seria analisado com "toda consideração" na reunião de abril. Impassível e com apoio de Eden, Molotov lutou pela concessão imediata dos assentos adicionais para os soviéticos. Quando Stettinius se opôs, alegando que isso conflitaria com o princípio de "uma nação, um voto" que fora aprovado em Dumbarton Oaks, Molotov o lembrou de que a Austrália e o Canadá seriam membros individuais da organização, apesar de integrarem o Império Britânico. Começou, em seguida, a criticar outros aspectos das propostas envolvendo as Nações Unidas, comentando que alguns países que seriam convidados não mantinham relações diplomáticas com a União Soviética e indagando qual governo polonês estaria presente. Também insinuou que se as potências fracassassem na tentativa de concordar quanto aos países que seriam membros das Nações Unidas, o fato deveria ser levado ao conhecimento público.

Constatando que a exposição de desavenças entre os Aliados comprometeria a nova organização antes mesmo que fosse criada, Stettinius imediatamente replicou que estava buscando uma forma de satisfazer ao pedido soviético antes da conferência para tratar das Nações Unidas. Quando Eden sugeriu a inclusão das repúblicas soviéticas como membros originais na pauta da conferência, Molotov insistiu em "um aperfeiçoamento" no plano de Eden, ou seja, uma declaração de que em Yalta os ministros do Exterior tinham concordado que era aconselhável admitir na Assembleia duas ou três repúblicas soviéticas". Stettinius declarou que estava "positivamente impressionado", mas tinha que consultar o presidente. Esperava que "os Estados Unidos pudessem dar uma resposta favorável antes do fim do dia".

Tão logo a reunião terminou, Stettinius voltou rapidamente ao Livadia e relatou para o presidente o que acontecera. Ficou a cargo de uma comissão de redação a preparação do relatório que Eden deveria apresentar na sessão plenária daquele dia. Stettinius disse ao presidente que britânicos e russos estavam unidos na pressão pela inclusão como membros das Nações Unidas de pelo menos duas repúblicas soviéticas, mas que "defendera a posição norte-americana". Naquele momento, às 15h30, justamente quando Roosevelt respondia que "de alguma forma agora temos que aceitar a proposta", as portas do gabinete se abriram e Stalin entrou, acompanhado por

Bohlen. Imediatamente, Roosevelt lhe disse que os ministros do Exterior tinham se reunido e chegado a um acordo a respeito do relatório a ser apresentado na reunião plenária daquele dia. Quando Stalin perguntou se o acordo incluía a admissão de outras repúblicas soviéticas, o presidente simplesmente disse "sim".

O assunto que levou Stalin a fazer essa visita privada ao presidente tinha sido objeto de memorando de Roosevelt para ele em 5 de fevereiro, versando sobre a entrada da União Soviética na guerra contra o Japão. A aproximação em paralelo dos chefes de Estado-maior norte-americanos com seus correspondentes russos produzira frutos. De modo, até certo ponto, surpreendente, os chefes russos tinham concordado em se reunir com os norte-americanos no palácio de Yusupov às quinze horas do mesmo dia — um bom sinal, julgou o general Marshall. Enquanto Roosevelt recebia Stalin no Livadia, os dois lados já estavam sentados lado a lado pela primeira vez na guerra sem a presença dos britânicos. Leahy e Marshall detalharam o apoio que queriam da União Soviética. Antonov foi receptivo e considerou "excelentes" as propostas norte-americanas, mas acrescentou que não poderia concordar com proposta alguma sem autorização de seu comandante em chefe, Stalin.

Em seguida, Roosevelt passou a lutar pelo comprometimento que seus chefes militares tanto queriam. Disse a Stalin que, com a queda de Manila, a guerra no Pacífico entrara em nova fase. Considerando que o Japão contava com 4 milhões de soldados, ele só invadiria as ilhas japonesas se fosse absolutamente necessário, mas esperava que "um bombardeio intensivo capaz de destruir o Japão e suas Forças Armadas pudesse poupar vidas norte-americanas". Para tanto, precisava de novas bases aéreas no Extremo Oriente.

Stalin disse que não se oporia à instalação de bases norte-americanas no rio Amur, fronteira entre o extremo oriental da Rússia e o nordeste da China, mas ressalvou que seria difícil ter bases dos Estados Unidos na península Kamchatka: um cônsul japonês lá baseado não deixaria de perceber a instalação militar. Não obstante, concordava que uma equipe de militares soviéticos começasse a conversar com seus correspondentes norte-americanos sobre um planejamento detalhado. Sabendo que Roosevelt era quem estava pedindo e que ele precisava ceder, Stalin então indagou se após a guerra os Estados Unidos não poderiam vender parte de seus navios mercantes excedentes para a União Soviética, como Stettinius insinuara a Molotov. Roosevelt respondeu que seria possível tanto os Estados Unidos quanto a Grã-Bretanha cederem navios mediante crédito sem juros, acrescentando que, embora "os britânicos nunca vendam nada sem [cobrar] juros [...] a ideia dele era diferente". Quando Stalin elogiou a posição do presidente e saudou o Lend-Lease como "uma notável iniciativa sem a qual a vitória demandaria mais tempo a ser obtida", Roosevelt disse que a ideia lhe ocorrera pela primeira vez a bordo de seu iate.

Em seguida, Stalin apresentou as condições para entrar na guerra contra o Japão. Não eram novidade para Roosevelt. Em meados de dezembro de 1944, em Moscou, Stalin apresentara a Harriman uma lista de exigências que agora retomava. Primeiro, reivindicava a metade sul da ilha de Sacalina, no norte do Japão, e as quase desabitadas ilhas Curilas, arquipélago de 32 ilhas, que se estende por 1.280 quilômetros desde dezesseis quilômetros ao norte de Hokkaido, a mais setentrional das ilhas do Japão até a península russa de Kamchatka. Acreditando que o Japão ocupara todos esses territórios depois de sua vitória sobre a Rússia czarista na guerra russo-japonesa de 1904-1905, Roosevelt garantiu que "não haverá dificuldade alguma" para restituí-los à Rússia. Na verdade, naquela época o Japão se apossara apenas da ilha de Sacalina mais ao sul. Antes disso, a Rússia czarista cedera as Curilas ao Japão na segunda metade do século XIX. Posteriormente, Bohlen escreveu: "Se o presidente tivesse feito seu dever de casa, ou um de nós tivesse se familiarizado com a história do Extremo Oriente, os Estados Unidos não teriam cedido as Curilas a Stalin com tanta facilidade".

Inesperadamente, logo em seguida Roosevelt lembrou Stalin da carta em que, na Conferência de Teerã, o ditador solicitava acesso aos portos de mares quentes na Manchúria, que a Rússia perdera em consequência da guerra de 1904, sugerindo que a solução seria Dairen, no fim da ferrovia manchuriana, sob controle chinês. Reconhecendo que ainda teria que discutir o assunto com seu aliado, o líder chinês Chiang Kai-shek sugeriu que Dairen fosse transformado em porto livre internacional ou que a União Soviética o arrendasse da China. Pessoalmente, preferia a primeira opção por causa da questão de Hong Kong, que esperava que os britânicos restituíssem à China depois da guerra para funcionar como porto internacionalizado, embora "soubesse que o senhor Churchill se oporia veementemente".

Stalin afirmou que não se opunha a Dairen se tornar porto internacional, mas prosseguiu fazendo exigências que incluíam o acesso à ferrovia da Manchúria, frisando que os czares a tinham usado. Roosevelt sugeriu que Rússia e China poderiam operá-la em conjunto ou que a Rússia arrendasse diretamente a ferrovia, mas novamente ressalvando que teria que consultar Chiang Kai-shek.

Stalin não compartilhava as precauções de Roosevelt, embora manifestasse comedidamente suas opiniões. Em caráter particular, considerava o líder nacionalista chinês uma pessoa sem importância e não tencionava permitir que o escrúpulo de consultá-lo se transformasse em obstáculo. Disse a Roosevelt que, a menos que todas as suas exigências fossem atendidas, seria difícil explicar ao Soviete Supremo a razão de seu país entrar em uma guerra contra o Japão, país que, ao contrário da Alemanha, não atacara sua nação e com quem assinara um pacto de não agressão. Por outro lado, se suas condições fossem aceitas, o Soviete Supremo e o povo russo compreenderiam que a iniciativa envolvia o interesse nacional. Como constatou Bohlen, invocar o Soviete Supremo como "árbitro predominante no país" era uma manobra muito empregada por Stalin. Embora conseguisse ludibriar pouca gente, muitas vezes indicava as questões que o marechal estava determinado a conduzir à sua maneira. Por sua vez, Stalin desconfiava que o presidente fazia o mesmo jogo e disse a Molotov:

> Roosevelt [...] acha que vou acreditar que está de fato com medo do Congresso e que esse é o motivo para não poder nos fazer concessões. Ele apenas não quer fazê-lo e está usando o Congresso como desculpa. É um absurdo! [...] Mas não vai me enganar.

Roosevelt repetiu pela terceira vez que ainda não conseguira conversar com os nacionalistas chineses, mas se desculpou por ainda não ter discutido a questão alegando que a segurança que ofereciam era tão frágil que tudo o que lhes dissesse o mundo todo saberia em 24 horas. No entanto, por mais delicado que fosse o problema, o fato é que se tratava de questão importante.

Se o Japão tomasse conhecimento de um pacto entre norte-americanos e soviéticos contra o país, suas forças poderiam atacar a Sibéria antes de a Rússia estar pronta para enviar tropas para a região. Stalin concordou que nada poderia ser anunciado ao público e sugeriu que não seria conveniente conversar com Chiang Kai-shek até que as divisões soviéticas tivessem sido deslocadas para leste. Astutamente, também propôs "que seria bom partirmos daqui com essas condições registradas por escrito e aprovadas pelas três potências". Roosevelt concordou que Molotov redigisse um acordo secreto.

Se é verdade que Chiang Kai-shek estava sendo colocado de lado, o fato é que de certo modo Churchill também estava. O primeiro-ministro ficou desapontado ao saber, ao chegar ao Livadia para a sessão plenária, que Stalin estava reunido privadamente com Roosevelt. O presidente nada lhe dissera sobre a reunião. Stettinius enviou um assistente com uma mensagem informando que o primeiro-ministro britânico tinha chegado e Roosevelt escreveu como resposta o seguinte: "Deixe que espere".

Churchill também teria ficado decepcionado se soubesse que Roosevelt e Stalin tinham discutido o compartilhamento de interesses no Extremo Oriente. Roosevelt propôs que após a guerra a Coreia — ocupada pelos japoneses desde 1910 — fosse administrada por um órgão composto por membros soviéticos, norte-americanos e chineses que prepararia o país para um possível governo autônomo, mas, como sugeriu, tinha uma questão "delicada". Embora pessoalmente não visse necessidade de participação britânica, achava que "eles podem ficar ressentidos". Em comentário espirituoso, Stalin replicou que sem dúvida eles deviam ser convidados ou "o primeiro-ministro vai nos matar". Quando lhe foi perguntado se tropas estrangeiras ficariam baseadas na Coreia, Roosevelt respondeu negativamente. O presidente lembrou que uma administração estrangeira também seria conveniente para a Indochina, cujo povo era "de baixa estatura e [...] não era belicoso", porém, em mais uma estocada em Churchill, comentou que os britânicos se oporiam, pois desejavam que a Indochina fosse restituída à França, para que seu governo na Birmânia não fosse questionado.

Em seguida, o presidente e Stalin cobriram a pequena distância que os separava do salão onde os delegados da assembleia os esperavam. Era compreensível que ambos estivessem satisfeitos. Em uma reunião que mal durara meia hora, Roosevelt assegurara a concordância soviética à entrada do país na guerra contra o Japão, enquanto Stalin conquistava seu objetivo de conquistas territoriais às expensas do Japão e os soviéticos firmavam pé no nordeste da China à custa de um importante, mas não consultado, aliado dos Estados Unidos.

Às 16h15, Roosevelt abriu a quinta sessão plenária com o auspicioso anúncio de que os ministros do Exterior tinham obtido "sucesso absoluto" em suas discussões e convidou Eden para apresentar o relatório. Como esperado, Eden afirmou que os ministros recomendavam que a Conferência das Nações Unidas fosse realizada em 25 de abril de 1945 nos Estados Unidos, que somente os países que tinham declarado guerra à Alemanha e assinado a Declaração pelas Nações Unidas até uma data específica em fevereiro fossem convidados e que a própria conferência decidiria quais seriam considerados membros originais da organização. Assim, os delegados norte-americanos e britânicos apoiariam a proposta para admitir duas repúblicas soviéticas como membros iniciais.

Depois de sua breve conversa com Stettinius, essa última declaração não surpreendeu Roosevelt, mas chocou alguns membros de sua delegação. Alger Hiss, um dos que participara da redação do relatório dos ministros do Exterior que tinha sido datilografado pelos britânicos, sabia que o original não fazia referência a apoio norte-americano aos votos extras nas Nações Unidas para as repúblicas soviéticas. A primeira vez que soube foi quando Eden lhe mostrou uma cópia do relatório, justamente na iminência da abertura da plenária. Embora como agente soviético a nova redação o deixasse satisfeito, em sua posição de dedicado homem do Departamento de Estado, ele se juntou aos colegas que acusaram os britânicos de irem além de sua autoridade. Ele questionou Eden, que retrucou: "Você não sabe o que está acontecendo". O que realmente aconteceu permanece nebuloso. Os britânicos, insistiu Stettinius — possivelmente depois de seu breve encontro com o presidente —, tinham aprovado o texto. Mais tarde, Stettinius declarou que o próprio presidente tinha aprovado depois de "uma conversa em particular" com os britânicos.

Não importa o que realmente aconteceu, mas o fato é que Stalin ainda estava longe de ficar satisfeito com as propostas relacionadas às Nações

Unidas. Como fizera Molotov, insistiu na insensatez de uma lista de membros aceitáveis segundo os critérios para admissão na ONU que incluísse dez países que não mantinham relações diplomáticas com a União Soviética. Como esperavam que o governo soviético "tentasse construir a segurança do mundo no futuro" ao lado de tais nações? Roosevelt insinuou que a maioria dessas nações gostaria de manter relações com a Rússia, "mas não tinha se preocupado em tomar alguma iniciativa a respeito" e, no caso das demais, responsabilizava a Igreja católica, inimiga da União Soviética. Também lembrou Stalin que no princípio da guerra a União Soviética tinha dominado essas nações. A melhor forma de estimulá-las a restabelecer relações era, sem dúvida, convidando-as para a conferência.

Não convencido, Stalin também questionou por que países que "tinham ficado indecisos e hesitaram em aderir ao lado que triunfou" e agora se apressavam em declarar guerra à Alemanha deveriam ser tratados como os que "tinham realmente participado da guerra e sofrido suas consequências". Churchill disse que simpatizava com a opinião de Stalin, mas achava que "o fato de contarem com um grupo totalmente novo de nações declarando guerra à Alemanha serviu para abater o moral alemão. Também afirmou que o governo britânico sentia ter uma responsabilidade especial em relação ao Egito, que por duas vezes foi dissuadido da ideia de declarar guerra à Alemanha e à Itália para preservar sua neutralidade, mais útil para a Grã-Bretanha do que se tivesse entrado no conflito. Roosevelt afirmou que tinha sido sua ideia pessoal convidar para integrar as Nações Unidas apenas países que tinham declarado guerra à Alemanha. Propôs 1º de março de 1945 como data limite para fazê-lo, proposta que Stalin e Churchill acataram.

Depois de muitas desavenças e críticas sobre quais países tinham se comportado melhor ou pior durante a guerra, Stalin admitiu que a Turquia fosse convidada para a Conferência das Nações Unidas, desde que declarasse guerra até 1º de março, mas questionou a admissão da Dinamarca, que não resistira à ocupação alemã. Finalmente, a discussão passou a focalizar a situação das repúblicas soviéticas. Stalin pediu que o relatório dos ministros do Exterior mencionasse especificamente Ucrânia e Bielorrússia como as repúblicas soviéticas que aspiravam ingressar nas Nações Unidas. Molotov perguntou se a admissão dessas repúblicas ficaria mais fácil se assinassem a Declaração das Nações Unidas até 1º de março, e Stalin lembrou que, embora os Três Grandes tivessem concordado em admiti-las, o fato de não terem assinado a Declaração poderia ser usado para excluí-las. Roosevelt e Stettinius rapidamente asseguraram que isso não aconteceria. Como fizera no primeiro dia, Churchill se postou ao lado dos soviéticos, sugerindo que "não era muito lógico" convidar para a conferência da ONU, como ele próprio desejava, nações pequenas que nada tinham feito pela vitória e tinham declarado guerra no último momento e não recompensar com o convite "o martírio e os sofrimentos" por que passaram Ucrânia e Bielorrússia. As duas repúblicas, afirmou, deviam assinar a Declaração das Nações Unidas e comparecer à conferência.

Ressalvando que não queria "constranger" o presidente, Stalin lhe pediu que explicasse suas dificuldades específicas sobre a questão das repúblicas soviéticas. Forçado a se definir, Roosevelt disse que "conceder a uma das grandes potências três votos em vez de um" na Assembleia Geral era tão relevante que deveria ser decidido antes mesmo da próxima conferência. Quando Stalin propôs que Ucrânia e Bielorrússia fossem pelo menos autorizadas a assinar a Declaração das Nações Unidas, Roosevelt mais uma vez resistiu, afirmando que isso não acabaria com suas dificuldades e Stalin retirou sua proposta.

Após essa troca de farpas, os Três Grandes "voltaram a debater a questão polonesa", nas palavras de Harriman. A delegação norte-americana tinha preparado uma resposta às propostas feitas por Molotov no dia anterior. Tal resposta fora distribuída a todos naquela manhã e agora era lida em voz alta por Roosevelt, afirmando que "se aproximava muito" da proposta de Molotov. Aceitava a Linha Curzon com mínimas modificações na fronteira oriental da Polônia, mas afirmava não haver razão suficiente para estender a fronteira oeste até o rio Neisse ocidental.

A respeito do governo da Polônia, o presidente propôs que Molotov, Harriman e Clark Kerr se reunissem em Moscou para examinar a designação do conselho presidencial que sugerira dois dias antes. Provavelmente composto por três membros, "representaria o órgão presidencial da República da Polônia" e, por sua vez, formaria o novo "Governo Polonês de Unidade Nacional", integrado por "líderes locais representativos do atual governo provisório polonês em Varsóvia, por outros elementos democratas então no próprio território polonês e por líderes poloneses democratas vindos de outras partes do mundo". Esse governo se comprometeria a realizar eleições livres tão logo uma nova constituição polonesa fosse aprovada. De imediato, Molotov exigiu garantias de que, ao reconhecer o novo Governo de Unidade Nacional, Estados Unidos e Grã-Bretanha não mais reconheceriam o governo polonês de Londres. Roosevelt e Churchill aceitaram.

Todavia, se achavam que a questão polonesa estava praticamente resolvida, as delegações britânica e norte-americana se decepcionaram quando continuou o que Andrei Gromyko chamou de "cáustica confrontação". Depois de breve interrupção, Molotov lançou uma série de objeções. Acusou os norte-americanos e os britânicos de ignorar "a existência do atual governo na Polônia", que tinha "plena autoridade". O povo polonês "jamais concordaria com coisa alguma que modificasse profundamente o governo provisório". A única linha de ação plausível era aumentar o atual governo provisório, e a única coisa a ser discutida seria quantos e quais poloneses seriam convidados para integrá-lo. Acrescentou que o governo de Varsóvia não aceitaria Mikołajczyk como um dos poloneses a serem convidados para participar das discussões. Molotov também afirmou que não tinha "a menor dúvida" de que os próprios poloneses prefeririam que sua fronteira fosse demarcada pelo Neisse ocidental.

Quando Molotov finalmente terminou, Churchill falou. Adivinhando o que estava para acontecer, Roosevelt escreveu uma nota para Stettinius: "Agora vamos ter que aguentar meia hora de discurso".

Olhando por cima dos óculos em meia-lua, Churchill disse que tinham chegado ao "ponto crucial da conferência". Se deixassem Yalta ainda reconhecendo diferentes governos poloneses, "todo o mundo constatará as diferenças fundamentais que persistem entre nós. As consequências serão as mais lamentáveis e marcariam nossa reunião com o selo do fracasso". Não vira evidência alguma provando que a maioria do povo polonês apoiasse os poloneses de Lublin — na verdade, bem ao contrário. "Se a conferência resolver abandonar o atual governo de Londres e apoiar o de Lublin, haverá um clamor mundial." Ademais, 150 mil poloneses combateram bravamente pela causa dos Aliados. Esses soldados considerarão uma traição se o governo britânico abandonar o governo polonês de Londres, que foi aceito desde que a guerra começou. Eles "tinham sido iludidos ao longo de todas as etapas do conflito", enquanto o governo provisório formado pelos poloneses de Lublin existia havia apenas um ano.

Preparando o "grand finale", Churchill declarou que a única forma de evitar uma situação altamente destrutiva para a unidade dos Aliados era "criar um novo governo representativo do povo polonês, comprometido com eleições baseadas em sufrágio universal e voto secreto [...]. Quando essas eleições forem realizadas na Polônia [...], a Grã-Bretanha saudará o governo que for eleito, desconsiderando o governo polonês de Londres".

Ignorando o problema anterior envolvendo o convite para que líderes poloneses fossem a Yalta, Molotov disse, com toda a tranquilidade, que seria muito difícil resolver a questão polonesa sem a participação dos próprios poloneses. Roosevelt tentou assegurar a continuidade da sessão sugerindo que, já que todos tinham concordado com a realização de eleições livres, o único problema que restava era como a Polônia seria governada até então. Stalin, que ouvira em silêncio esses debates, passou a falar e se estendeu mais do que habitualmente fazia, deixando claro que se opunha às propostas dos Estados Unidos e afirmando: "Molotov está certo". Insistiu que a situação de forma alguma era "dramática" como descrevera Churchill. Os britânicos e os norte-americanos podiam mandar seus próprios observadores à Polônia, onde descobririam que a popularidade do governo provisório — reconhecidamente não composto por "gênios" — era "realmente extraordinária".

Stalin comentou a psicologia do povo polonês, cuja simpatia estava com os que permaneceram no país e sofreram sob a cruel ocupação, e não com os que tinham deixado o país. Também alegou que o sucesso do Exército Vermelho na Polônia transformara a antiga hostilidade dos poloneses em franca boa vontade. Viam sua libertação dos nazistas como "um grande acontecimento nacional em toda a história do país". Visivelmente insinuando que norte-americanos e britânicos estavam sendo hipócritas, comparou a legitimidade do governo de Lublin com a de alguém que não tinha sido eleito, como De Gaulle, e perguntou: "Quem é mais popular?". Prosseguiu assinalando que os dois aliados tinham celebrado tratados com o líder francês. "Por que exigir mais da Polônia do que da França?", perguntou, chegando ao ponto crucial. A melhor forma de chegar a um acordo em Yalta era se concentrar na reformulação do atual governo provisório que então existia em Varsóvia em vez de tentar organizar um novo.

Roosevelt tentou levar o debate de volta para a questão das eleições na Polônia, declarando que sua principal preocupação era a realização das eleições o mais cedo possível e perguntando quando seria. "Em cerca de um mês, a menos que haja uma catástrofe no front e os alemães nos derrotem", disse Stalin, acrescentado com um sorriso: "Não creio que isso possa acontecer". Churchill admitiu que a realização de eleições livres acabaria com as preocupações do governo britânico e Roosevelt propôs que adiassem novas discussões para o dia seguinte, a fim de permitir que os ministros do Exterior reestudassem os assuntos, provocando um raro momento de humor de Molotov, que disse sorrindo: "Os outros dois serão maioria contra mim".

Seguiu-se rápida discussão dos obstáculos para a formação de um único governo das áreas liberadas da Iugoslávia e da situação corrente na Grécia. Stalin garantiu a Churchill que não desejava intervir e simplesmente queria ser mantido a par dos fatos, tendo Churchill, em troca, afirmado que "estava muito agradecido ao marechal Stalin por não querer se intrometer nos problemas gregos". A reunião foi finalmente encerrada às 19h40. Mais uma vez, Stalin nada cedera. A propósito do governo polonês, dissera a Lavrenti Beria: "Poderemos admitir um ou dois exilados, mas apenas para fins decorativos, nada além disso", e, fiel à sua palavra, não cedeu. Eden, acabrunhado, escreveu em seu diário: "8 de fevereiro. Não foi um dia bom. Novamente empacados na questão polonesa".

Roosevelt estava exausto. Howard Bruenn lembrou como o presidente saiu "preocupado e aborrecido" daquela reunião "espinhosa" e "emocionalmente perturbadora" sobre a Polônia, parecendo ainda mais esgotado do que no dia em que chegara a Yalta. Parecia tristonho. Quando mediu sua pressão arterial, Bruenn descobriu, pela primeira vez, que o presidente estava sofrendo de pulso alternante, condição em que batimentos fortes e fracos se alternam, segura indicação de um coração sobrecarregado. Bruenn já tinha feito o que podia para limitar as horas de trabalho de seu paciente. Novamente confidenciou a Anna Boettiger a condição de seu pai e pediu ajuda para restringi-las ainda mais e assegurar que o presidente não recebesse visitantes até o meio-dia.

Entretanto, Roosevelt dispunha de apenas uma hora para descansar e trocar de roupa para comparecer ao grande jantar que Stalin ofereceria aquela noite no palácio de Yusupov. Plantas tropicais guarneciam a porta dupla por onde os convidados entravam no salão de jantar com quinze metros de comprimento por 7,5 de altura, com uma grande janela em forma de meia-lua em uma parede e uma elegante lareira em estilo mourisco. A mesa estava posta com o que havia de melhor em porcelana e cristais trazidos dos hotéis de Moscou. Cadogan ficou satisfeito por não ter sido convidado. Alguns que estariam presentes ao jantar previam que não haveria muitos motivos para se alegrar. Brooke temia que fosse "mais uma daquelas noites com muitos brindes e muita vodca". Estava certo. Teriam que aguentar vinte pratos diferentes e 45 brindes, com os convivas andando para lá e para cá ao longo da mesa para tocar taças com a pessoa homenageada pelo brinde. Leahy lembrou: "Quem tinha bom senso derramava água na bebida e procurava se manter sóbrio". Também lembrou os vorazes mosquitos zumbindo sob a mesa e "fazendo a festa em meus tornozelos".

Stalin, muito satisfeito com o que chamou de "bom, muito bom" entendimento com Roosevelt sobre a entrada dos soviéticos na guerra contra o Japão, estava com "excelente humor e até um tanto alegre", zombando de Gusev, embaixador soviético em Londres, "por estar sempre sério e carrancudo e nunca esboçar um sorriso". O "gigantesco escudeiro de paletó de alpaca preta" que ficava atrás da cadeira do líder soviético e "vez ou outra ajudava a servir e aconselhava o grande chefe sobre o que devia comer e beber" intrigou britânicos e norte-americanos. Andrew Cunningham, comandante da Marinha britânica, imaginou se era um guarda-costas pessoal de Stalin, mas na manhã seguinte viu o mesmo homem, "a menos que meus olhos estejam me pregando uma peça [...] em uniforme de general".

Stettinius ficou observando Lavrenti Beria, um dos convidados que só veio a conhecer em Yalta. "Tinha recebido informações de que ele era o homem forte no Politburo e, naquela noite, áspero, enérgico e extremamente alerta, ele me deixou impressionado." Cunningham, sentado ao lado de Stettinius, notou a expressão "taciturna" de Beria e como "ouvia muito atentamente tudo o que era dito. Bebia todos os brindes misturados com limonada ou água mineral". Beria também deixou Roosevelt intrigado e o presidente perguntou quem ele era. Com um sorriso largo, Stalin — como fizera com Ribbentrop — disse em voz alta para que Beria pudesse ouvir: "Ah, esse é o nosso Himmler", comparação que desagradava profundamente Beria, como Stalin sabia perfeitamente.

Apesar dos momentos de "irritação e decepção" nos últimos dias, Charles Bohlen ficou surpreso com o clima cordato daquela noite. O mesmo aconteceu com Churchill ao lembrar que "até Molotov estava de bom humor". Uma razão, talvez, fosse que, para o bem ou para o mal, sabiam que a conferência, com suas tensões e pressões, logo estaria acabada. Escrevendo para a esposa naquele dia, Cadogan previu que a conferência terminaria no domingo, 11 de fevereiro, ou no máximo na segunda-feira, o que seria um alívio: "Caviar e torta de carne moída no café da manhã são muito bons de vez em quando, mas acabam enjoando".

Começaram os inevitáveis brindes. No primeiro, Stalin brindou à saúde de Churchill — "o mais corajoso representante de um governo em todo o mundo". Elogiou a Grã-Bretanha por aguentar sozinha "enquanto o resto da Europa se rendia a Hitler" e afirmou que não se lembrava de muitos outros exemplos em que a bravura de um homem tinha sido tão crucial para "a futura história mundial". Churchill era "seu companheiro de luta e um homem corajoso". Com um sorriso, referiu-se a Ribbentrop, que em 1939 lhe assegurara que "britânicos e norte-americanos não passavam de comerciantes e nunca se disporiam a lutar". O entusiasmo de Stalin convenceu Clark Kerr que "Stalin via o primeiro-ministro como um jovem corajoso e determinado". Para não se perder em uma retórica maçante, Churchill saudou Stalin como "o poderoso líder de uma poderosa nação que suportou o impacto da máquina de guerra nazista, quebrou sua coluna e expulsou os tiranos de seu solo".

Em seguida, Stalin brindou a Roosevelt. Para ele e para Churchill, "as decisões tinham sido relativamente simples". Tinham lutado pela "sobrevivência de seus países contra a Alemanha hitlerista". Embora seu país não tivesse enfrentado uma invasão direta, o presidente "tinha sido o principal criador dos instrumentos que permitiram a mobilização do mundo contra Hitler". Mais uma vez, Stalin mencionou o programa Lend-Lease como uma das "mais importantes e vitais realizações" do presidente. Roosevelt agradeceu polidamente, comparando o clima daquela noite com "o de uma família" e declarou que os Três Grandes tinham se reunido em Yalta "para dar a cada homem, mulher e criança na Terra o direito à segurança e ao bem-estar".

Stalin, em seu mais caloroso momento, também afirmou:

> Estou falando como um homem calejado. É por isso que estou falando tanto. Mas quero brindar à nossa aliança, e que ela não perca essa característica amistosa, em que existe livre manifestação de opiniões. Não conheço na história da diplomacia semelhante aliança de três grandes potências como esta, em que aliados aproveitam a oportunidade para expressar livremente seus pontos de vista.

Contudo, tocou no ponto mais realista quando, ao brindar à aliança dos Três Grandes, comentou que manter a união em tempo de guerra, em que havia um inimigo comum, "não foi tão difícil". O grande desafio viria após a guerra, quando diferentes interesses poderiam dividir os Aliados, mas manifestou sua confiança de que saberiam superar o desafio. Seria um dever dos três chefes assegurar que suas relações em tempo de paz fossem "tão sólidas quanto tinham sido durante a guerra".

Antes que o jantar terminasse, Churchill — talvez sob a influência de uma sequência de taças de champanhe do Cáucaso que liquidariam com a saúde de um homem comum", como comentou Cadogan a respeito do consumo de bebida por Churchill em Yalta, ou do conhaque armênio que foi servido — propôs mais um brinde. "Estamos todos no cume da montanha [...] com as glórias de oportunidades futuras se abrindo diante de nós." A missão de um líder era

> Tirar seu povo da floresta e conduzi-lo para as imensas planícies ensolaradas da paz e da felicidade. A recompensa está mais próxima de nós do que em qualquer outro momento da história e será uma tragédia, que a história do mundo jamais perdoará, se deixarmos essa recompensa escapar por inércia ou imprudência.

Para os intérpretes, foi uma noite longa e cansativa. Charles Bohler sempre apreciou a "extraordinária e impressionante oratória" de Churchill, reparando como ele construía e apresentava argumentos aparentemente improvisados. Não obstante, achava que seus discursos "eram muito prejudicados pela tradução":

> Embora acredite que as árduas horas de trabalho tenham conseguido um equivalente russo ao magistral uso do inglês por Churchill, a presteza exigida de um intérprete talvez não tenha conseguido transmitir esse domínio do idioma, e, de forma geral, o que resultou foi algo relativamente insípido, relativamente trivial. Não obstante, às vezes o entusiasmo e a emoção na voz de Churchill chegavam a Stalin. É uma questão que as conferências internacionais que empregam intérpretes devem considerar, se a eloquência sempre compensa a dificuldade que acarreta.

Não obstante, os intérpretes tiveram sua recompensa. Para espanto deles, durante o jantar Stalin "se levantou, taça na mão, e disse":

> Esta noite, como em outras ocasiões, nós, os três chefes, estamos reunidos. Conversamos, comemos, bebemos e desfrutamos a companhia. Enquanto isso, nossos três intérpretes [...] estão trabalhando, e sua missão não é fácil. Não têm tempo para beber e comer. Confiamos neles para transmitir nossas ideias uns para os outros. Proponho um brinde a nossos intérpretes.

Arthur Birse lembrou como "Stalin percorreu a mesa tocando com sua taça a de cada um de nós". Churchill ergueu seu copo e exclamou: "Intérpretes do mundo, unam-se! Nada têm a perder, a não ser suas plateias!". A paródia do jargão comunista "excitou tanto o senso de humor de Stalin que ele precisou de alguns minutos até parar de rir".

Lá estavam, vendo e ouvindo fascinadas, as "Três Pequeninas", como os três líderes a elas se referiam — Sarah Oliver, Anna Boettiger e Kathleen Harriman —, que tinham sido convidadas por Stalin. Sarah escrevera para a mãe dizendo "como anfitrião, o 'Urso' estava em excelente forma". As três mulheres foram alvo de sucessivos brindes. Alertada pelo pai "de que o preço do comparecimento ao jantar seria um brinde em russo" e orientada por Bohlen sobre o que deveria dizer, Kathleen Harriman, sentada entre Bohlen e o general Antonov, levantou-se e agradeceu aos anfitriões pelo que tinham feito para "tornar tudo tão agradável para todos". "Jesus, eu estava apavorada", escreveu mais tarde para casa.

Antes de o jantar começar, Sarah Oliver, auxiliada pelo normalmente austero e distante Ivan Maisky — que considerou "muito simpático" —, pronunciara para Beria as cinco frases que sabia, inclusive "uma garrafa de água quente, por favor", à qual o chefe da segurança retrucou com ar desconfiado: "Não posso acreditar que você precise de uma! Já existe bastante fogo em você". Kathleen Harriman ficou surpresa quando, durante o jantar, Archibald Clark Kerr, que conhecera bem em Moscou, ligeiramente embriagado brindou Beria como o "homem que cuida de nossos corpos". Kathleen escreveu para sua irmã: "Archie sempre parece dar um toque obsceno a seu brinde".

Churchill não ficou satisfeito ao ouvir seu excêntrico embaixador fazer um brinde em homenagem a Beria com uma insinuação tão absurda. Caminhou até onde estava Clark Kerr e, em vez de um toque de taças, apontou-lhe o dedo advertindo: "Pare com isso. Cuidado, Archie, cuidado". Não obstante, Clark Kerr e Beria logo estavam debatendo com entusiasmo a vida sexual dos peixes.

O corpulento embaixador britânico nascido na Austrália, que redigia seus documentos diplomáticos com penas de um dos gansos que criava especialmente para esse fim, realmente tinha um senso de humor lascivo. Ficou famoso o que escreveu de Moscou para um amigo durante a guerra:

> Nestes dias sombrios o homem tende a ver pequenos fachos de luz vindos do céu [...]. Portanto, proponho compartilhar com você um tímido raio de luz que iluminou minha sombria vida e lhe digo que Deus me apresentou um novo colega turco cujo cartão indica que ele se chama Mustafá Kunt. De vez em quando todos nos sentíamos assim, Reggie, especialmente com a chegada da primavera, mas poucos de nós se preocupam em mostrar quem realmente somos.

Depois de meia-noite, finalmente o jantar chegou ao fim. Como escreveu Moran, Churchill voltou para o Vorontsov "sentimental e emotivo", em companhia da filha. A secretária Marian Holmes, que o esperava no pequeno gabinete ao lado do quarto de dormir, soube que ele estava chegando ao ouvi-lo cantando "The Glory Song", um exaltado hino evangélico. O primeiro-ministro disse para ela que tinha convencido Stalin a brindar à saúde do rei — que anteriormente ele se recusara a fazer.

Outros ficaram simplesmente aliviados quando a noite terminou. Escrevendo para Pamela Churchill "enquanto a vodca assentava", Peter Portal contou o que acontecera:

> Um jantar muito desagradável [...]. Roosevelt tinha bebido muito e estava realmente muito falante. Tio Joe estava em ótima forma, tanto quanto o grande Winston, que, como de hábito, ignorou o intérprete e o que falou foi intraduzível [...]. Honestamente, Roosevelt falou mais tempo do que jamais ouvi, conversa tola e sentimental, sem um pingo de graça.

A opinião de Brooke foi ainda mais desanimadora. "Stalin estava em seus melhores dias, muito alegre e de bom humor, parecendo satisfeito consigo mesmo", mas "o que falou foi de modo geral nitidamente vulgar, quase sempre uma conversa tola e insincera! Fiquei cada vez mais entediado, cada vez com mais sono e assim a noite foi se arrastando".

Naquela noite, Stettinius foi para a cama ainda pensando nas Nações Unidas. Acordou subitamente, bem cedo, com a visão nítida de São Francisco

> Como sede das Nações Unidas. Minha mente fervia de entusiasmo e lucidez. Vi Nob Hill, a Opera House [...] os hotéis Fairmont e St. Francis, cada um fazendo sua parte. Vi o brilho dourado do sol e, à margem do mar Negro na Crimeia, quase chego a sentir o ar fresco e revigorante do Pacífico.

O avanço dos Aliados prosseguiu naquele dia. Montgomery lançou uma nova ofensiva, a Operação Veritable, com o objetivo de atacar na direção sul de Nijmegen para limpar a área entre os rios Reno e Maas das tropas alemãs remanescentes, como parte da estratégia de "larga frente" de Eisenhower para se apoderar da margem ocidental do Reno. Com tempo horrível, frio e nublado, a Veritable começou com uma barragem de cinco horas desfechada por 1.034 canhões — a mais pesada de toda a guerra na frente ocidental — seguida pelo avanço, em uma frente de doze quilômetros, de cinco divisões de infantaria e três brigadas blindadas britânicas e canadenses. O tenente-general Brian Horrocks considerou "aterrorizante" o que presenciou. "Explodiam granadas por todo o front. Tínhamos preparado a barragem, uma cortina de fogo, para ir avançando uns trezentos metros a cada doze minutos, ou seja, cem metros a cada quatro minutos, à frente das tropas." Para sinalizar quando os canhões deviam aumentar seu alcance, "era disparada uma rajada de fumaça amarela [...]. Eu via alguns grupos dispersos de homens e tanques avançando lentamente". "Nossos pensamentos estão com você e seus excepcionais subordinados" — Churchill encontrou tempo nesse dia para enviar tal mensagem para Montgomery. "Ataque e marche firme rumo à vitória na frente ocidental."

Em um campo de trabalhos forçados em Peenemünde, em uma ilha do Báltico, onde cientistas e engenheiros alemães chefiados por Werner von Braun desenvolviam e produziam seus mísseis balísticos v2, um prisioneiro russo, o piloto de combate Mikhail Petrovich Devyataev, sabia que se não fugisse logo morreria de fome ou nas mãos dos cruéis guardas, que consideravam ele e seus compatriotas *untermensch*, ou seja, sub-humanos. Em 8 de fevereiro, decidiu roubar o avião do comandante de campo. Convencendo nove companheiros de sua turma a acompanhá-lo, mataram um guarda com um pé de cabra e roubaram seu uniforme, para que um deles se fizesse passar pelo guarda. Em seguida, "escoltados" pelo falso guarda, andaram cerca de 1,6 quilômetro até o campo de pouso onde estava o Heinkel 111 do comandante. Levou algum tempo até acionarem os motores e, quando estavam prontos para decolar, os mecânicos da Luftwaffe já estavam trabalhando em outra aeronave próxima. Entretanto, ninguém apareceu para detê-los. Enquanto o Heinkel percorria a pista e levantava voo, eles cantaram a "Internacional comunista".*

---

* Mais tarde, Werner von Braun se tornou um dos dirigentes do Programa Espacial da NASA.

A tragédia ocorreu logo depois. Devyataev nunca tinha pilotado esse tipo de avião e não sabia como recolher o trem de pouso. O avião mergulhou, e ele lutou com a alavanca de controle na tentativa de nivelar a aeronave, porém, debilitado e pesando apenas quarenta quilos, não teve força suficiente. Só depois que seus companheiros entraram na cabine e o ajudaram a mover a alavanca, ele conseguiu continuar voando ao longo da costa do Báltico para tentar uma aterrissagem forçada na neve, na retaguarda das linhas soviéticas. Quando o Heinkel tocou o solo, o trem de pouso se desmantelou. Os primeiros soldados do Exército Vermelho que se aproximaram receberam os fugitivos como heróis, mas logo em seguida chegaram membros da NKVD, de Beria, que não acreditaram em sua história, alegando que "Claro que é uma manobra alemã". Os companheiros de Devyataev foram enviados para batalhões penais e cinco foram mortos nas semanas seguintes ao tentarem atravessar campos minados alemães. Devyataev foi mantido em confinamento solitário e só foi libertado um ano depois do fim da guerra. Mais tarde disse que "O sol só voltou a brilhar para mim quando Stalin morreu".

Enquanto Stalin oferecia o banquete a seus convidados em Yusupov, Hitler, em Berlim, examinava um grandioso projeto de arquitetura para a reconstrução, após a guerra, de sua terra natal Linz, na Áustria, destruída pelos bombardeios Aliados. Desejava fazê-la renascer tal qual a fênix e transformá-la em uma das cinco "Cidades do Führer" do Terceiro Reich. Enquanto examinava o projeto, disse para um general das SS preocupado com o nível do moral do povo alemão, "Você acha que eu falaria sobre meus planos para o futuro se não acreditasse piamente que, de fato, vamos acabar vencendo esta guerra?".

11
"Um acordo relativamente aceitável sobre a Polônia"

Na manhã seguinte, 9 de fevereiro, sexta-feira, embora o doutor Bruenn tivesse proibido visitas até o meio-dia, Roosevelt teve um encontro reservado com Stettinius depois do banho e do café da manhã. O secretário de Estado estava muito entusiasmado com a perspectiva de realizar a Conferência das Nações Unidas em São Francisco, ideia que discutira no começo da manhã com Marshall e King. Contudo, o presidente não reagiu tão positivamente quanto ele esperava, declarando: "Parece muito interessante, Ed, mas temos que abolir movimentações desnecessárias de pessoas, convenções, e assim por diante. Como vamos transportar esse pessoal por 5 ou 6 mil quilômetros sem necessidade?". Pediu a Stettinius que discutisse a questão com Byrnes.

A falta de entusiasmo de Roosevelt pelo assunto ao qual ele dava tanta importância talvez fosse consequência do extremo cansaço. Ao saber que o presidente não se sentia bem, Stalin foi visitá-lo, acompanhado por Molotov e Gromyko. Mais tarde, este último escreveu em suas memórias:

> O presidente ficou muito contente ao nos receber. Confinado à cama, raramente recebia visitas. Estava visivelmente cansado, exaurido, embora tentasse não demonstrar. Sentamo-nos a seu lado por cerca de vinte minutos, enquanto ele e Stalin trocavam comentários afáveis

sobre saúde, tempo e belezas da Crimeia. Saímos quando pareceu que Roosevelt estava ficando desinteressado, estranhamente ausente, como se ainda pudesse nos ver, mas com o olhar perdido na distância.

No lado de fora do quarto, ao parar para pôr fumo em seu cachimbo, Stalin disse serenamente: "Por que a natureza o está castigando tanto? Será que ele é pior do que os outros?". A fragilidade de Roosevelt também impressionou Fenya, uma velha camareira russa do Hotel Metropol de Moscou que, ao voltar de Yalta, assim se manifestou sobre o presidente: "Um homem suave e amável, mas doente, terrivelmente doente". Anna Boettiger, preocupada com as pressões que o pai sofria enquanto tantos assessores não tinham nada a fazer a não ser "sentar os traseiros em uma cadeira jogando *gin rummy*" ou assistir aos filmes que eram exibidos todas as noites no salão de conferências do andar superior.

Não obstante, Roosevelt não tinha desistido. Com a conferência chegando ao fim e tendo conquistado o objetivo de conseguir a concordância soviética para entrar na guerra contra o Japão, além da aceitação de seus planos para as Nações Unidas, estava particularmente preocupado em resolver o problema da Polônia. Naquela manhã, mostrou para Stettinius o quanto seria difícil convencer o povo norte-americano de que valeria a pena participar de uma "organização mundial voltada para a paz e a segurança" caso a questão polonesa não fosse solucionada. Para permitir que as negociações prosseguissem, orientou Stettinius a retirar a proposta dos Estados Unidos que recomendava a criação de uma comissão presidencial para supervisionar a instalação de um novo governo polonês e preparar um novo pronunciamento sobre a Polônia.

Churchill também estava sentindo a tensão. Na mesma manhã, Sarah Oliver escreveu para a mãe que "os olhos de papai estão congestionados e o incomodando muito. Charles [Moran] acha que, ao voltar, deve consultar outro oculista". Ao meio-dia, Churchill se reuniu com Roosevelt para receber o relatório final da equipe dos chefes de Estado-maior detalhando planos capazes de assegurar, "no mais breve prazo possível, a rendição incondicional da Alemanha e do Japão". Apontaram como datas previstas para a derrota da Alemanha nazista entre 1º de julho de 1945 e

31 de dezembro de 1945, com o Japão sendo derrotado cerca de dezoito meses depois.

Roosevelt e Churchill aprovaram o relatório sem emendas, mas, ao longo de breve discussão, Churchill sugeriu que a União Soviética fosse convidada para se juntar a Estados Unidos, Grã-Bretanha e China na expedição de um ultimato das quatro potências ao Japão exigindo sua "rendição incondicional", sob pena de enfrentar "o poder esmagador de todas as forças das quatro potências". Ainda que o Japão tentasse escapar do pleno rigor de uma "rendição incondicional", valeria a pena considerar essa medida desde que permitisse "poupar um ano ou um ano e meio de guerra, evitando o derramamento de muito sangue e o desperdício de tantos recursos". Roosevelt considerou que valia a pena apresentar a ideia a Stalin, embora duvidasse de que "o ultimato produzisse algum efeito sobre os japoneses, que pareciam não perceber o que se passava mundo afora [...]. Dificilmente se dariam conta da realidade dos fatos até que suas ilhas sentissem todo o peso dos bombardeios aéreos". Como era de seu feitio, Brooke considerou o debate uma perda de tempo, reclamando em seu diário que durante 45 infrutíferos minutos os dois líderes ficaram "divagando em seus pensamentos, sem chegar a qualquer proposta que compensasse a longa perda de tempo".

Com as questões militares praticamente resolvidas, os chefes de Estado-maior poderiam deixar Yalta de imediato, mas os ministros do Exterior, reunidos no salão branco do Livadia, naquele dia sob a presidência de Stettinius, tinham pela frente uma árdua tarefa. Novamente a Polônia foi o ponto predominante da pauta. Conforme a orientação de Roosevelt, Stettinius anunciou que os Estados Unidos não mais insistiriam em uma comissão presidencial e comentou que, afinal, as posições dos Três Grandes não estavam tão afastadas. As divergências recaíam em grande parte sobre a semântica, e ele tinha uma nova "proposta" para apresentar.

Lendo um documento previamente preparado, Stettinius sugeriu que o governo de Lublin então existente "fosse reorganizado", a fim de constituir um governo plenamente representativo, incluindo líderes democratas que estivessem em território polonês ou no estrangeiro. Molotov, Clark Kerr e Harriman seriam autorizados a consultar todas as partes mais representativas e a buscar uma forma de concretizar a ideia. Uma vez no poder, o "reorganizado" governo, tão logo fosse possível, realizaria um pleito que "os embaixadores das três potências em Varsóvia [...] receberiam o encargo de acompanhar e relatar para os respectivos governos sobre o andamento do compromisso em relação a eleições gerais e livres".

Molotov disse que, antes de responder, precisava examinar em detalhes a tradução da declaração de Stettinius para o russo. Eden, que via na referência a um governo "reorganizado" um recuo na exigência de um "novo" governo, reiterou que dificilmente alguém na Grã-Bretanha acreditaria que o governo de Lublin representasse o povo polonês. Apenas um novo governo, em particular incluindo Mikołajczyk como membro, convenceria a opinião política e popular da Grã-Bretanha. Prontamente, Molotov reagiu procurando provocar uma cisão entre norte-americanos e britânicos, argumentando que — como Roosevelt afirmara no dia anterior — o que importava era realizar imediatamente eleições livres, sem tentar interferir na composição do governo provisório. A propósito de Mikołajczyk, sua inclusão no governo seria decidida pelos poloneses. Conforme suas memórias, Eden perdeu a paciência com os russos: "Falei o que eles precisavam ouvir, disse qual era a opinião pública britânica e que preferia voltar para casa sem uma solução do que fazer parte desse negócio que estavam propondo".

Seguiu-se um breve intervalo para que uma apressada tradução da declaração de Stettinius para o russo fosse entregue a Molotov. O ministro russo disse que não daria uma resposta definitiva sem consultar Stalin, com quem esperava conversar antes da abertura da sessão plenária. Todavia, apontou dois pontos essenciais. Primeiro, o governo de Lublin então existente seria a base do novo governo polonês. Segundo, embora os embaixadores "obviamente" fossem acompanhar e relatar as eleições como as vissem, nenhuma referência a respeito deveria constar da declaração formal, para não afrontar os poloneses ao sugerir que "estariam sob controle de representantes diplomáticos estrangeiros". Sem um acordo, Stettinius afirmou que teriam que informar na sessão plenária que suas discussões continuavam desaguando em um impasse.

Os ministros do Exterior passaram a tratar das reparações a serem exigidas dos alemães. A delegação soviética já fizera circular um documento expondo seus pontos de vista. Diante disso, Stettinius apresentou uma contraproposta, muito próxima das exigências expostas por Stalin quatro dias antes. Os países que tinham feito os maiores sacrifícios seriam os primeiros a serem ressarcidos. A Alemanha pagaria de duas formas. Primeiro, entregando bens, como equipamentos, material rodante, maquinaria, navios e investimentos feitos no estrangeiro, a fim de assegurar seu desmantelamento militar e econômico. Segundo, por meio de pagamentos anuais sob a forma de commodities durante os próximos dez anos. A ideia de usar uma força alemã de trabalhos forçados "por enquanto" seria adiada. Ao decidir o total de reparações a serem pagas pela Alemanha, a comissão especial instalada em Moscou consideraria o total de 20 bilhões de dólares sugerido pela União Soviética.

Ivan Maisky, o "especialista" em reparações para Stalin, afirmou que a União Soviética concordava com a proposta norte-americana para o tipo de reparação que a Alemanha pagaria. Entretanto, alertava que o total de 20 bilhões de dólares deveria ser considerado apenas para efeito de planejamento, já que o total final poderia ficar um pouco acima ou abaixo desse valor. Referindo-se à exigência anteriormente apresentada por Stalin, Molotov tentou conseguir a garantia de que 10 bilhões de dólares fossem para a Rússia. Stettinius retrucou dizendo que a melhor solução seria admitir que a União Soviética ficasse com 50% do total, com o que Molotov, embora contrariado, concordou. Eden, que se opunha com veemência à especificação de qualquer total até que a comissão em Moscou avaliasse os recursos que a Alemanha ainda possuía e que permitiriam pagar as reparações, viu-se isolado e disse que precisava discutir o tema com seus companheiros do governo.

Stettinius afirmou que, na planejada Conferência das Nações Unidas, os Estados Unidos pretendiam consultar China e França, como quarta e quinta potências patrocinadoras, sobre os temas discutidos em Yalta, antes de expedir os convites para os países que compareceriam à conferência. Eden e Molotov concordaram. Os três ministros também concordaram que os tópicos listados nos convites não incluiriam mandatos territoriais, assunto que ficaria para os cinco membros permanentes do Conselho de Segurança discutirem antes da abertura da conferência por meio dos canais diplomáticos.

Quando a reunião foi encerrada, os ministros tiveram tempo livre para se prepararem para a sessão plenária, uma vez que tinham desistido de almoços oficiais após as reuniões do meio-dia. "Graças a Deus [...], é um costume muito cansativo e sem objetivo. Molotov propõe um brinde tão logo o almoço começa. Alguém se dispõe a responder e propõe outro brinde. E assim por diante. Sempre aparece alguém para se levantar na obrigação de fazer alguns comentários tolos", escreveu Cadogan, aliviado, para a esposa. Em especial, não gostava de brindar Vyshinsky, "um grande canalha", a cuja saúde "não dou a mínima importância".

Nesse dia, Roosevelt almoçou com a filha, Anna; Harriman e a filha, Kathleen; Churchill e Sarah Oliver; Leahy; e Byrnes. Durante o almoço, servido pela equipe de garçons filipinos do presidente, a conversa girou em torno das Nações Unidas, com Churchill concordando que Estados Unidos, Grã-Bretanha e União Soviética deveriam ter o mesmo poder de voto na Assembleia Geral. Roosevelt, por insistência de Byrnes, anuiu em escrever para Stalin demandando assentos adicionais para os Estados Unidos na Assembleia.

Às 15h30, os chefes de Estado-maior norte-americanos novamente se reuniram com seus correspondentes russos a fim de resolver o problema das exigências da União Soviética no Pacífico para participar da guerra contra o Japão. Após consultar Stalin, Antonov disse que, se o inimigo interrompesse o tráfego da ferrovia transiberiana, os russos não poderiam contar com essa via para apoiar suas forças. Precisariam, portanto, assegurar rotas marítima e aérea de suprimentos através do Pacífico, particularmente para o fornecimento de combustível e alimentação. Antonov disse também que a Força Aérea dos Estados Unidos estaria autorizada a instalar bases aéreas no leste da Sibéria capazes de operar os Boings B-29 e que o apoio norte-americano na defesa da península Kamchatka seria "muito útil". A única nota destoante em uma reunião que, de acordo com os registros norte-americanos, foi "em tom muito amistoso", ocorreu quando Antonov reclamou dos insistentes pedidos dos Estados Unidos para que fosse realizado em Moscou um "intenso planejamento" militar conjunto entre Estados Unidos e Rússia, parecendo que os norte-americanos estavam duvidando da boa-fé dele próprio e da União Soviética. Imediatamente, Marshall replicou que não era o caso.

Pouco antes das dezesseis horas, os três líderes se reuniram para uma foto oficial no terraço atapetado e repleto de colunatas do Livadia, onde os esperavam três cadeiras. Roosevelt, envolvido em sua capa cinzenta favorita, foi conduzido para a cadeira do meio. Churchill, para espanto de Roosevelt e Stalin, com um gorro de pele e enfurnado em um capote cáqui do Exército, charuto pendurado na boca, sentou-se à sua direita. Stalin, agasalhado com um capote verde acinzentado do Exército com destaques em vermelho e ombreiras douradas, e um quepe militar, sentou-se à esquerda de Roosevelt. Os assessores diplomáticos e militares ficaram ao fundo. Robert Hopkins, presente entre os fotógrafos e operadores de câmeras, lembrou mais tarde "uma espécie de euforia entre os líderes e integrantes das três delegações, diante do que fora conseguido ao longo da conferência. Seus rostos refletiam o alívio das tensões decorrentes das negociações, em uma atmosfera de contentamento e boa vontade".

Dirigindo-se a Hopkins, Roosevelt perguntou: "Como pretende conduzir isso, Robert?". O jovem posicionou cada um dos ministros do Exterior: o aristocrata Eden, o grisalho Stettinius, ambos de terno escuro, e o pequeno, atarracado e encasacado Molotov com seu chapéu de topo alto, cada um atrás do respectivo chefe. Uma vez tiradas as fotografias, Hopkins fez chegar mais à frente os chefes militares e outros delegados para conseguir um registro fotográfico mais abrangente da conferência. Todavia, seu pai não estava entre eles, pois: "Papai estava muito doente para comparecer e ficou na cama".

Enquanto Robert Hopkins fotografava Stalin e Molotov lado a lado sob o arco, o líder russo se adiantou e, sorridente, apertou sua mão. Por meio do intérprete, Stalin, que já o conhecera antes, perguntou o que Robert vinha fazendo recentemente e o fotógrafo respondeu que estivera filmando operações na frente alemã. Quando Stalin perguntou o que pretendia fazer em seguida, Hopkins lhe disse: "Bem, quero ser o primeiro fotógrafo norte-americano em Berlim, mas isso parece improvável, já que suas tropas estão nos subúrbios da cidade e nós estamos a duzentos [sic] quilômetros de distância". "Gostaria de ficar adido ao Exército Vermelho?", perguntou Stalin. Ciente de que o marechal poderia conseguir o que desejava, um espantado Hopkins deixou escapar: "Pode conseguir isso?". "Cuide da sua parte que eu cuido da minha", foi a resposta.

Entretanto, quando um excitado Robert correu para o quarto onde estava seu pai adoentado para dar a notícia da oferta de Stalin, o Hopkins mais velho lhe disse secamente: "Você não pode ir". Mesmo quando Robert alegou que perderia "a maior história da guerra!", o velho Hopkins não cedeu. Tampouco aconselhou o filho sobre como responder a Stalin, deixando escapar: "É problema seu". Quando, encabulado, Robert informou a Stalin que não poderia aceitar sua oferta, o chefe soviético "simplesmente deu de ombros".

O dissabor experimentado por Robert Hopkins naquela tarde era insignificante quando comparado à angústia vivida por Samary Gurary, 29 anos, capitão do Exército Vermelho e fotógrafo profissional que antes trabalhava para o jornal soviético *Izvestia*. Na pressa, após tirar umas fotos, Gurary abriu a câmera sem rebobinar o filme. Mesmo fechando-a rapidamente se deu conta de que tinha exposto e arruinado o filme. Gurary sabia que Stalin vetava pessoalmente fotos oficiais de si e se interessava particularmente por fotos de eventos de maior expressão, como a Conferência de Yalta. "Durante os dez minutos para revelar o filme, minha vida ficou pendurada por um fio", recordou Gurary. Por sorte, as fotografias dos três líderes não tinham sido arruinadas e apareceram no mais importante órgão da imprensa soviética, o *Pravda*.

Apesar dos sorrisos e das manifestações de camaradagem durante a sessão de fotos, a sexta sessão plenária, que seria realizada logo depois no salão de baile e como de hábito aquecida pelo fogo da lareira, seria uma das mais exaustivas da conferência. Quando Stettinius anunciou que os ministros do Exterior ainda não tinham chegado a um acordo sobre a Polônia, as discussões em torno desse tema continuaram sem levar a lugar algum. Molotov, que a essa altura já discutira com Stalin as mais recentes propostas norte-americanas, anunciou que a União Soviética estava "realmente ansiosa" na busca de um acordo e que as propostas norte-americanas constituíam boa base para tanto, ainda que merecendo "alguns ajustes". A declaração sobre a Polônia dizia: "O atual governo provisório da Polônia deve ser reorganizado sobre uma base democrática mais ampla, com a inclusão de líderes democráticos que estão no próprio território polonês ou em outros países" e será chamado "Governo Provisório Nacional da Polônia". As referências a "partidos democráticos" deveriam ser qualificadas com o acréscimo das expressões "não fascista e antifascista". Por fim, as referências aos embaixadores aos quais caberia acompanhar as eleições e mandar relatórios a respeito "deveriam ser eliminadas" a fim de não desagradar aos poloneses.

Em seguida, em inábil tentativa de desviar o rumo da discussão, Molotov comentou o atraso na instalação de um novo governo na Iugoslávia, fato cuja culpa os russos atribuíam aos britânicos. Churchill rejeitou a acusação. Afirmando que a situação na Iugoslávia estava praticamente resolvida, insistiu para que se voltasse rapidamente ao "urgente, imediato e doloroso problema da Polônia". Alertou para o risco de tomar decisões apressadas só porque "faltavam apenas mais 48 horas de reuniões" e todos estavam ansiosos para "pôr o pé no estribo e ir embora", sobretudo porque, se não chegassem a uma solução da questão polonesa, "toda a conferência seria encarada como um fracasso". Quando Churchill pediu tempo para estudar as últimas propostas, Roosevelt sugeriu que Stettinius completasse seu relatório sobre a reunião dos ministros do Exterior, depois disso fariam um intervalo de meia hora.

O relato de Stettinius decorreu de modo geral sem problemas até chegar à proposta de os cinco membros permanentes do Conselho de Segurança discutirem a questão dos mandatos territoriais antes da abertura da Conferência das Nações Unidas. Churchill explodiu. Mesmo a mais contida ata oficial soviética que registrou as discussões assinalou sua "grande agitação". Bradou que não concordava e em nenhuma circunstância "jamais consentiria que quarenta ou cinquenta nações sob esse regime interferissem na vida do Império Britânico. Enquanto fosse primeiro-ministro, jamais cederia uma fração sequer desse patrimônio". Eden, que tentou acalmar Churchill, notou que Stalin ficou realmente satisfeito com a explosão. Ele "se levantou, caminhou de um lado para outro e de vez em quando parava para aplaudir".

Roosevelt e Stettinius garantiram a Churchill que os mandatos em questão não afetariam o Império Britânico, mas apenas territórios que seriam retirados de mãos inimigas, como "as ilhas japonesas no Pacífico". Entretanto, algum tempo se passou até que Churchill, tremendo de raiva e repetindo "nunca, nunca, nunca", fosse convencido a ouvir. Acalmando-se um pouco, disse que não se opunha a territórios submetidos a mandatos, mas exigia que ficasse explicitamente registrado que tais mandatos não tinham relação com o Império Britânico. Então, "voltou-se em tom dramático para Stalin" e perguntou como ele se sentiria "se um órgão internacional propusesse colocar a Crimeia sob controle internacional como se fosse uma colônia de férias também internacional". Tranquilamente, Stalin lhe assegurou que "de boa vontade colocaria a Crimeia à disposição para conferências das três grandes potências". A ironia reside no fato de a União Soviética, com seu extenso território ocupado por povos diversos, ser, tanto quanto o britânico, um verdadeiro império.

Após o recesso, que permitiu o exame da última proposta de Molotov sobre a Polônia, Roosevelt, otimista, insinuou que "agora as três potências estão bem perto de um acordo e resta apenas uma questão de redação". Por exemplo, seu próprio governo, que ainda reconhecia o governo de Londres, tinha dificuldade para aceitar o governo de Lublin identificado no documento de Molotov como o "governo provisório" e preferiria substituir pelas palavras "o governo presentemente dirigindo a Polônia". Também pediu que a referência a embaixadores estrangeiros acompanhando e relatando as eleições polonesas recebesse nova redação e sugeriu que, talvez, um pouco mais de trabalho dos três ministros do Exterior naquela noite pudesse acertar o que era "apenas uma questão de palavras e pormenores".

Educadamente, Churchill admitiu que a questão da Polônia tinha progredido bem e os ministros do Exterior deveriam examinar outros pontos importantes, mas suas palavras seguintes deixaram claro que continuava preocupado. Mais cedo naquele dia, tinha repetido argumentos de Eden de que os Aliados Ocidentais sabiam pouco a respeito do que acontecia dentro da Polônia e o que ouviam era alarmante. Por exemplo, que o governo de Lublin pretendia "julgar como traidores os integrantes do Exército Nacional da Polônia e das forças clandestinas", situação na qual, se verdadeira, pedia para Stalin intervir com seu "costumeiro equilíbrio e altruísmo". Stalin não respondeu.

Retornando à autorização para embaixadores acompanharem as eleições, Churchill frisou que, na Iugoslávia, Tito concordara com a proposta para que observadores russos, norte-americanos e britânicos acompanhassem as eleições que lá seriam realizadas. Do mesmo modo, o governo britânico acolheria de bom grado observadores estrangeiros na Grécia e na Itália. Roosevelt concordou, dizendo para Stalin que a presença de observadores imparciais o ajudaria a convencer os "seis milhões de poloneses nos Estados Unidos" de que as eleições eram honestas e justas.

Mudando um pouco o rumo da conversa, Churchill continuou defendendo os poloneses de Londres. Embora afirmando que pessoalmente "não se importava muito com os poloneses", disse que seria mais fácil convencer a Câmara dos Comuns de que as eleições na Polônia eram livres e justas se permitissem que Mikołajczyk participasse. Stalin, que ouvia muito e falava pouco, retrucou que, assim como o Partido dos Camponeses de Mikołajczyk não era fascista, seu líder poderia ser, mas que, na verdade, isso era problema dos poloneses. "Precisamos escutar o que os poloneses têm a dizer [...]. Entre eles, existe muita gente boa. São bons combatentes, e já houve alguns bons músicos e cientistas, mas são muito briguentos." Também lembrou que ainda havia elementos fascistas na Polônia. Por essa razão, era muito importante especificar a expressão "partidos democráticos" acrescentando "não fascistas". Churchill reagiu afirmando que "não gostava muito da distinção entre fascistas e não fascistas, considerando que ninguém podia chamar ninguém de nada". Tudo o que desejava era "que todos os lados fossem devidamente ouvidos".

Com o debate novamente caminhando para um impasse, Stalin desviou a discussão para a "Declaração Conjunta sobre a Europa Liberada". Redigida pelo Departamento de Estado dos Estados Unidos e aprovada pelos ministros do Exterior, a declaração, de página e meia, definia ideais ambiciosos e devia ser liberada para conhecimento mundial tão logo a conferência terminasse. Falava sobre o restabelecimento da ordem na Europa liberada e a reconstrução da vida econômica dos países a fim de permitir que "os povos libertados apagassem os últimos vestígios do nazismo e do fascismo e criassem organizações democráticas de sua própria escolha". Também reiterava um elemento-chave da Carta do Atlântico — "o direito de todos os povos escolherem a forma de governo sob o qual viverão" — e prometia que as três grandes potências ajudariam os povos liberados a desenvolver condições em que pudessem exercer seus direitos. Concluía com imponência: "Por meio desta declaração reafirmamos nossa crença nos princípios da Carta do Atlântico [...] e nossa determinação para construir, em cooperação com outras nações amantes da paz, um novo mundo obediente à lei, comprometido com a paz, segurança, liberdade e bem-estar geral de toda a humanidade". Ao ler pela primeira vez a declaração, Molotov disse para Stalin: "Isso foi longe demais!". Ao que o marechal retrucou: "Não se preocupe, paciência. Mais tarde, podemos tratar o assunto à nossa maneira. A questão é a correlação de forças".

No plenário, Stalin elogiou o texto sobre a erradicação do fascismo e disse que poderia aceitá-lo "desde que fosse feita pequena modificação": uma declaração de que a ajuda seja concedida particularmente "aos líderes políticos dos países que tiveram participação ativa na luta contra os invasores alemães". Insinuou maliciosamente que Churchill "não precisava se preocupar com a possibilidade de a alteração proposta pelos russos se aplicar à Grécia" e que "confiava plenamente na política britânica em relação à Grécia".

Roosevelt frisou que a Declaração Conjunta se aplicaria "a áreas e países onde se fizesse necessária", inclusive na Polônia, onde as eleições seriam encaradas como o primeiro teste de observância da Declaração. Por essa razão, "feito a mulher de César", deviam se colocar "acima de qualquer suspeita". "Essa era apenas a reputação da mulher de César. Na verdade, não era tão pura quanto parecia", retrucou Stalin.

Churchill disse que aprovaria a Declaração desde que ficasse claramente entendido que a referência à Carta do Atlântico não se aplicaria ao Império Britânico, considerando que os princípios que a fundamentavam já "eram aplicados" nos territórios britânicos, ponto que deixara bem ressaltado em declaração que fizera no Parlamento na época da Carta do Atlântico. Acrescentou que entregara ao político norte-americano Wendell Wilkie, quando este esteve em visita a Londres, uma cópia de seu pronunciamento no Parlamento. Roosevelt provocou risos em torno da mesa ao perguntar se "fora isso que matara o senhor Wilkie". Wilkie morrera de ataque cardíaco logo depois da referida visita.

Roosevelt também salientou que, embora a França tivesse sido mencionada em redações anteriores como patrocinadora da Declaração, a referência fora retirada porque o país não estava representado em Yalta. Talvez, o motivo para o presidente fazer essa ressalva fosse o fato de Harry Hopkins ter se esforçado muito para convencê-lo a não marginalizar a França. Hopkins "tem o bom senso de prever que será impossível contar com uma Europa estável sem uma França forte e afirmativa", escreveu Moran em seu diário, acrescentando que Hopkins era um aliado valioso da Grã-Bretanha, sobretudo

> Agora, quando a opinião do presidente flutua ao sabor do vento. Ele sabe o que o presidente pensa, feito uma esposa que sabe observar o clima doméstico. Fica pacientemente sentado, horas a fio e piscando como um gato, esperando o momento certo para expor sua opinião. E, se esse momento não chega, tem a sabedoria para esperar outra oportunidade.

"É melhor três potências do que quatro", replicou imediatamente Stalin. Entretanto, quando Churchill — sempre tentando elevar o status da França — sugeriu que se pedisse à França que aderisse à Declaração, Roosevelt propôs acrescentar este item à já extensa pauta da reunião dos ministros do Exterior que seria realizada mais tarde, à noite.

Com as horas correndo, Churchill levantou a questão do tratamento a ser dispensado aos criminosos de guerra, chamando o assunto de "um ovo que eu mesmo botei". Em 1943, Molotov, Eden e o então secretário de Estado norte-americano Cordell Hull tinham expedido a "Declaração de Moscou", que versava sobre crimes de guerra. Em grande parte de autoria de Churchill, estabelecia que os alemães suspeitos de atrocidades fossem "enviados de volta para os países em que tinham perpetrado seus abomináveis crimes" e os principais criminosos de guerra culpados de crimes em mais de um país fossem julgados pelos Aliados. Agora, Churchill dizia que enquanto estivessem em Yalta poderiam fazer uma lista dos "principais criminosos".

Stalin perguntou a Churchill o que aconteceria com Rudolf Hess, subordinado direto de Hitler que saltara de paraquedas na Grã-Bretanha em 1941 esperando entrar em contato com elementos do país que defendiam a celebração de paz com a Alemanha. Os prisioneiros de guerra como ele seriam considerados criminosos de guerra? Os desdobramentos envolveriam também Hess, adiantou Churchill, e os criminosos de guerra — incluindo prisioneiros de guerra suspeitos de crimes — seriam submetidos a julgamento. Contudo, percebendo de imediato as complexidades envolvidas, retirou a sugestão de fazer uma lista de criminosos de guerra enquanto estivessem em Yalta e afirmou que "nada devia vir a público sobre o assunto para evitar que os principais criminosos se vingassem dos prisioneiros de guerra Aliados". Mais uma vez, a tarefa de resolver minúcias do problema ficou a cargo dos ministros do Exterior.

Quando a sessão plenária chegava ao fim, Stalin perguntou se a ofensiva aliada no Ocidente já começara. Churchill respondeu que 100 mil soldados britânicos e canadenses tinham lançado um ataque na madrugada do dia anterior na região de Nijmegen, a Operação Veritable, de Montgomery. Já tinham avançado uma boa distância apoderando-se de cidades e vilas, além de fazer 1.800 prisioneiros. Uma segunda onda, constituída pelo 9º Exército dos Estados Unidos, avançaria no dia seguinte e a ofensiva se intensificaria.

Encerrada a sessão, Roosevelt foi levado em sua cadeira de rodas para seus aposentos, onde o malote da correspondência diária chegara vinte minutos mais cedo. O tempo que o mensageiro levava para conduzir a correspondência de Washington para Yalta fora reduzido para apenas três dias. Roosevelt estava recebendo em seu quarto uma leve massagem com álcool recomendada por McIntire para ser realizada todas as noites antes do jantar quando o próprio McIntire chegou e perguntou como estava decorrendo a conferência. Notou que o presidente estava satisfeito. "Foi com seu velho sorriso que anunciou: 'Consegui tudo o que almejava e o preço não foi muito alto.'" Stalin "concordou em participar plenamente" das Nações Unidas. Além disso, a União Soviética "logo entrará na guerra contra o Japão". Quanto à China, a situação "é mais do que satisfatória". A União Soviética negociaria um tratado de amizade e aliança com Chiang Kai-shek. O único inconveniente era a Polônia, onde a situação "deixa muito a desejar".

Nessa noite, Churchill jantou com Brooke, Marshall e Alexander. Brooke achou que seus companheiros foram profundamente maçantes, tendo em vista "os intermináveis relatos de Marshall a respeito de detalhes de sua vida e seu trabalho, as divagações e inúteis estratégias de Churchill e Alex revelando a pequenez de sua visão e concepção de guerra nos mais complexos aspectos do alto-comando".

Como Roosevelt, Churchill continuava preocupado com a Polônia. À noite, telegrafou para Attlee em Londres informando que continuava pressionando na questão polonesa. Disse que os pontos cruciais eram o acompanhamento das eleições e "nos informar corretamente sobre o que estava acontecendo na Polônia. A situação real depende desse ponto", que seria "enfrentado" no dia seguinte.

Após ouvir rumores sobre a "triste cena" envolvendo os mandatos territoriais que ocorrera poucas horas antes, Moran refletia como, sempre que o Império Britânico era mencionado, Churchill se perdia "em encenações que nada de bom produziam" e como seria melhor se "ao menos de vez em quando se dispusesse a ouvir!". Contudo, achava que o presidente e Hopkins também perdiam o rumo quando se discutia a questão das colônias: "Pareciam voltar à Guerra da Independência, combatendo seus opressores britânicos em Yorktown". Embora compreendesse a sensibilidade de Churchill, o presidente julgava que "ele não pode abandonar o império [...], ainda que não mova um só fio de cabelo diante da possibilidade de boa parte da Europa cair nas mãos da União Soviética. Creio que nunca se deu conta de que a União Soviética é um estado policial".

Os ministros do Exterior se reuniram novamente às 22h30 no palácio de Yusupov e ficaram trabalhando até as primeiras horas da madrugada. Mais uma vez, o principal tópico — e o principal obstáculo — foi a Polônia. No início daquela noite, Eden recebera um telegrama do Gabinete de Guerra em Londres pressionando-o fortemente para combater a criação de um novo governo e insistir na autorização para que os embaixadores acompanhassem as eleições. Em consequência, tinha preparado uma "Nova Proposta da Grã--Bretanha". Embora tenha se esforçado ao máximo durante as acaloradas discussões, Eden não conseguiu convencer Molotov. O russo insinuou que a proposta britânica não era novidade, mas tão somente uma versão modificada da proposta norte-americana anterior.

Por fim, os ministros do Exterior chegaram a uma minuta declarando que o governo de Lublin seria "reorganizado em base democrática mais ampla, com a inclusão de líderes democratas que estavam em território polonês ou vivendo no estrangeiro". Não obstante, apesar de ingentes esforços de Eden e Stettinius, Molotov se recusou a permitir alguma referência a embaixadores das três potências acompanhando as eleições. Por fim, "a questão ficou para ser resolvida pelo primeiro-ministro, pelo marechal e pelo presidente na reunião do dia seguinte". Eden ficou decepcionado. Cadogan estava mais otimista e escreveu para a esposa que estavam perto de conseguir "um acordo relativamente aceitável para a questão da Polônia". Esperava que fossem capazes de "ultrapassar a última barreira", já que, se não conseguissem, "nenhum de nossos ambiciosos planos para uma organização mundial e outros similares fariam sentido".

Retornando ao problema da Declaração sobre a Europa Liberada, Stettinius e Eden se negaram a aceitar a emenda proposta por Stalin, que salientava: "Devem ser apoiados os líderes políticos de países que participaram ativamente da luta contra os invasores alemães". Sabiam que podia ser usada como pretexto para excluir os poloneses de Londres do processo político na Polônia. O assunto também seria submetido aos três líderes.

Entretanto, restava pouco tempo para resolver assuntos importantes, e muita gente já estava mirando além da conferência. Nesse dia, Cadogan escreveu para sua esposa:

> Saímos daqui no dia 11 ou 12. Creio que Anthony [Eden] e eu vamos ficar 24 horas em Atenas. Ele está contente com a possibilidade de fazer um pequeno passeio por conta própria, sem o primeiro-ministro, que seguirá para Alexandria, onde poderemos encontrá-lo e lá ficarmos um ou dois dias. O primeiro-ministro disse para Attlee que espera estar de volta no dia 18.

Nesse mesmo dia, o submarino da Royal Navy HMS *Venturer* afundou o submarino U-864 alemão, o primeiro e único caso conhecido de um submarino afundar outro intencionalmente em combate quando ambos estavam submersos à profundidade de periscópio. O *Venturer* fora enviado para caçar o U-864 depois que os especialistas britânicos do sistema ULTRA decodificaram uma mensagem que indicava que ele estava perto da costa da Noruega, a caminho do Japão, transportando um valioso equipamento militar para os japoneses: peças dos motores e desenhos do projeto do avião a jato Messerschmitt Me 262, além de 1.800 estojos de mercúrio, material escasso, para emprego na fabricação de explosivos. Quando o operador do hidrofone do *Venturer* localizou um som estranho que não conseguiu identificar, o comandante, Jimmy Launders, tenente de 25 anos de idade, decidiu acompanhar o sinal. Logo depois, o oficial de vigia, observando pelo periscópio, localizou o que achou ser outro periscópio aparecendo na superfície da água. Provavelmente era um dos novos *schnorkels* que permitiam aos submarinos alemães manter os motores a diesel funcionando enquanto permaneciam submersos. Percebendo que provavelmente tinha localizado o U-864, Launders continuou acompanhando o submarino alemão. Como ele não emergiu, ainda assim decidiu atacá-lo, antes que as baterias do *Venturer* se esgotassem. Fez rápidos cálculos e deu ordem para o disparo dos torpedos em cada um dos quatro tubos de lançamento. O quarto torpedo atingiu o casco pressurizado do U-864, que explodiu imediatamente, destruindo o barco e causando a morte dos 73 tripulantes.

No mesmo dia, em operação que os sobreviventes intitulariam como "Sexta-feira Negra", caças Bristol Beaufighters fortemente armados e escoltados por aviões de combate Mustang Mk III do esquadrão nº 65 da RAF atacaram o destróier alemão Z33 e os navios de guerra que o escoltavam em um fiorde da Noruega. Visados por aviões da Luftwaffe e por intenso fogo antiaéreo, nove Beaufighters e um Mustang foram abatidos. No lado alemão, vários navios foram danificados e quatro ou cinco aviões de caça alemães, abatidos.

Pela primeira vez, soldados do Exército Russo de Libertação — prisioneiros soviéticos recrutados pelos alemães — entraram em ação contra seus próprios compatriotas, atacando uma cabeça de ponte soviética na margem direita do Oder, a menos de setenta quilômetros de Berlim. O batalhão do Exército de Libertação combateu tão bravamente que quatro de seus integrantes receberam a Cruz de Ferro.

Hans-Ulrich Rudel, piloto alemão de um Stuka destruidor de tanques e condecorado por Hitler no dia de Ano Novo, entrou novamente em ação em 9 de fevereiro, apesar de o Führer ter lhe oferecido a dispensa de seus deveres na frente de combate. Rudel já destruíra doze tanques russos quando, ao mergulhar para atacar o 13º, uma granada antiaérea explodiu em sua cabine, atingindo sua perna direita e cegando-o temporariamente. Seu navegador e artilheiro o guiou até uma aterrissagem forçada atrás das linhas alemãs. A perna de Rudel foi amputada abaixo do joelho, mas ele voltou à ação no fim de março e destruiu mais 26 tanques inimigos antes do fim da guerra.*

Enquanto isso, em seu abrigo subterrâneo, Hitler lia a biografia de Frederico, o Grande, da Prússia, personagem histórico que muito admirava, de autoria de Thomas Carlyle, escritor escocês do século XIX. O livro fora presente de Goebbels. Em 1762, o perseverante e resoluto Frederico, contrariando todas as expectativas, chegara à vitória depois que a grande coalizão formada pelo Império Russo e pela França se desintegrou. Hitler se aferrava à esperança de que a aliança entre União Soviética, Estados Unidos e Grã-Bretanha — então discutindo em Yalta o futuro do Reich — também se desintegrasse.

Em Yalta, ao contrário, os delegados ficavam cada vez mais entusiasmados com as notícias que chegavam da frente de combate. "Difícil não ficar imaginando até quando os alemães aguentarão", escreveu Cadogan naquela noite.

---

* Rudel sobreviveu à guerra e emigrou para a Argentina, onde ajudou fugitivos "nazistas" da justiça e fundou uma filial local do Partido Nazista antes de regressar à Alemanha Ocidental.

12
"O juiz Roosevelt aprova"

Os olhos de Churchill continuavam sendo um problema enquanto ele permanecia na cama na manhã seguinte, sábado, 10 de fevereiro, trabalhando e recebendo uma série de visitantes. Marian Holmes escreveu em seu diário: "Primeiro-ministro um pouco nervoso. Incomodado com o sol brilhando em seus olhos. Muito exigente e preocupado com a abertura da cortina. 'Um pouco mais baixa. Não, foi demais. Um pouco mais alta'". "Tenho sofrido muitas pressões nestes últimos dias", telegrafou Churchill para a esposa.

Roosevelt, por outro lado, parecia um pouco mais animado. O doutor Bruenn notou: "Muito mais disposto. Está comendo bem. Adora a cozinha e a comida russas. O pulso alternante desapareceu. Sem tosse". Talvez a constatação de que a conferência se aproximava do fim o tivesse reanimado. Certamente estava ansioso por partir, como disse para Stettinius naquela manhã: "Faça tudo o que for humanamente possível para apressar a conclusão da conferência". Queria ver os "três reis", como chamava Ibn Saud, da Arábia Saudita; Haile Selassie, da Etiópia; e Farouk, do Egito. Isso não seria possível na viagem de volta se a conferência se arrastasse "interminavelmente". Com a mesma disposição, disse a Stettinius que, para chegar a um acordo final quanto à Polônia naquele dia, recuaria na insistência por uma declaração formal sobre embaixadores para acompanhar e relatar as eleições polonesas, embora "os russos [...] precisem compreender que, apesar disso, estamos firmemente determinados a conseguir que os embaixadores observem e informem a respeito das eleições".

Ao meio-dia, Stettinius se reuniu com os outros ministros do Exterior no palácio Vorontsov e, como recomendado, informou a mudança de posição dos Estados Unidos. Eden imediatamente se opôs e enviou uma nota para informar Churchill sobre o que estava acontecendo. Reclamou: "Os norte-americanos não nos avisaram". De sua cama, Churchill orientou: "Claro que não deve concordar".

Enquanto isso, Molotov apresentava sua própria emenda ao texto do acordo. Em vez de exigir o reconhecimento do Governo Provisório Polonês de Unidade Nacional pelos governos dos Estados Unidos e da Grã-Bretanha, propunha, ao contrário, que reconhecessem "o governo polonês nos termos em que foi reconhecido pela União Soviética". Dessa vez, porém, Eden e Stettinius se uniram e se opuseram a uma situação em que seus governos seriam vistos como reconhecendo "um novo governo polonês", algo que as três potências — inclusive a União Soviética — deviam aceitar unanimemente. Diante dessa resistência, Molotov propôs que simplesmente informassem na reunião plenária até onde tinham chegado as discussões.

Stettinius agiu com firmeza diante da sugestão de Molotov a propósito do texto da Declaração sobre a Europa Liberada, mais uma vez rejeitando a proposta do dia anterior para o acréscimo que garantia mais forte apoio àqueles "que tiveram participação ativa na luta contra a ocupação alemã". Molotov retirou sua proposta, mas insistiu em outra emenda. Em vez de exigir que os signatários estabelecessem os "instrumentos necessários" para assegurar os princípios democráticos mencionados pela Declaração nas nações recentemente libertadas ou em antigos países satélites do Eixo, o documento devia apenas exigir que houvesse consultas recíprocas quando surgissem problemas. Stettinius concordou com esse considerável enfraquecimento da Declaração, assim como Eden, que apresentou sua própria emenda refletindo o desejo britânico de incluir os franceses nas novas negociações: que a Declaração manifestasse a expectativa de que a França se associasse à Declaração. Stettinius concordou, mas Molotov, afirmando que queria examinar a proposta com mais atenção, pediu que fosse ventilada na sessão plenária.

O tópico mais complicado foi o das reparações a serem pagas pela Alemanha. Eden disse que os britânicos estavam dispostos a concordar com uma comissão de reparações em Moscou que começasse a trabalhar o mais cedo possível. Entretanto, não podia apoiar as já discutidas propostas norte-americanas sobre reparações e fez circular uma nova redação. Como Molotov e Maisky imediatamente perceberam, o texto de Eden omitia qualquer referência a um possível total de 20 bilhões de dólares. Quando Maisky protestou que, sem a menção a um total, a comissão "não teria uma base, uma diretriz para seu trabalho", Eden argumentou que os soviéticos estavam querendo alcançar dois objetivos irreconciliáveis: exaurir a capacidade produtiva alemã e esperar que o país fosse capaz de fazer grandes pagamentos em datas posteriores. A Grã-Bretanha, por sua vez, preferia evitar ter que prover financiamento e alimentação para os alemães por causa de reparações demasiadamente severas. Acreditava, portanto, que não devia ser especificado valor algum até que a comissão examinasse a questão. A Grã-Bretanha também achava que as reparações deveriam ser pagas por quatro anos, e não dez.

Maisky retrucou que os britânicos queriam "exigir da Alemanha o mínimo possível". As propostas norte-americanas não comprometiam os Aliados com um valor exato — 20 bilhões de dólares era somente para efeito de planejamento — e os britânicos "podiam perfeitamente concordar" se assim desejassem. Eden insistiu que as expectativas russas para as reparações estavam totalmente fora da realidade. Tendo chegado a um impasse em atmosfera muito tensa, a questão foi transferida para a sessão plenária.

Após uma breve discussão do comunicado conjunto final da reunião, o último item a ser debatido foi o Irã. A delegação britânica tinha redigido uma minuta de comunicado conjunto afirmando que, diante do "notável progresso" na guerra contra a Alemanha, as tropas Aliadas começariam a gradual retirada do Irã antes que as hostilidades terminassem. Enquanto essa retirada estivesse em curso, os governos Aliados não pressionariam o governo persa com "propostas para novas concessões de exploração de petróleo". Todavia, mais adiante cada governo teria liberdade para discutir com as autoridades do país a futura exploração das reservas iranianas de petróleo.

Embora não contestasse o conteúdo do documento e a despeito da pressão exercida por Eden e Stettinius, Molotov se opôs resolutamente a qualquer declaração pública sobre o Irã. Os registros norte-americanos sobre a discussão mostram por que Molotov tinha o apelido de "Urso de Pedra":

> O senhor Eden perguntou se o senhor Molotov examinou o documento britânico sobre o Irã.
> O senhor Molotov afirmou que nada tinha a acrescentar ao que dissera vários dias atrás sobre o assunto.
> O senhor Eden perguntou se não seria aconselhável expedir um comunicado sobre o Irã.
> O senhor Molotov respondeu que não seria aconselhável.
> O senhor Stettinius insistiu para que fosse feita alguma referência aos problemas iranianos discutidos e esclarecidos durante a Conferência da Crimeia.
> O senhor Molotov disse que era contra essa ideia.
> O senhor Eden propôs que se dissesse que uma [anterior] declaração sobre o Irã fora reafirmada e reexaminada durante a atual reunião.
> O senhor Molotov se opôs à proposta.

No começo da tarde desse dia agitado, Molotov e Harriman se reuniram no palácio de Yusupov para finalizar o acordo secreto sobre as exigências soviéticas para entrar na guerra contra o Japão. De imediato, Harriman constatou que as exigências de Stalin iam além das que tinham sido apresentadas a Roosevelt dois dias antes. Em vez de apenas um porto, a minuta apresentada por Molotov falava na posse soviética não somente de Dairen, como fora acertado antes, mas também de Port Arthur, porto vizinho no nordeste da China e base naval russa desde 1898 até ser perdido para os japoneses em 1905, após heroica resistência. O texto de Molotov também se referia ao controle exclusivamente soviético da ferrovia da Manchúria.

Harriman disse que, provavelmente, o presidente gostaria de fazer algumas alterações, em particular considerando o acordo que fizera com Stalin, que previa Dairen e Port Arthur como portos livres e a ferrovia da Manchúria operada em conjunto por uma comissão de chineses e soviéticos, além de recomendar a concordância do generalíssimo

Chiang Kai-shek. Informando Molotov que precisava consultar Roosevelt, Harriman voltou às pressas para o palácio de Livadia. Roosevelt concordou com as alterações sugeridas por Harriman e lhe pediu que submetesse o texto modificado aos soviéticos.

Naquele dia, uma incomum quantidade de limusines pretas percorreu as curvas fechadas da estrada escarpada. Alarmado com a discussão envolvendo a Polônia na reunião dos ministros do Exterior daquela manhã, Churchill se dirigiu com Eden para o palácio de Yusupov, onde haveria uma reunião privada em que esperava travar uma batalha contra Stalin e Molotov. Com toda firmeza, Churchill mais uma vez enfatizou a reação que enfrentaria no Parlamento se o embaixador britânico na Polônia não fosse autorizado a informar o que estava acontecendo no país. Um evasivo Stalin disse que, tão logo reconhecesse o novo governo polonês, a Grã-Bretanha teria toda a liberdade para enviar um embaixador para Varsóvia. Ele garantia pessoalmente que o Exército Vermelho não criaria embaraços para a atuação do embaixador, mas acrescentou: "Vocês terão que fazer seus próprios entendimentos com o governo polonês".

Entretanto, Eden e Churchill tinham se preparado. Propuseram o acréscimo ao acordo sobre a Polônia de uma frase declarando que o reconhecimento do novo governo polonês "subentenderia a troca de embaixadores que manteriam os respectivos governos informados sobre a situação na Polônia". Para alívio dos dois, Stalin concordou. Foi uma pequena vitória, embora longe do compromisso ideal que Eden e Churchill tinham defendido por tantas horas. Em suas memórias, Churchill disse que foi "o máximo que pude conseguir".

Churchill também abordou a questão da repatriação de prisioneiros de guerra. Preocupados em ter seus compatriotas de volta, havia alguns meses norte-americanos e britânicos pressionavam o governo soviético em busca de sua cooperação e esperando a oportunidade da conferência para concluir um acordo formal. Em 8 de fevereiro, as equipes dos chefes de Estado-maior dos Estados Unidos e da Grã-Bretanha aprovaram uma minuta do texto "A respeito da libertação de prisioneiros de guerra e civis" que, atendendo ao desejo soviético, assegurava que todos os cidadãos soviéticos libertados pelos Aliados Ocidentais regressariam à União Soviética, inclusive soldados capturados que tinham lutado ao lado dos nazistas. Alguns membros do departamento de Estado argumentaram que estes últimos poderiam invocar a proteção da Convenção de Genebra e que qualquer acordo devia conter essa ressalva, mas Stettinius rejeitou o argumento. A primeira reunião tripartite para discutir o acordo foi marcada para o dia seguinte e, para evitar problemas de última hora, Eden recomendou que Churchill tratasse do assunto pessoalmente com Stalin.

Quando se encontrou com Stalin, Churchill perguntou o que queria que se fizesse com o grande número de prisioneiros de guerra russos em poder dos britânicos. Stalin reiterou que todos deviam ser enviados "o mais rápido possível" para a Rússia, onde os que tivessem combatido pelos nazistas "teriam que enfrentar as consequências". Entre outras coisas, Stalin pediu que "não se tentasse induzir qualquer deles a recusar o repatriamento". Churchill assegurou a plena cooperação de seu governo para satisfazer a vontade de Stalin. Em troca, o primeiro-ministro perguntou quantos prisioneiros de guerra britânicos o Exército Vermelho tinha libertado durante seu avanço e "pediu que recebessem bom tratamento: na Grã-Bretanha, cada mãe está preocupada com o destino de seus filhos prisioneiros". Sem muita precisão, Stalin respondeu que o Exército Vermelho tinha libertado "uns tantos", mas admitiu que, à medida que as tropas russas penetrassem mais profundamente na Alemanha, poderiam encontrar outros mais. Para alegria de Churchill, afirmou que os britânicos poderiam enviar oficiais de ligação para atuar na retaguarda das linhas do Exército Vermelho e supervisionar o tratamento dispensado aos prisioneiros britânicos.

Em seguida, deixando os pormenores a serem resolvidos por seus subordinados, Churchill e Stalin se voltaram para a questão das reparações. Como Eden alertara Molotov, Churchill comentou com Stalin que a alta soma almejada pelos soviéticos "seria impossível". Não obstante, tentou convencer Stalin de que a Grã-Bretanha realmente achava que a União Soviética merecia ser devidamente ressarcida. Sugeriu que, removendo fábricas e equipamentos da Alemanha, a Rússia estaria fazendo um favor à Grã-Bretanha ao eliminar as exportações alemãs e abrir espaço para as britânicas. No que dizia respeito a seu país, não havia interesse em mão de obra alemã. Tampouco em bens manufaturados, porque redundaria em desemprego no país. Todavia, a Grã-Bretanha poderia estar interessada em matérias-primas, como potássio e madeira de lei.

Ainda sem saber que Estados Unidos e União Soviética negociavam um acordo secreto, Churchill tentou sondar os objetivos russos no Extremo Oriente. Quando Stalin afirmou que queria uma base naval como a de Port Arthur, Churchill lhe garantiu que a Grã-Bretanha "veria com bons olhos a presença de navios russos no Pacífico e era favorável a uma compensação para as perdas russas na guerra russo-japonesa".

Por fim, Stalin lembrou que em 1936, a Convenção de Montreux concedera à Turquia o controle da passagem de navios pelos Dardanelos entre os mares Negro e Egeu e alegou que seria "intolerável" para a Rússia ter que pedir à Turquia permissão para seus navios atravessarem os estreitos turcos. Churchill prometeu apoiar uma solicitação russa de mudanças nos termos da convenção.

Enquanto isso, com seus deveres concluídos, a maioria dos chefes militares norte-americanos e britânicos, com suas malas já arrumadas e tendo recebido de seus correspondentes soviéticos presentes de despedida com iguarias russas, percorria a estrada esburacada a caminho do aeródromo de Saki. O mesmo acontecia com Byrnes, que Roosevelt ordenara que voltasse para Washington a fim de atuar como seu porta-voz quando o comunicado sobre a conferência fosse expedido. Os que permaneciam em Yalta estavam pensando em suas próprias partidas. À tarde, sob chuva fina, Sawyers, mordomo de Churchill, pensando em guardar como lembrança, tirou fotos de Jo Sturdee e seus colegas da delegação na varanda do palácio Vorontsov e no majestoso terraço de onde se descortinava o mar.

Às dezesseis horas, no palácio de Livadia, Roosevelt presenteou Churchill, Stalin, Eden e Molotov com medalhões com uma gravação especial, "Fourth-Term Inaugural Meddalion" [Medalhão Inaugural do Quarto Mandato]. Também presenteou o líder russo com um livro de fotografias, *Target Germany*, mostrando os pesados danos infligidos pelos bombardeios norte-americanos. Ele e Stalin se retiraram para seu gabinete — o derradeiro encontro privado — para mais uma vez acertar os termos soviéticos para a entrada na guerra no Pacífico. Por seu lado, Stalin aceitou que seria conveniente buscar a concordância de Chiang Kai-shek, mas não de imediato, para preservar o segredo. Stalin alertaria Roosevelt sobre o momento mais oportuno para fazê-lo. A reunião terminou em apenas vinte minutos.

Logo após, Roosevelt foi conduzido em sua cadeira de rodas para o salão de baile do Livadia, onde se juntou a seus assessores já reunidos em torno de uma grande mesa circular. Churchill chegou logo em seguida. Desculpando-se com Roosevelt pelo atraso, acrescentou: "Creio que tive sucesso em consertar a situação", em alusão à recente discussão com Stalin sobre a Polônia, no palácio de Yusupov. Stalin chegou cinco minutos depois.

A convite de Roosevelt, Eden apresentou o texto revisto do acordo sobre a Polônia incluindo, na nova versão, a redação proposta por Churchill que satisfazia Stalin. Afirmava que os governos da Grã-Bretanha e dos Estados Unidos "estabelecerão relações diplomáticas com o novo Governo Provisório Polonês de Unidade Nacional e trocarão embaixadores por meio dos quais os respectivos governos serão informados sobre a situação na Polônia". Roosevelt entregou a Leahy uma cópia do documento. Ao devolvê-lo, Leahy murmurou: "Senhor presidente, isso é tão elástico que os russos podem esticá-lo de Yalta a Washington sem tecnicamente violá-lo". Roosevelt respondeu: "Eu sei, Bill, eu sei. Mas, neste momento, é o máximo que posso fazer pela Polônia".

Embora Roosevelt pudesse julgar que a discussão sobre a Polônia estava encerrada, Churchill salientou que o texto nada dizia sobre as futuras fronteiras polonesas. Alguma coisa precisava ser dita "ou o mundo inteiro ficará especulando sobre o que foi decidido". Todos tinham concordado quanto à fronteira oriental da Polônia. Seguiria a Linha Curzon com mínimas alterações que favoreciam a Polônia, embora o país não ficasse com Lvov.

Quanto à fronteira ocidental, Churchill estava disposto a anunciar que a Polônia ficaria satisfeita se fosse "a linha do Oder, desde que os poloneses assim desejassem", mas não acreditava que seu Gabinete de Guerra aceitasse a linha do Neisse ocidental. Roosevelt disse que era melhor nada declarar sobre a fronteira ocidental, alegando que primeiro o governo polonês devia ser consultado. Entretanto, levando em conta que Molotov propunha que alguma coisa não muito específica fosse dita e Churchill assinalasse que já se sabia que ele achava que a Polônia devia receber "uma boa parcela de territórios no norte e a oeste", Roosevelt cedeu e propôs que o primeiro-ministro redigisse o texto correspondente em termos aceitáveis.

As discussões sobre a Declaração sobre a Europa Liberada transcorreram com mais tranquilidade. Os líderes aprovaram o texto revisto e aceitaram a proposta de Eden para acrescentar uma nota destacando que as três potências esperavam que a França aderisse à Declaração. Nesse ponto, Roosevelt, que aceitou a argumentação de Hopkins para que a França não fosse marginalizada, anunciou que mudara de opinião sobre a participação da França na Comissão de Controle para a Alemanha. Agora concordava com Churchill, permitindo que a França administrasse uma zona na Alemanha e que seria ilógico que não participasse da Comissão. De acordo com Bohlen, um alegre Stalin "levantou os braços acima da cabeça e disse *Sdaiyous* — 'eu me rendo!'". Na verdade, não houve surpresa. Harriman já informara Stalin que Roosevelt mudara de opinião e admitira não se opor à proposta. Os três líderes concordaram em enviar para De Gaulle um telegrama informando-o do que tinham decidido.

Os debates sobre as reparações, porém, logo ficaram cáusticos. Churchill leu o texto que chamou de "um telegrama muito exigente" de seu Gabinete de Guerra orientando-o para não concordar com algum valor específico e declarando que 20 bilhões de dólares era realmente "muito exagerado. Praticamente o equivalente ao total das exportações da Alemanha antes da guerra" e muito além da capacidade de uma "Alemanha bombardeada, derrotada e talvez desintegrada" pagar. Enquanto Churchill enfatizava as objeções de seu Gabinete, Stettinius admirava sua eloquência: "As frases maravilhosas brotavam como água de uma fonte".

Na esperança de chegar a uma conclusão, Roosevelt sugeriu que não havia necessidade de comentar publicamente "o valor em dinheiro" e que o assunto fosse estudado pela comissão encarregada das reparações. Stalin, contudo, ficou tão contrariado que se levantou da cadeira. Agarrando o encosto com tanta firmeza "que suas mãos morenas ficaram brancas até a ponta dos dedos", ele "disparou as palavras como se queimassem sua boca. Grandes áreas de seu país tinham sido arrasadas e os camponeses, massacrados. Os países que mais sofreram tinham o direito de ser ressarcidos". Em seguida, lembrou Churchill e Roosevelt que, como já tinham acordado, não eram reparações em dinheiro que queria, mas em bens. "Ou seria desejo da conferência que os russos não recebessem reparação sob forma alguma?"

Churchill respondeu prontamente: "De modo algum, pelo contrário". Não obstante, insistiu, como Roosevelt, em deixar os detalhes para serem resolvidos pela comissão em Moscou. Stalin salientou que os Três Grandes não tinham chegado a um acordo formal "nem mesmo sobre os critérios para avaliação das reparações" e que os Estados Unidos tinham aceitado a sugestão soviética de 20 bilhões de dólares para efeito de planejamento. Hopkins rascunhou uma nota para Roosevelt:

> Senhor presidente,
> Os russos já cederam tanto nesta conferência e não acho conveniente desapontá-los. Vamos deixar que os britânicos discordem, se assim quiserem.

Entretanto, Roosevelt continuou insistindo que "toda essa questão deve ser deixada para a comissão em Moscou", enquanto Churchill se recusava a ceder no caso de menção a um valor específico.

Finalmente, Stalin, com evidente má vontade, propôs nova redação afirmando que os Três Grandes concordavam que a Alemanha deveria ressarcir as nações Aliadas pelos danos causados durante a guerra e orientariam a comissão em Moscou para examinar o valor das reparações. Churchill concordou e perguntou ao presidente o que achava. Roosevelt respondeu: "O juiz Roosevelt aprova e o documento é aceito", posição em que o presidente se imaginava nos últimos dias, a de um juiz mediando entre duas partes em conflito. De acordo com os registros soviéticos oficiais, Stalin indagou "ironicamente": "Não vai voltar a esse assunto amanhã?".

Após um intervalo de quinze minutos para um chá servido em xícaras de mais ou menos 250 mililitros com suportes de prata, a sessão recomeçou. Stalin mencionou a Convenção de Montreux que deu à Turquia o controle sobre a passagem de navios do mar Negro para o Mediterrâneo, reclamando se tratar de uma concessão anacrônica e afirmando ser impossível aceitar uma situação que permitiria à Turquia "estrangular a Rússia". Com um sorriso triste, Churchill lembrou os membros da conferência de que a campanha dos Dardanelos/Gallipoli em 1915 quase acabou com sua carreira política:

> Algum tempo atrás tentei entrar pelos Dardanelos e o governo russo de então tinha dois corpos de exército prontos para me ajudar na outra extremidade do estreito. Todavia, não conseguimos nos dar as mãos. Portanto, sinto-me um tanto emocionado ao recordar essa questão.

Stalin tentou consolá-lo, insinuando que as forças do Império Britânico tinham se retirado cedo demais. Churchill respondeu: "Nada tive a ver com a decisão. Já estava fora do governo".

Divagando um pouco, Roosevelt disse que:

> Não gostava de fortificações separando nações [...]. Canadá e Estados Unidos tinham, havia mais de cem anos, uma fronteira desarmada ao longo de quase 5 mil quilômetros [...], esperava que [...] outras fronteiras no mundo dispensassem fortificações e Forças Armadas guarnecendo as fronteiras de seus países.

Churchill, como já prometera a Stalin naquele mesmo dia, confirmou que a Grã-Bretanha apoiaria uma mudança nos termos da convenção, desde que se garantisse que a soberania e a integridade territorial da Turquia não fossem afetadas.

O ato final da sessão plenária do dia foi examinar o texto revisto sobre as fronteiras polonesas que os britânicos tinham elaborado após a discussão anterior. Roosevelt o aceitou com mínima modificação substituindo "os três governos" por "os chefes dos três governos", explicando que se comprometesse o governo norte-americano e não apenas ele próprio como presidente, se veria na obrigação de buscar a aprovação do Congresso. Molotov sugeriu acrescentar que "as antigas fronteiras da Polônia na Prússia Oriental e no Oder" seriam devolvidas a esse país, em clara referência a uma ampla expansão das fronteiras ocidentais da Polônia. Roosevelt astutamente perguntou "por quanto tempo essas terras tinham sido polonesas". Quando Molotov respondeu "Por muito tempo", Roosevelt, em tom de brincadeira, disse que "isso poderia levar a Grã-Bretanha a pedir a devolução dos Estados Unidos". Molotov retirou a emenda.

Depois de alguns debates, os líderes finalmente concordaram com a declaração menos incisiva de que os chefes de governo "consideravam" que a fronteira oriental da Polônia devia seguir a Linha Curzon "com mínimas modificações". A declaração prosseguia reconhecendo que a Polônia devia receber substanciais acréscimos de território ao norte e a oeste, mas que os líderes "sentiam" que o Governo Provisório Polonês de Unidade Nacional devia ser consultado e que a definição final da fronteira ocidental esperaria a realização de uma futura conferência de paz. O debate do tema que demandou 18 mil palavras de discussão nos registros oficiais foi encerrado, ao menos pelo tempo restante da conferência.

Logo em seguida, para espanto de Stalin e Churchill, Roosevelt anunciou que pretendia partir no dia seguinte, às quinze horas. Churchill alegou que as tarefas ainda pendentes, como o acerto do comunicado sobre a conferência, não poderiam ser resolvidas a tempo e eram importantes demais para serem decididas precipitadamente. Roosevelt sugeriu cancelar o jantar que Churchill ofereceria naquela noite para que pudessem prosseguir com o trabalho. Após uma discussão apressada, os três decidiram, ao contrário, que naquela mesma noite uma comissão começasse a trabalhar para tratar da redação do comunicado.

Às vinte horas, a sessão plenária finalmente chegou ao fim e, como notou Leahy, todos pareciam "extremamente cansados". Embora esgotado, ao voltar para seus aposentos, Roosevelt escreveu as que seriam suas últimas cartas durante a conferência: uma para Stalin e outra para Churchill. Mencionando as dificuldades políticas que enfrentaria se, entre as três, os Estados Unidos fossem a única potência com direito a um único voto na Assembleia Geral das Nações Unidas, procurou a garantia de que, se solicitasse votos adicionais para assegurar a paridade com a União Soviética e a Grã-Bretanha, contaria com o apoio deles. Missão cumprida, Roosevelt se preparou para o derradeiro banquete oficial.

Churchill deu especial atenção ao jantar dessa noite no palácio Vorontsov para os três líderes e seus ministros do Exterior, contando com Bohlen,

Birse e Pavlov como intérpretes. Confirmando o que Stettinius definira como sua "grande vocação para o espetáculo e a admiração pela pompa militar", Churchill convocou um destacamento dos Royal Marines do *Franconia* para formar uma guarda de honra na chegada de seus convidados. Verificou pessoalmente o plano de distribuição das mesas e o cardápio, no qual estavam impressos dois endereços — 10, Downing Street, Whitehall; e Vorontsov. Marian Holmes anotou em seu diário que Churchill decidira cortar alguns pratos, alegando que "o que perderiam em prazer ganhariam em negócios". Não obstante, o menu, como em todos os banquetes em Yalta, foi variado. O primeiro prato incluiu caviar, salmão, esturjão e leitão com molho de rábano picante. Depois vieram um *vol-au-vent* de carne de caça, opção entre duas sopas, pescada em molho champanhe, espetinho de carneiro com arroz e "cabra selvagem das estepes". Em seguida, peru assado, perdiz e codorna com ervilhas. Por fim, sorvete, frutas, *petits fours*, amêndoas tostadas e café. Servidos a qualquer momento e à vontade, vinho, vodca e champanhe.

Muitos integrantes da equipe soviética acompanharam e supervisionaram os preparativos. Marian Holmes notou "um bando de russos verificando os enfeites, mexendo na mesa", e "pessoal do Exército Vermelho por todo o palácio" checando as medidas de segurança. O próprio Churchill lembrou que "eles trancaram pelos dois lados as portas dos salões de recepção que seriam usados para o jantar. Guardas foram colocados por toda parte, e ninguém tinha permissão para entrar. Em seguida, efetuaram buscas por toda parte, sob as mesas e até atrás das paredes".

Jo Sturdee, Marian Holmes, Elizabeth Layton e Joan Bright, com outros integrantes subalternos da delegação britânica, "se aglomeraram [...] no imenso saguão de entrada" para ver a chegada dos convidados. Pouco antes das 21 horas, apareceu Churchill, como registrou Marian Holmes, "em seu uniforme de campanha de coronel. Sentou-se em uma cadeira e ficou observando os soldados russos. Dois minutos depois das nove, a porta de entrada se abriu e entrou o presidente Roosevelt em sua cadeira de rodas". Estava "cercado por uma escolta de homens carrancudos e de chapéu do serviço secreto", cujos "olhares desconfiando de tudo" fizeram Elizabeth Layton achar engraçado. "O primeiro-ministro o cumprimentou, e o presidente disse em voz alta e grave: 'Desculpe-me, estou atrasado, não consegui me aprontar a tempo.'" "Parecia estar muito doente", reparou Joan Bright, muito chocada.

Stalin chegou "nos calcanhares do presidente". Jo Sturdee e outros estavam, "casualmente, perto da chapelaria (!), e lá estava o velho marechal Stalin quase pisando em nossos calos [...]. Os Royal Marines e tantos outros uniformes coloridos do país — e nós — compunham uma paisagem alegre e divertida". Joan Bright notou que Stalin fez questão de tirar o próprio capote e, como acontecera em Teerã, "ele e o senhor Churchill ficaram brigando para ver quem o pendurava". Stalin "permaneceu um pouco em segundo plano" até Churchill lhe pedir polidamente um "posso acompanhá-lo" e conduzir o marechal até o salão de recepção onde estavam sendo servidos os drinques.

Enquanto os convidados, esperando o jantar, continuavam reunidos em torno da lareira, apreciando drinques e caviar, Molotov se aproximou de Stettinius e perguntou: "Pode me dizer onde será realizada a conferência [das Nações Unidas]?". Stettinius imediatamente procurou Roosevelt, sentado na cadeira de rodas, e disse: "Molotov está me pressionando para saber o local da conferência. Está disposto a dizer que será em São Francisco?". "Vá em frente, Ed; será em São Francisco", respondeu Roosevelt. Stettinius dirigiu-se rapidamente para Molotov que, depois de receber a notícia, acenou para Eden. Juntos, os três ministros brindaram ao sucesso da próxima conferência, a ser realizada apenas dez semanas à frente.

Churchill descreveu o jantar como amistoso, embora com momentos de tensão. Stalin propôs um brinde à saúde do rei, mas Churchill lembrou mais tarde, "de uma forma [...] que não me agradou muito", dizendo que "sempre fora contra reis e preferia estar do lado do povo". Durante o jantar, Stalin deixou evidente que ainda estava ressentido por ter concordado com a solução da questão das reparações, reclamando que teria que "dizer ao povo soviético que não conseguiria as reparações desejadas porque os britânicos se opunham". Para apaziguá-lo, Churchill e Roosevelt concordaram que o comunicado da conferência mencionasse que a Alemanha ressarciria as nações dos Aliados "pelos danos causados" e que as atas da conferência, que não seriam publicadas, declarariam que os Estados Unidos e a URSS — mas não a

Grã-Bretanha — aceitariam 20 bilhões de dólares como base para planejamento e que metade se destinaria à Rússia.

Em seguida, Churchill disparou uma ofensiva de gentilezas. Brindando à saúde de Stalin, disse:

> Houve tempos em que o marechal não foi tão generoso conosco e lembro que disse algumas coisas rudes para ele. Contudo, os perigos que juntos enfrentamos e a lealdade recíproca fizeram com que deixássemos isso para trás. Sentimos que temos um amigo em quem podemos confiar e espero que ele continue sentindo o mesmo por nós.

Prosseguiu vaticinando "uma Rússia, nação tão grandiosa na guerra quanto feliz e risonha em tempos de paz".

Roosevelt contou uma história estranha sobre um encontro na América do Sul com um membro da Ku Klux Klan, um italiano e um judeu. Sabendo da tendência anticatólica e antissemita da Klan, Roosevelt perguntou ao integrante dessa seita se os outros dois também eram membros. O homem respondeu afirmativamente — "não havia problemas porque toda a comunidade os conhecia [...] foi um bom exemplo de como era difícil ter preconceitos — raciais, religiosos ou qualquer outro — se você realmente conhece as pessoas".

Churchill levou Stalin e Roosevelt até sua Sala de Mapas — "o apogeu da carreira da Sala de Mapas", lembrou posteriormente —, onde o capitão Pim lhes transmitiu as últimas notícias: as tropas canadenses tinham tomado a cidade alemã de Cleves. Pim recordou Churchill alegremente da história do rei Henrique VIII, que rejeitou sua desinteressante quarta esposa, Anne de Cleves. Em seguida, referindo-se à grande ofensiva "que nas próximas semanas levará as forças Aliadas até a margem ocidental do Reno", Churchill começou a cantar uma canção da Primeira Guerra Mundial, "When We've Wound Up the Watch on the Rhine" [Quando derrotarmos a guarda no Reno]. De acordo com Pim, quando Stalin insinuou que talvez "os britânicos quisessem fazer um armistício antes dos russos, o primeiro-ministro, aparentemente ressentido, mãos nos bolsos, em um canto da Sala de Mapas, cantou alguns versos de sua canção favorita, 'Keep Right on to the End of the Road' [Siga em frente até o fim da estrada]". Stalin ficou muito intrigado. Com um largo sorriso, Roosevelt disse a Pavlov: "Diga a seu chefe que essa canção do primeiro-ministro é uma arma secreta da Grã-Bretanha".

Retornando ao salão de jantar para beber um último drinque e fumar, a conversa se voltou para a política britânica. Stalin manifestou seu ceticismo quanto à possibilidade de o Partido Trabalhista conseguir formar um governo na Grã-Bretanha. Menos radical, Roosevelt comentou que Churchill tinha atuado dentro e fora do governo por muitos anos e que talvez tivesse "prestado mais serviços sem integrar o governo, mas obrigando as pessoas a pensar". Churchill admitiu que enfrentava algumas dificuldades nas eleições porque "não sabia o que a esquerda faria" e disse para Stalin que sua tarefa era muito mais fácil, "uma vez que tinha apenas um partido com o qual precisava lidar". Como já tinha feito antes, Stalin respondeu com duvidosa sinceridade que "a experiência demonstra que um partido único é muito mais conveniente para um chefe de Estado". Roosevelt deu alguns conselhos para Churchill sobre como lidar com o socialismo e a esquerda, afirmando que "todos os chefes precisam dar atenção às principais necessidades de seu povo". Quando pela primeira vez foi eleito presidente, "os Estados Unidos estavam à beira de uma revolução porque o povo não tinha alimentos, roupas e onde morar". Tinha decidido prover tudo isso e foi eleito. "A partir daí, não mais enfrentou o risco de distúrbios sociais nos Estados Unidos." Mais tarde, ao longo de uma conversa sobre política em geral, Churchill disse a Stalin que "a oposição britânica ao comunismo não se baseava em alguma forma de apego à propriedade privada, mas à velha questão do indivíduo *versus* Estado", embora "na guerra a necessidade individual fique subordinada à do Estado".

Com o passar das horas, Stalin tentou convencer Roosevelt a permanecer mais algum tempo em Yalta. Quando Roosevelt lhe disse que "tinha três reis à sua espera no Oriente Médio", inclusive Ibn Saud da Arábia Saudita, a conversa derivou para a questão de uma pátria para os judeus. Roosevelt disse que era sionista e perguntou se Stalin também era. Stalin respondeu que sim, em princípio, mas que "reconhecia que era uma questão difícil". A União Soviética já tentara criar uma pátria para o povo judeu em Birobidzhan (no Extremo Oriente da Rússia), mas depois de dois ou três anos eles tinham voltado a se espalhar pelas cidades. Bohlen lembrou-se de quando Stalin se referiu ao povo judeu como "negociantes, aproveitadores e parasitas". Quando Stalin perguntou que presente pensava em dar para Ibn Saud, Roosevelt respondeu que a única concessão que poderia fazer eram os 6 milhões de judeus que viviam nos Estados Unidos.

Mais uma vez Churchill apelou a Roosevelt para ficar por mais tempo: "Mas, Franklin, você não pode ir. Estamos quase alcançando um grande prêmio". Roosevelt respondeu "em tom firme" que tinha compromissos a cumprir e precisava partir no dia seguinte. Contudo, com a noite chegando ao fim, Stalin voltou a pressionar Roosevelt. Dessa vez, o presidente cedeu e disse que se fosse necessário adiaria sua partida para a segunda-feira, 12 de fevereiro. Concordaram em realizar uma sessão plenária adicional ao meio-dia do dia seguinte, após a qual os três líderes almoçariam juntos.

Jo Sturdee estava novamente no saguão quando Roosevelt e Stalin se retiraram. E escreveu para casa: "Eles terminaram por volta de meia-noite e meia e, enquanto o marechal saía, o querido e velho primeiro-ministro nos comandou em três vivas. Guardei uma cópia do menu do jantar. Vocês ficarão boquiabertos". Ela jantara com alguns colegas britânicos, como Sawyers, o mordomo de Churchill, e cinco guarda-costas de Roosevelt:

> Posso afirmar que o presidente tem milhares desses que chamam de seguranças. Mas são amistosamente chamados de "o bando de malucos" e "os assassinos" [...]. Não importa: foi a noite mais divertida de toda a conferência, pelo menos para mim. Sabe como são os ianques, todos confiantes e de cabeça erguida, rindo com espalhafato e nos dando tapinhas nas costas. Contudo, no fim das contas, nos prometeram alguns batons e meias de seda. Não sei se um dia voltarei a vê-los. Duvido de que se lembrem. A culpa é da quantidade de champanhe que beberam. O fato é que eles alegraram a festa.

O mesmo fez Sawyers, e Elizabeth Layton contou a seu respeito:

> Procuramos manter a animação [...], ele divertiu a turma contando suas várias viagens, as diferentes camas em que o senhor Churchill

teve que dormir, e assim por diante [...]. Talvez o que Sawyers narrou não fosse tão engraçado, mas seus maneirismos, sua maneira de contar, suas risadinhas, o jeito de pronunciar o "s" e os olhos se mexendo para lá e para cá às vezes faziam com que ficasse "muito engraçado".

Naquele dia, o submarino soviético s-13, comandado pelo capitão Alexander Marinesko, que afundara o *Wilhelm Gustloff* dez dias antes, torpedeou outro transporte alemão, o antigo navio de passageiros *General von Steuben*, também empenhado na Operação Hannibal. O *General von Steuben* saiu em 9 de fevereiro de Pillau, perto de Königsberg, com cerca de 4 mil pessoas a bordo, inclusive 2.800 soldados alemães feridos e uns mil civis e refugiados. Atingido pouco antes da meia-noite por dois torpedos do s-13, o *Steuben* afundou em vinte minutos. Botes de salvamento recolheram apenas 600 sobreviventes. Marinesko foi o mais bem-sucedido comandante de submarino da União Soviética. Entretanto, agora enfrentava uma corte marcial supostamente por seus problemas com a bebida, mas na verdade era por causa de suas opiniões reacionárias e "falaciosas". A despeito de tudo o que havia realizado, foi rebaixado ao posto de segundo-tenente e, em outubro de 1945, demitido com desonra.*

Também no dia 10 de fevereiro, como anotou o capitão Pim, encarregado da Sala de Mapas, "as forças soviéticas estavam no rio Oder, a apenas 28 quilômetros de Berlim, e os britânicos e canadenses abriam caminho rumo às margens do rio Reno. Em Luzon, as tropas norte-americanas tinham capturado Manila após uma campanha impressionantemente rápida". Em Berlim, autoridades do Reich faziam os preparativos finais para evacuar as reservas em ouro da Alemanha nazista — cerca de 100 toneladas — para as minas de sal perto de Eisenach, na Turíngia, no dia seguinte.

Edith van Hessen, sobrevivente do holocausto na Holanda, esperava ansiosamente informações sobre pessoas queridas. "Ouvi pelo rádio a notícia de que trezentos holandeses, prisioneiros de um campo de

---

* Marinesko recuperou seu posto de capitão pouco antes de morrer, em 1963. Em 1990, Mikhail Gorbachev o homenageou postumamente declarando-o herói da União Soviética. Hoje em dia, o Museu de Submarinos em São Petersburgo leva seu nome.

concentração judeu em Theresienstadt, tinham chegado em segurança à Suíça [...]. Mamãe?"

Ron Jones, prisioneiro de guerra britânico capturado no norte da África e submetido a trabalhos forçados em uma refinaria de petróleo perto de Auschwitz, vivia a quinta semana de uma marcha da morte de dezessete semanas através da Polônia, Alemanha e Áustria, sob temperaturas abaixo de zero e usando sacos de aniagem no lugar de calçados. Dos 280 prisioneiros de guerra que iniciaram a marcha, Jones foi um dos 150 que sobreviveram e passou dos cem anos vendendo papoulas da Legião Britânica no supermercado da cidade onde morava.

13
"Um marco na história da humanidade"

Cadogan e seus colegas norte-americanos ficaram até uma e meia da madrugada de 11 de fevereiro trabalhando na minuta de um comunicado sobre a conferência que ainda precisava ser aprovado pelos soviéticos para depois ser oficialmente ratificado na sessão plenária. Escrevendo para a esposa, Cadogan, cuja admiração pela habilidade de Stalin não diminuíra, refletiu: "Joe tem sido extremamente condescendente. É um grande homem, como demonstra fartamente perante os outros dois estadistas mais idosos. O presidente, em especial, está muito confuso e trêmulo. Lorde Moran diz que não tem dúvida de que, dos três, é o que morrerá primeiro".

Enquanto os delegados entravam pela noite trabalhando em Yalta, a Operação Veritable progredia. Um oficial de artilharia britânico anotou em seu diário de guerra em 11 de fevereiro: "Rumo à Alemanha! Avançamos às 2h30 através de Kranenburg até uma posição a cerca de 1,5 quilômetro a sudeste de Nutterden". Lá se apossaram de uma "fortificação da famosa Linha Siegfried, uma sólida construção de concreto e aço. Sem tiroteios intensos […], mas houve um fluxo interminável de pessoas na direção da Alemanha".

Nesse dia, Churchill estava de mau humor. Quando Moran o visitou após o desjejum, o primeiro-ministro lhe dirigiu "um olhar aborrecido" e reclamou: "O presidente está se portando muito mal. Parece não estar interessado no que estamos tentando fazer". Moran achou que Churchill estava "impaciente com a apatia e indiferença do presidente" porque "não percebeu que Roosevelt era um homem muito doente". Também achou que o primeiro-ministro estava cada vez mais "consciente de sua própria impotência".

Uma preocupação particular de Churchill era o plano de Roosevelt de se reunir com os governantes de Egito, Arábia Saudita e Etiópia. Ciumento, via o Oriente Médio na exclusiva esfera de influência britânica. Embora ao se encontrar com Hopkins naquele dia tentasse deixar a impressão de que desconhecia a intenção de Roosevelt, na verdade estava "perplexo", pois já tinha conhecimento da planejada visita. Um telegrama ultrassecreto de 5 de fevereiro do Ministério do Exterior para Eden informara:

> Ibn Saud [...] recebeu convite do senhor Roosevelt para um encontro [...]. Roosevelt afirma que também vai se encontrar com o imperador da Abissínia [...]. Ibn Saud gostaria de se reunir com Roosevelt, mas não aceitará o convite se sua majestade não aprovar o encontro [...]. Ibn Saud manifestou o firme desejo de ver o senhor Churchill.

Em 9 de fevereiro, Churchill telegrafara para Ibn Saud: "Meu caro amigo, realmente desejo que se encontre com o presidente dos Estados Unidos, um de meus mais estimados amigos. Depois de sua conversa com ele, irei especialmente ao Egito para vê-lo". E começou a fazer os preparativos para a visita.

Aparentando ter ficado surpreso com a visita de Roosevelt, em 11 de fevereiro Churchill pressionou Hopkins a respeito das intenções do presidente. Hopkins procurou assegurá-lo de que a visita era "principalmente uma grande encenação e que o presidente apreciaria o contato com tão diversos soberanos daquela parte do mundo". O único assunto que o presidente discutiria seriamente com Ibn Saud era a Palestina. Todavia, Hopkins "sentiu que Churchill imaginava haver uma grande conspiração para minar o poder do Império Britânico naquela região". Churchill disse a Hopkins que também faria uma visita aos três soberanos, talvez após uma breve viagem à Grécia que tinha em mente.

Uma verdadeira surpresa aguardava Churchill naquela manhã, quando Roosevelt mostrou a ele e a Eden o acordo secreto que admitia as exigências de Stalin para entrar na guerra contra o Japão e pediu ao primeiro-ministro para assiná-lo. Eden ficou indignado com o fato de Roosevelt "encontrar tempo para negociar em segredo um acordo com Stalin envolvendo o Extremo Oriente sem informar seu colega britânico e tampouco seu aliado chinês". Em particular, achou "uma injustiça tomar decisões que afetavam o futuro da China sem consultá-la". Para ele, o acordo era "um vergonhoso subproduto da conferência" e aconselhou Churchill a não assinar. Quando perguntaram sua opinião, Cadogan, que fora embaixador do Reino Unido na China, endossou a opinião de Eden. Não obstante, como escreveu Eden, Churchill "achou que, gostasse ou não, nossa autoridade no Extremo Oriente seria afetada se não assinássemos o acordo e, por conseguinte, não participássemos de discussões futuras sobre o assunto".

Em suas memórias, Churchill alega que o acordo foi "uma questão norte-americana e, sem dúvida, de absoluto interesse para suas operações militares [...]. Para nós, o problema era remoto e secundário". Entretanto, Sergo Beria, que ouviu as gravações feitas por seus microfones ocultos, concluiu que o primeiro-ministro ficou magoado por Roosevelt não ter falado com ele antes e escreveu: "O líder britânico não escondeu seu ressentimento". O fato é que Churchill assinou o documento, que desde então foi mantido em "absoluto segredo". No lado norte-americano, Bohlen, Harriman e Stettinius foram os únicos membros do Departamento de Estado que souberam de sua existência, e o documento foi entregue ao almirante Leahy para ser guardado em seu arquivo secreto na Casa Branca.

Nem Churchill e tampouco Roosevelt, que teve muito mais tempo para examinar o acordo, questionou a declaração de que "os chefes das três grandes potências concordaram que estas exigências da União Soviética sejam satisfeitas sem contestação após a derrota do Japão". Essas palavras deixaram absolutamente claro que, não importando a opinião de Chiang Kai-shek quando finalmente fosse informado a respeito, os Estados Unidos e o Reino Unido garantiriam o recebimento pela União Soviética das compensações prometidas para que entrasse no conflito contra o Japão.

A manhã de Roosevelt foi mais agradável do que a de Churchill. Uma breve nota de Stalin e uma carta mais extensa de Churchill terminando com as palavras "desnecessário afirmar que farei todo o possível para apoiá-lo" o informaram que ambos endossariam a solicitação dos Estados Unidos para contar com votos extras na Assembleia Geral das Nações Unidas. Meia hora antes da sessão plenária, Roosevelt, acompanhado pela filha, deu uma volta de jipe pelos arredores do Livadia. O tempo estava agradável, como, aliás, estivera durante a maior parte da conferência. Alguns russos então presentes o chamaram de "clima de Roosevelt". Ao voltar, o presidente passou em revista uma guarda de marinheiros da Marinha dos Estados Unidos em forma na frente do palácio.

A oitava e última reunião plenária começou ao meio-dia com uma troca de gentilezas. Roosevelt descreveu seu passeio de despedida pelos arredores do Livadia e Stalin disse que, depois da conferência, o Livadia, o Vorontsov e o Yusupov seriam transformados em spas. Na verdade, tornaram-se colônias de férias para o pessoal da NKVD de Beria.

Quando finalmente e pela última vez se voltaram para as negociações, o tópico principal foi o comunicado sobre a conferência, "esse maldito negócio", como Churchill o chamou. O comunicado detalhava o que a Alemanha podia esperar: rendição incondicional, desarmamento, remoção ou destruição de indústrias passíveis de emprego militar, julgamento de criminosos de guerra, pagamento de reparações e imposição de zonas de ocupação pelos Aliados, inclusive uma para a França. Entretanto, foi omitida a palavra "desmembramento", temendo-se que pudesse estimular a resistência alemã. O comunicado também mencionava a Conferência em São Francisco, sem citar detalhes de procedimentos de votação para o Conselho de Segurança. Também incluía o texto completo da Declaração sobre a Europa Liberada.

Quando examinaram a minuta do comunicado, Churchill se opôs ao emprego frequente da palavra "conjunto". O texto foi corrigido para satisfazer seu capricho. Assim, "nosso objetivo conjunto de destruir o militarismo alemão e o nazismo" se transformou em "nosso objetivo inabalável". Roosevelt e Stalin continuaram bem-humorados, tentando cada um falar o idioma do outro, com Stalin dizendo "ok" e Roosevelt respondendo com "*khorosho*" [bom] sempre que aprovavam um item após outro. Um dos assessores de Eden achou que o presidente estava "claramente louco para ir embora". O único ponto ligeiramente embaraçoso foi o das Nações Unidas, quando Molotov mais uma vez tentou, sem sucesso, que Bielorrússia e Ucrânia fossem admitidas como membros fundadores na Conferência de São Francisco. Quando abordaram a questão da Polônia, Churchill previu que os poloneses de Londres "reclamariam terrivelmente" e que enfrentaria severas críticas em seu país "porque cedemos quase totalmente diante da posição russa". Não obstante, assegurou a Stalin que, "no máximo de suas possibilidades", defenderia o acordo sobre a Polônia.

Apenas cinquenta minutos mais tarde, a sessão terminou. Roosevelt, Stalin, Eden, Molotov, Stettinius, Cadogan e um punhado de outros delegados se dirigiram para a sala de bilhar do czar onde almoçariam, deixando Vyshinsky com o encargo de preparar a versão final do comunicado. "Ele não está interessado no almoço", disse um sorridente Stalin. Robert Hopkins, câmera pronta na mão, tirou a fotografia do almoço que apareceu na revista *Life* com o seguinte comentário:

> Juntos, representam grande parte da população mundial. Um é filho de um sapateiro, outro é aristocrata e o terceiro descende de prósperos colonizadores holandeses. Em personalidade e temperamento, não poderia haver três homens mais diferentes. As discussões terminaram e é grande a esperança por um mundo pacífico. Olhem para eles! Churchill está saboreando uma colher cheia de caviar e parece querer mais. A porção de Stalin é mais moderada e Roosevelt não se interessa pela iguaria. Será que isso significa alguma coisa?

Charles Bohlen lembrou que a conversa durante o último almoço foi sobre temas "gerais e pessoais", exceto por um malicioso comentário de Stalin referindo-se claramente ao Irã: "Qualquer nação que mantém seu petróleo sob o solo e não permite que seja explorado está, na verdade, 'trabalhando contra a paz'". "Sem muitos brindes", escreveu Cadogan, embora em determinado momento tenha sentido um cutucão nas costas. Virando-se, deparou-se com Stalin, um copo de conhaque em cada mão, querendo fazer um derradeiro brinde com ele.

No fim do almoço, o comunicado final foi apresentado para assinatura. Roosevelt sugeriu que Stalin, "tão magnífico anfitrião", merecia assiná-lo primeiro, mas o líder soviético comentou que talvez isso levasse a "língua afiada da imprensa" nos Estados Unidos a afirmar que "ele controlava o presidente e o primeiro-ministro". Propôs que assinassem na ordem alfabética segundo o alfabeto cirílico. Significava que Roosevelt assinaria primeiro, seguindo-se Stalin e por fim Churchill. O primeiro-ministro imediatamente salientou que no alfabeto britânico seu nome vinha antes do de Roosevelt e que ele também era o mais velho. Os outros dois cortesmente concordaram, e Churchill assinou em primeiro lugar, seguindo-se o presidente e finalmente Stalin. Os três também decidiram que o comunicado devia ser transmitido simultaneamente em Moscou, Londres e Washington às 23h30, horário de Moscou, já no dia seguinte, 12 de fevereiro.

Como as versões finais de outros documentos da conferência só ficariam prontas depois que partissem, os três líderes também deixaram assinadas folhas em branco nas quais seriam aplicados os textos revistos pelos ministros do Exterior e suas equipes, que tinham trabalhado intensamente durante algumas horas para completar o que faltava. Às 15h45, o almoço — e a conferência — terminou oficialmente, segundo Sarah Oliver, com "todos extravasando alegria". Roosevelt entregou a Stalin oito condecorações da Legião do Mérito a serem concedidas aos membros da delegação militar russa e lhe disse: "Logo nos encontraremos novamente — em Berlim!". Stettinius perguntou a Molotov se poderia ficar, como lembrança, com a pintura de uma cena de inverno pendurada na parede atrás da cadeira do presidente, e Molotov concordou. Arthur Birse, intérprete britânico, deu a Pavlov, seu correspondente soviético, um conjunto completo das obras de Charles Dickens.

Churchill foi mais modesto. Apreciara em especial os três pares de leões de mármore branco que guarneciam o lance de escada que descia até os jardins do Vorontsov. O primeiro par era de leões deitados, cabeça repousando sobre as patas, o segundo com cabeças levantadas e alertas, enquanto o terceiro par era de leões sentados e rugindo. Imaginando que um dos leões deitados era "como eu, só que sem o charuto", quis comprá-lo, mas os anfitriões soviéticos recusaram, alegando que era propriedade do povo soviético.

Após apertos de mãos e despedidas, às 15h55 Stalin deixou o Livadia para embarcar em seu trem blindado e regressar a Moscou. Cinco minutos depois, Roosevelt, sua filha Anna e os Harrimans partiram rumo a Sebastopol e ao *Catoctin* em sua limusine, carregada com presentes soviéticos de última hora: vodca, vinho da Geórgia — terra natal de Stalin —, champanhe, caviar, manteiga, laranjas e tangerinas. Vendo o presidente partir, Leahy pensou: "Ele parece cansado [...] mas todos nós estamos. Foi uma das semanas mais exaustivas que já tive".

Após comentar melancolicamente com Eden que "o único vínculo entre os vencedores é seu ódio comum", Churchill voltou para o Vorontsov com a filha pensando em partir no dia seguinte. Entretanto, como escreveu Sarah, "depois de se despedir de todos, creio que [ele] subitamente se sentiu sozinho. 'Para que ficar aqui? Por que não vamos embora esta noite? Não vejo razão para ficarmos um só minuto mais — partimos!'". Ao chegarmos na frente do Vorontsov, Churchill

> Saltou do carro e, voltando-se para seu secretário particular, anunciou: "Não sei você, mas eu estou de saída. Vou partir em cinquenta minutos!". Depois de um segundo de atônito silêncio, todos começaram a trabalhar freneticamente. Malas e grande quantidade de documentos misteriosos entregues pelos russos — oba! — encheram o saguão. As roupas que estavam na lavanderia voltaram limpas, mas úmidas. Logicamente, os cinquenta minutos nos deram tempo para mudarmos de opinião seis vezes! "Vamos passar a noite aqui e partimos amanhã na hora do almoço — Vamos pegar o avião — Vamos partir esta noite e seguir por mar — Vamos para Atenas — Alexandria — Cairo — Constantinopla — Não vamos a nenhum desses lugares — Vamos ficar a bordo e ler os jornais! Onde está o malote? Por que ainda não chegou?"

Seu mordomo, Sawyers, "lágrimas nos olhos, cercado por malas feitas às pressas, batia no peito e dizia: 'Não podem fazer isso comigo!'". Enquanto isso, "Churchill, parecendo um menino saído da escola, trabalho de casa cumprido, andava de um aposento para outro dizendo: 'Vamos, vamos!'".

Perdido naquela confusão geral, Moran notou como "o primeiro-ministro, que durante toda a conferência tinha se mostrado estressado, irritado e mal-humorado, agora estava animado", exaltando que seria "muito bom voltar à comida britânica depois dos leitões gordurosos em todas as refeições". Jo Sturdee e seus colegas, no meio da confusão, sentiam-se "com outro estado de espírito [...] lamentando ter que partir". Apesar de "ainda sofrermos com as picadas dos queridos insetos que não nos davam sossego na cama e termos que nos lavar no banheiro de uso comum, passamos dias muito agradáveis".

Quando Churchill estava pronto para partir, a equipe soviética do Vorontsov se reuniu no saguão. "Enquanto o senhor Churchill agradecia e apertava a mão de cada um", Joan Bright notou, constrangida, "que lamentavelmente não havia presentes para dar aos membros da equipe". Ela pedira para levar para a Crimeia o que uma colega em Londres chamou de "toda a quota de Dunhill de um mês": "duas caixas de prata para cigarros, quatro isqueiros, um estojo de prata para artigos de maquiagem". Chegando a Yalta, pôs os objetos na gaveta de sua escrivaninha. Todavia, quando foi procurá-los, "tinham desaparecido. Muito esquisito. Poderia ter perguntado aos russos. Porém, se o fizesse, para salvar as aparências provavelmente acusariam, com ou sem razão, algum empregado. Assim, preferi ficar calada [...] e eles não ganharam presente algum".

Logo em seguida, Churchill deixou o Vorontsov. "Acredite ou não, uma hora e vinte minutos depois, por volta das 17h30, uma comitiva de carros cheios de malas abarrotadas percorria a estrada para Sebastopol", escreveu Sarah Oliver. Marian Holmes, ao lado de Sawyers no banco traseiro "de um confortável carro, seguido por um caminhão cheio de bagagem", apreciava o pôr do sol enquanto percorriam "a sinuosa e perigosa estrada pela montanha". Como Roosevelt já estava na estrada e Stalin tinha desaparecido "como se fosse um gênio", Sarah Oliver ficou pensando: "Três horas depois do último aperto de mão, Yalta já estava deserta, com exceção dos que tinham que arrumar tudo depois da festa".

Os ministros do Exterior e seus assessores, com a missão de acertar o que ficara pendente, se reuniram pela última vez às 16h20. A tarefa principal era chegar a um acordo quanto ao longo e detalhado protocolo confidencial que resumia as decisões da conferência e que os próprios ministros assinariam. Todavia, um monte de outros documentos também exigia a atenção dos ministros. Nas horas finais de Yalta, escreveu Bohlen, houve "muita confusão e boa dose de irritação e divergências", mesmo em sua própria delegação. Ele e outros intérpretes foram muito pressionados ao traduzir o texto de acordos bilaterais do russo para o britânico e vice-versa. Esse esforço envolveu, inclusive, o texto de acordos entre Estados Unidos e URSS, e entre Reino Unido e URSS, que se referiam à repatriação de prisioneiros de guerra e civis libertados, cujos pormenores só foram completados no dia seguinte à discussão pelos líderes. Estes estipularam que cada parte forneceria informações sobre os cidadãos das outras nações que mantinha detidos, os separaria dos prisioneiros de guerra e permitiria acesso a eles até que pudessem ser repatriados.

À última hora, Eden tentou acrescentar sua aliada de longa data, a Arábia Saudita, ao rol de nações que seriam convidadas para a Conferência das Nações Unidas, alegando que o país se dispusera a declarar guerra à Alemanha, mas que os Aliados tinham desencorajado essa iniciativa. Alegou também que "seria bom ter um ou dois países muçulmanos". Stettinius gostou da ideia, mas Molotov se opôs com sua habitual teimosia, levando Eden a retirar a proposta.

Já escurecera quando os últimos documentos foram assinados. Dirigindo-se para o saguão do Livadia, Molotov sugeriu que Eden e Stettinius levassem um ramo do limoeiro que apareceu de repente depois que Roosevelt lamentou não haver limão para pôr em seu martíni. Rapidamente, surgiram outras pessoas arrancando galhos da árvore até deixar apenas ramos mais fortes, "que só podiam ser cortados a machadadas". Eden e seus assessores retornaram ao Vorontsov, de onde partiriam no dia seguinte, enquanto Molotov voltava para o palácio de Yusupov. Enquanto isso, tão logo os diversos acordos foram transmitidos para Washington, Stettinius deu ordem para que fossem suspensas as comunicações entre o agora deserto Livadia e o *Catoctin*. Depois de um tardio jantar, pegou a estrada, rumo ao terminal ferroviário em Simferopol. No ponto mais alto das montanhas que separavam Yalta da Crimeia ocidental, saltou de seu carro para "uma derradeira vista do cenário daquela histórica conferência", bem visível ao luar.

No dia seguinte, 12 de fevereiro, Joan Bright estava entre os últimos integrantes da delegação britânica a deixar o Vorontsov. Almoçou com uma velha conhecida de Moscou, Nina Alexandrovna, e depois foi até o sanatório, onde ficaram alojados alguns britânicos, para agradecer a quem cuidara deles. Um major russo se aproximou e pôs a mão em seu ombro. "Curvando-se e dando um beijo em minha face, botou em minhas mãos um grande buquê de galantos." Outro oficial disse que o major fora especialmente até a montanha para colher as flores. Tão logo ela e os demais integrantes da delegação britânica saíram, os empregados do Vorontsov começaram a enrolar os tapetes, embalar a porcelana, a prataria e a cama de casal que Churchill exigira, deixando tudo pronto para ser devolvido aos hotéis de Moscou, de onde os bens tinham sido retirados, conferindo com o inventário correspondente. O mesmo estava acontecendo no Livadia. Breves notas dirigidas à delegação norte-americana solicitavam: "Por favor, não levem objetos dos quartos e dos serviços de mesa como lembranças. A disponibilidade na Rússia é muito restrita [...]; a típica mania norte-americana de colecionar suvenires causará péssima impressão em nossos anfitriões".

Os habitantes locais, acostumados a ver as constantes idas e vindas ao longo das estradas costeiras e advertidos pela NKVD para evitar contatos com estrangeiros, finalmente souberam alguma coisa sobre o que estivera acontecendo na região quando, no dia 12 de fevereiro, o comunicado da conferência foi transmitido pelo rádio para o mundo. Realizando inspeções de segurança nas casas dos camponeses próximas ao Livadia, Mike Reilly notou que "todas as casas, por mais pobres que fossem, tinham um rádio [...]. Comparados com os norte-americanos, eram rádios antigos, sem botões ou algum tipo de sintonizador. Pareciam poder sintonizar uma só frequência, a da poderosa estação de Moscou controlada pelo governo".

Nos Estados Unidos, Byrnes convocou uma reunião com a imprensa tão logo chegou a Washington. Exaltando a liderança de Roosevelt na conferência, focalizou suas intervenções no acordo para a estruturação da nova Organização das Nações Unidas e a realização da conferência inaugural. Também elogiou a Declaração sobre a Europa Liberada como evento "da maior importância" e o inequívoco compromisso com a realização de eleições livres e democráticas nas nações recentemente libertadas, inclusive nas que tinham sido ocupadas pelo Exército Vermelho. A Polônia, comentou, seria a primeira demonstração da vigência dos princípios estabelecidos pela Declaração.

Byrnes cumpriu bem sua missão, e a imprensa saudou entusiasticamente o comunicado sobre a conferência, em alguns casos quase com euforia. John Boettiger, genro de Roosevelt, telegrafou da Casa Branca: "Todo mundo está tirando o chapéu para você [...], um monte de elogios para você. Nunca vi tanto entusiasmo quanto o que estou vendo por suas realizações em Yalta". O *Washington Post* proclamou: "O presidente deve ser cumprimentado por sua participação neste acontecimento de tão ampla repercussão". O *The New York Times* previu que os acordos celebrados em Yalta abriam caminho para "uma paz segura e para um mundo mais promissor". O *New York Herald Tribune* comentou que "a conferência foi mais uma grande demonstração de unidade, força e poder de decisão dos Aliados". Para a revista *Time*: "Tudo indica que estão dirimidas todas as dúvidas sobre a capacidade de os Aliados cooperarem na paz e na guerra". William Shirer, em transmissão da CBS, considerou a conferência "um marco na história da humanidade". A reação judiciosa e pertinente do *The Detroit News* foi:

> O extraordinário significado da Conferência da Crimeia — muito mais importante do que suas específicas conclusões — é o fato de os dois novos gigantes do mundo, econômica e militarmente, um capitalista e outro comunista, terem chegado a substancial acordo quanto ao futuro pós-guerra.

Embora a Grã-Bretanha fosse a terceira nação participante da conferência, para o *The Detroit News* era um país quebrado, em declínio e "exaurido".

Na Grã-Bretanha, a acolhida ao comunicado foi um pouco mais comedida. O ministro da Informação de Churchill telegrafou para o primeiro-ministro: "Toda a imprensa britânica aplaude os resultados alcançados". A revista *Tribune*, de esquerda, ficou em minoria ao comentar que a despeito de seu "exibicionismo político e seus lances de efeito", Churchill já não era "influente".

Na Rússia, para ressaltar o que fora conseguido em Yalta, a agência soviética de notícias *Tass* publicou um pôster dramático mostrando os Aliados empurrando Hitler e seus companheiros com a coronha de seus fuzis para dentro de uma cela. A legenda, logo embaixo, dizia: "Fim inevitável. Criminosos de guerra. A concretização das inabaláveis decisões tomadas na conferência da Crimeia. A repercussão do conflito é cada vez maior na Alemanha. Aproxima-se o fim dos que protagonizaram os crimes do fascismo". O *Pravda* dedicou uma edição inteira à conferência, salientando que as decisões tomadas comprovavam que "a aliança entre as três Grandes Potências significava não somente um passado histórico, mas também um grandioso porvir". O *Izvestia* considerou a conferência "o maior acontecimento político dos dias atuais".

Na Alemanha, onde em 12 de fevereiro todas as mulheres alemãs com idade entre dezesseis e sessenta anos foram convocadas para servir no Volkssturm, o "Exército do Povo", o ministro do Exterior Von Ribbentrop disse ao embaixador japonês que Churchill tinha traído a Europa e a entregue ao bolchevismo. Era compreensível que os Estados Unidos quisessem "deixar a Europa ser esmagada [...], o capitalismo norte-americano podia se gabar de ser o senhor do mundo, mas o futuro que a Grã-Bretanha podia esperar para si mesma era simplesmente a bolchevização da Europa e o aumento de sua dependência dos Estados Unidos, algo que ele jamais entenderia pelo resto de sua vida".

Na noite de 13 de fevereiro, em cumprimento a compromissos assumidos com os soviéticos em Yalta de atacar centros de comunicações e entroncamentos ferroviários no leste da Alemanha próximos à linha mais avançada das forças soviéticas, quase oitocentos bombardeiros pesados Lancaster da RAF atacaram Dresden, a cidade em estilo barroco conhecida como a "Florença do Elba". Assim diziam as instruções distribuídas aos tripulantes dos aviões da RAF a respeito dos alvos visados:

> Dresden é a sétima maior cidade da Alemanha [...], é também certamente a maior área inimiga ainda não bombardeada [...]. Em certa época famosa por sua porcelana, Dresden se desenvolveu e passou a ser uma cidade industrial de máxima importância [...], o objetivo do ataque é atingir o inimigo no ponto que ele considera mais importante

na retaguarda de uma frente já parcialmente rompida [...], e, no caso, para mostrar aos russos, quando lá chegarem, o que o Comando de Bombardeio é capaz de fazer.

A informação também frisava a necessidade de impedir "uma torrente de refugiados para oeste [...] e abrigo para operários e soldados [...] no meio do inverno".

Os primeiros Lancaster abriram seus compartimentos de bombas pouco antes da 22h15 e nas horas seguintes os aviões da RAF despejaram mais de 14 mil toneladas de bombas de alto explosivo e mais de 1.100 toneladas de bombas incendiárias, criando uma gigantesca tormenta de fogo que chegou a 980 °C. No dia seguinte, por grotesca coincidência uma Quarta-feira de Cinzas, os bombardeiros da Força Aérea dos Estados Unidos completaram o massacre despejando quase mil toneladas de bombas de alto explosivo e quase trezentas toneladas de incendiárias. Como havia quase 100 mil refugiados na cidade, o número exato de baixas é difícil de definir, mas as estimativas variam de 30 mil a mais de 100 mil, sendo mais provável que se aproximem do menor total. A inscrição em uma das sepulturas coletivas diz:

> Quantos morreram?
> Quem sabe quantos?

O encarregado do visor de bombardeio de um avião da RAF que se aproximava quando a cidade já estava em fogo, lembrou:

> Os outros Lancasters estavam claramente visíveis, suas silhuetas negras projetando-se sobre um fundo rosa incandescente. As ruas [...] eram uma fantástica rede de incêndios. Era como se estivéssemos vendo os contornos de um flamejante enigma de palavras cruzadas, as ruas em fogo de leste a oeste, de norte a sul, em gigantesca tormenta de fogo. Fiquei completamente atônito com o espetáculo.

Um sobrevivente lembrou: "Nossa mãe nos cobriu com cobertores e casacos molhados que ela encontrou em uma tina de água". Correndo pelas ruas em chamas, "vimos coisas terríveis, adultos incinerados e reduzidos ao tamanho de criancinhas, pedaços de braços e pernas [...], famílias inteiras queimando até morrer, gente com queimaduras correndo para lá e para cá".

Um prisioneiro de guerra britânico, Victor Gregg, recebeu ordem para ajudar na limpeza da cidade. Levou sete horas até conseguir chegar a um abrigo antiaéreo na cidade velha destinado a abrigar mil pessoas. Lá dentro encontrou não corpos, mas "apenas ossos e peças de roupa incineradas e misturadas, uma massa que parecia uma geleia. Não se via carne, mas apenas uma espessa massa gelatinosa e solidificada de gordura e ossos". O escritor norte-americano Kurt Vonnegut, também prisioneiro de guerra na cidade, descreveu "corpos dissolvidos, em estado semilíquido, que as cinzas acabavam transformando em mais cinzas".

Seis semanas mais tarde, quando chegaram as notícias sobre a destruição, Churchill, talvez preocupado com o desconforto popular manifestado na imprensa e no Parlamento britânicos a propósito do terrível bombardeio, escreveu:

> Parece que chegou a hora de discutir a questão de acharem que o bombardeio de cidades alemãs foi realizado somente para difundir terror, embora sob outros pretextos. Caso contrário, vamos assumir o controle de uma terra totalmente arruinada [...]. A destruição de Dresden continua sendo seriamente questionada quanto à conduta dos bombardeios Aliados [...]. [Eu] sinto a necessidade de que sejam focalizados mais precisamente os objetivos militares, como depósitos de combustível e as comunicações logo à retaguarda da zona de combate, e não como simples ações para aterrorizar e causar destruição injustificada, por mais impressionantes que tenham sido.

PARTE IV
UMA ALIANÇA SOB PRESSÃO,
FEVEREIRO A AGOSTO DE 1945

"A questão de um acordo com a Rússia, antes de esgotarmos nosso poder, me parece mais importante do que todas as outras."
CHURCHILL para Truman, maio de 1945

14
Elefantes na sala

Quando as delegações se dispersaram, sobrou tempo para reflexões. Pouco depois de deixar o Livadia, Roosevelt escreveu para a esposa: "Encerramos a conferência — com êxito, creio". Achava que durante o tempo em que Stalin estudou em um seminário na juventude, "alguma coisa impregnou sua personalidade e o ensinou a se comportar como um cavalheiro cristão".

As reações entre os assessores de Roosevelt também foram, de modo geral, positivas. Harry Hopkins lembrou o entusiasmo que tomou conta dos delegados norte-americanos:

> Realmente acreditávamos piamente que era a alvorada do novo dia que almejávamos e pelo qual todos nós rezávamos havia tantos anos. Estávamos absolutamente certos de que tínhamos conquistado o primeiro triunfo na busca da paz — e, por "nós", quero dizer todos nós, toda a raça humana civilizada. Os russos tinham demonstrado que podiam ser sensatos e ter visão de futuro.

Não obstante, ele se preocupava com "as possíveis consequências se alguma coisa acontecesse com Stalin. Tínhamos a certeza de que podíamos contar com ele, com sua racionalidade, sua sensatez e sua compreensão, mas não estávamos seguros a respeito de quem e o que poderia exercer influência sobre ele no Kremlin".

Bohlen achava que, a despeito de "uma sensação de frustração e certo amargor na questão da Polônia, o estado de espírito geral era de satisfação". Um motivo particular para esse contentamento foi a concordância soviética em participar da guerra no Pacífico. Kathleen Harriman lembrou-se de como, "quando os russos disseram em Yalta que combateriam o Japão", o almirante King, exultante, disse: "Acabamos de poupar a vida de milhões de norte-americanos".

No lado britânico, Churchill escreveu para sua esposa e disse mais ou menos o mesmo que Roosevelt dissera para a sua: "Progredimos bastante e estou muito satisfeito com as decisões que tomamos". Escrevendo para casa, Cadogan seguiu o mesmo caminho:

> Creio que a conferência alcançou pleno sucesso. Conseguimos um acordo sobre a Polônia que pode dirimir as divergências, pelo menos por algum tempo, e assegurar certo grau de independência para os poloneses. Entramos em acordo sobre o plano de Dumbarton Oaks [Nações Unidas] e acertamos uma série de outras coisas, inclusive um importante acordo com os russos sobre o tratamento a ser dado aos nossos prisioneiros por eles libertados. Espero que o mundo fique positivamente impressionado!

A aparente sensatez de Stalin não convenceu todos. Ao contrário de Hopkins e outros, o almirante Leahy não acreditou em sua afirmação de que prestava contas perante o Politburo e não tinha ilusões quanto à amplitude de seu poder pessoal. Para ele, Stalin não era um parceiro confiável e fora o verdadeiro vencedor de Yalta. No mesmo dia em que a conferência terminou, Leahy previu em seu diário que as decisões adotadas "tornariam a Rússia a potência dominante na Europa e gerariam, em consequência, uma incerteza quanto às futuras divergências de âmbito mundial e à probabilidade de nova guerra".

Eden compartilhava o pessimismo de Leahy quanto às futuras relações com a União Soviética. Várias vezes, Roosevelt comentara durante a conferência que as divergências entre os Aliados Ocidentais e os russos "eram em grande parte apenas uma questão de uso das palavras". Eden achava que Roosevelt "estava se iludindo". O que havia entre os Aliados Ocidentais e os russos não era mera questão de palavras, mas uma "diferença de intenções".

Stalin ficou realmente satisfeito com o desfecho da conferência. Enquanto a reunião ainda estava em curso, Lavrenti Beria disse a seu filho Sergo que "tudo está correndo bem" e que os soviéticos estavam conseguindo concluir os acordos como desejavam. Assim como os Aliados se preocupavam com o que podia acontecer se Stalin morresse ou fosse substituído, ele também receava o que pudesse ocorrer se Roosevelt, visivelmente muito doente, morresse. Alguns dias mais tarde, comentou no Politburo: "Vamos esperar que nada aconteça com ele. Nunca conseguiremos ter novamente alguém como ele para negociar".

O verdadeiro desafio aos acordos de Yalta estava a caminho, especialmente o que se referia à Polônia. No dia em que a Conferência de Yalta terminou, a rádio de Kiev transmitiu trechos de uma carta do coronel Marian Spychalski, nomeado prefeito de Varsóvia pelos poloneses de Lublin, para Nikita Khrushchev, então primeiro-secretário do Partido Comunista da Ucrânia. A carta denunciava Mikołajczyk e outros poloneses de Londres como "traidores" e "prometia que eles receberiam o castigo que mereciam. Nós os trataremos como tratamos os nacionalistas ucranianos, mercenários a serviço de Hitler".

Quando partiram de Yalta, os três líderes, não importando suas opiniões sobre os resultados alcançados pela conferência, tinham intencionalmente deixado de discutir três assuntos que, olhando para trás, deviam ter sido abordados especificamente: a bomba atômica, o genocídio de judeus e o destino das três repúblicas bálticas — Estônia, Letônia e Lituânia.

Embora soubessem perfeitamente que havia um explosivo elefante na sala — a bomba atômica —, nenhum dos três líderes levantou a questão. Desde a década de 1890, pesquisadores como Marie Curie e Ernest Rutherford começaram a desvendar os segredos do átomo e a anunciar publicamente suas descobertas. Os principais pesquisadores, como Dane Niels

Bohr e Werner Heisenberg, o alemão pai da física quântica, se conheciam bem, tanto profissional quanto pessoalmente.

Em 1932, o britânico James Chadwick fez a fundamental descoberta do nêutron. Vieram, logo em seguida, descobertas e invenções como os aceleradores de partículas para a fissão dos átomos. Quando Hitler assumiu o poder, muitos cientistas alemães, sobretudo de origem judia, mas também simpatizantes comunistas, foram obrigados a emigrar. Dois que permaneceram no país — Otto Hahn e Fritz Strassmann — em 1938 conseguiram dividir o núcleo do urânio, embora dependessem do assessoramento de sua antiga colega Lise Meitner, exilada na Suíça, e de seu sobrinho, Otto Frisch, para lhes explicar até onde suas descobertas podiam levar.

Os cientistas começaram a perceber que a fissão do urânio poderia liberar uma fantástica energia, capaz de iluminar uma cidade ou de se transformar em arma devastadora. Entretanto, muita gente, como Bohr, acreditava que, para produzir em quantidade suficiente do fundamental isótopo U-235, "seria necessário um esforço industrial que exigiria transformar uma nação inteira em uma fábrica", conforme as palavras de Bohr. Não obstante, alguns colegas seus defenderam, em grande parte com sucesso, que fosse mantido o segredo da fissão do átomo para impedir que ditadores em todo o mundo a usassem como arma.

Quando começou a Segunda Guerra Mundial, os físicos britânicos se concentraram em projetos de armas, no radar em especial. Contudo, muitos refugiados que foram para a Grã-Bretanha não podiam, como estrangeiros, trabalhar em áreas sigilosas. Entre eles, estava Otto Frisch, que se juntou a outro físico refugiado, Rudolf Peierls, na Universidade de Birmingham. Encolhidos diante de uma lareira a gás para se aquecer durante o extremamente rigoroso inverno de 1939-1940, ele e Peierls especulavam quanto de U-235 puro seria necessário para montar uma bomba. Valendo-se de uma fórmula calculada por Peierls para encontrar a "massa crítica", avaliaram a quantidade de material físsil que precisavam reunir para liberar nêutrons suficientes para iniciar uma reação em cadeia. O resultado os espantou. Outros que tentaram calcular a massa crítica tendiam, de acordo com Frisch, a concluir que "seriam necessárias toneladas". A estimativa deles era "cerca de 450 gramas". Frisch constatou que em semanas poderia produzir tal quantidade usando a difusão térmica como método para a separação de isótopos.

Literalmente rabiscando no verso de um envelope, Frisch e Peierls calcularam que o urânio entraria em fissão e liberaria energia equivalente a "milhares de toneladas de explosivo comum". Como lembrou Peierls, "pelo menos teoricamente era possível produzir uma bomba atômica! Como arma, seria tão devastadora sob o ponto de vista militar que valeria a pena instalar uma fábrica para separar os isótopos". Redigiram em conjunto um documento para o governo britânico abordando assuntos científicos, estratégicos e éticos. Sugeria que "cerca de um quilo (de urânio) era a quantidade compatível para uma bomba" e descrevia o mecanismo que faria com que duas peças de urânio, que constituíam a massa crítica, entrassem em fissão sob tremenda velocidade, produzindo a explosão.

Provavelmente, a detonação destruiria "o centro de uma cidade grande", e a consequente radiação seria "fatal para seres humanos, mesmo muito tempo após a explosão". Frisch e Peierls estimaram que o provável elevado número de baixas civis "pode fazer com que esse dispositivo não seja usado como arma neste país" [o Reino Unido], mas ressalvaram que a Alemanha poderia estar trabalhando nessa bomba. Como a única forma de se defender era a ameaça de retaliação com a mesma arma, valeria a pena produzir uma como instrumento de dissuasão, "mesmo que não se tenha a intenção de usar a bomba como meio de ataque".

O governo britânico criou a comissão Maud, com amplos poderes, para estudar o documento, e dela fez parte James Chadwick, descobridor do nêutron, como principal conselheiro científico. A descoberta do plutônio, em 1941, em um ciclotron nos Estados Unidos fez com que Chadwick e seus colegas julgassem que também seria possível fabricar uma bomba que usasse combustível comum. O relatório final da comissão Maud, apresentado no verão de 1941, recomendou que a Grã-Bretanha prosseguisse com seu projeto de bomba atômica. Churchill o aprovou e escreveu, "embora pessoalmente esteja muito satisfeito com os explosivos atuais, creio que não devemos deter seu aperfeiçoamento".

Mesmo antes de apresentarem seu relatório final ao governo do país, os cientistas britânicos enviaram cópias para seus colegas no então neutro

Estados Unidos, para encorajar o país a criar seu próprio programa. O presidente Roosevelt, aconselhado por seus próprios cientistas, aprovou a criação de um projeto norte-americano. No sábado, 6 de dezembro de 1941 — véspera de Pearl Harbor e dia em que Hitler admitiu que Moscou não cairia de imediato —, uma comissão norte-americana de alto nível atribuiu missões ao que viria a ser o Projeto Manhattan da Bomba Atômica.

Sem que, obviamente, os governos dos Estados Unidos e da Grã-Bretanha soubessem, três meses antes a URSS adquirira uma cópia do relatório Maud, quase certamente de seu agente britânico John Cairncross, o "quinto homem" dos famosos "cinco" da Universidade de Cambridge. Com as forças russas recuando em todas as frentes, as autoridades soviéticas nada puderam fazer até que, diante de informações de seus agentes afirmando que os Estados Unidos estavam realmente preparando uma bomba atômica, decidiram, no outono de 1942, enquanto a Batalha de Stalingrado chegava ao auge, criar um projeto nuclear e acelerar a busca de informações a respeito dos projetos similares no Reino Unido e nos Estados Unidos.

Foram substancialmente auxiliadas por Klaus Fuchs, físico comunista que fugira da Alemanha em 1932 e transmitia informações para seus controladores soviéticos enquanto trabalhava em pesquisa atômica na Grã-Bretanha e depois em Los Alamos, nos Estados Unidos, participando do Projeto Manhattan. Havia outros destacados agentes soviéticos, entre eles, David Greenglass, engenheiro norte-americano em Los Alamos, e um físico de Harvard com apenas dezenove anos, Theodore [Ted] Hall. Em novembro de 1944, as autoridades russas obtiveram 1.167 documentos sobre o projeto da bomba, cujo codinome para os soviéticos era "Enormoz" [enorme]. Desses, 88 obtidos dos Estados Unidos e 79 da Grã-Bretanha eram de particular importância.

Portanto, por ocasião da Conferência de Yalta os soviéticos estavam bem informados sobre o Projeto Manhattan da Bomba Atômica, seus combustíveis de U-235 e plutônio, os desenhos da bomba e a probabilidade de um teste dentro de poucos meses. O chefe da espionagem soviética, Pavel Sudoplatov, que supervisionara o plano de assassinato de Trotsky em 1940 e agora era responsável pela coleta de informações sobre energia atômica, depois da queda da União Soviética em 1991 afirmou que, entre outros informantes, estava Robert Oppenheimer, cientista-chefe do Projeto Manhattan, sabidamente ligado a simpatizantes do comunismo e cuja credencial de segurança foi, por esse motivo, cassada pelas autoridades norte-americanas em dezembro de 1953. Todavia, essa afirmação carece de comprovação. O mais provável é que Oppenheimer, como tantos outros colegas, costumasse trocar informações sem maiores cuidados e fazer observações imprudentes que chegaram ao conhecimento de Moscou.

Como era muito improvável a Alemanha nazista fabricar uma bomba atômica, alguns proeminentes cientistas obviamente acreditavam que certas informações sobre o projeto atômico poderiam ser compartilhadas internacionalmente. O principal deles foi Niels Bohr. Depois de resistir a fornecer informações a seu antigo colega de trabalho e amigo Werner Heisenberg — então trabalhando no projeto alemão de bomba atômica — por ocasião do malfadado encontro de Copenhague, ele fugiu da Suécia e em seguida foi levado para a Grã-Bretanha, semiconsciente por causa da falta de oxigênio, a bordo de um bombardeiro Mosquito britânico. Bohr acreditava piamente que Estados Unidos, Grã-Bretanha e União Soviética tinham que entrar em acordo sobre como a energia atômica seria empregada e controlada internacionalmente antes que uma bomba pudesse ser concluída e estar em condições de uso. Por isso, imediatamente conversou com os russos sobre o Projeto Manhattan.

Quando esteve nos Estados Unidos, Bohr conseguiu uma reunião com um dos assessores de Roosevelt para defender seu ponto de vista. O assessor transmitiu suas opiniões para o presidente, que sugeriu que Bohr fosse a Londres para discutir suas opiniões com Churchill. A reunião entre os dois, em maio de 1944, não foi bem-sucedida. Em determinado momento da reunião, Churchill perguntou a lorde Cherwell, seu principal assessor científico: "De que ele está realmente falando? Política ou física?". Para Bohr, não havia diferença. Para Churchill, política era assunto estritamente dele próprio e de Roosevelt. A defesa que Bohr fez da transparência horrorizou Churchill. Bohr "devia ser confinado e, de alguma forma, obrigado a reconhecer que está muito perto de crimes mortais". Por sua vez, a atitude de Churchill chocou Bohr: "Isso é terrível. Ele nos repreendeu [Bohr e Cherwell] como se fôssemos duas crianças".

Na reunião que tiveram em Quebec, em 1943, Churchill e Roosevelt concordaram oficialmente em colaborar no projeto atômico. O tratado assinado estabeleceu que os dois países compartilhariam a pesquisa nuclear, mas estipulou taxativamente que o trabalho seria mantido em segredo e que nenhum dos dois países passaria informações a terceiros sem autorização do outro e tampouco empregaria a bomba atômica sem consentimento do outro. Fiéis a esse acordo, na Conferência de Yalta, Roosevelt e Churchill não fizeram comentário algum sobre o projeto atômico e, obviamente, Stalin nada falou sobre o êxito de sua espionagem. O fato de Churchill e Roosevelt nada dizerem pode ter servido para confirmar as suspeitas do às vezes paranoico Stalin de que, apesar do aparente distanciamento entre Roosevelt e Churchill, Grã-Bretanha e Estados Unidos estavam conspirando contra ele. Mais tarde, reclamou: "Claramente Roosevelt não estava disposto a nos colocar a par das coisas. Podia ter feito isso em Yalta. Podia ter me contado que a bomba atômica já estava nos estágios de teste. Supostamente, éramos aliados".

Embora à margem da conferência, Roosevelt e Stalin tiveram uma discussão breve e amistosa sobre uma pátria para o povo judeu, provocada pelo plano de Roosevelt de visitar o Egito para se encontrar com o rei do país e com o rei da Arábia Saudita, já que em Yalta, como em Teerã, nem o genocídio de judeus nem o dos ciganos foram cogitados.* As tropas russas tinham libertado Auschwitz em 27 de janeiro de 1945, poucos dias antes do início da conferência. Contudo, pouquíssimas informações a respeito tinham chegado ao conhecimento dos Aliados Ocidentais. As primeiras notícias pela imprensa foram breves e baseadas em notícias igualmente sucintas publicadas em jornais soviéticos. Por exemplo, em 29 de janeiro, sob a manchete "Avanços da frente russa neste fim de semana", o *Manchester Guardian* publicou "Marechal Koniev chegou ao Oder em vários pontos a noroeste de

---

* O termo "holocausto", que descreve o genocídio de judeus, passou a ser usado somente nos anos 1950.

Breslau. Um dos locais capturados, mais ao sul de Oświęcim, é onde está localizado um campo de concentração famoso pelas crueldades infligidas a seus detentos".

Em 2 de fevereiro, o *The New York Times* noticiou em dois parágrafos:

> O *Pravda* publicou hoje que o Exército Vermelho salvou muitos milhares de prisioneiros torturados na maior "fábrica de assassinatos" alemã em Oświęcim, no sudoeste da Polônia.
>
> O correspondente do *Pravda* disse que informações diversas indicam que, pelo menos, 1,5 milhão de pessoas foram massacradas em Oświęcim [...], cinco trens chegavam por dia [...] com russos, poloneses, judeus, tchecos, franceses e iugoslavos espremidos em vagões fechados.*

Baseando-se nessas breves notícias, ao retornar de Yalta o embaixador britânico em Moscou, Archibald Clark Kerr, consultou o governo soviético em meados de fevereiro. Embora pressionasse, o embaixador só obteve resposta quase no fim de abril, simplesmente informando que "investigações realizadas no campo de concentração de Oświęcim indicavam que mais de 4 milhões de cidadãos de vários países da Europa tinham sido eliminados pelos alemães [...]. Não havia britânicos entre os sobreviventes". Como em outros comunicados, o relato soviético não fazia menção específica a judeus.

Não obstante, a razão para os horrores do genocídio e a punição de seus responsáveis não serem discutidos em Yalta não pode ter sido o desconhecimento pelos governos ocidentais da existência de Auschwitz e de outros campos. Já em 1942, o chefe do governo polonês no exílio, Stanisław Mikołajczyk, apresentara provas fotográficas mostrando para as imprensas britânica e norte-americana os mortos empilhados como toras de lenha. Mikołajczyk lembrou que eles "não publicariam as fotos. Não acreditaram até seus próprios correspondentes chegarem a Dachau e Belsen". Não há dúvida de que Mikołajczyk também informou os dois governos.

---

* Os relatos russos mencionavam Oświęcim, nome polonês, em vez do alemão, Auschwitz.

Quando soube dos massacres em setembro de 1942, Roosevelt não quis acreditar. Concluiu que a deportação de judeus era uma medida para fortalecer a defesa nas fronteiras soviéticas. Funcionários do departamento de Estado inicialmente ignoraram esses relatórios em face de seus "conteúdos fantásticos" e acharam que se assemelhavam à falsa propaganda na Primeira Guerra Mundial sobre atrocidades alemãs, como o alegado rapto de freiras ou a crucificação de soldados capturados. O serviço secreto norte-americano inicialmente considerou as informações "rumores precipitados e inspirados por temores de judeus". Em dezembro de 1942, líderes judeus enviaram para Roosevelt um relatório de vinte páginas sobre planos nazistas para o extermínio de judeus. Roosevelt prometeu agir, mas alguns assessores ficaram preocupados com a possibilidade de a ação "fortalecer as acusações de Hitler de que estamos nessa guerra estimulados e orientados por cidadãos judeus, defendendo seus interesses".

Em junho de 1944, líderes judeus que sabiam perfeitamente estar havendo uma deportação em massa de judeus da Hungria para Auschwitz sugeriram aos governos britânico e norte-americano o bombardeio das linhas ferroviárias que levavam ao campo. Anthony Eden indagou se o campo propriamente dito deveria ser bombardeado. "Use a Força Aérea em tudo o que puder e, se necessário, fale em meu nome", reagiu Churchill. "Não há dúvida de que provavelmente se trata do maior e mais terrível crime jamais cometido em toda a história mundial e tem sido perpetrado com instrumentos sofisticados, por homens teoricamente civilizados e em nome de um grande Estado e de um dos principais povos da Europa."

Os comandantes da Força Aérea britânica alegaram que os bombardeiros norte-americanos atacando à luz do dia eram mais adequados para conseguir a precisão requerida do que os bombardeiros noturnos da RAF. Trinta anos mais tarde, o subsecretário John McCloy lembrou que, ao apresentar a Roosevelt a proposta submetida ao Departamento de Guerra dos Estados Unidos, o presidente disse:

> Bombardear Auschwitz não trará benefício algum [...], seríamos acusados de destruir Auschwitz e de bombardear gente inocente [...]. Ora, que ideia! Vão dizer que bombardeamos aquela gente, vão mudar o

campo para um local próximo e teremos que bombardear novamente […]. Não quero ter nada a ver com isso. Seremos acusados de participar desse negócio terrível.

Não há provas da existência dessa conversa, e diversos historiadores afirmam que o próprio McCloy tomou a decisão. Seja qual for a verdade, o fato é que nunca aconteceu o bombardeio de alguma das ferrovias que conduziam ao campo ou do próprio campo.

No fim de julho de 1944, surgiram mais informações sobre campos de concentração, quando soldados da vanguarda do Exército Vermelho capturaram o primeiro campo, Majdanek, perto de Lublin. Um repórter do *The New York Times* que esteve nesse campo em agosto o descreveu como "o lugar mais terrível em toda a face da terra". Deram pouca atenção à revelação, em parte porque o campo estava à retaguarda das linhas soviéticas e o acesso por ocidentais era muito restrito, mas também porque não havia qualquer imagem que comprovasse as acusações. Como lembrou Mikołajczyk, somente quando as tropas britânicas e norte-americanas, acompanhadas por fotógrafos e jornalistas, entraram em um campo como o que havia em Belsen, na Europa Ocidental, todo o mundo pôde tomar conhecimento da extensão dos horrores cometidos e acreditar nos relatos.

Aparentemente, os soldados que libertaram os campos consideraram as atrocidades meramente parte das crueldades generalizadas infligidas pelos nazistas ao devastarem terras e povos da Europa Oriental, inclusive a própria Rússia. O tenente Ivan Martynushkin, um dos primeiros oficiais russos a entrar em Auschwitz, explicou diante do que viu: "[Já] tinha visto cidades destruídas […], tinha visto aldeias destruídas. Tinha visto o sofrimento de nosso próprio povo. Tinha visto crianças mutiladas. Não havia uma cidade que não tivesse sofrido esses horrores, essas tragédias, esses sofrimentos". Para ele, já entorpecido por essas experiências, Auschwitz pareceu apenas mais uma tragédia entre tantas outras.

Tendo em vista seus próprios atos contra grupos étnicos como cossacos e tártaros, certamente convinha às autoridades soviéticas não focalizar em Yalta, ou em alguma outra oportunidade, o componente racial dos assassinatos nos campos de concentração, preferindo mostrá-los, como fizeram pela imprensa e pela propaganda, como mais um aspecto do inferno generalizado em que os nazistas tinham transformado a Europa Oriental.

Winston Churchill tinha sido um firme defensor dos três países bálticos em seu esforço para preservar a autonomia que lhes fora concedida pelo Tratado de Versalhes depois da Primeira Guerra Mundial e advogara o envio de forças navais britânicas para defendê-los contra os bolcheviques. Entretanto, nem em Yalta e tampouco em alguma outra ocasião, Roosevelt tentou resistir à incorporação daqueles países à União Soviética depois de serem ocupados pelas forças desse país em 1940. O sucinto documento secreto entregue à delegação norte-americana em Yalta por uma autoridade do Departamento de Estado resumia a posição norte-americana, semelhante à da Grã-Bretanha:

> Sabemos que os três Estados bálticos foram incorporados à União Soviética e nada podemos fazer para modificar essa situação. Não se trata de gostarmos ou não. Pessoalmente não me agrada [...]. A questão é que nada foi feito e nada pode ser feito pelo governo dos Estados Unidos para reverter o fato.

Nem a delegação norte-americana nem a britânica levantaram a questão da liberdade dos Estados bálticos. A delegação soviética também não procurou obter dos Estados Unidos e da Grã-Bretanha uma aceitação oficial da absorção daqueles Estados pela União Soviética, e nada mais foi feito durante os quarenta anos que se passaram até a desintegração da União Soviética no sentido de permitir o ressurgimento desses Estados como nações soberanas. Em Yalta, os dois lados preferiram simplesmente ignorar o assunto, acreditando que a tácita, embora nunca explícita, aceitação por norte-americanos e britânicos — como reconhecia o documento do Departamento de Estado — mostrava que nada podia ser feito.

15
"Um documento espúrio"

De Yalta, Roosevelt foi diretamente para Sebastopol, uma desconfortável jornada de três horas. Já estava anoitecendo quando a comitiva presidencial chegou. Entretanto, antes de subir a bordo do USS *Catoctin*, o presidente insistiu em dar uma volta pelas ruínas da cidade, onde a total destruição parecia ainda pior do que a presenciada em Yalta.

De acordo com o diário do presidente, nessa noite: "O *Catoctin* nos serviu no jantar um delicioso bife, uma verdadeira iguaria depois dos oito dias de comida russa". Roosevelt, porém, dormiu mal. Na manhã seguinte, quando estava a ponto de partir para o aeródromo de Saki, alguns oficiais russos se aproximaram, mas ele pediu a seu intérprete, antigo oficial "russo branco", o conde Stroganoff-Scherbatoff, para lhes dizer: "Agradeço tudo o que nos proporcionaram, mas estou muito, muito cansado, exausto e sem condições para falar alguma coisa ou responder a perguntas". No aeródromo, Roosevelt voltou a se reunir com alguns de seus assessores mais próximos, inclusive Hopkins e Stettinius, que tinham vindo de Simferopol durante a noite em um trem outrora usado pelos czares.

De Saki, Roosevelt voou no *Vaca Sagrada* para Ismaília, no Egito, onde embarcou no USS *Quincy*, ancorado no Grande Lago Amargo, no meio do canal de Suez, controlado pelos britânicos. Como planejado, lá teve encontros com o rei Farouk, amante dos prazeres e soberano do Egito, protetorado britânico desde o começo do século, com o imperador Haile Selassie da Etiópia e com o rei Ibn Saud da Arábia Saudita. As conversas com os dois primeiros não passaram de gentilezas diplomáticas e troca de presentes. Com Ibn Saud, foram mais substanciais.

A Marinha norte-americana enviara um destróier, o USS *Murphy*, para Jidá, a fim de pegar o rei e sua extensa comitiva. Chegava a cerca de cinquenta pessoas, incluindo, segundo Bohlen, "o astrólogo real, um encarregado de servir o café, nove escravos para fins diversos, cozinheiros, carregadores e ajudantes de cozinha". O rei, que se recusava a ficar sob o convés, pediu uma ampla tenda a ser erguida no castelo de proa, na qual ele e seus cortesãos comeriam e fariam suas orações longe de olhos curiosos. Além disso, levou consigo um pequeno grupo de cabras que também deveriam ficar no convés. Na hora da refeição, uma delas era pendurada em uma corda e abatida, de acordo com o costume da religião islâmica.

No Dia de São Valentim de 1945, após viagem de dois dias e 1.280 quilômetros desde Jidá, o USS *Murphy* se aproximou do USS *Quincy*. Roosevelt, que mandara sua filha Anna para a terra a fim de não ofender o rei com a presença de uma mulher na reunião, ficou observando enquanto o *Murphy* se aproximava, com Ibn Saud sentado em uma grande cadeira dourada ao estilo Luís XV no convés atapetado do destróier. Os guardas núbios do rei estavam perfilados ao longo da amurada do navio, com suas cimitarras desembainhadas. A imponência da aproximação do *Murphy* foi, de certa forma, quebrada quando o destróier se chocou com o *Quincy* ao tentar encostar e teve que fazer nova aproximação. Ibn Saud foi rapidamente conduzido para o *Quincy*, e a tripulação do *Murphy* logo contou a seus colegas do *Quincy* como o cozinheiro do rei fizera buracos na madeira do convés do destróier para fazer a comida do rei e tentar fazer café sobre as brasas, segundo Bohlen, "perto do elevador de munição carregado".

Roosevelt, que posteriormente escreveu para sua prima, Daisy Suckley, referindo-se à reunião como "uma grande pândega", determinara que fossem estritamente respeitados os hábitos religiosos e, portanto, que não se fumasse ou ingerisse bebida alcoólica em sua presença. Contudo, fez uma parada no elevador em que estava descendo para se encontrar com o rei por tempo suficiente para fumar apressadamente dois cigarros antes de receber

Ibn Saud. Almoçaram arroz, ensopado de cordeiro e toranja. O rei repetiu os dois últimos. Após uma troca de cortesias, Roosevelt levantou a questão da imigração de judeus para a Palestina, sugerindo que 10 mil deles, expulsos da Alemanha e da Europa Oriental, poderiam ser autorizados a emigrar para lá. Ibn Saud se opôs. De acordo com Bohlen:

> Ele negou que houvesse algum conflito entre dois ramos da raça semita no Oriente Médio. O que mudava o cenário era o fato de as pessoas que viriam da Europa Oriental serem de nível tecnológico e cultural superior ao dos árabes. Em consequência [...], os árabes teriam muita dificuldade para sobreviver economicamente [...]. O fato desses dinâmicos europeus serem judeus não era a causa do problema, mas o que pesava eram suas habilidades e cultura superiores.

Roosevelt lembrou que o povo judeu já sofrera muito nas mãos de Hitler. De acordo com Bohlen, Ibn Saud, "muito sério, retrucou que não via razão para os árabes terem que expiar os pecados de Adolf Hitler, quando havia muitos outros países em melhores condições para ajudar. Os árabes prefeririam morrer a entregar suas terras aos judeus. As reparações deviam ser obrigação dos criminosos e não de espectadores inocentes". O rei sugeriu: "Entreguem aos judeus e seus descendentes as melhores terras e casas de seus opressores, os alemães".

A recusa taxativa do rei levou a conversa de natureza política a terminar rapidamente depois que Roosevelt garantiu a Ibn Saud que "não tomaria qualquer iniciativa contrária aos interesses do povo árabe". Em contrapartida, Roosevelt obteve a concordância de Ibn Saud para a instalação de uma base norte-americana em seu território a fim de permitir o transporte de tropas e suprimentos da Europa para o Japão. Seguiu-se uma troca de gentilezas em que Roosevelt presenteou Ibn Saud. Nas palavras de Bohlen, o rei caminhava "mancando visivelmente, talvez por causa de ferimento recebido por ocasião de terrível conflito interno na Arábia". O presidente ofereceu a Ibn Saud sua cadeira de rodas reserva e alguns frascos de penicilina que o rei pedira — segundo alguns norte-americanos, para tratar uma doença venérea. William Rigdon, um dos assistentes da

Marinha de Roosevelt, escreveu que o presidente discretamente recusara outro pedido do rei. Ibn Saud disse que "os pratos que lhe tinham sido servidos foram os primeiros que, havia muito tempo, não lhe causavam distúrbios digestivos e que apreciaria se o presidente tivesse a generosidade de lhe ceder seu cozinheiro".

Mais tarde, depois da partida do rei, e mais uma vez segundo Bohlen, o almirante Leahy comentou enquanto bebia alguns drinques com Roosevelt. "Claro que o rei lhe disse, não é?" "O que quer dizer, Bill?", respondeu Roosevelt. "Se puser mais judeus na Palestina, ele vai matá-los", retrucou Leahy. Roosevelt sorriu.

No porto de Sebastopol, Churchill embarcou no *Franconia*, transatlântico da Cunard, na noite de 11 de fevereiro, a mesma em que Roosevelt chegara ao *Catoctin*. De acordo com Cadogan, no dia seguinte, depois que ele e o primeiro-ministro saborearam "um lauto almoço — casquinha de caranguejo, rosbife e torta de maçã regados com um excelente Liebfraumilch, seguidos por gorgonzola e vinho do porto!", Churchill visitou os campos de batalha da Crimeia. Em suas memórias, Churchill conta que os russos não perceberam que ele desejava conhecer os campos de batalha do século xix da Guerra da Crimeia em vez de visitar ruínas do conflito mais recente. Todavia, quando Churchill manifestou essa vontade, "parece que nossos anfitriões não compreenderam o motivo, dando a entender que para eles não fazia diferença. Então, tudo correu bem", enquanto um oficial britânico mostrava o vale por onde tinha atacado a Brigada Ligeira. De volta ao *Franconia*, onde passou as noites de 12 e 13 de fevereiro, Churchill pediu que desinfetassem a roupa que usara em Yalta.

Sua filha, Sarah Oliver, estava mais comedida. Depois de toda a destruição e sofrimentos que presenciara, escreveu para a mãe a respeito do povo local:

> Ficamos nos indagando como e onde vivem. Bem, à noite se pode ver. Em quase todas as ruínas onde ainda estão de pé as quatro paredes de um quarto, brilham fachos e lampejos de luz por trás de tábuas que

fecham as aberturas de porões e de pilhas de pedras. Inacreditável! É inacreditável!

Prosseguiu contando para a mãe como as igrejas que Stalin permitira que reabrissem para elevar o moral durante a guerra serviam de consolo para as pessoas, que não eram diferentes dos demais seres humanos. "Não tem cabimento dizer 'estão acostumados a sofrer. São diferentes de nós. Não almejam muita coisa'. Então, por que as igrejas estão tão cheias? Claro que esperam que as coisas melhorem. Claro que ficam sonhando em suas igrejas sombrias." O grau de devastação também impressionou o secretário particular de Churchill, John Martin, que escreveu para a esposa: "Não é de admirar que reivindiquem reparações".

Em 14 de fevereiro, depois de várias vezes mudar de opinião, Churchill resolveu acompanhar Eden a Atenas, em vez de deixar que o ministro do Exterior fosse sozinho. A trégua entre as forças de direita do governo e os comunistas continuava em vigência. Churchill fez um discurso na praça da Constituição em Atenas para cerca de 40 mil pessoas e lhes disse: "Vamos fazer com que o justo prevaleça. Vamos deixar de lado os ódios partidários. Vamos nos unir, vamos ser corajosos e companheiros. Grécia para sempre! Grécia para todos!". De acordo com Marian Holmes, que estava presente, "a ovação foi fantástica. Uma banda grega tocou o 'God Save the King' e o hino nacional grego. O primeiro-ministro não reconheceu este último e continuou caminhando até perceber que o general Scobie [comandante britânico na Grécia] tinha parado e estava na devida posição de sentido". Cadogan escreveu para a esposa que o mar de rostos voltados para Churchill parecia "uma grande superfície de pontos rosa" e que o primeiro-ministro ficou muito satisfeito. Cadogan acrescentou: "Pobre Anthony! Toda essa manifestação seria para ele se o primeiro-ministro não tivesse se intrometido". Lidar com o primeiro-ministro e o ministro do Exterior ao mesmo tempo era, para ele, como lidar com duas primas-donas em uma companhia de ópera.

Na manhã seguinte, Churchill voou para Alexandria, e um barco o conduziu até o USS *Quincy*, que deixara o canal de Suez e estava no Mediterrâneo, a caminho de casa. Durante uma curta visita, foi brevemente discutida a cooperação nuclear anglo-americana e em seguida houve um almoço. Lembrando-se dos fatos passados, Churchill escreveu em suas memórias: "O presidente parecia tranquilo e frágil. Senti que estava por um fio. Não voltei a vê-lo. Despedimo-nos afetuosamente".

Em 17 de fevereiro, Churchill se encontrou com Ibn Saud no hotel situado em um oásis no deserto egípcio. Churchill escreveu:

> Tinha profunda admiração pelo rei por sua lealdade para conosco. Agora estava na casa dos setenta anos, mas não perdera seu vigor de guerreiro. Ainda levava a vida de um rei patriarcal do deserto árabe, com seus quarenta filhos e as setenta mulheres de seu harém, além de três das quatro esposas oficiais, como prescrito pelo profeta.

Todavia, talvez em consequência de sua inata crença vitoriana na superioridade anglo-saxônica e cristã, Churchill não repetiu a cortesia de Roosevelt, que observara os costumes religiosos do rei, e escreveu:

> Como era o anfitrião do almoço [...], eu disse ao intérprete que, se a religião de sua majestade o obrigava a não fumar e beber, devo frisar que minha regra de vida estabelecia meu absoluto e sagrado direito de fumar charutos e também saborear bebidas alcoólicas, se necessário durante todas as refeições e até entre elas. O rei educadamente aceitou minha posição. Seu garçom vindo de Meca me ofereceu um copo com água de seu poço sagrado, a mais deliciosa que jamais bebera.

Como acontecia com Roosevelt, o principal interesse de Churchill era manter e aperfeiçoar relações que assegurassem o acesso ao petróleo da Arábia. Entretanto, voltou a ventilar a questão da emigração de judeus para a Palestina, mas, como Roosevelt, recebeu a mesma resposta negativa.

Mais tarde, nesse mesmo dia, Churchill teve uma reunião com o rei Farouk do Egito e o aconselhou a "se concentrar em boas obras e, em particular, a melhorar as condições de vida dos *fellaheen* [povo em geral], pois, embora o Egito fosse uma nação muito rica, as diferenças de nível de vida entre as várias classes sociais estavam mais acentuadas que nunca". Antes de pegar o avião de volta para Londres, Churchill também se reuniu com Haile

Selassie e constatou que o soberano não estava tão agradecido quanto seria de se esperar, tendo em vista os bem-sucedidos esforços britânicos para libertar a Etiópia das tropas italianas que a ocupavam desde 1940-1941.

Minutos após a partida de Churchill, o USS *Quincy* deixou Alexandria e rumou para oeste, atravessando o Mediterrâneo. Logo depois da partida, "Pa" Watson, amigo e assistente de Roosevelt, que já estava na enfermaria do navio com problemas cardíacos, sofreu uma hemorragia cerebral e ficou semiconsciente. A caminho de Argel, Roosevelt ficou pensando na resposta que daria à mensagem de De Gaulle, que cancelara a reunião que tinham planejado para aquele local. Como todos admitiam, estava irritado porque não tinha sido convidado para Yalta. O líder francês já tinha anunciado para seu povo, enquanto a conferência estava em curso, que a França não se curvaria às decisões tomadas naquela reunião e adotaria uma linha independente. O próprio Roosevelt redigiu uma nota nada diplomática para o líder francês. Depois de dizerem para Roosevelt "concordamos que De Gaulle é um grande filho da puta e aposta mais do que pode pagar", foi com muita dificuldade que Hopkins e Bohlen persuadiram o presidente a permitir que eles redigissem e enviassem um texto alternativo firme, mas certamente menos "agressivo".

Hopkins, que de acordo com Bohlen perdeu mais de nove quilos em Yalta por causa de problemas gástricos, disse a Roosevelt que estava doente demais para fazer a viagem de navio e preferia deixar o *Quincy* em Argel e ficar se recuperando em Marrakesh antes de voar de volta para os Estados Unidos. Roosevelt não ficou muito satisfeito. Precisava que Hopkins o ajudasse durante a viagem a preparar seu discurso para o Congresso sobre Yalta e tentou de todas as formas convencê-lo a ficar no navio. Hopkins estava decidido e, afinal, depois de "discussões não muito amigáveis", Roosevelt concordou com sua partida junto com Bohlen. Conforme seu filho Robert, um Hopkins "mal-humorado" esqueceu-se de se despedir de Roosevelt ao partir. Como Churchill, não voltaria a ver o presidente vivo.

Para ajudá-lo a redigir o discurso durante a viagem transatlântica, Roosevelt convocou Argel Sam Rosenman, um assistente, redator de discursos e ex-juiz da Suprema Corte de Nova York. "Pa" Watson morreu logo depois de passarem pelo estreito de Gibraltar, deixando Roosevelt, nas palavras de Rosenman, "profundamente abatido".

Na maior parte da viagem, o presidente deu pouca atenção a seu discurso, passando o dia lendo ou no convés contemplando o mar, e, à noite, depois dos coquetéis de rotina, vendo filmes. Todavia, encontrou tempo para dar entrevistas a três jornalistas norte-americanos cuidadosamente selecionados, que tinham sido convidados para fazer a travessia com ele. Uma das perguntas foi se Churchill queria "de volta territórios do Império Britânico, como eram no passado". Roosevelt respondeu de forma precisa, embora impiedosa: "Sim, nesses assuntos ele é meio vitoriano". Rosenman lembrou que, embora "tivesse legítima amizade e admiração por Churchill", o presidente lhe disse que

> O velho e querido Churchill estava muito loquaz na conferência [...], às vezes entrando em assuntos irrelevantes. Obviamente, irritava Stalin com seus longos discursos e, às vezes, ele, Roosevelt, tinha que conduzir Churchill de volta ao assunto principal [...]. Agora estava chegando a hora de pôr em execução alguns princípios mais exigentes da Carta do Atlântico e o presidente começava a achar que as tradições do imperialismo britânico estavam pesando muito no pensamento de Churchill.

O presidente também disse a Rosenman que estava "preocupado com o que poderia acontecer se Stalin morresse ou fosse alijado do poder. Não obstante, em sua mente não havia dúvida de que os líderes soviéticos apoiariam Stalin e uma nova era de paz mundial estava à vista". Seu comentário foi mais um exemplo da habitual, totalmente equivocada e persistente crença ingênua do Reino Unido, e especialmente do governo norte-americano, de que Stalin era confiável, mas tinha que enfrentar rivais poderosos e mais radicais no Kremlin, responsáveis pelas quebras de confiança por parte dos soviéticos.

Na véspera da chegada do *Quincy*, Roosevelt finalmente se dedicou à redação do discurso que fez perante o Congresso três dias depois, na quarta-feira, 1º de março. Pela primeira vez, o visivelmente magro e fragilizado Roosevelt permitiu que os homens de seu serviço secreto o conduzissem na habitual cadeira de rodas sem braços até a mesa de mogno coberta por microfones das emissoras, atrás da qual se sentou em uma cadeira de pelúcia vermelha, a fim de fazer seu discurso.

Roosevelt começou:

> Espero que me perdoem por ficar sentado durante minha apresentação [...]. Mas sei que saberão compreender que é muito mais fácil para mim não ter que carregar cinco quilos de aço em minhas pernas e também o fato de ter acabado de fazer uma viagem de 22.500 quilômetros.

O Congresso explodiu em aplausos antes que ele prosseguisse dizendo "chego da Conferência da Crimeia acreditando firmemente que demos uma boa partida rumo à paz mundial" e, em seguida, expôs as decisões adotadas em Yalta. A conferência, disse ele, "significa — e deve significar — o fim de um sistema de ações unilaterais, de alianças exclusivistas, de esferas de influência, de equilíbrios de poder e de todas as formas que vêm sendo tentadas ao longo de séculos — e sempre fracassaram".

Durante toda a exposição, Roosevelt falou em voz baixa, com dificuldade para virar as páginas, às vezes parecendo se perder no texto e recorrendo muito mais a improvisos do que habitualmente fazia, como se podia perceber examinando as cópias do discurso distribuídas com antecedência. O poeta Archibald MacLeish, secretário adjunto no Departamento de Estado, notou "a luz fria da primavera no rosto e a morte nos olhos do presidente". Não obstante, o discurso de Roosevelt aparentemente satisfez o Congresso e o público em geral. As pesquisas de opinião nos Estados Unidos revelaram uma significativa elevação de satisfação popular diante da cooperação entre os Três Grandes e do sucesso da conferência.

Chegando de volta a Londres em 19 de fevereiro, após três semanas fora da Grã-Bretanha, Churchill teve que enfrentar dias mais difíceis. No mesmo dia, apresentou um relatório ao Gabinete de Guerra, afirmando que "tinha absoluta certeza" de que Stalin "tem boas intenções para com o mundo e com a Polônia" e não acreditava que houvesse "algum ressentimento por parte da Rússia a propósito dos acordos que tinham sido feitos visando eleições livres e justas naquele país".

Como Churchill previra, o governo polonês em Londres já condenara as negociações de Yalta, que significavam "a quinta partição da Polônia, agora ratificada por seus aliados". Em 21 de fevereiro, Churchill manteve uma reunião de duas horas e meia com o comandante em chefe polonês, general Władysław Anders, "exclusivamente em francês", para dispensar a presença de intérprete. De acordo com Cadogan: "No começo ambos se exaltaram". Anders achava que os acordos de Yalta "eram uma grande calamidade" para a Polônia porque o país poderia se tornar uma república soviética. Perguntou como poderia convencer seus subordinados a continuar combatendo. Churchill retrucou: "Nunca garantimos qual seria sua fronteira oriental. Hoje em dia já temos tropas suficientes e não precisamos de sua ajuda. Pode retirar suas divisões. Podemos continuar sem elas". Mais tarde, todavia, ambos "se acalmaram", e Cadogan concluiu que "a reunião pode ter trazido algum benefício", com Churchill prometendo que, não importando o que acontecesse, os integrantes das forças polonesas teriam toda liberdade para se estabelecer na Grã-Bretanha se não quisessem regressar para sua terra natal.

Em 23 de fevereiro, Churchill disse aos membros menos graduados de seu governo: "Pobre Chamberlain, acreditou que podia confiar em Hitler. Estava errado. Mas creio que não estou enganado sobre Stalin".

De modo geral, o povo britânico simpatizava com os poloneses. Edie Rutherford, dona de casa que colaborava com o projeto governamental Observação do Povo, lançado em 1937, para permitir ao governo saber o que pensava o público britânico, escreveu: "Então, os poloneses *não* estão satisfeitos com os acordos dos Três Grandes. Bem, na verdade, não posso condená-los, pois não cabe a quem está de fora sentar-se e tomar decisões autoritárias que afetam vitalmente outros e apenas de forma secundária a si próprios".

Em 27 de fevereiro, Churchill apresentou um relatório sobre a conferência para a Câmara dos Comuns. Em exposição que durou quase duas horas, disse aos membros da casa: "O marechal Stalin e o estado soviético se comprometeram a preservar a independência e a soberania da Polônia", conforme acordo celebrado com a Grã-Bretanha e os Estados Unidos.

> A impressão que trago da Crimeia e de todos os outros contatos que fiz é que o marechal Stalin e os líderes soviéticos desejam viver em honroso clima de amizade e equilíbrio com as democracias ocidentais. Também senti que podemos confiar em sua palavra. Não conheço outro governo que cumpra mais fielmente seus compromissos, mesmo prejudicando seus próprios interesses, do que o governo da Rússia soviética [...]; espero que a Câmara perceba que esta expectativa ficou firmemente fortalecida em nossa reunião [...]. Os laços que unem as grandes potências e a compreensão recíproca entre elas ficaram mais sólidos. Os Estados Unidos se lançaram profunda e construtivamente à vida e à salvação da Europa. Nós três nos demos as mãos em compromissos de longo alcance, ao mesmo tempo objetivos e solenes [...]. Unidos, temos o inquestionável poder para conduzir o mundo à prosperidade, à liberdade e à felicidade. As grandes potências se dispõem a servir, e não a dar ordens.

Alguns membros mais conservadores do Parlamento rapidamente providenciaram uma moção lamentando o fracasso dos acordos de Yalta por "não assegurarem aos países libertados da opressão alemã o pleno direito de escolher seu próprio governo, sem sofrer a influência de potência alguma. A moção foi derrotada por 396 votos contra 25. O comportamento rebelde dos membros conservadores do Parlamento provocou uma explosão de raiva de Cadogan: "Como odeio parlamentares! São tudo o que meu treinamento me ensinou a evitar: ambição, preconceito, desonestidade, egoísmo, irresponsabilidade pusilânime, falsidade malévola".

Todavia, Jock Colville, um dos secretários particulares de Churchill, refletiu que, no fundo, "o primeiro-ministro [...] está preocupado com a Polônia e não está convicto da autoridade de nossa posição moral". O desconforto de Churchill ficou patente em carta que dirigiu ao primeiro-ministro da Nova Zelândia, quando escreveu:

> A Grã-Bretanha e a Comunidade Britânica estão muito mais fracas do que a Rússia soviética e não dispõem de meios para impor sua vontade em alguma guerra, localizada ou geral. Tampouco podemos ignorar

a posição dos Estados Unidos. Na ajuda à Polônia, não podemos ir além do que desejam os norte-americanos ou do que possamos persuadi-los a querer. [...] Portanto, estamos fazendo o melhor que podemos [...]. Só comendo se pode provar o pudim.

Roosevelt manifestou desconforto semelhante quando, em contato com um velho amigo que questionou a conveniência do acordo sobre a Polônia, afirmou, como dissera para Leahy em Yalta, que, se não foi perfeito, o desfecho foi o melhor que pôde obter.

Os acontecimentos do começo de março começaram a justificar as apreensões dos dois líderes. O primeiro ocorreu na Romênia, país que, com o apoio de seu jovem rei Miguel, em setembro de 1944 mudara de lado, do Eixo para os Aliados, e agora tinha como chefe do novo governo um general de direita, Nicolae Radescu, que fora prisioneiro sob o anterior regime nazista. Em 27 de fevereiro, após choques entre o governo e simpatizantes comunistas, Stalin enviou Andrei Vyshinsky a Bucareste. No dia seguinte, ele invadiu os aposentos do rei Miguel. Dando um soco na mesa, deu um ultimato ao governante de apenas 23 anos de idade. Ele devia demitir imediatamente Radescu e nomear um governo dominado pelos comunistas ou enfrentar as consequências. Ao mesmo tempo, tanques russos ocuparam as ruas de Bucareste, e soldados russos desarmaram as tropas romenas. O rei não teve escolha e foi obrigado a aceitar uma situação em que não cabia ao povo romeno escolher seu governo, como estabelecia a Declaração de Yalta sobre a Europa Libertada.

Notícias sobre o golpe de Estado chegaram a Londres em um dos que Jock Colville denominou "telegramas sinistros". Ele descreveu a conversa que posteriormente teve com Churchill:

> Comentei a situação, e ele disse que receava não poder fazer nada. A Rússia nos deu luz verde na Grécia e vai insistir em impor sua vontade na Romênia e na Bulgária. Quanto à Polônia, temos nossa posição. Quando fomos dormir depois das duas da madrugada, o primeiro-ministro me disse: "Não tenho a menor intenção de ser trapaceado na questão da Polônia, mesmo que fique à beira de uma guerra com a Rússia".

Em conversa com Churchill nos dias seguintes, Roosevelt concordou que "os russos instalaram um governo de minoria que eles próprios escolheram", mas, como Churchill, que devia estar pensando em seu "ardiloso documento" e achava que a Romênia não era uma "boa situação para se testar" o acordo de Yalta, uma vez que "os russos exercem, desde sempre, indiscutível controle e, com a Romênia estendendo-se por trás das linhas russas de comunicações", achava "difícil questionar a necessidade militar de segurança que usam para justificar sua ação". De qualquer modo, Roosevelt estava preocupado em preservar o apoio soviético às Nações Unidas. Igualmente importantes eram os esperados árduos combates para conquistar o território japonês. Desembarcando do *Quincy* e seguindo para a Casa Branca, resmungou — e foi ouvido — quando lhe contaram que haveria pesadas baixas norte-americanas na invasão da ilha de Iwo Jima, ainda não conquistada.

Churchill, porém, estava entusiasmado com o ritmo animador das operações na frente ocidental. Em 3 de março, encontrou tempo para visitar as tropas aliadas que tinham rompido a Linha Siegfried. Lá, na presença de Montgomery, Brooke, do tenente-general norte-americano William Simpson, comandante Aliado na área, de seus Estados-maiores e outros oficiais, precisou urinar e o fez em plena Linha Siegfried, depois de dizer aos fotógrafos que o acompanhavam "esta é uma das operações ligadas a esta grande guerra que não deve ser graficamente reproduzida", e se afastou. À noite, foi sozinho até a beira do Reno, em cuja margem oposta as tropas alemãs ainda resistiam, e urinou no rio. "Muito bom", comentou enquanto fechava a braguilha.

A fragilidade de Roosevelt estava cada vez mais evidente aos olhos de todos que o cercavam. Anna Boettiger estava redobrando esforços para restringir as visitas a seu pai, mantendo-as em um mínimo compatível com a condução de assuntos de governo. Nessa época, Byrnes e Leahy redigiam para ele telegramas e minutas de documentos. Eleanor Roosevelt começava a perceber que seu marido já não tinha apetite pelo debate político, que sempre fora o principal suporte de seu invulgar casamento, que, em 17 de março, Dia de São Patrício, faria o 40º aniversário. Depois de ter discutido "acaloradamente" com ele a questão da conscrição em tempos de paz, ela lembrou:

Subitamente percebi que ele estava desanimado. Eu tinha esquecido que Franklin já não era a pessoa tranquila e imperturbável que, no passado, sempre me provocava com argumentos veementes quando se tratava de questões políticas. Era mais uma indicação da mudança que nenhum de nós queria admitir.

O doutor Bruenn notou que, depois de conversas com sua mulher, a pressão sanguínea do presidente subia muito. Anna Boettiger resumiu as discussões entre seus pais. Sua mãe:

> O pressionava mais fortemente e talvez com menos tato do que no passado. Os nervos dos dois ficavam à flor da pele [...]. Embora ela soubesse que, por recomendação dos médicos, ele deveria ter sua meia hora de relaxamento — nada de trabalho, somente ficar sentado em contemplação, talvez um drinque —, ela cada vez mais aparecia com um enorme maço de cartas que queria discutir imediatamente e obter uma decisão [...]. Ela sabia infernizar a vida dele.

Roosevelt precisava enfrentar não somente esses debates domésticos, mas também a torrente de mensagens que chegavam de Churchill sobre a deterioração da situação na Polônia. Os soviéticos estavam prendendo e deportando todos que consideravam seus opositores, e Molotov se recusava a implementar o acordo de Yalta sobre a criação de um governo de coalizão e realização de eleições livres no país. Em março, Churchill escreveu para Roosevelt afirmando que a Polônia era "o desafio entre nós e os russos quanto ao entendimento de termos como democracia, soberania, independência, governo representativo e eleições livres e sem influência externa". Em sua opinião, Molotov queria:

> Continuar com a farsa de consultas aos poloneses "não Lublin". Isso significa que o novo governo da Polônia é apenas um presente em embrulho de luxo para parecer mais respeitável aos olhos dos ignorantes. As deportações estão ocorrendo, e toda manobra para instalar um regime totalitário antes das eleições está acontecendo antes mesmo da

formação de um novo governo [...]; se não fizermos agora o que é certo, o mundo logo dirá que eu e você, ao assinarmos o acordo da Crimeia, subscrevemos um documento espúrio.

Roosevelt respondeu afirmando que as diferenças existentes eram apenas de ordem tática. Não queria levar a questão ao nível mais alto (Stalin) antes de esgotar todos os outros meios. A resposta não satisfez Churchill que, em outra mensagem, reclamou que "a Polônia perdeu suas fronteiras. Será que agora vai perder sua liberdade?". Os protestos relativamente suaves que Churchill dirigiu a Stalin foram ignorados, e seu pedido para que os embaixadores britânico e norte-americano visitassem a Polônia foi igualmente ignorado. Em 27 de março, dia em que o 1.050º e derradeiro foguete v2 atingiu a Grã-Bretanha, Churchill disse a Roosevelt que "estava tão claro quanto água" que a tática de Molotov era "protelar a questão até que o comitê de Lublin consolide seu poder [...]. Claro que não podemos nos deixar manobrar e aparecer como cúmplices da imposição na Polônia, e não sabemos em quantos países no restante da Europa Oriental, da versão russa de democracia".

Depois de receber essas pressões e com base em telegrama de Harriman em Moscou afirmando que "devemos reconhecer claramente que o programa soviético de instalação do totalitarismo elimina a liberdade individual e a democracia tal como a conhecemos", em 31 de março Roosevelt realmente protestou junto a Stalin. O líder soviético continuou inflexível. Queria um governo aliado em sua fronteira:

> O governo soviético insiste nessa posição em face do sangue derramado pelos soldados soviéticos para a libertação da Polônia e do fato de, durante os últimos trinta anos, o território polonês ter sido usado pelo inimigo para atacar a Rússia. Tudo isso obriga o governo soviético a envidar esforços para que as relações entre a União Soviética e a Polônia sejam amistosas.

Logo depois, chegou a Londres a notícia de que os quinze chefes das forças nacionalistas da Polônia, inclusive os líderes do levante de Varsóvia, que tinham aceitado o convite para negociar com os russos, tinham desaparecido. Na verdade, tinham sido raptados e levados para a prisão de Lubyanka em Moscou.

Outras questões estavam comprometendo as relações entre a União Soviética e o Ocidente. Autoridades norte-americanas e britânicas estavam cada vez mais preocupadas com o tratamento dispensado a milhares de seus concidadãos prisioneiros de guerra que tinham sido libertados pelos russos de prisões alemãs na Europa Oriental. Apesar do estabelecido em Yalta, tinham poucas informações a respeito deles e, muito menos, acesso.

De sua parte, Stalin ficara furioso ao saber que o general Karl Wolff, das ss, se reunira com representantes da Grã-Bretanha e dos Estados Unidos em Berna, Suíça, para discutir a possibilidade de rendição das forças alemãs na Itália àqueles países. Surgiu o risco de o incidente gerar uma cisão entre Stalin e seus aliados, Grã-Bretanha e Estados Unidos. Afinal, Stalin sempre temera uma paz em separado entre seus dois aliados ocidentais e a Alemanha e até mesmo que se unissem para um ataque à Rússia. Inicialmente, Molotov protestou junto ao embaixador britânico Archibald Clark Kerr, alegando que as negociações tinham acontecido "às escondidas da União Soviética". Clark Kerr respondeu com toda clareza, explicando que era uma simples tentativa de testar as credenciais de Wolff e a seriedade de sua aproximação. Por sua vez, Molotov declarou que a União Soviética via "não apenas como um mal-entendido, mas algo muito pior". Ainda insatisfeito, no fim de março Stalin escreveu para Roosevelt e disse que estava percebendo que seus dois aliados estavam praticamente oferecendo à Alemanha melhores condições de paz a fim de permitir que suas tropas se voltassem para o leste sem oposição. Por que ele não tinha sido informado e por que os russos não tinham sido convidados para participar da reunião?

Roosevelt, que quase nada sabia sobre a tentativa de aproximação de Wolff, depois de se informar a respeito, reiterou, em mensagem para Stalin, que realmente se tratava de um mal-entendido. Tinham acontecido apenas conversas preliminares — e não negociações — e não ocorreram "implicações políticas e tampouco violação do princípio da rendição incondicional, com o qual todos concordamos". Stalin, ainda furioso, repetiu suas alegações e reiterou que só podia supor que o presidente não tinha sido "devidamente informado" por seus assessores militares. Roosevelt respondeu que dissera a verdade e que "seria uma das grandes tragédias na história se neste exato momento, em que a vitória está à vista, essa suspeita, essa falta de confiança prejudicasse todas as nossas realizações, depois de colossal perda de vidas, material e de riqueza". A mensagem concluía: "Francamente, não consigo evitar uma sensação de amargo ressentimento para com seus informantes, sejam eles quem forem, por tão maldosas e equivocadas interpretações de meus atos e de meus subordinados, nos quais confio". Stalin respondeu, mais complacente, que não questionava a honra do presidente e, assim, o incidente não foi além. O mesmo ocorreu com a tentativa de aproximação de Wolff, que a nada levou.

Em 29 de março, aproveitando os feriados da Semana Santa, Roosevelt foi para Warm Springs, na esperança de recuperar as forças. Enquanto isso, nas operações na Europa, os Aliados se aproximavam rapidamente de um fim vitorioso. Na manhã de 7 de março, tropas norte-americanas tinham se apoderado da ponte ferroviária, intacta, sobre o Reno em Remagen, conseguindo estabelecer uma cabeça de ponte na margem oriental. Foram as primeiras a cruzar o Reno e invadir o território alemão desde os tempos de Napoleão. Contando com o apoio de ofensiva aérea contra estradas e ferrovias, durante março os Aliados conseguiram atravessar o rio em outros pontos e no fim do mês já estavam penetrando profundamente no Ruhr e fazendo de 15 a 20 mil prisioneiros. No fim de março, o Exército Vermelho cercou Gdynia, Danzig e Königsberg e estava a menos de 120 quilômetros de Viena. Os bombardeios Aliados continuavam castigando a cada vez mais fraca resistência da aviação alemã. Muitos dos novos aviões a jato alemães foram abatidos quando atacaram as cabeças de ponte Aliadas no Reno ou destruídos no solo pelos ataques aéreos.

No Pacífico, em 9 de março a Força Aérea dos Estados Unidos realizou contra Tóquio o mais destruidor ataque aéreo convencional da história. Trezentos e trinta e quatro bombardeiros que partiram da ilha de Tinian despejaram 2 mil toneladas de bombas incendiárias, algumas com a mais recente invenção norte-americana, o "fogo pegajoso", ou napalm, provocando um inferno na região com mais habitações de madeira da cidade, que queimou quarenta quilômetros quadrados de Tóquio e matou mais de 80 mil pessoas. Seguiram-se mais ataques aéreos devastadores sobre outras cidades japonesas. O Exército e os fuzileiros navais dos Estados Unidos continuaram apossando-se de outras ilhas das Filipinas e, após concluir a tomada de Iwo Jima, apesar de pesadas baixas, na manhã de 1º de abril desembarcaram em Okinawa. Na batalha pela posse da ilha, morreram mais de 20 mil soldados dos Estados Unidos, 4.900 deles em navios atingidos pelos camicases, além de 108 mil soldados japoneses e 150 mil civis.

No fim de março, Churchill novamente esteve na frente ocidental fazendo uma inspeção que durou dois dias e incluiu um voo sobre o Reno a leste do rio Meuse, enquanto a artilharia Aliada bombardeava a região mais a leste. Depois de aterrissar, atravessou o Reno e fez uma visita de uma hora e meia na margem oriental, declarando: "Um exército derrotado, não mais o mestre da Europa, recua diante de seus perseguidores. O objetivo agora está ao alcance de quem veio de tão longe e combateu tão bem, sob uma liderança soberba e firme. Avante, exultantes, até a vitória final". Regressando com Churchill, Brooke anotou em seu diário:

> Foi um alívio levar Winston para casa a salvo. Sei que ele gosta de se expor o máximo possível. Com toda a honestidade, acredito que ele realmente gostaria de ser morto na frente de combate em seu momento de maior prestígio. Várias vezes me disse que a melhor forma de morrer é quando seu sangue está quente e você não sente nada.

Em face da distância que o separava das frentes de combate e de sua fragilidade, Roosevelt não tinha condições para visitar os campos de batalha. Ao chegar a Warm Springs, onde azaleias brancas e amarelas floresciam, Mike Reilly, chefe de sua segurança, ao retirá-lo do carro sentiu que o presidente estava "estranhamente inerte". Embora tendo que lidar com a correspondência mais importante, inclusive a conclusão de sua troca de mensagens com Stalin a respeito do incidente Wolff, Roosevelt passava a maior parte do tempo examinando sua coleção de selos ou relaxando na companhia de suas encantadoras primas, Daisy Suckley e Laura Delano. Esta última, que gostava de pintar os cabelos de cores exóticas, na ocasião exibia um "azul brilhante". Roosevelt estava particularmente interessado em alguns selos japoneses emitidos durante a ocupação das Filipinas pelos nipônicos e que recentemente lhe tinham sido enviados. Esperava comparecer à sessão de abertura da Conferência das Nações Unidas em São Francisco em 25 de abril e tinha desenhado um selo comemorativo para marcar o evento. Em 5 de abril, ficou muito contente ao saber que Moscou abandonara seu pacto de não agressão com o Japão, ciente do que isso significava.

Em 9 de abril, Lucy Mercer Rutherfurd se juntou ao grupo em Warm Springs. O renovado relacionamento entre ela e Roosevelt era do conhecimento de suas primas e de sua filha Anna — ausente nessa ocasião —, mas com certeza Eleanor de nada sabia. Tanto Anna quanto suas primas sabiam o quanto Lucy contribuía para a descontração do presidente. Como lembrou Anna: "Ela era uma ótima ouvinte [...], uma ouvinte inteligente que sabia fazer os comentários certos, enquanto minha mãe chegava e dizia 'acho que você está errado, Franklin'". Embora Daisy Suckley, talvez com uma ponta de inveja, reclamasse em seu diário, depois de sua chegada, que "Lucy é uma pessoa adorável, mas parece muito imatura" e estava "causando tantos problemas e dificuldades" para o presidente, o prazer de Roosevelt ao ver Lucy foi muito evidente para todos.

Lucy estava acompanhada por sua amiga Elizabeth Shoumatoff, pintora que ela contratara para pintar o retrato do presidente, e por um fotógrafo para tirar fotos em que Elizabeth pudesse basear seu trabalho. Durante os dois dias seguintes, Lucy ficou conversando com o presidente, enquanto Shoumatoff orientava o trabalho do fotógrafo. No fim da tarde de 10 de abril, acompanhado por seu cão Fala, Roosevelt saiu apenas com Lucy em seu carro, que tinha comandos especialmente adaptados para ser dirigido somente com as mãos, até o topo de uma colina para ver o pôr do sol. Quando voltaram, Daisy Suckley reparou que Roosevelt estava muito mais corado, mais saudável.

No dia seguinte, o próprio Roosevelt redigiu uma mensagem para Churchill respondendo à sua preocupação, tantas vezes manifestada, com a deterioração das relações com a União Soviética: "Procuro minimizá-las tanto quanto possível, porque esses problemas, de uma forma ou de outra, parecem surgir todos os dias e em sua maioria acabam se resolvendo sozinhos [...].

Entretanto, precisamos ser firmes, e até agora nossa conduta tem sido a correta". Nessa tarde, Henry Morgenthau, velho amigo de Roosevelt e ministro da Fazenda, visitou-o de passagem para a Flórida. Morgenthau lembrou como as mãos de Roosevelt tremiam ao preparar os drinques, "a ponto de derrubar os copos e eu ter que segurar cada um enquanto ele derramava a bebida para fora [...]. Notei que ele bebeu dois drinques e depois pareceu se sentir um pouco melhor. Achei que sua memória não estava boa, e constantemente confundia nomes". Não obstante, Roosevelt apanhou uma grande lata de caviar que Stalin lhe dera em Yalta, comeu bem e passou um agradável início de noite com Morgenthau, "recordando diversos episódios alegres e divertidos sobre Churchill". Após a partida de Morgenthau, Roosevelt e as mulheres sentaram-se em torno da lareira contando histórias de fantasmas até o doutor Bruenn se aproximar e dizer a Roosevelt que era hora de ir para a cama. De acordo com Shoumatoff, ele pediu, como se fosse uma criança, "para ficar um pouco mais", mas em seguida se retirou humildemente para seu quarto.

O presidente levantou tarde na manhã de 12 de abril, depois de ler na cama os relatórios que continham, entre outras coisas, notícias sobre a queda de Viena e Königsberg diante das tropas russas e os triunfos dos Aliados na região de Bolonha, na Itália. Usando um terno de jaquetão cinza e uma gravata carmim, foi levado até a mesa de jogo em uma sala de estar com lambris de madeira, examinou alguns documentos com a ajuda de seu assistente, William Hassett, assinou algumas leis vindas do Congresso e, em seguida, permitiu que Elizabeth Shoumatoff instalasse seu cavalete para pintar seu retrato. Continuou lendo os documentos, mas, de acordo com Hassett, foi "repetidamente" interrompido por Shoumatoff, que queria tirar medidas do rosto do presidente para adiantar seu trabalho e pedia para "o chefe virar para cá e para lá" como se "nada importasse, a não ser seus caprichos". Um garçom filipino trouxe uma tigela com um mingau nutritivo para fortalecer Roosevelt. O presidente engoliu algumas colheres cheias antes de retornar a atenção para sua correspondência, anunciando aos que o acompanhavam: "Temos apenas mais quinze minutos para trabalhar".

Poucos minutos mais tarde, depois que Hassett se retirou, Daisy Suckley, que estava fazendo crochê, viu a cabeça de Roosevelt pender sobre o peito, suas mãos tremendo violentamente. Correu para ele. "Deixou cair seu cigarro?", perguntou ela. Ele "me olhou, a testa franzida pela dor, e esboçou um sorriso. Pôs a mão esquerda atrás da cabeça e disse: 'Estou sentindo uma dor terrível na nuca!'". Ela imediatamente chamou o doutor Bruenn e afrouxou a gravata e o colarinho do presidente. Lucy Rutherfurd tentou reanimá-lo colocando cânfora sob seu nariz, mas Roosevelt logo perdeu totalmente a consciência. Às 14h30, Lucy, preocupada com as boas maneiras, e Elizabeth Shoumatoff deixaram Warm Springs. Apesar de todos os esforços de Bruenn e de um colega chamado às pressas, que incluíram uma injeção de nitrato de amila, Roosevelt, cujas faces ficaram arroxeadas, parou de respirar às 15h31. O colega de Bruenn injetou adrenalina diretamente no coração do presidente, mas não adiantou. Às 15h35, o doutor Bruenn declarou a morte de Franklin Delano Roosevelt.

16
"Gostei daquele filho da puta"

HARRY TRUMAN, VICE-PRESIDENTE por apenas onze semanas, foi chamado à Casa Branca logo depois das cinco da tarde e conduzido até o gabinete de Eleanor Roosevelt, onde ela pôs o braço em torno de seu ombro e disse: "O presidente morreu". Roosevelt costumava deixar Truman de lado nas principais decisões sobre a guerra e nas relações com Churchill e Stalin. Na verdade, Truman, com sessenta anos de idade, estivera no exterior uma única vez, quando, como oficial de artilharia, combateu na França por sete meses durante a Primeira Guerra Mundial. Ele saiu da Casa Branca e voltou para casa "muito abatido", antevendo suas novas responsabilidades como 33º presidente dos Estados Unidos.*

Provavelmente por causa da diferença de horário, a notícia da morte de Roosevelt só chegou a Churchill à meia-noite, horário de Londres. O primeiro-ministro, que naquele dia já recebera a má notícia da morte em ação de um primo de sua esposa Clementine e de outro amigo íntimo da família, imediatamente informou Clementine, então em visita à União Soviética representando a Cruz Vermelha, e o rei sobre a morte de Roosevelt. Em seguida, telegrafou para lorde Halifax, embaixador britânico em Washington,

---

* Truman foi a 32ª pessoa a ocupar o cargo, mas, como Grover Cleveland ocupou-o em duas ocasiões distintas, a presidência de Truman é normalmente considerada como a 33ª.

pedindo que verificasse se deveria comparecer ao funeral. A resposta foi que certamente seria bem recebido e que Truman gostaria de aproveitar a oportunidade para encontrá-lo e "talvez ter dois ou três dias para conversarem". Churchill começou a se preparar para a viagem, mas, justamente quando o avião estava pronto para partir com a delegação inglesa às 20h30 de 13 de abril, o primeiro-ministro hesitou. De acordo com Cadogan, às 19h45 ele ainda não tinha se decidido: "O primeiro-ministro disse que decidiria no aeroporto". Por fim, não embarcou no avião e mandou Eden para representá-lo.

A razão alegada por Churchill para não comparecer foram as responsabilidades do cargo quando tantos ministros estavam fora do país. Não pode ter sido o motivo principal. Afinal, quando estava disposto a fazer alguma coisa, Churchill a fazia. Não há dúvida de que, apesar de conflitos recentes, a amizade que nutria por Roosevelt ficou bem evidente para seus assessores e colegas quando recebeu a notícia. Disse à filha Mary: "Você bem sabe o quanto isso me entristeceu". Sem dúvida, foi sincero em sua mensagem para Eleanor Roosevelt: "Lamento profundamente por todos vocês [...]. Perdi uma querida e estimada amizade, construída no compartilhamento das vicissitudes de uma guerra". E quando disse a Hopkins: "Para mim, foi uma dolorosa perda pessoal, independentemente dos laços de amizade construídos por nossa atuação pública, que nos aproximaram tão intensamente. Tinha verdadeiro afeto por Franklin".

Talvez Churchill, conhecendo bem seu temperamento, simplesmente temesse ficar muito emocionado no funeral e chamar a atenção durante o velório de Roosevelt. Talvez a morte do presidente, prova inquestionável de sua própria mortalidade, tivesse provocado uma de suas crises de profunda depressão. Talvez essa depressão tivesse exacerbado a sensação de que estava realmente exausto. Naquele mês, estava passando mais tempo na cama e muitas vezes teve que subir a escada carregado em uma cadeira, sem energia e vontade para subi-la sozinho. Também houve quem insinuasse que Churchill, que fizera o papel de cortejador, o cliente que sempre tinha que viajar para se encontrar com Roosevelt, agora quisesse ser visitado e cortejado por Truman em Londres, mostrando ao mundo que seu império continuava sendo uma grande potência. Nunca se saberá a verdadeira razão.

Em 17 de abril, Churchill fez um emotivo discurso em homenagem ao presidente na Câmara dos Comuns e assim concluiu: "Com a morte de Franklin Roosevelt, perdemos o maior amigo norte-americano que já tivemos e o maior paladino da liberdade, que sempre levou o apoio e o entusiasmo do Novo Mundo para o Velho". Posteriormente, Churchill lamentou não ter aceitado o convite de Truman para ir a Washington e registrou em suas memórias:

> Lamento não ter aceitado o convite do novo presidente. Nunca estive com ele e creio que há muitos pontos em que uma conversa pessoal seria de grande importância, especialmente se [...] não forem contatos formais e apressados. Parece inacreditável que, sobretudo durante esses últimos meses, Roosevelt não tivesse deixado seu vice e potencial sucessor a par de toda a história e não lhe explicasse as decisões que estavam sendo tomadas. Isso causou grande prejuízo para nossos entendimentos.

Harriman soube da morte de Roosevelt em 13 de abril, a uma hora da madrugada, horário de Moscou, e logo em seguida conseguiu, por intermédio de Molotov, uma audiência com Stalin, que naquela noite estava em seu gabinete no Kremlin. Lembrou mais tarde que Stalin apertou "sua mão por talvez trinta segundos" e pareceu "profundamente triste". O líder russo, cujas tropas naquele dia entraram em Viena, fez várias perguntas sobre Truman, que não conhecia — e que tampouco Churchill conhecera — e a respeito de quem pouco sabia. Aceitou a sugestão de Harriman para comparecer à Conferência das Nações Unidas que seria realizada em São Francisco e passar por Washington para se encontrar com Truman. Mais tarde, Stalin se convenceu de que Roosevelt tinha sido envenenado porque, por um lado, não houve autópsia do presidente (Eleanor Roosevelt não permitira, alegando que não era costume da família autorizá-la) e, por outro, não permitiram que o embaixador soviético em Washington, Andrei Gromyko, visse o corpo. Todavia, sua permanente e cada vez mais aguda paranoia de que ele próprio poderia ser envenenado o fez acreditar que outros líderes talvez tivessem o mesmo destino.

Em Berlim, já sob ataque do Exército Vermelho, no dia da morte de Roosevelt e quando a orquestra filarmônica da cidade fazia o que viria a ser seu último concerto, culminando com o *finale* de *Götterdämmerung* de Wagner, Goebbels disse a Hitler: "Meu Führer, parabéns! Roosevelt morreu. Está escrito nas estrelas que a segunda metade de abril será o ponto de inflexão para nós. Hoje é sexta-feira, 13 de abril. É o ponto de inflexão". O veredito de Hitler foi: "O destino eliminou o maior criminoso de todos os tempos".

Para alívio de Churchill, à medida que foi se familiarizando com a situação internacional, Truman mostrou estar disposto a adotar uma linha mais dura do que a de Roosevelt diante da União Soviética a propósito de questões como a da Polônia. Depois de apenas uma semana de Truman no cargo, Churchill telegrafou para Eden: "Minha avaliação é que o novo homem não permitirá que os soviéticos o amedrontem. Para quem, como eu, deseja estabelecer uma amizade duradoura com o povo russo, isso certamente só pode ser alcançado com o reconhecimento do poder anglo-americano".

Quando se reuniu com Molotov durante a visita que este último fez aos Estados Unidos para a Conferência das Nações Unidas, inicialmente Truman, respondendo à sua pergunta, confirmou o apoio ao acordo de Yalta que estabelecia os termos para a entrada da União Soviética na guerra contra o Japão. Em seguida, disse com firmeza para o visitante que "foi celebrado um acordo sobre a Polônia e falta apenas o marechal Stalin manter sua palavra" e deixou com Molotov uma carta a ser entregue a Stalin insistindo para que alguém não comunista e não integrante do grupo de Lublin fosse nomeado para o novo governo polonês. Bohlen, que, como de hábito, servia como intérprete, "gostou" da abordagem, "provavelmente as primeiras palavras veementes pronunciadas por um presidente norte-americano diante de uma alta autoridade soviética durante a guerra". Mais tarde, Truman disse: "Fui direto. Ele merecia. Foi um direto no queixo".

Em 11 de abril, as tropas norte-americanas entraram no campo de concentração de Buchenwald, na Alemanha. No dia seguinte, Ed Murrow, da CBS, descreveu como havia em determinado local "dois montes de cadáveres empilhados como se fossem lenha. Estavam muito esquálidos e brancos. Alguns corpos estavam terrivelmente machucados, embora sobrasse pouca carne para ser castigada. Alguns tinham sido mortos com tiros na cabeça e ainda sangravam um pouco". Em 15 de abril, os soldados britânicos chegaram a Belsen. Um soldado britânico que estava de guarda em uma leiteria, instalada "para distribuir leite para as crianças", disse ao oficial ao qual estava subordinado que ficara horrorizado quando uma mulher se aproximou e "implorou leite para seu bebê. Ele pegou o bebê nos braços e viu que estava com as faces arroxeadas e murchas, morto havia dias. A mulher continuou implorando por leite. Então, ele derramou um pouco nos lábios da criança morta. A mãe começou a murmurar de alegria e se afastou triunfante com o bebê. Cambaleou e caiu morta poucos passos adiante". As revelações sobre o que havia nesses campos e, em especial, as fotografias e os filmes de sobreviventes e cadáveres esqueléticos incitaram as opiniões públicas inglesa e norte-americana contra a Alemanha, que passaram a exigir dura punição dos criminosos de guerra.

No fim da tarde de 25 de abril, dia da abertura da Conferência de São Francisco e quando Truman soube da existência do Projeto Manhattan, tropas norte-americanas e soviéticas se encontraram no rio Elba, perto de Thurgau. A guerra na Europa corria tão bem que Churchill já tentara e conseguira garantia de que as cervejarias britânicas produzissem cerveja suficiente para o consumo nas comemorações da vitória, agora iminente. Em 29 de abril, Churchill fez um apelo final a Stalin a respeito da Polônia e lhe disse: "A chama que arde na alma dos britânicos não distingue classes e partidos [...]; todos sentem que esta guerra não terminará de forma justa se não chegarmos a um acordo compatível para a Polônia, que lhe assegure plena soberania, independência e liberdade, em clima de amizade com a Rússia [...], como concordamos em Yalta". No dia seguinte, Hitler suicidou-se em seu abrigo nos subterrâneos de Berlim e, no mesmo dia, as tropas russas hastearam a bandeira vermelha no topo do Reichstag nessa cidade.

Os soldados soviéticos, que perderam 80 mil camaradas na campanha para a conquista de Berlim, inclusive 25 mil nos combates no interior da cidade, aos poucos assumiram o controle da situação, mas passaram a cometer uma onda de saques e estupros. Tropas soviéticas mataram em Berlim um advogado, que conseguira proteger sua esposa judia dos nazistas durante toda a guerra, quando tentou evitar que fosse violentada. Não obstante, ela foi estuprada. Estimativas avaliam que 1 a 2 milhões de mulheres alemãs foram violentadas nas regiões ocupadas pelo Exército Vermelho ao longo dos meses seguintes. Em 7 de maio, Alfred Jodl, chefe do Estado-maior geral alemão, assinou a rendição incondicional e os Aliados Ocidentais comemoraram a "VE" — "vitória na Europa" — em 8 de maio. A União Soviética comemorou no dia seguinte.

Churchill continuou incomodado com a intransigência soviética na Polônia e a incapacidade dos Aliados Ocidentais para descobrir o que estava acontecendo por lá. Em 12 de maio, telegrafou para Truman: "Uma cortina de ferro baixou diante de nós. Não sabemos o que está acontecendo por trás dela [...]. Parece-me que a questão de um entendimento com a Rússia deve ter prioridade sobre todas as outras, antes que nosso poder se deteriore".*

Dez dias mais tarde, Churchill recebeu um relatório que, motivado por essas preocupações, solicitara a seus generais sobre a possibilidade de uma guerra contra a União Soviética a fim de impor a vontade dos governos do Reino Unido e dos Estados Unidos. O parecer oficial deles foi pessimista, para não dizer prudente. Em seu diário, Brooke foi mais direto:

> Esta noite examinei cuidadosamente o relatório do "Planejamento" sobre a possibilidade de enfrentarmos a Rússia, caso surjam problemas em nossas futuras discussões com esse país. Recebemos a missão de fazer esse estudo. A ideia é realmente utópica; e as chances de sucesso, praticamente inexistentes. Não há dúvida de que a partir de agora a Rússia é a maior potência da Europa.

Os trabalhos para a produção da bomba atômica — a arma que poderia comprometer a conclusão de Brooke — caminhavam bem. Em 10 e 11 de maio, a Comissão Targeting, com representantes britânicos e norte-americanos, reuniu-se em Los Alamos, no gabinete de Robert Oppenheimer, chefe da área científica do Projeto Manhattan, para eleger um critério de

---

* A expressão "cortina de ferro" já fora utilizada como metáfora para indicar o fim de uma era ou a divisão entre países ou crenças conflitantes. Goebbels a empregara em 25 de fevereiro de 1945 em artigo publicado no *Das Reich*, atacando as decisões adotadas em Yalta. O uso da expressão que ficou mais famoso foi de autoria de Churchill, quando a utilizou em seu discurso "Instrumentos da paz", proferido em Fulton, no Missouri, em março de 1946.

seleção de alvos. Na discussão desse critério, foi considerado que "fatores psicológicos na seleção de alvos são de grande importância. Dois aspectos desse fator são: (1) obter o maior efeito psicológico sobre o Japão; e (2) tornar seu emprego suficientemente impactante para que a importância da arma seja internacionalmente reconhecida quando tomarem conhecimento de sua existência. Este último aspecto era uma clara referência à necessidade de impressionar a União Soviética. Foram selecionados cinco alvos possíveis, como Hiroshima e Kioto. Mais tarde, Henry Stimson, que havia muito tempo exercia o cargo de ministro da Guerra, excluiu o último por causa de sua importância histórica e cultural.

No fim de maio, Truman enviou Harry Hopkins a Moscou para falar com Stalin e, em particular, reiterar que a questão polonesa continuava sem demonstrar progresso e lembrar que o mesmo estava acontecendo com a composição do futuro governo polonês. Ao longo de ácidas discussões que demandaram sete reuniões e duas semanas, Stalin tentou convencer Hopkins da necessidade soviética de ter países amigos ao longo de suas fronteiras e insistiu que qualquer tentativa de usar o Lend-Lease como instrumento de barganha "para amaciar os russos" seria um "monumental equívoco". Sugeriu que Hopkins deveria ter coragem para ser mais franco e não tentar usar a opinião pública norte-americana para justificar as opiniões de seu governo: "Embora fossem um povo simples, os russos não deveriam ser considerados tolos, equívoco que o Ocidente frequentemente cometia".

Por fim, Hopkins e, logo em seguida, os governos norte-americano e britânico relutantemente concordaram que cinco poloneses não pertencentes ao grupo de Lublin fossem acrescentados, em vez de reorganizar todo o órgão. Nessas circunstâncias, reconheceriam o governo, o que realmente aconteceu em julho. Mikołajczyk foi um dos poloneses recém-nomeados e serviu como vice-primeiro-ministro, cargo em que permaneceu até ser deposto e forçado a se exilar na primavera de 1947.

Não obstante, Hopkins conseguiu fazer importantes acordos com Stalin. Um deles foi a fixação da provável data, 8 de agosto, para a entrada dos soviéticos na guerra contra o Japão. Outro foi a concordância para que as Nações Unidas, com base no que fora acertado em Yalta, prosseguissem na questão dos votos e do veto no Conselho de Segurança. Este último item foi uma considerável concessão, uma vez que, após Yalta, a questão continuara sendo alvo de permanente preocupação para os soviéticos, que queriam impor restrições aos direitos de países de menor expressão, inclusive para apresentar reclamações contra os que tinham direito a veto. O acordo permitiu que todas as partes assinassem a Carta das Nações Unidas em 26 de junho, em São Francisco.*

Respondendo à insistência de Hopkins sobre os poloneses que tinham desaparecido a caminho das reuniões com os soviéticos, Stalin disse que tinham sido aprisionados e seriam julgados por suas atividades antissoviéticas, mas que era a favor de serem tratados com leniência. (A maioria foi condenada a sentenças de cinco a oito anos. Vários foram novamente presos ao serem libertados.) Finalmente, Hopkins concordou com Stalin que, com tantos assuntos a serem resolvidos, já era hora de os Três Grandes voltarem a se reunir. Concordaram que seria em Berlim, em meados de julho.

A perspectiva dessa reunião, originalmente proposta por Churchill para meados de junho, já causara tensões entre a Grã-Bretanha e os Estados Unidos. O presidente Truman, favorável à posição defendida por Roosevelt, de que os Estados Unidos não podiam ser vistos como conspiradores ao lado da Grã-Bretanha contra a União Soviética, rejeitou a proposta de Churchill para uma reunião em Londres, precedendo a conferência, que teria como objetivo harmonizar posições. Pior ainda para o ponto de vista de Churchill e, mais uma vez, de acordo com o pensamento de Roosevelt sobre o papel preponderante dos Estados Unidos, Truman sugeriu que devia se reunir previamente com Stalin e que Churchill os encontraria alguns dias depois. Zangado e magoado, Churchill respondeu que "não estava disposto a comparecer a uma reunião que seria mero prolongamento da que o presidente acertasse com o marechal Stalin [...]; devemos nos reunir os três e em situação de igualdade". Em consequência, Truman concordou que o primeiro-ministro participasse desde o começo. Consciente de que o Projeto Manhattan progredia bem, Truman insistiu para que a conferência fosse adiada por um

---

* Como fora previsto em Yalta, Bielorrússia e Ucrânia, assim como a União Soviética, foram considerados membros fundadores.

mês, sendo, assim, realizada em meados de julho — tempo que sabia ser o suficiente para a realização de um teste da bomba atômica.

Truman e Churchill chegaram a Berlim antes de Stalin. Truman cruzou o Atlântico até Antuérpia a bordo do cruzador pesado USS *Augusta*, o mesmo em que Roosevelt viajara para Placentia Bay a fim de se encontrar com Churchill em agosto de 1941. A bordo, Truman encontrou tempo para jogar pôquer, seu jogo favorito. Em 15 de julho de 1945, voou no *Vaca Sagrada* para Berlim e prosseguiu por via terrestre até Potsdam, local da conferência, a 29 quilômetros do centro da cidade.

A delegação que Truman levou para a conferência (geralmente conhecida como Conferência de Potsdam, em alusão ao local em que foi realizada) era bem diferente da que Roosevelt levara para Yalta. Ao regressar de Moscou em junho, Harry Hopkins renunciara à sua participação no governo. Morreu poucos meses após, em janeiro de 1946. Truman substituiu Stettinius como secretário de Estado por James Byrnes, que viria a desempenhar papel de destaque em Potsdam. Embora não estivesse presente em Yalta, Morgenthau pediu a Truman para acompanhá-lo a Potsdam. Quando Truman recusou seu pedido, apresentou sua renúncia, e Truman a aceitou. O presidente disse para Stimson quem estaria presente: "Nenhum desses rapazes judeus irá para Potsdam". Harriman compareceu, assim como Bohlen, que continuou trabalhando como intérprete. Harriman teve problemas no trabalho com Byrnes, pois frequentemente defendiam posições diferentes. Por fim, apresentou a Truman seu pedido de renúncia seis semanas depois de Potsdam e deixou seu cargo de embaixador em Moscou em janeiro de 1946. Bohlen lamentou o fato de, então, sua função se limitar especificamente a traduzir, enquanto Roosevelt frequentemente pedia seus conselhos.

As instalações ocupadas por Truman, que logo ficaram conhecidas como a "Pequena Casa Branca", ficavam em uma construção de três andares de estuque amarelo ao lado do lago Griebnitz, em cujas águas, como era bem sabido, as tropas russas afogaram soldados alemães feridos. Embora os russos dissessem a Truman que a casa pertencera a um executivo de cinema alemão, então servindo em um batalhão de trabalhos forçados em algum ponto da União Soviética, o filho do verdadeiro proprietário — um editor alemão — mais tarde lhe contou a verdadeira história da "Pequena Casa Branca":

> Os russos chegaram no começo de maio. Dez semanas antes de sua chegada a esta casa, seus ocupantes viviam em constante sobressalto e medo. Dia e noite, soldados russos dispostos a saquear entravam e saíam, violentando minhas irmãs na frente dos pais e dos filhos, espancando meus pais idosos. Toda a mobília, as malas e os guarda-roupas foram destruídos por golpes de baionetas e coronhas de fuzis e o que tinha dentro [...] arruinado de maneira indescritível.

Churchill chegou a Potsdam renovado depois de um feriado dedicado à pintura, em Biarritz, no sudoeste da França, e foi hospedado em uma mansão à beira de um lago, não muito longe de Truman. A eleição geral na Grã-Bretanha acontecera em 5 de julho, mas, em consequência da necessidade de contar os votos dos militares que estavam no exterior, o resultado só foi conhecido durante a conferência. Por conseguinte, Churchill levou em sua companhia Clement Attlee, notório apreciador de cachimbo, seu tranquilo e leal vice-primeiro-ministro do agora dissolvido Gabinete de Coalizão do Tempo de Guerra e líder do Partido Trabalhista, de oposição. Entre os que tinham acompanhado Churchill em Yalta, estavam Eden, Cadogan e Brooke.

Churchill e Truman se encontraram pela primeira vez em 16 de julho, às 10h30 da manhã. Surpreso, Truman soube que era o mais cedo que o primeiro-ministro já se levantara nos últimos dez anos. Truman achou Churchill "agradável e muito inteligente", embora "tentando agradar". Churchill disse à filha Mary que, em vez de Sarah, o acompanhou a Potsdam: "Gostei muito do presidente, falamos a mesma linguagem".

Ao se instalar, Truman se viu às voltas com mosquitos que vinham do lago, por causa da falta de telas nas janelas, e não com os percevejos que tinham incomodado Roosevelt em Yalta. O diário do presidente também registrou que "como, na maioria das casas da Europa, o banheiro e as condições para banho eram totalmente inadequados".

No mesmo dia, mas separadamente, Churchill e Truman deram uma volta pelo centro devastado de Berlim. Truman não saiu de seu carro conversível quando sua comitiva passou pelo Reichstag e pela chancelaria do Reich, mas Churchill, que estava em um jipe com Eden, desembarcou e, escoltado por soldados russos, passou por tanques e carros blindados queimados e foi ver de perto o prédio da chancelaria. No jardim, desceu os sete lances de escada até o abrigo subterrâneo de Hitler, que cheirava a morte e decomposição. De acordo com Cadogan, que conseguiu um par de condecorações Cruz de Ferro como lembrança, "infelizmente o sistema de iluminação não estava funcionando e, à luz apenas de uma tocha, não era fácil enxergar bem". Mostraram a eles o local onde supostamente foi incinerado o cadáver de Hitler. Churchill pensou consigo mesmo que, se a Grã-Bretanha tivesse sido derrotada, esse poderia ter sido seu próprio destino.

Membros do segundo escalão que foram a Berlim testemunharam o ininterrupto saque conduzido pelos russos. Robert Meiklejohn, assistente de Harriman, viu:

> Um longo trem com pranchas, vagões-gôndola de transporte de minério e vagões fechados totalmente carregados com objetos saqueados, com exceção de algumas pranchas que transportavam tanques russos [...], um vagão-gôndola completamente ocupado por cadeiras empilhadas de qualquer maneira. Outros levavam enormes guarda-roupas e outras peças de mobília. As pranchas transportavam máquinas operatrizes e motores de avião.

Meiklejohn chamou o que viu de "reparações à la carte". Também se lembrou de seguidos estupros: "Dois sargentos de nosso alojamento nos contaram como tinham resgatado uma jovem alemã de quinze anos violentada por um russo [...]. Ela foi encontrada seminua entre as árvores à margem da estrada".

Stalin chegou a Potsdam em 16 de julho, em um trem blindado de onze vagões, no qual ocupava quatro vagões verdes, que no passado tinham transportado os czares e foram retirados de um museu especialmente para aquela ocasião. O amplo aparato de segurança que o cercou envolveu quase 20 mil homens, à razão de seis guardas por quilômetro ao longo da via férrea na Rússia, dez na Polônia e quinze na Alemanha. Três aviões ficaram de prontidão para evacuá-lo, se necessário fosse. Stalin, que acabara de saber da morte de seu filho mais velho, Yakov, em um campo alemão de prisioneiros, foi direto para seus aposentos em uma mansão que pertencera ao marechal de campo Ludendorff, recusando o convite para visitar as ruínas de Berlim.

Também em 16 de julho, a bomba atômica foi testada com sucesso no Novo México. Robert Oppenheimer, chefe do setor científico do projeto, sentiu-se aliviado, embora "um pouco assustado com o que tinha feito". Passou por sua mente um trecho do *Bhagavad Gita*: "Me transformei na morte, destruidor de mundos". Rudolph Peierls, que em um pequeno quarto na Grã-Bretanha fora o primeiro a avaliar que a bomba era possível, lembrou: "O clarão brilhante e ofuscante [...] mostrou que tínhamos cumprido nossa missão". Outros, que até os últimos momentos antes do teste recalculavam nervosamente se a explosão não inflamaria a atmosfera terrestre, por fim se sentiram aliviados.

A notícia chegou a Truman em Potsdam no mesmo dia, em linguagem cifrada: "Operada nesta manhã. Diagnóstico ainda incompleto, mas resultado parece satisfatório e já excedeu as expectativas". À noite, Truman escreveu em seu diário: "Espero que se consiga alguma forma de paz, mas temo que as máquinas estejam alguns séculos à frente dos mortais e, quando estes as alcançarem, talvez não adiante mais".

No dia seguinte, Stimson entregou a Churchill uma nota que dizia: "Bebês nascem sem problema", que o primeiro-ministro não entendeu. Stimson lhe explicou claramente. Em seu diário, ele recorda a reação de Churchill: "'Agora sei o que aconteceu com Truman ontem. Eu não estava entendendo. Quando chegou para a reunião depois de ter lido o relatório, era outro homem. Disse para os russos exatamente o que eles deviam e não deviam fazer e, de modo geral, assumiu o controle da reunião'. Churchill declarou que agora compreendia a razão de sua animação e que se sentia da mesma forma".

Conforme as palavras de Brooke, Churchill estava:

> Absolutamente arrebatado. Já não era mais necessário que os russos entrassem na guerra contra os japoneses. Bastava o novo explosivo para liquidar a questão. Além disso, agora tínhamos em nossas mãos algo que podia alterar o relacionamento com os russos. O segredo

do novo explosivo e a capacidade para empregá-lo modificavam totalmente o equilíbrio diplomático, fora de controle desde a derrota da Alemanha.

Em nota para Eden, Churchill confirmou que seu entusiasmo e seu desprezo pela Rússia eram compartilhados pelos dirigentes norte-americanos: "Está bem claro que, no presente momento, os Estados Unidos não desejam a participação russa na guerra contra o Japão".

Ao meio-dia de 17 de julho, Stalin se animou a visitar Truman na "Pequena Casa Branca" para mais uma das reuniões bilaterais que acabaram mostrando que Potsdam foi muito mais proveitoso que Yalta. Stalin achou que Truman, "não tão educado e inteligente", não podia ser comparado a Roosevelt. Truman sentiu que "podia lidar com Stalin. Ele é honesto, mas extremamente astuto. Olha fixamente em seus olhos quando fala com você". Por algum motivo, talvez sua paranoia, Stalin insistiu — como fizera com Hopkins em Moscou — que provavelmente Hitler estava vivo "na Espanha ou na Argentina", embora soubesse muito bem que a autópsia realizada pelos soviéticos confirmasse que o ditador alemão se suicidara com um tiro, em seu abrigo subterrâneo.

A primeira sessão plenária da conferência — codinome "Terminal", por sugestão de Churchill — aconteceu no fim do mesmo dia no Cecilienhof, último palácio do príncipe herdeiro da Alemanha, que imitava o estilo Tudor. Fora completado somente em 1917, menos de dois anos antes de a família imperial partir para o exílio na Holanda. Bohlen lembrou como os russos "tinham plantado gerânios vermelhos no jardim em formato de uma estrela de mais de sete metros". Stalin depreciou a construção do palácio dizendo que "não é grande coisa. Os czares russos construíram palácios muito mais sólidos". Sempre que saíam para passear pelos arredores do palácio, britânicos e norte-americanos, como acontecera em Yalta, eram imediatamente confrontados por guardas de segurança da NKVD portando submetralhadoras.

Quando os procedimentos da conferência começaram, a atitude de Churchill para com Stalin pareceu mais amena. Nas palavras de Eden, que naquele momento sofria com a morte em ação de um de seus filhos na Birmânia: "Ele está novamente fascinado por Stalin. Continua repetindo 'gosto daquele homem'. Realmente admiro muito a forma como Stalin consegue manobrá-lo". Eden também gostou "da abordagem de homem de negócios de Truman, ao contrário de seu antecessor, que costumava improvisar". De acordo com Cadogan:

> Desde que deixou Londres, o primeiro-ministro se recusa a fazer ou ler alguma coisa. Talvez esteja certo, mas o fato é que não pode conseguir o que quer. Se nada sabe sobre o assunto em discussão, devia ficar calado [...], em vez de ficar dando palpites [...] e falar bobagens, coisas absolutamente irrelevantes, correndo o risco de invalidar nossos argumentos.

Stalin e Churchill indicaram Truman para presidir a conferência, como sucessor de Roosevelt. A função não agradou ao presidente, que disse em carta para sua mãe que "Churchill fala o tempo todo, e Stalin apenas resmunga, mas se entende o que quer dizer". Truman declarou: "Não quero somente ficar discutindo, quero decidir". De forma um tanto subserviente, Churchill replicou: "Você faz questão de ver progressos diários". Truman insistiu para que um dos primeiros tópicos da pauta fosse a realização de eleições livres na Europa Oriental ocupada pelos soviéticos, em particular na Romênia, na Bulgária e na Hungria, e Churchill imediatamente acrescentou a Polônia. Stalin concordou, desde que a fronteira ocidental deste último país também fosse discutida. Sua lista de prioridades incluía as reparações, a divisão de navios alemães capturados então sob a posse dos britânicos e a retirada de Franco do poder na Espanha.

Respondendo às críticas sobre a política soviética na Europa Oriental, Stalin insinuou que era um aperfeiçoamento da conduta ocidental na Itália, onde não estava havendo eleições de espécie alguma. Churchill retrucou que logo seriam realizadas e que as autoridades soviéticas teriam toda liberdade para ir onde desejassem naquele país, enquanto em Bucareste e por toda parte seus correspondentes britânicos eram "detidos e impedidos de se aproximar". Na verdade, "uma cortina de ferro baixou em torno deles". Stalin ficaria "espantado se lesse a longa lista de incidentes ocorridos". "Tudo história da carochinha", respondeu

Stalin. "Quando lhes convém, estadistas podem dizer que as afirmações dos outros são histórias da carochinha", foi a impertinente réplica de Churchill. Propositalmente, Stalin lembrou Churchill de que não tinha interferido na Grécia.

Na questão dos navios de superfície alemães, que envolvia apenas trinta, sendo que os maiores eram três cruzadores e os demais, destróieres e barcos torpedeiros, Churchill se manifestou favorável à sua destruição. Stalin sugeriu que fossem repartidos entre as três potências, deixando que cada uma fizesse com os navios o que julgasse melhor. Alegou que 45 submarinos alemães capturados pelos russos em Danzig estavam em tão mau estado que não valia a pena serem considerados.

Na questão de reparações e empréstimos, Truman tentou estabelecer um limite para o emprego de recursos financeiros norte-americanos e escreveu para a esposa:

> Preciso deixar absolutamente claro para eles [Churchill e Stalin], pelo menos uma vez por dia, que, enquanto eu for presidente, Papai Noel morreu e os interesses dos Estados Unidos são minha prioridade e, em seguida, quero vencer a guerra contra o Japão, mas que, para tanto, quero contar com os dois. Claro que não vou instalar mais um [governo] aqui na Europa, pagar reparações, alimentar o mundo e nada receber em troca, a não ser ironias.

Já estava "cansado de todo aquele negócio".

Animado com a notícia do bem-sucedido teste da bomba atômica, Truman insistiu ainda mais na questão da fronteira polonesa, afirmando que o Neisse ocidental não tinha sido aceito em Yalta como fronteira oeste, mas que apenas se concordara que a Polônia devia ser compensada a oeste pelo território que perdera no leste. Concordar com o Neisse ocidental equivaleria a conceder à Polônia uma zona de ocupação na Alemanha. Como fizera em Yalta, Stalin insistiu que não havia mais alemães na área em disputa — "todos fugiram". Quando Churchill insinuou que poderiam retornar, Stalin respondeu que os poloneses "os enforcariam". Ao contrário do que fizera em Yalta, onde afirmara ser impossível convocar poloneses para a conferência,

Stalin contou com dois membros comunistas do novo governo polonês para apoiar seus argumentos.

Seguiram-se discussões sobre a internacionalização dos principais rios e canais da Europa, sugerida por Truman, acreditando que o livre-comércio praticado por essas vias desestimularia as potências do continente a recorrer à guerra; reivindicação de Stalin para acesso — e talvez uma base — aos Dardanelos, assunto levantado em Yalta sem que se chegasse a uma conclusão; ambições soviéticas em relação às colônias italianas na África de antes da guerra; e finalmente a remoção de Franco do poder na Espanha. Em nenhum de tais temas se chegou a uma conclusão.

Por outro lado, a conferência conseguiu chegar a um acordo sobre a criação de um Conselho de Ministros do Exterior, ampliando o que ficara acertado em Yalta. O conselho seria composto pelos representantes das Três Grandes potências e, no devido tempo, contaria com os da China e da França. Supervisionaria a preparação de tratados de paz e executaria outras tarefas que lhes fossem atribuídas por seus chefes. Stalin também concedeu às potências ocidentais o direito de assumir o controle de suas áreas de ocupação na Áustria, algo que até então vinha sendo adiado.

No fim da sessão plenária de 24 de julho, em acordo com Churchill, Truman se aproximou de Stalin e "casualmente mencionou [...] que tinha uma nova arma de invulgar força destrutiva. O dirigente russo não demonstrou maior interesse. Disse apenas que estava contente em saber e esperava que 'fosse bem usada contra os japoneses'". O aparente desinteresse recíproco ocultou não somente o pleno conhecimento de Truman sobre o poder da bomba, mas também o fato de Stalin, por intermédio de seus espiões, já saber da existência da arma. O governante russo já tinha pressionado seus generais para que acelerassem seus planos para a entrada dos soviéticos na guerra. Mais tarde, Nikita Khrushchev escreveu: "Stalin não tinha certeza de que os norte-americanos cumpririam sua palavra [...]. E se o Japão capitulasse antes que entrássemos na guerra? Os norte-americanos poderiam dizer: 'Não lhes devemos nada'".

Sem consultar Stalin, em 26 de julho os governos norte-americano e britânico, em acordo com o governo chinês nacionalista de Chiang Kai-shek, anunciaram aquela que ficou conhecida como Declaração de Potsdam. O texto, aprovado por Chiang Kai-shek por via telegráfica, fora redigido nos dias anteriores, com Byrnes desempenhando papel de destaque ao resistir a propostas de Stimson e Leahy para que houvesse uma atenuação dos termos da rendição incondicional no que dizia respeito ao imperador. A declaração oferecia ao Japão "uma oportunidade de terminar a guerra" com base em uma "rendição incondicional" e finalizava assim: "A alternativa para o Japão é a destruição total, absoluta". Dois dias depois, o primeiro-ministro japonês rejeitou a proposta de Potsdam, declarando que seu governo a rejeitava e insistindo resolutamente em uma conclusão vitoriosa da guerra. O jornal de Tóquio *Mainnichi* considerou a Declaração de Potsdam "ridícula".

Em 25 de julho, Churchill voou de volta para a Grã-Bretanha na companhia de Eden, que Truman então achava "exageradamente valorizado", e de Attlee, para conhecer o resultado das eleições na Grã-Bretanha. Descobriu que os assuntos internos, aos quais de modo geral dera tão pouca atenção durante a guerra, tinham provocado uma avalanche de votos em favor do Partido Trabalhista. Clement Attlee, o novo primeiro-ministro, e seu ministro do Exterior Ernest Bevin, regressaram a Potsdam para a continuação da conferência. No fim de julho, Truman percebeu que as questões das reparações e das fronteiras da Polônia tinham chegado a um impasse. Por fim, Byrnes e Molotov conseguiram chegar a um acordo, em seguida endossado pelos três líderes, estabelecendo que as potências ocidentais reconheciam o Neisse ocidental como fronteira temporária da Polônia, enquanto se esperava a decisão final de uma conferência de paz, o que nunca aconteceu. A União Soviética obteve as reparações compatíveis em suas áreas de ocupação, como também foi autorizada a ficar com determinados equipamentos industriais da zona ocidental em troca de gêneros alimentícios essenciais levados da zona leste para a oeste. Estas últimas disposições nunca foram totalmente cumpridas.

A conferência foi encerrada em 2 de agosto, quando o pragmático Truman, adepto do "seja sempre franco", já estava "gostando de Stalin", como ocorrera antes com Churchill e Roosevelt. Anos depois, ainda repetia: "Gostei daquele filho da puta". Como seria de se esperar, o comunicado sobre a Conferência de Potsdam distribuído naquele dia transpareceu unidade e unanimidade. A conferência "fortalecera os laços que unem os três países" e "renovara a confiança em seus governos e seus povos, que, ao lado das Nações Unidas, saberão garantir o estabelecimento e a preservação de uma paz justa e duradoura".

Enquanto isso, em 26 de julho, o cruzador pesado USS *Indianapolis*, que transportava os componentes da bomba atômica, chegava a Tinian, finalizando a viagem de dez dias desde São Francisco.* Nas primeiras horas do dia 6 de agosto, Paul Tibbetts puxou o manche e o B-29 Superfortress adaptado, recentemente batizado pelo capelão do esquadrão como *Enola Gay*, em homenagem à mãe do piloto, lentamente decolou da pista de Tinian com a bomba atômica de 4.400 quilos no compartimento de bombas e desapareceu no céu aveludado, rumo ao norte. Após um voo de seis horas e meia, Tom Ferebee, responsável pelo lançamento da bomba, soltou-a às 9h15, hora de Tinian, sobre Hiroshima. De acordo com um tripulante, Bob Caron, quando a bomba explodiu a cena foi "maravilhosamente aterradora". Foi uma nuvem em forma de cogumelo "que parecia uma massa de melaço borbulhante".

Em Hiroshima, uma sobrevivente em fuga chegou a uma ponte. Na água, "corpos flutuando como gatos e cães mortos, o que restava de suas roupas em farrapos. Vi uma mulher boiando com o rosto virado para cima, o peito dilacerado e expelindo sangue. Cenas tão aterradoras serão coisas deste mundo?". Depois de atravessar a ponte, ela viu o seguinte: "À minha volta, jovens estudantes, moças e rapazes, contorcendo-se no chão. Pareciam enlouquecidos, gritando 'mamãe, mamãe'. Meus olhos contemplavam a cena cruel, suas queimaduras e as feridas abertas [...], e eu não suportava olhar para eles".

Antes do amanhecer de 9 de agosto, em operação que recebeu o codinome de "Tempestade de Agosto", mais de 1,5 milhão de soldados soviéticos invadiram a China, com o apoio de intensa barragem de artilharia e foguetes. Progredindo rapidamente, obrigaram as forças japonesas à sua frente a recuar. "Eles agiram rápido, não é?", comentou Truman, agora menos satisfeito

---

* Na viagem de volta, o cruzador foi torpedeado e morreram 821 marinheiros norte-americanos, a maior perda na história da Marinha dos Estados Unidos.

com a intervenção russa, com Leahy. Atravessando o Atlântico rumo a Potsdam, Leahy dissera a Bohlen: "Os intelectuais [os cientistas] estão trapaceando o governo norte-americano em cerca de 5 bilhões de dólares, porque a bomba vai acabar mostrando que não é melhor do que cordite, não passa de uma pólvora sem fumaça". Agora, porém, respondendo ao comentário de Truman, teve que reconhecer: "A bomba funcionou, e os russos querem entrar antes que tudo acabe". No mesmo dia, a Força Aérea dos Estados Unidos lançou uma segunda bomba atômica que arrasou Nagasaki. Em 14 de agosto, o Japão se rendeu. A Segunda Guerra Mundial acabara.

Estimativas do total de mortos na guerra variam bastante, indo de cerca de 60 milhões a mais de 70. Pouco menos de 420 mil norte-americanos morreram. A Grã-Bretanha perdeu mais de 450 mil entre civis e militares, mais ou menos o mesmo que a Itália. A França perdeu cerca de 500 mil. Quase 300 mil vidas holandesas foram perdidas, assim como 500 mil gregas, lembrando que a população deste último país chegava, antes da guerra, a 7 milhões. Os alemães perderam de 6 a 8 milhões, sendo pelo menos um quarto de civis, e os japoneses, cerca de 3 milhões. Todos esses totais são desprezíveis, em termos absolutos, se comparados com os 14 a 28 milhões de chineses e mais de 25 milhões de soviéticos que morreram, dos quais 7 milhões possivelmente eram ucranianos. O número de soldados soviéticos gravemente feridos pode ser avaliado mediante consulta a um relatório norte-americano que menciona tentativas soviéticas de comprar dos Estados Unidos 2 milhões de pernas artificiais em 1944.

Quando o Japão se rendeu, as tropas soviéticas avançavam pela Manchúria e atingiam o paralelo 38, logo ao norte de Seul, na península coreana. Lá eles pararam, atendendo à proposta norte-americana elaborada às pressas e apresentada somente em 10 de agosto. Segundo o que afirmou Byrnes, o acordo atendeu à "conveniência militar" e não pretendia que ali se estabelecesse uma fronteira permanente. As tropas soviéticas já tinham desembarcado nas ilhas Curilas e de Sacalina. As forças norte-americanas precisaram de quase um mês para ocupar a área da península coreana abaixo do paralelo 38. Se Stalin quisesse, as tropas soviéticas poderiam ter ocupado toda a Coreia, o que alteraria a situação em toda a península e muito provavelmente as consequências de longo prazo no Extremo Oriente.

A Guerra da Coreia nunca teria acontecido. O Japão teria sido um posto avançado contra o comunismo, e as relações entre China e União Soviética poderiam ter evoluído de forma diferente.

Parte V
O pós-guerra

"Quem ocupa um território sempre impõe seu próprio sistema social."
Stalin, abril de 1945

17
Desce a Cortina de Ferro

Por ocasião de Potsdam, as decisões adotadas em Yalta envolvendo a Europa Oriental e as discussões consequentes que enfatizavam a realocação de populações de acordo com suas etnias intensificaram as ondas de pessoas deslocadas e desesperadas, de sobreviventes de campos de concentração, de prisioneiros de guerra e de trabalhadores forçados que se espalhavam pela Europa. Muitos procuravam encontrar seus próprios lares em áreas devastadas, outros já não suportavam essa mistura de etnias e também havia os que agora se encontravam em países estranhos. Estimativas indicam que mais de 40 milhões de pessoas podem ter sido deslocadas e que ao fim da guerra 17 milhões delas eram de alemães, inclusive 8 milhões de trabalhadores forçados e prisioneiros libertados pelos Aliados, dos quais cerca de 275 mil eram britânicos e norte-americanos, além de total desconhecido de libertados de campos de concentração e refugiados alemães vindos do leste.

Boa parte desse deslocamento de populações resultou de grande modificação nas fronteiras da Polônia, empurradas uns 320 quilômetros para oeste. A nova fronteira entre a Polônia e a União Soviética, em particular com a Ucrânia, onde, durante a guerra, já havia ocorrido choques entre combatentes da resistência polonesa e ucranianos que colaboravam com os nazistas, já fora palco de deportações forçadas e violências praticadas por ambos os lados, conforme essa fronteira se tornou também um marco separador de etnias e nações. Os governos soviético e polonês de Lublin autorizaram as deportações e fecharam os olhos para a violência. Um exemplo das crueldades cometidas por ambos os lados foi o massacre de ucranianos por tropas polonesas na localidade de Zawadka Morochowska, no sudeste da Polônia. Um sobrevivente lembrou: "Sempre que um homem era capturado, imediatamente era assassinado. Quando não encontravam um homem, espancavam as mulheres e as crianças". Muitos corpos eram mutilados; os olhos, furados; narizes e línguas, arrancados; seios de mulheres, extirpados. Posteriormente, os habitantes que sobreviveram foram obrigados a cruzar a fronteira, rumo à Ucrânia. Os poloneses expulsaram pelo menos meio milhão de ucranianos, e os que permaneceram foram submetidos a severa discriminação.

Por outro lado, entre 1944 e 1946, cerca de 750 mil poloneses foram expulsos da Ucrânia, em sua maioria de forma violenta, enquanto acontecia o mesmo com 160 mil poloneses da Lituânia e mais de 230 mil da Bielorrússia, totalizando em torno de 1,2 milhão de pessoas expulsas pelos soviéticos. Esses números são desprezíveis quando comparados ao de alemães expulsos do território alemão que ocupavam antes da guerra, agora polonês, pelos governos soviético e de Lublin. Mais de 7 milhões de alemães fugiram ou foram expulsos. Alguns tiveram apenas trinta minutos para arrumar suas bagagens e partir, como ocorrera nas deportações russas e alemãs no passado. As pessoas expulsas de seus lares foram obrigadas a fazer longas marchas a pé e sem alimentação. Uma sobrevivente, Anna Kientopf, contou que "as pessoas ficaram doentes durante a marcha e quase todas as crianças pequenas, com menos de um ano de idade, morreram. Vi muita gente estendida à beira da estrada, as faces arroxeadas e lutando para respirar, além de outras pessoas que tinham desabado de cansaço e nunca mais se levantariam". Mulheres eram violentadas, e todos eram saqueados. Às vezes, soldados soviéticos e milícias locais paravam as colunas para separar retirantes de ambos os sexos que pareciam mais saudáveis, a fim de levá-los para trabalhos forçados. Os que restaram foram espremidos pela polícia em vagões de trem de tal forma que, ao cruzarem a nova fronteira oriental da Alemanha, quem abriu as portas constatou que "só de um vagão foram retirados dez cadáveres [...]. Muitas pessoas tinham enlouquecido [...], pessoas cobertas de excrementos [...], tão espremidos que não havia como evacuar em um local apropriado".

No mesmo processo de limpeza étnica, 3 milhões de alemães foram expulsos da Tchecoslováquia, em sua maior parte dos Sudetos, pelo governo recentemente organizado, uma coalizão entre "democratas" e "comunistas". Em outros países, antigos campos de concentração e de prisioneiros de guerra foram utilizados para abrigar quem estava na iminência de ser deportado, mas os tchecos foram além desse uso no caso do antigo campo nazista em Theresienstadt. Obrigaram alemães ainda em liberdade a usar roupas com distintivos no lado esquerdo do peito com a letra "N", inicial de *Nemec*, palavra que em tcheco significa "alemão". Eram submetidos a toque de recolher às vinte horas, não tinham permissão para utilizar transportes e parques públicos e deviam retirar chapéus ou bonés quando se aproximavam de oficiais tchecos ou russos, a quem deviam ceder a passagem a adequada e respeitosa distância.

Na Iugoslávia, já assolada durante a guerra pelo conflito interno entre grupos étnicos e religiosos, unidades de *partisans* sérvios massacraram até 70 mil combatentes de origem croata — os ustashas — que tinham lutado ao lado dos nazistas e que, na tentativa de "limpar etnicamente" a Croácia, mataram mais de 500 mil sérvios, muçulmanos e judeus. Alguns ustashas tinham sido devolvidos à Iugoslávia pelos britânicos, a quem tinham se rendido na Áustria. Os britânicos achavam que combatentes inimigos deviam se render àqueles contra quem tinham lutado, seus companheiros iugoslavos.

O acordo celebrado em Yalta por Churchill e Roosevelt para a repatriação de todos os prisioneiros de guerra soviéticos, como também de todos os cidadãos soviéticos que tinham combatido ao lado dos alemães, e que fora motivado pela preocupação em assegurar livre acesso a prisioneiros britânicos e norte-americanos libertados pelos soviéticos, acarretaria terríveis consequências.

Três dos 5 milhões de soldados soviéticos capturados pelos nazistas tinham morrido em campos de prisioneiros alemães. Por outro lado, os sobreviventes tiveram que enfrentar interrogatórios e, muitos deles, prisão e confinamento nos gulags. Em alguns casos, houve até execuções. Um relatório canadense descreve o destino de alguns que retornaram em um navio Aliado:

O prisioneiro que tentara suicídio foi tratado com crueldade e seu ferimento abriu [...]. Ele foi [...] conduzido para trás de uns caixotes nas docas. Ouviu-se um tiro, mas nada foi visto. Os outros 32 prisioneiros foram levados ou arrastados para um armazém a cerca de cinquenta metros do navio. Quinze minutos depois, ouviu-se o som de armas automáticas e um caminhão com capota saiu do armazém na direção da cidade. Mais tarde, tive a oportunidade de dar uma olhada no armazém [...] e vi manchas escuras em diversos pontos do piso de paralelepípedos [...] e muitas perfurações nas paredes até 1,5 m de altura.

O caso mais notório foi o de milhares de cossacos anticomunistas — muitos deles tinham deixado a União Soviética depois de lutarem ao lado dos russos brancos contra os bolcheviques e mais tarde ao lado dos alemães — que os britânicos entregaram aos soviéticos na Áustria. Em incidente ocorrido em junho de 1945, um grupo de cossacos, com suas mulheres e filhos, reagiu à ação dos soldados britânicos que tentavam fazê-los embarcar em caminhões. Alguns deles, desesperados e sabendo o destino que os esperava quando estivessem em mãos soviéticas, se suicidaram. Muitos ficaram feridos ao resistirem aos soldados que os golpeavam com a coronha de seus fuzis. Outros cossacos foram esmagados em meio ao conflito; e os altares em que seus sacerdotes faziam orações, derrubados. Como contou mais tarde um capelão dos militares britânicos, seus homens "não acreditavam que era para isso que tinham lutado na guerra. Estavam revoltados com tudo aquilo". Um médico militar britânico denunciou a ocorrência como ato "desumano".

Nos dois anos seguintes a Yalta, o Império Britânico, que Churchill defendera com tanto êxito na conferência, entrou em longo processo de dissolução. Em fevereiro de 1947, o governo de Attlee nomeou lorde Louis Mountbatten, que fora comandante aliado no sudeste da Ásia, vice-rei da Índia, com a missão de supervisionar uma rápida transição para a independência. O objetivo foi alcançado à meia-noite de 14 de agosto daquele ano, quando Índia e

Paquistão foram separados e se tornaram nações independentes. Alguns milhões de vidas foram perdidas quando, como aconteceu na Europa Oriental, quem estava no lado errado das fronteiras e naquele momento marginalizado por motivos religiosos, foi expulso, fugiu ou sofreu violência ao fazê-lo.

O desejo de Churchill de manter aberta a via marítima para o Oriente foi frustrado quando, em julho de 1956, o presidente egípcio, Gamal Abdel Nasser — que assumira o poder em 1952 depois do golpe de Estado que provocou a dissolução do protetorado britânico e o exílio do rei Farouk —, nacionalizou o canal de Suez, levando o primeiro-ministro, Anthony Eden, a empreender uma intervenção militar que fracassou. A crise de Suez foi fator preponderante para sua renúncia pouco depois.

Para preservar o Império Britânico, Churchill foi obrigado a apoiar a restauração dos Impérios da França e da Holanda no sudeste da Ásia. No Vietnã, quase de imediato começou uma revolta chefiada pelos comunistas contra as forças francesas. Após a completa derrota dos franceses em 1954, em conferência realizada em Genebra, o país foi dividido, em termos à época considerados provisórios, entre o norte comunista, chefiado por Ho Chi Minh, e o sul, apoiado pelos norte-americanos. A divisão ficou caracterizada por uma linha militar no paralelo 17 norte separando as forças das duas facções vietnamitas que se opunham. A linha, por sua vez, era cercada por uma zona desmilitarizada com vários quilômetros de extensão. Um total de 750 mil pessoas teve que escapar para ambos os lados da linha. Temendo perseguição comunista, os cristãos, em particular, abandonaram o norte e se dirigiram para o sul. Na subsequente Guerra do Vietnã, que durou duas décadas, os vietnamitas, depreciados pelo presidente Roosevelt, que os considerou "de baixa estatura [...] e não belicosos", integrantes do Viet Cong se revelaram adversários formidáveis das forças norte-americanas. Na Indonésia, os holandeses, que tinham retornado à região, também enfrentaram uma revolta que levou à independência do país sob a presidência de Sukarno, um dos chefes da insurreição, em 1949.

Na China, no fim de 1949, Chiang Kai-shek e seu exército nacionalista, no qual os Estados Unidos depositaram tanta confiança e que apoiaram com muito dinheiro e equipamentos militares, tinham sido totalmente derrotados por Mao Zedong, que proclamou a República Popular da China.

Chiang Kai-shek, sua esposa Meiling e 2 milhões de seus soldados e adeptos fugiram para Taiwan (Formosa). Chiang levou consigo quase todas as reservas em ouro do país, além de muitos de seus antigos tesouros. Pouco depois, o presidente Truman determinou o bloqueio naval norte-americano para evitar um ataque comunista à ilha e continuou reconhecendo o regime de Chiang como legítimo governo da China.

Todas as ideias discutidas em Yalta visando ao estabelecimento de uma administração internacional na Coreia tinham sido abandonadas e, em consequência, se agravaram as tensões entre o sul, apoiado pelos Estados Unidos, e o norte comunista, agora governado por Kim Il-Sung, primeiro-ministro eleito em 1948 com o apoio da União Soviética e avô do atual governante da Coreia do Norte. Encorajado pelo sucesso comunista na China, em junho de 1950, Kim ordenou a invasão do sul. Tendo em vista que naquela época a União Soviética boicotava o Conselho de Segurança em protesto contra a recusa de transferência do assento de Chiang Kai-shek no conselho para o governo de Mao Zedong, os Estados Unidos conseguiram o apoio das Nações Unidas para que suas tropas e as de países Aliados desembarcassem no país e repelissem a invasão. Em consequência, foi organizada uma força da ONU. Seguiu-se uma guerra com muitas alternativas, em que o governo chinês colaborou com o norte enviando suas tropas. Terminou três anos mais tarde com as forças opositoras detendo-se no paralelo 38. Os oponentes assinaram um armistício em Panmunjun, mas até hoje não houve um tratado de paz.

Depois da Conferência de Potsdam, a aparente unanimidade entre América, Grã-Bretanha e União Soviética, alardeada pelo comunicado oficial sobre a conferência, aos poucos foi desaparecendo, sofrendo deturpações durante os dois anos seguintes e desaguando na Guerra Fria. A expressão "Guerra Fria", até hoje usada, foi empregada pela primeira vez por George Orwell em um artigo publicado no *Tribune* em outubro de 1945, em referência ao futuro impasse nuclear "entre os dois ou três Estados gigantes, cada um possuindo uma arma capaz de liquidar milhões de pessoas em poucos segundos". A posse da bomba tornaria uma nação imbatível, levando a "uma época de proeminência tão flagrante quanto a dos impérios escravagistas da antiguidade [...], uma paz que não é paz", criando um estado de permanente "guerra fria". A reunião de ministros do Exterior em Londres em 1945, com tantos encargos assumidos em Potsdam, terminou sem decisão, em um impasse. A União Soviética continuou tentando impor seu próprio conceito de "democracia" aos países da Europa Oriental que ocupava, apesar dos ineficazes protestos do Ocidente, os quais alegavam que Stalin não estava cumprindo o que prometera em Yalta e não estava sendo observada a unanimemente aceita Declaração sobre a Europa Liberada.

Contrariado em Yalta e em outras oportunidades em sua ambição de assegurar acesso compatível às reservas de petróleo do Irã e compelido pelas outras potências a, como elas, retirar suas forças do país, no fim da guerra Stalin começou a fomentar um movimento armado separatista dos azeris, no norte do Irã. Com o apoio soviético, no fim de 1945 os azeris proclamaram uma república autônoma. Era o prelúdio — assim pensava Stalin — da anexação da região à República Soviética do Azerbaijão. No início de janeiro de 1946, Truman escreveu para Byrnes: "A menos que a Rússia seja tratada com mão de ferro e falemos com firmeza, temos outra guerra à vista [...]. Acho que não podemos mais adiar uma tomada de posição [...], devemos deixar bem clara nossa posição no Irã, sem dar margem a dúvidas [...]; estou farto de ficar mimando os soviéticos".

Em discurso de fevereiro de 1946, Stalin declarou que o capitalismo e o comunismo eram incompatíveis. Quase ao mesmo tempo foi revelada a rede de espiões russos no Projeto Manhattan. No fim do mês, Byrnes anunciou que o governo dos Estados Unidos trataria a União Soviética com "paciência e firmeza", "defenderia a Carta da Nações Unidas" e "resistiria a agressões", usando a força se necessário. Declarou: "Se somos uma grande potência, devemos agir como tal, não apenas para garantir nossa própria segurança, mas também para assegurar a preservação da paz mundial".

Em 5 de março de 1946, Churchill proferiu em Fulton, no Missouri, o famoso discurso em que se referiu à "Cortina de Ferro". Embora não estivesse mais no cargo, em Washington consultara Truman e Byrnes a respeito do texto e viajou para Missouri com Truman, a bordo do *Ferdinand Magellan*, o mesmo trem que transportara Roosevelt na primeira etapa de sua viagem para Yalta. Truman fez a apresentação de Churchill e, em seu discurso, o ex-primeiro-ministro condenou a política da União Soviética para a Europa: "De Stettin, no Báltico, a Trieste, no Adriático, uma Cortina de Ferro baixou sobre toda a Europa" por trás da qual a União Soviética está "aumentando o controle sobre seus vizinhos". Denunciou as "quintas colunas comunistas" que operavam no oeste e no sul da Europa. Advertiu contra a tolerância com a União Soviética, comparando-a com a que existira antes da guerra para com Hitler e sugeriu que os soviéticos "só valorizavam a força, e não havia nada que eles respeitassem menos do que fraqueza militar". Propôs um "relacionamento especial" — expressão que passou a ser comumente utilizada — entre Estados Unidos e Reino Unido, na condição de líderes do mundo de língua inglesa.

Seu discurso, um ano depois de Yalta, marcou um endurecimento de posição. Em entrevista para o *Pravda*, Stalin condenou o discurso de Churchill e o considerou "um ato perigoso" e "um insulto". Acusou Churchill de racismo ao sugerir a superioridade dos povos de língua inglesa, alegando que nada havia de errado no fato de "a União Soviética se preocupar com sua segurança futura" e tentar garantir a existência de "governos leais à União Soviética na Europa Oriental". Não obstante, reagindo diante da aparente maior disposição militar das potências ocidentais e reconhecendo que suas forças estavam de certa forma estendidas além do razoável, Stalin retirou suas tropas do norte do Irã alguns meses depois do que determinava o acordo de Yalta, levando ao fracasso a tentativa de autonomia de uma nascente república azeri.

Com o agravamento das tensões durante o ano seguinte e Stalin continuando a ignorar o que ficara estabelecido na Declaração sobre a Europa Liberada, objeto de acordo em Yalta, em 12 de março de 1947, Truman afirmou perante o Congresso que "a política dos Estados Unidos deve apoiar os povos livres que resistem às tentativas de submissão por parte de minorias armadas ou a pressões externas [...]; devemos apoiar os povos que traçam seus próprios destinos de acordo com suas próprias vontades". Na verdade, nesse discurso, nas poucas sentenças em que definiu a "Doutrina Truman", o presidente condenou tanto as revoltas armadas sob inspiração comunista quanto a influência soviética sobre nações teoricamente independentes e assegurou que os Estados Unidos as apoiariam contra aquelas ameaças. Esses elementos seriam os fatores determinantes da política norte-americana em anos subsequentes no Vietnã, na América Central e no mundo afora.

O primeiro exemplo prático do apoio norte-americano surgiu quase imediatamente, na primavera de 1947, com a ajuda à Grécia, onde, após Yalta, ressurgira a guerra civil entre os comunistas e o governo de direita, com grande crueldade de ambos os lados. Stalin manteve a promessa que fizera a Churchill de não intervir, mas a presença de tropas ao longo das fronteiras do país era uma ameaça implícita. Apoiando o governo de direita, os Estados Unidos substituíram a Grã-Bretanha nesse papel, à beira da bancarrota e cujo governo trabalhista, sob a chefia de Clement Attlee, anunciara que não mais podia manter esse e outros compromissos financeiros. A guerra civil grega terminou em 1949 com a derrota da esquerda. Também em 1947, logo depois de passar a apoiar a Grécia, os Estados Unidos substituíram a Grã-Bretanha na ajuda à Turquia, que resistia à pressão das tropas soviéticas concentradas em suas fronteiras.

O governo dos Estados Unidos encerrou o programa Lend-Lease para o Reino Unido e a União Soviética dez dias depois da rendição japonesa. Em junho de 1947, as autoridades norte-americanas, já assumindo o programa de recuperação do Japão no pós-guerra, anunciaram o Plano Marshall. Gerenciado por George Marshall, chefe do Estado-maior do Exército, e pelo novo ministro do Exterior que substituíra Byrnes, o plano teve como objetivo apoiar a recuperação das nações europeias no pós-guerra, inclusive a Alemanha e a URSS. Stalin recusou a ajuda — que Molotov, em seu nome, chamou de "imperialismo do dólar" — e obrigou as nações da Europa Oriental a fazerem o mesmo, temendo que a aceitação permitisse que os Estados Unidos firmassem pé no leste do continente, e houvesse, em consequência, a perda do controle soviético. Como contrapartida do plano, Stalin reuniu os líderes da Europa Oriental na Polônia e criou o Cominform (Communist Information Bureau), o que significou a criação formal de um bloco de países do Leste Europeu. Para fortalecer as medidas adotadas, obrigou cada nação a celebrar tratados comerciais somente com a União Soviética. Foi mais além e incentivou países da Europa Ocidental a realizar ações políticas e greves, a fim de gerar intranquilidade, sobretudo na França e na Itália.

Entre 1948 e 1952, os Estados Unidos forneceram 13 bilhões de dólares de ajuda (em valores de outubro de 2017, cerca de 132 bilhões) a países da Europa Ocidental. O maior beneficiário foi o Reino Unido, com 26% do total; a França, com 18%; e a parte ocidental da Alemanha, com 11%. Os britânicos empregaram o dinheiro para suplementar as despesas correntes, em vez de aperfeiçoar a produção, ao contrário da Alemanha, que o usou, como se pretendia, para reconstruir e modernizar sua capacidade industrial. A organização por trás do Plano Marshall evoluiu e passou a ser a Organização para a Cooperação e Desenvolvimento Econômico (OCDE).

No fim de fevereiro de 1948, a União Soviética orquestrou um golpe de Estado na Tchecoslováquia, a última nação do Leste Europeu onde, além da Iugoslávia, ainda sobreviviam algumas instituições democráticas. Quinze dias mais tarde, Jan Masaryk, primeiro-ministro tcheco — um dos líderes da facção democrática —, foi encontrado morto no pátio do Ministério do Exterior. Aparentemente caiu ou foi empurrado de uma janela, indicando ter sido um assassinato. Também em fevereiro desse ano, Estados Unidos e Reino Unido, que já tinham juntado suas zonas de ocupação na Alemanha em uma única unidade econômica que ficou conhecida como Bizone, ou "Bizonia", propuseram a criação de uma nova moeda "das quatro potências", capaz de estimular a economia alemã e reprimir o próspero mercado clandestino. A União Soviética rejeitou a proposta. Em junho, os russos interromperam o transporte terrestre para as zonas ocidentais de Berlim, e Estados Unidos e Reino Unido começaram a ponte aérea para Berlim que manteve abertas as linhas de suprimentos para a cidade até a União Soviética terminar o bloqueio um ano mais tarde. Em abril de 1949, os Aliados Ocidentais criaram a Organização do Tratado do Atlântico Norte (Otan) como uma organização de defesa mútua, logo depois contrabalançada pela criação, no lado soviético, do Pacto de Varsóvia.

Os governos norte-americano, britânico e francês juntaram suas zonas de ocupação na Alemanha em maio de 1949, dando origem à República Federal da Alemanha (Alemanha Ocidental), com capital em Bonn. Cinco meses depois, a União Soviética criou a República Democrática Alemã (Alemanha Oriental), com capital em Berlim. Em 1952, a República Democrática Alemã fechou completamente sua fronteira com a República Federal, com exceção de Berlim. Em 1956, os soviéticos reprimiram a revolta na Hungria. Em 1961, a União Soviética e a Alemanha Oriental construíram o Muro de Berlim, fechando o único ponto de passagem pelo qual os europeus do Leste podiam passar livremente para o Ocidente. A "Cortina de Ferro" que fora, com teor ideológico, mencionada pela primeira vez por Churchill em maio de 1945, depois da Conferência de Yalta, agora estava fisicamente completa e assim permaneceria por três décadas. Se existia alguma esperança de que os soviéticos respeitassem os termos da Declaração sobre a Europa Liberada conforme o estabelecido em Yalta, há muito tempo essa expectativa já desvanecera.

Epílogo

"Os problemas da vitória são mais agradáveis do que os da derrota, mas não são menos difíceis."
CHURCHILL

"Não disse que o resultado foi bom. Disse que foi o melhor que pude conseguir."
ROOSEVELT, referindo-se a Yalta e à Europa Oriental

É UMA BOA QUESTÃO analisar se, em 2005, George Bush estava certo ao afirmar que as conclusões de Yalta eram comparáveis às do Acordo de Munique em 1938, por optarem pela conciliação e capitularem diante da ditadura. Do mesmo modo, pode-se discutir se Churchill e Roosevelt compraram a estabilidade da Europa em troca da liberdade no leste desse continente. A resposta depende do aspecto da conferência que se deseje considerar.

Logo após a conferência, Roosevelt e Churchill admitiram, em âmbito privado, que no caso da Europa Oriental e, em particular, da Polônia, os resultados não foram perfeitos, mas os melhores que puderam alcançar. A situação que tiveram que enfrentar guarda diversas analogias com a vivida na Crimeia hoje em dia, anexada pela Rússia, e com a questão do leste da Ucrânia, onde etnias conflitantes disputam a posse das fronteiras. Em ambos os casos, os líderes do Ocidente contam com pouquíssimas sanções aplicáveis à Rússia, além da pressão moral. Stalin confiava em sua crença de que "quem ocupa um território sempre impõe seu próprio sistema social. Todos impõem seu próprio sistema, na medida em que seu poder militar permite. Não pode ser de outra maneira". A maior razão para a imperfeição do acordo de Yalta sobre a Europa Oriental foi, portanto, o fato de, em fevereiro de 1945, a URSS já estar ocupando quase todo o território em que estabeleceu posição predominante, permitindo que Stalin enfrentasse Churchill e Roosevelt na questão polonesa e em outras.

Astutamente, Stalin percebeu que, "na política, devemos nos orientar pela avaliação de poder". Assim, procurando equilibrar as necessidades de seus concidadãos esgotados pela guerra com a necessidade de justiça nos países da Europa Oriental, Roosevelt e Churchill contavam com poucas armas para enfrentar Stalin. Seus povos viam com simpatia o terrível sofrimento experimentado pelo povo soviético durante a guerra e não apoiariam o emprego de força contra os russos. De qualquer modo, a pedido de Churchill, os planejadores britânicos analisaram as probabilidades de uma vitória sobre a União Soviética e concluíram que — caso fosse alcançada — demandaria muito tempo e exigiria muitas perdas e sacrifícios. A cada dia que passava, menos se admitia o alinhamento com alemães para uma oposição aos soviéticos, justamente quando os crimes de guerra cometidos pelos nazistas estavam sendo revelados com mais clareza e vistos com mais horror. O uso da bomba atômica, cuja eficácia ainda não estava comprovada à época da Conferência de Yalta e cuja disponibilidade em quantidade suficiente ainda era improvável, continuava fora de questão. O chamado "ardiloso documento" que Churchill assinara em Moscou admitindo a existência das esferas de influência, mas sem o conhecimento e menos ainda o consentimento dos povos envolvidos, comprometeu, pelo menos em tese, as bases morais em que pretendeu se apoiar. Apesar disso, ele e Roosevelt fizeram enfáticas afirmações, como a Declaração sobre a Europa Liberada, e assumiram outros compromissos com a realização de eleições justas, para que pudessem, mais adiante, cobrar de Stalin.

O único instrumento que podia ser utilizado para auferirem maiores vantagens era o poder econômico dos Estados Unidos. Stalin reconheceu o poder do dólar e da indústria norte-americana quando disse que "as coisas mais importantes nesta guerra são as máquinas". Os Estados Unidos eram "um país de máquinas [...]. Sem o uso dessas máquinas por meio do Lend--Lease, perderíamos a guerra". Se os Estados Unidos tivessem ameaçado interromper o Lend-Lease quando surgiram os problemas envolvendo o governo da Polônia em Yalta, ou quiçá antes dessa conferência, talvez fosse possível produzir algum efeito. Entretanto, em Yalta, ainda havia uma guerra a ser vencida e ninguém queria correr o risco de cindir totalmente a aliança, principalmente quando a União Soviética estava enfrentando os combates mais intensos e sofrendo número desproporcional de baixas. Roosevelt, em particular, tinha outros assuntos em mente, como organizar as Nações Unidas e a entrada da União Soviética na guerra contra o Japão.

Vendo em retrospecto, teria sido mais vantajoso se a conferência tivesse sido realizada na data originalmente proposta, no verão de 1944, em vez de ser adiada inicialmente para o outono e depois, por iniciativa de Roosevelt e para desalento de Churchill, para depois da posse do presidente dos Estados Unidos. A União Soviética estaria dominando muito menos territórios na Europa Oriental, e seriam maiores as possibilidades de acelerar o avanço dos Aliados Ocidentais. Todavia, haveria perda de vidas, e um fator essencial da estratégia tanto de britânicos quanto de norte-americanos era poupar a vida de seus soldados, como ficou comprovado com a relutância britânica em se dispor a uma invasão através do canal e na falta de disposição dos norte--americanos em invadir as ilhas do arquipélago japonês.

Pode haver quem considere que a saúde abalada e o estado terminal de Roosevelt e um Churchill sem muita disposição tenham contribuído para que em Yalta não se conseguisse obter mais em favor de países da Europa Oriental e para a ingenuidade com que acreditaram que Stalin cumpriria os acordos que firmou. Contudo, embora esses elementos pudessem ter produzido algum impacto na disposição dos dois líderes ocidentais e na força de seus argumentos, na verdade não influenciaram o desfecho. Um Truman saudável — embora inexperiente em diplomacia internacional — poderia ter conseguido mais para a Europa Oriental em Potsdam. De modo talvez surpreendente, tendo em vista sua personalidade, ele também foi levado, pelo magnetismo de Stalin, a acreditar, pelo menos naqueles dias e a despeito de todos os fatos indicarem o contrário, que Stalin era alguém com quem era possível negociar.

Por fim, há muito de verdade no significado da história bem-humorada que circulou entre os soviéticos. Conta que Stalin foi caçar com os outros dois líderes e, quando mataram um urso, Churchill se dispôs a ficar com a pele, deixando a carne para os outros dois. "Não, eu quero a pele. Churchill e Stalin podem ficar com a carne", disse Roosevelt. Como Stalin permanecia calado, os dois perguntaram o que achava. "O urso me pertence; afinal, eu o matei", respondeu.

Em outras áreas, Churchill e Roosevelt se saíram melhor. Churchill obteve sua vitória de Pirro ao preservar o Império Britânico. Um exame do que aconteceu na conferência demonstra como naqueles dias os três líderes consideraram o Império Britânico uma entidade única. Por exemplo, mantendo o controle sobre Hong Kong, Churchill pelo menos assegurou a posse, por muitos e turbulentos anos, de um posto avançado ocidental na costa da China. Roosevelt alcançou seu objetivo de conseguir um acordo para a criação das Nações Unidas. Embora fosse um complicador nas inúmeras ocasiões em que houve divergências entre as grandes potências, o direito de veto decidido em Yalta obteve algum sucesso na manutenção da paz em diversas regiões.

Roosevelt também obteve êxito ao conseguir o acordo que fixou um calendário para a entrada dos soviéticos na guerra contra o Japão, medida que seus assessores de então julgavam de extrema importância para reduzir as baixas norte-americanas e abreviar o conflito. Não obstante, também foi uma vitória de Pirro. Se Roosevelt e seus assessores, e até Churchill — afinal, havia representantes britânicos na direção do Projeto Manhattan —, tivessem sido mais bem aconselhados para que melhor entendessem o potencial e as perspectivas do projeto da bomba atômica, talvez não fossem impelidos a insistir tanto na entrada da União Soviética na guerra no Pacífico. Após o primeiro e bem-sucedido teste da bomba atômica, a diminuição da importância da ajuda soviética ficou evidente para os três líderes e obviamente para Stalin, que acelerou seus planos para atacar o Japão e invadir a Coreia. Sem o avanço soviético até o paralelo 38 e a ocupação das ilhas Curilas e de Sacalina pelos russos, não teria havido a Guerra da Coreia, e tudo indica que este país seria uno e democrata.

Onde talvez a Conferência de Yalta tenha produzido consequências mais duradouras foi entre o Reino Unido e a França e, por conseguinte, na União Europeia. Não apenas De Gaulle, mas também outras autoridades francesas ficaram ressentidos com a predominância conquistada pelos britânicos ao continuar combatendo após a queda da França. No fim da guerra, um general francês disse para Hastings "Pug" Ismay, general britânico: "Por duas gerações haverá franceses que não os perdoarão. Vocês nos fizeram sentir muita vergonha ao continuarem combatendo". Tais sentimentos provavelmente estavam por trás da inabilidade de De Gaulle ao comentar os esforços de Churchill para realçar o papel desempenhado pela França. Arrogantemente demonstrou ressentimento ao considerar que sua própria pessoa e a França estavam sendo menosprezadas. A propósito, um claro exemplo foi o fato de, após os Três Grandes terem concordado em não convidá-lo para Yalta, De Gaulle, em acesso de fúria, ter se recusado a se encontrar com Roosevelt em Argel.

O ressentimento de De Gaulle por sua exclusão de Yalta persistiu pelo resto de sua vida e resultou na desconfiança com que ele sempre encarou a hegemonia anglo-americana, por exemplo, na forma como esses países mantiveram em segredo as informações sobre armas atômicas. Resultou não apenas no afastamento de De Gaulle da estrutura de comando da OTAN em 1966, dezessete anos depois da criação da organização, mas também em seu decidido veto à entrada da Grã-Bretanha na Comunidade Europeia em 1963 e 1967. Em 1963, ele afirmou: "L'Angleterre ce n'est plus grand chose" (A Grã-Bretanha não é mais grande coisa). É possível pensar que, caso tivesse passado a integrar há mais tempo a União Europeia, a Grã-Bretanha talvez tivesse exercido maior influência na evolução desse organismo e talvez nunca tivesse acontecido o referendo sobre o Brexit. Mesmo que ocorresse, as consequências poderiam ter sido diferentes.

Yalta não pôs fim "ao sistema de ação unilateral, às alianças excludentes, às esferas de influência, aos equilíbrios de poder", como Roosevelt afirmou que aconteceria em seu discurso para o Congresso em 1º de março de 1945. Como ele disse nesse mesmo discurso, de modo geral e mais especificamente para o caso dos acordos sobre a Polônia, tratava-se de "uma promessa". Assim, esse compromisso está sujeito a críticas, algumas justificadas à luz do que acontecia na época e outras pelo complacente benefício da apreciação póstera da história. Entretanto, as aspirações listadas por Roosevelt para o discurso que faria no dia seguinte ao de sua morte, quando se homenagearia Thomas Jefferson ("A tarefa, meus amigos, é alcançar a paz [...] e pôr fim a todas as guerras [...] a essa inviável e irrealista forma de resolver divergências entre governos por meio de massacres em massa de povos"), permanecem válidas hoje como eram naqueles dias.

Agradecimentos

Meu marido Michael esteve a meu lado em todos os momentos em que escrevi este livro. Gostaria de agradecer a tantas pessoas que me ajudaram neste projeto, me concedendo seu tempo, sua energia e seu entusiasmo.

No Reino Unido, sou particularmente grata a Allen Packwood, diretor do Churchill Archives Center, ao Churchill College, Cambridge, e a Heidi Egginton e seus colegas do Centro pelo apoio e assessoramento durante nossa visita; a Elizabeth Piper, aos Arquivos da Christ Church, Oxford, pelo auxílio no exame de importantes documentos no Portal Papers; ao doutor Dobroslawa Platt, diretor da Polish Library, à Polish Social and Cultural Association por suas apreciações sobre o período; e às equipes da London Library, da British Library, da Bodleian Library e dos National Archives da Grã-Bretanha que, como sempre, tanto me ajudaram facilitando minhas pesquisas.

Nos Estados Unidos, devo agradecer a David Olson, chefe do arquivo do Columbia Center for Oral History, da Universidade Columbia, e a seus colegas do Centro, que tornaram minha pesquisa tão compensadora; ao doutor David Woolner, historiador *Senior Fellow* e *Hyde Park Resident*; ao Roosevelt Institute, por sua importante orientação na busca de material na FDR Presidential Library, e a Kirsten Carter, arquivista supervisora, e seus colegas da FDR Library, pela substancial ajuda durante nossas diversas visitas; à equipe da Library of Congress em Washington D. C., tanto nos arquivos manuscritos quanto na principal sala de leitura; e à equipe do US National Archives and Records Administration, em Maryland.

Também agradeço a nossos amigos St. John Brown, Ginny Covell, Kim Lewison e Neil Munro por suas amáveis e úteis observações sobre o texto; a Robin Binks, pelo empréstimo de livros; e a Donald e Ingrid Wallace e Alice Munro pelo assessoramento em questões médicas.

Por fim, sou muito grata a nossos editores Georgina Morley, da Picador, no Reino Unido, e a George Gibson, da Grove Atlantic, nos Estados Unidos. Sou grata também a nossos agentes Bill Hamilton, em Londres, e a Michael Carlisle, em Nova York, por seu apoio e seu encorajamento, além, claro, às demais pessoas que trabalham em suas organizações.

Bibliografia

Arquivos consultados

Biblioteca da Universidade de Cambridge
Henry Stimson — diário, 22 de julho, 1945, microfilme

Arquivos Centrais de Churchill, Churchill College, Cambridge
Winston Churchill, documentos
Geoffrey Green, sargento da Força Aérea, diários da conferência
Marian Holmes, diário, transcrição e gravação de entrevista
Hugh Lunghi, documentos, inclusive discurso em homenagem a Churchill
John Martin, documentos
Sarah Oliver, nascida Churchill, cartas para Clementine Churchill
Nina Edith Onslow, condessa de Onslow, nascida Sturdee, 'Jo', cartas para a família do almirante
James Somerville, documentos, inclusive diário de bolso

Projeto de História Oral da Universidade Columbia
Anna Roosevelt Halstead
W. Averell Harriman
Arthur Krock
Frances Perkins
George Stroganoff-Scherbatoff
Henry Wallace

Biblioteca Presidencial Franklin D. Roosevelt, Hyde Park, Nova York
Valentin Berezhkov, história oral (documentos de Verne Newton)
John Boettiger, documentos
Wilson Brown, documentos
Howard Bruenn, documentos
Edward Flynn, documentos
Pamela Churchill Harriman, história oral (documentos de Verne Newton)
William Hassett, documentos

Harry Hopkins, documentos
Ian Jacob, história oral (documentos de Verne Newton)
Joseph Lash, documentos
John Martin, história oral (documentos de Verne Newton)
William Rigdon, documentos
Anna Roosevelt Halstead (Boettiger), documentos
Eleanor Roosevelt, documentos e história oral (documentos de Robert D. Graff)
Franklin D. Roosevelt, documentos
Mary Soames, história oral (documentos de Verne Newton)

Museu Imperial da Guerra (IWM)
Documentos privados:
T. J. Cowen (15712)
J. Rogers (17645)
História oral:
G. I. Adams (18163)
M. C. Beevor (9599)
S. Beria (19548)
C. Bohlen (3020)
A. Eden (2811)
W. A. Harriman (2884)
A. Hiss (2885)
H. Lunghi (15436 e 30929)
G. M. Wilson (16584)

Biblioteca do Congresso Norte-Americano
Charles Bohlen, documentos
Joseph E. Davies, documentos
W. Averell Harriman, documentos (inclusive cartas de Kathleen Harriman)
William Leahy, diário
Robert E. Meiklejohn, diário (incluído em documentos de Harriman, caixa 211)

Arquivo Nacional do Reino Unido, Kew, Londres
CAB 65/51 (documentos do Gabinete de Guerra)
CAB 99/31 (relatório do Gabinete sobre conduta política), disponível em versão digital
CAB 120/170 (Argonauta)
CAB 120/171 (medidas administrativas para Yalta)
FO 954/20c/424
PREM 3/51/2 (comparecimento de comandantes supremos a Malta/Yalta)
PREM 3/139/8a. (correspondência de Churchill sobre 'Tube Alloys' [projeto da bomba atômica])
PREM 3/356/3 (futuro da Polônia)
PREM 3/356/4 (visão dos Domínios do Império a respeito das consequências de Yalta)
PREM 3/356/6 (telegramas sobre a Polônia, mar./maio 1945)
PREM 3/398/6 (correspondência sobre procedimentos e documentos de Yalta)
PREM 4/77/1B (correspondência e documentos relativos a Argonauta)
PREM 4/78/1 (telegramas para e de Argonauta)

Arquivos Nacionais dos Estados Unidos
File 100, Harrison Bundy, arquivos M.1108 e M.1109

Recursos on-line

24 Squadron RAF Association Blog Book — https://the24sec.wordpress.com
131st Field Regiment Royal Artillery — www.131stfieldregimentroyalartillery.com.uk
Asia for Educators — http://afe.easia.columbia.edu
Avalon Project — www.avalon.law.yale.edu (Yale Law Library, documentos sobre direito, história e diplomacia)
BBC News Daily Digital Magazine
Franklin Database, Roosevelt Presidential Library
Hiroshima Peace Memorial Museum — hpmmuseum.jp
IMDB — www.Imdb.com
International Churchill Society — www.winstonchurchill.org
Letters of Note — www.lettersofnote.com (blog)
Time Witness — www.timewitnesses.org (memórias do século passado)
US Holocaust Memorial Museum — www.ushmm.org
World War II Today — ww2today.com (relatos de testemunhas, dia a dia)
WW2 People's War — www.bbc.co.uk/ww2peopleswar (arquivo da Segunda Guerra Mundial, memórias coletadas pela BBC)
www.marxists.org
www.worldhistory.biz

Livros

Fontes primárias
ADAMIC, L. *Dinner at the White House*. Nova York: Harper and Bros, 1946.
ALDRICH, R. J. *Witness to War*. Londres: Transworld, 2004.
ANDERS, Ten-general W. *An Army in Exile*. Londres: Macmillan, 1949.
ASTLEY, J. B. *The Inner Circle — A View of War at the Top*. Londres: Hutchinson, 1971 (relato de Joan Bright).
BEREZHKOV, V. M. *At Stalin's Side — His Interpreter's Memoirs*. Nova York: Carol Publishing Group, 1994.
BERIA, S. *Beria, My Father*. Londres: Duckworth, 2001.
BERLE, B. B. & JACOBS, T. B. (Eds.). *Negotiating the Rapids — 1918–1971, from the Papers of Adolf A. Berle*. Nova York: Harcourt Brace Jovanovich, 1973.
BIRSE, A. H. *Memoirs of an Interpreter*. Londres: Michael Joseph, 1967.
BLUM, J. M. (Ed.). *The Morgenthau Diaries — Years of War, 1941–1945*. Boston: Houghton Mifflin, 1967.
BOHLEN, C. E. *Witness to History, 1929–1969*. Nova York: Norton, 1973.
BONHAM CARTER, V. *Winston as I Knew Him*. Londres: Eyre and Spottiswoode, 1965.
BROOKE, A., Marechal de Campo e Visconde Alanbrooke *War Diaries — 1939–1945*. Londres: Weidenfeld and Nicolson, 2001.
BUTLER, S. (Ed.). *'My Dear Mr. Stalin' — The Complete Correspondence between Franklin D. Roosevelt and Joseph V. Stalin*. New Haven: Yale University, 2005.
BYRNES, J. F. *Speaking Frankly*. Londres: Heinemann, 1947.
CADOGAN, A. (Ed. D. Dilks). *The Diaries of Sir Alexander Cadogan*. Londres: Cassell, 1971.
CHURCHILL, S. *A Thread in the Tapestry*. Londres: Deutsch, 1967.
CHURCHILL, S. *Keep on Dancing*. Londres: Weidenfeld and Nicolson, 1981.
CHURCHILL, W. S. *My Early Life — A Roving Commission*. Londres: Thornton Butterworth, 1930.
CHURCHILL, W. S. *The Second World War, Vol. I: The Gathering Storm*. Londres: Folio Society, 2000.

Churchill, W. S. *The Second World War, Vol. II: Their Finest Hour*. Londres: Folio Society, 2000.
Churchill, W. S. *The Second World War, Vol. III: The Grand Alliance*. Londres: Folio Society, 2000.
Churchill, W. S. *The Second World War, Vol. IV: The Hinge of Fate*. Londres: Folio Society, 2000.
Churchill, W. S. *The Second World War, Vol. V: Closing the Ring*. Londres: Folio Society, 2000.
Churchill, W. S. *The Second World War, Vol. VI: Triumph and Tragedy*. Londres: Penguin Books, 1988.
Colville, J. *The Fringes of Power: Downing Street Diaries, 1939–1955*. Londres: Hodder and Stoughton, 1985.
Cunningham, almirante de esquadra e visconde. *A Sailor's Odyssey — Autobiography*. Londres: Hutchinson, 1951.
Djilas, M. *Conversations with Stalin*. Londres: Rupert Hart-Davis, 1962.
Eade, C. (Ed.) *Churchill by his Contemporaries*. Londres: Hutchinson, 1953 (Nova York, 1954).
Eden, A. *Memoirs — The Reckoning*. Londres: Cassell, 1965.
Elsey, G. *An Unplanned Life — A Memoir*. Columbia: University of Missouri, 2005.
Foreign Relations of the United States, The Conference at Berlin [FRUS/B], vol. 1 e 2, Washington: United States Government Printing Office, 1960.
Foreign Relations of the United States, The Conferences at Malta and Yalta [FRUS/MY]. Washington: United States Government Printing Office, 1955.
Gromyko, A. (tradutor H. Shukman). *Memories*. Londres: Hutchinson, 1989.
Hansard (arquivo parlamentar diário, Reino Unido) 1938–1945.
Harriman W. A. & Abel, E. *Special Envoy to Stalin and Churchill 1941–1946*. Nova York: Random House, 1975.
Hassett, W. D. *Off the Record with FDR, 1942–1945*. Londres: George Allen e Unwin, 1960.
Hickman, T. *Churchill's Bodyguard*. Londres: Headline, 2006.
Hopkins, R. *Witness to History*. Seattle: Castle Pacific Publishing, 2002.
Ismay, H. L. *Memoirs of General the Lord Ismay*. Londres: Heinemann, 1960 (Nova York: Viking, 1960).
Kardorff, U. Von *Berliner Aufzeichnungen*. Munique: Biederstein Verlag, 1962.
Katyn, O massacre da floresta de Katyn: depoimentos perante o comitê para procedimentos e investigação de fatos, provas e circunstâncias envolvendo o massacre da floresta de Katyn, 82º Congresso, 1952.
Kennan, G. F. *Memoirs — 1925–1950*. Londres: Hutchinson, 1968.
Kimball, W. F. (Ed.). *Churchill and Roosevelt — The Complete Correspondence, Vols. II and III*. Princeton: Princeton University Press, 1984.
Kuter, L. S., general. *Airman at Yalta*. Nova York: Duell, Sloan and Pearce, 1955.
Leahy, W. D., almirante de esquadra. *I Was There*. Londres: Victor Gollancz, 1950.
Maisky, I. *Journey into the Past*. Londres: Hutchinson, 1962.
Martin, J. *Downing Street: The War Years*. Londres: Bloomsbury, 1991.
McIntire, R. T. vice-almirante. *Twelve Years with Roosevelt*. Londres: Putnam and Co., 1948.
Mikołajczyk, S. *The Pattern of Soviet Domination*. Londres: Sampson Low, Marston and Co., 1948.
Moran, lorde. *Winston Churchill — The Struggle for Survival, 1940–1965*. Londres: Constable, 1966 (diários de lorde Moran).
Nel, E. (nascida Layton). *Mr. Churchill's Secretary*. Londres: Hodder and Stoughton, 1958.
Panter-Downes, M. *London War Notes*. Londres: Longman, 1971.
Pawle, G. *The War and Colonel Warden*. Londres: George Harrap, 1963.
Peierls, R. *Bird of Passage*. Princeton: Princeton University, 1985.

Perkins, F. *The Roosevelt I Knew*. Londres, Hammond, Hammond and Co., 1947.
Reilly, M. & Slocum, W. J. *Reilly of the White House*. Nova York: Simon and Schuster, 1947.
Resis, A. (Ed.). *Molotov Remembers*. Chicago: Ivan R. Dee, 1993.
Richards, D. *Portal of Hungerford*. Londres: Heinemann, 1977.
Rigdon, W. *White House Sailor*. Nova York: Doubleday, 1962.
Roosevelt, E. (Eleanor). *This I Remember*. Londres: Hutchinson and Co., 1950.
Roosevelt, E. (Elliott). *As He Saw It*. Nova York: Duell, Sloan and Pearce,1946.
Roosevelt, J. *My Parents — A Differing View*. Londres: W. H. Allen, 1977.
Rosenman, S. *Working with Roosevelt*. Londres: Rupert Hart-Davis, 1952.
Sand, G. W. (Ed.). *Defending the West: The Truman–Churchill Correspondence, 1945–1960*. Westport: Praeger, 2004.
Sherwood, R. E. *Roosevelt and Hopkins*. Nova York: Harper and Row, 1950.
Shoumatoff, E. *FDR's Unfinished Portrait — A Memoir*. Pittsburg: University of Pittsburgh, 1990.
Sikorski Institute (Ed.). *Documents on Polish-Soviet Relations 1939–45, vol. 2*. Sikorsky Institute. Londres: Heinemann, 1967.
Smith, A. (Ed.). *Hostage to Fortune: The Letters of Joseph P. Kennedy*. Nova York: Viking Press, 2001.
Soames, M. (Ed.). *Speaking for Themselves — The Personal Letters of Winston and Clementine Churchill*. Londres: Transworld, 1998.
Spiridovich, A. *Les Dernières Années de la Cour de Tzarskoïé Sélo*. Paris: Payot, 1928.
Stettinius, E. R. Jnr. *Roosevelt and the Russians*. Nova York: Doubleday, 1949.
Sudoplatov, P. & Sudoplatov, A. *Special Tasks*. Londres: Little, Brown and Co., 1994.
Tchekhov, A. *The Lady with the Dog*. Disponível on-line em Projeto Gutenberg.
Teller, E. *Memoirs*. Cambridge: Perseus, 2001.
The Tehran. Yalta and Potsdam Conferences. Moscou: Progress Publishers, 1969 (arquivos oficiais soviéticos/TYP).
Tibbets, P. W. *Mission Hiroshima*. Nova York: Stein and Day, 1985.
Trevor-Roper, H. (Ed.). *The Goebbels Diaries*. Londres: Secker and Warburg, 1978.
Truman, H. S. *Memoirs, Vol. 1: Year of Decisions*. Nova York: Doubleday, 1955.
Truman, H. S. *Mr. President — Personal Diaries, Private Letters, Papers*. Londres: Hutchinson, 1952.
Truman, H. S. (Ed. R. H. Ferrell). *Off the Record: The Private Papers of Harry S. Truman*. Nova York: Harper and Row, 1980.
Truman, H. S. *Strictly Personal and Confidential — The Letters Harry Truman Never Mailed*. Boston: Little, Brown and Co., 1982.
Truman, H. S. *Dear Bess*. Columbia: University of Missouri, 1998.
Tully, G. *F. D. R. — My Boss*. Chicago: People's Book Club, 1949.
Ward, G. C. (Ed.) *Closest Companion — The Unknown Story of the Intimate Friendship between Franklin Roosevelt and Margaret Suckley*. Boston: Houghton Mifflin, 1995.
Wing, S. K. (Ed.). *Mass-Observation*. Londres: Folio Society, 2007.
Yusupov, F. *Lost Splendour*. Londres: Jonathan Cape, 1953.

Fontes secundárias
Andrew, C. *The Mitrokhin Archive*. Londres: Allen Lane, 1999.
Attlee, C. R. (Ed. F. R. Field). *Attlee's Great Contemporaries: The Politics of Character*. Londres: Bloomsbury, 2009.
Barnett, C. *Engage the Enemy More Closely*. Londres: Hodder and Stoughton, 1991.
Berthon, S. & Potts, J. *Warlords*. Cambridge: Da Capo Press, 2006.
Beschloss, M. *The Conquerors*. Nova York: Simon and Schuster, 2002.
Bishop, J. *FDR's Last Year*. Nova York: William Morrow and Co., 1974.

BREUR, W. B. *The Great Raid on Cabanuatan*. Nova York: John Wiley and Sons, 1994.
BROWN, A. *The Myth of the Strong Leader: Political Leadership in the Modern Age*. Londres: Bodley Head, 2014.
BUHITE, R. D. *Decisions at Yalta*. Wilmington: Scholarly Resources Inc., 1986.
BURNS, J. M. *Roosevelt: The Soldier of Freedom*. Nova York: Harcourt Brace, Jovanovich, 1970.
BUTLER, S. *Roosevelt and Stalin*. Nova York: Alfred A. Knopf, 2015.
CHURCHILL, R. S. *Winston S. Churchill, Vol. I: Youth 1874–1900*. Londres: Heinemann, 1966.
CHURCHILL, R. S. *Winston S. Churchill, Vol. II: Young Statesman, 1901–1914*. Londres: Heinemann, 1967 (esta biografia em oito volumes foi concluída por Martin Gilbert, ver adiante).
CLEMENS, D. S. *Yalta*. Nova York: Oxford University, 1970.
DALLEK, R. *Franklin D. Roosevelt and American Foreign Policy, 1932–1945*. Oxford: Oxford University, 1995.
DALLEK, R. *Franklin D. Roosevelt: A Life*. Londres: Allen Lane, 2018.
DAVIES, N. *God's Playground — A History of Poland, Vol 2: 1795 to the Present*. Oxford: Oxford University, 2003.
DAVIES, N. *Rising '44*. Londres: Macmillan, 2003.
DOBBS, M. *Six Months in 1945*. Londres: Hutchinson, 2012.
DOBSON, C., MILLER, J. & PAYNE, R. *The Cruellest Night*. Londres: Hodder and Stoughton, 1979.
EDMONDS, R. *The Big Three*. Londres: Penguin Books, 1992.
EHRMAN, J. *Grand Strategy, Vol. 6: October 1944–August 1945*. Londres: HMSO, 1956.
FENBY, J. *Alliance*. Londres: Pocket Books, 2008.
FENBY, J. *Generalissimo: Chiang Kai-shek and the China He Lost*. Londres: Free Press, 2005.
FERRELL, R. H. *The Dying President*. Columbia: University of Missouri, 1998.
FRENCH, P. *Liberty or Death*. Londres: Harper Collins, 1997.
GARDNER, L. C. *Spheres of Influence*. Londres: John Murray, 1993.
GILBERT, M. *Winston S. Churchill, Vol. III: Challenge of War, 1914–1916*. Londres: Heinemann, 1971.
GILBERT, M. *Winston S. Churchill, Vol. IV: Stricken World, 1917–1922*. Londres: Heinemann, 1975.
GILBERT, M. *Winston S. Churchill, Vol. V: Prophet of Truth, 1922–1939*. Londres: Heinemann, 1976.
GILBERT, M. *Winston S. Churchill, Vol. VI: Finest Hour, 1939–1941*. Londres: Heinemann, 1983.
GILBERT, M. *Winston S. Churchill, Vol. VII: Road to Victory, 1941–1945*. Londres: Heinemann, 1986.
GILBERT, M. *Winston S. Churchill, Vol. VIII: Never Despair, 1945–1965*. Londres: Heinemann: 1988.
GILBERT, M. *Auschwitz and the Allies*. Londres: Michael Joseph, 1981.
GILBERT, M. *Second World War*. Londres: Phoenix, 2000.
GILLIES, D. *Radical Diplomat: The Life of Archibald Scott Kerr, Lord Inverchapel*. Londres: Tauris, 1999.
GRAYLING, A. C. *Among the Dead Cities*. Nova York: Walker and Co., 2006.
HARBUTT, F. J. *Yalta 1945*. Nova York: Cambridge University, 2014.
HASTINGS, M. *Armageddon*. Londres: Pan Books, 2005.
HASTINGS, M. *Finest Years*. Londres: Harper Press, 2009.
HOLLOWAY, D. *Stalin and the Bomb*. Londres: Yale University, 1994.
HOLMES, R. *In the Footsteps of Churchill*. Londres: BBC Books, 2005.
HOUGH, R. *Winston and Clementine: The Triumph of the Churchills*. Londres: Bantam Press, 1990.

Jackson, A. *Churchill*. Londres: Quercus, 2012.
Jenkins, R. *Churchill*. Londres: Macmillan, 2001.
Johnson, D. *V for Vengeance*. Londres: William Kimber, 1981.
Jungk, R. *Brighter Than a Thousand Suns*. Nova York: Harcourt, 1958.
Kennedy, D. M. *Freedom from Fear* (Oxford, History of the United States, vol. 9, parte 2). Nova York: Oxford University, 2004.
Kimball, W. F. *The Juggler*. Princeton: Princeton University, 1991.
Kimball, W. F. *Forged in War*. Chicago: Ivan R. Dee, 2003.
Kurzman, D. *Day of the Bomb*. Nova York: McGraw-Hill, 1986.
Lash, J. P. *Eleanor and Franklin*. Nova York: Norton, 1971.
Lee, C. & Lee, J. *The Churchills*. Nova York: Palgrave Macmillan, 2010.
Lehrman, L. *Churchill, Roosevelt and Company*. Guilford: Stackpole Books, 2017.
Lelyveld, J. *His Final Battle: The Last Months of Franklin Roosevelt*. Nova York: Alfred A. Knopf, 2016.
Lewin, R. *The War on Land*. Londres: Hutchinson, 1969.
Lindqvist, S. *A History of Bombing*. Londres: Granta Books, 2001.
Lowe, K. *Savage Continent*. Londres: Viking, 2012.
MacMillan, M. *History's People*. Londres: Profile Books, 2016.
Manchester, W. & Reid, P. *The Last Lion*. Nova York: Little, Brown, 2012.
Massie, R. *Dreadnought*. Londres: Jonathan Cape, 1992.
Meacham, J. *Franklin and Winston*. Londres: Granta Books, 2004.
Michel, H. *The Second World War*. Londres: Andre Deutsch, 1975.
Montefiore, S. S. *Stalin — 1939–1953*. Londres: Phoenix, 2003.
Montefiore, S. S. *Stalin — 1878–1939*. Londres: Phoenix, 2004.
Montefiore, S. S. *The Court of the Red Tsar*. Londres: Phoenix, 2005.
Morgan, T. *FDR*. Londres: Grafton Books, 1987.
Mosley, L. *Marshall — Hero for our Times*. Nova York: Hearst, 1982.
Murray's Handbooks — Russia, Poland and Finland. Londres: John Murray, 1875.
Palin, M. *New Europe*. Londres: Weidenfeld and Nicolson, 2007.
Pelling, H. *Winston Churchill*. Londres: Macmillan, 1974.
Persico, J. E. *Franklin and Lucy*. Nova York: Random House, 2008.
Petrie, C. *Lords of the Inland Sea*. Londres: Lovat Dickson, 1937.
Pfarr Davis, N. *Lawrence and Oppenheimer*. Nova York: Simon and Schuster, 1968.
Piirimäe, K. *Roosevelt, Churchill and the Baltic Question*. Nova York: Palgrave Macmillan, 2014.
Plokhy, S. M. *Yalta*. Nova York: Viking, 2010.
Rees, L. *Behind Closed Doors*. Londres: BBC Books, 2008.
Reynolds, D. *From World War to Cold War: Churchill, Roosevelt and the International History of the 1940s*. Oxford: Oxford University, 2006.
Reynolds, D. *Summits*. Londres: Penguin, 2007.
Rhodes, R. *The Making of the Atomic Bomb*. Nova York: Touchstone, 1988.
Rose, N. *Churchill — An Unruly Life*. Londres: Simon and Schuster, 1994.
Ross, S. H. *How Roosevelt Failed America in World War II*. Jefferson: McFarland and Co., 2006.
Rowley, H. *Franklin and Eleanor: an Extraordinary Marriage*. Nova York: Farrar, Straus and Giroux, 2010.
Smith, J. E. *FDR*. Nova York: Random House, 2007.
Soames, M., *Clementine Churchill — The Biography of a Marriage*. Londres: Doubleday, 2002.
Stafford, D. *Roosevelt and Churchill: Men of Secrets*. Londres: Little, Brown, 1999.
Stelzer, C. *Dinner with Churchill*. Londres: Short Books, 2011.

Szasz, F. M. *The Day the Sun Rose Twice*. Albuquerque: University of New Mexico, 1984.
Szasz, F. M. *British Scientists and the Manhattan Project*. Londres: Macmillan, 1992.
Taylor, A. J. P. *The Second World War*. Londres: Penguin, 1976.
Taylor, F. *Dresden — Tuesday 13 February 1945*. Londres: Bloomsbury, 2005.
Terkel, S. *The Good War*. Nova York: Pantheon Books, 1984.
Thomas, G. & Witts, M. *Ruin from the Air*. Londres: Book Club Associates, 1977.
Toland, J. *The Last 100 Days*. Nova York: Random House, 1966.
Tolstoy, N. *Victims of Yalta*. Londres: Corgi, 1990.
Twain, M. *The Innocents Abroad*. San Francisco: H. E. Bancroft and Co., 1869, disponível no Projeto Gutenberg.
West, N. *Venona*. Londres: Harper Collins, 1999.
Williams, R. C. *Klaus Fuchs, Atom Spy*. Cambridge: Harvard University, 1987.
Wood, R. K. *The Tourist's Russia*. Londres: Andrew Melrose, 1912.
Woolner, David B. *The Last 100 Days*. Nova York: Basic Books, 2017.
Zubok, V. M. *A Failed Empire: The Soviet Union in the Cold War from Stalin to Gorbachev*. Chapel Hill: University of North Carolina, 2009.

Artigos
Hopkins, R. How Would you Like to be Attached to the Red Army. *American Heritage*, vol. 56, nº 3, jun./jul. 2005.
Idrisli, A. *Emel*, nº 210, set./out. 1995 (traduzido por Metin Camcigil para o International Committee for Crimea, Syrgun Stories Series).
Jones, R. V. Winston Leonard Spencer Churchill, 1874-1966. *Biographical Memoirs of Fellows of the Royal Society*, vol. 12, pp. 35-105, 1966.
Korniyasenko, O. *Emel*, nº 205, nov./dez. 1995 (traduzido por Ayla Onart para o International Committee for Crimea, Syrgun Stories Series).
Schlesinger, S. 'fdr's Five Policemen: Creating the United Nations', *World Policy Journal*, vol. 11, nº 3, pp. 88-93, outono de 1994.
Veterans of Foreign Wars Magazine, nov. 1959.

Outros periódicos, jornais e revistas
Baltimore Sun
Daily Mail
Economist
Life
Manchester Guardian
Middleton Times Herald
New York Herald Tribune
The New York Times
Syracuse Herald Journal
Time
The Times (Londres)
Washington Post

Este livro, composto na fonte Fairfield,
foi impresso em papel pólen natural 70g/m² na Coan.
Tubarão, fevereiro de 2023.